WESTEND

WOLFGANG HETZER

FINANZ MAFIA

WIESO BANKER UND BANDITEN OHNE STRAFEN DAVONKOMMEN

WESTEND

Mehr über unsere Autoren und Bücher:
www.westendverlag.de

Die Deutsche Nationalbibliothek verzeichnet diese Publikation in
der Deutschen Nationalbibliografie; detaillierte bibliografische Daten
sind im Internet über http://dnb.d-nb.de abrufbar.

MIX
Papier aus verantwor-
tungsvollen Quellen
FSC
www.fsc.org
FSC® C083411

ISBN 978-3-938060-70-4
© Westend Verlag, Frankfurt/Main 2011
Satz: Fotosatz Amann, Aichstetten
Druck und Bindung: CPI – Clausen & Bosse, Leck
Printed in Germany

INHALT

VORWORT

von Martin Schulz

Nach der Krise ist vor der Krise – dieser Eindruck drängt sich angesichts des wieder eröffneten Spielkasinos an den Finanzmärkten auf. Zwei Jahre nachdem Spekulanten die Welt in die schlimmste Finanzkrise seit 80 Jahren stürzten, wird an den internationalen Finanzplätzen schon wieder munter gezockt. Die Banker sind nicht nur zum »business as usual«, sondern auch zum »profit as usual« zurückgekehrt. Hohe Gehälter und Bonuszahlungen winken und verleiten viele Finanzjongleure wie früher zu hochriskanten Deals. Geht doch mal was schief, wird es der Staat schon wieder richten, scheint so manch einer von ihnen zu denken.

Nach der Krise ist vor der Krise – das bedeutet vor allem: Die nächste Krise droht bereits, wenn wir jetzt keine Vorkehrungen treffen. Erinnern wir uns an den schwarzen Montag an der Wall Street vor zwei Jahren, der eine Woche einläutete, in der die Hiobsbotschaften aus der Finanzwelt nicht mehr abreißen wollten. Eine geschockte Welt wurde Zeuge, wie am 15. September 2008 das 158 Jahre alte Traditionshaus, die drittgrößte amerikanische Investmentbank, Lehman Brothers, zusammenbrach. Zum Atemholen blieb keine Zeit. Rasant breiteten sich nach dem Erdbeben an der Wall Street Schockwellen über die globale Finanzwirtschaft aus, die Banken fielen wie Dominosteine, und Finanzkonstrukte brachen wie Kartenhäuser zusammen. Und wir alle machten die ungewohnte Erfahrung, uns um die Sicherheit unserer Bankguthaben zu sorgen: Ob ich morgen wohl noch Geld von meinem Konto abheben kann? Ist meine Rente angesichts fallender Aktienkurse noch sicher? Wird mein Haus an Wert verlieren? Wird die Welt in eine globale Rezession stürzen? Das war eine beängstigende Erfahrung.

Heute, zwei Jahre später, ist die akute Krisengefahr gebannt, den Regierungen gelang es, die Finanzmärkte mit bis dato unvorstellbaren Summen zu stabilisieren. Den Totalzusammenbruch konnten sie damit verhindern. Verhindern konnten sie jedoch nicht, dass die Finanzkrise auf die Realwirtschaft übergriff: Der Welthandel brach ein, Fabriken standen still, Arbeitslosenzahlen schnellten in die Höhe. Wieder kamen die Regierungen mit riesigen Rettungspaketen zu Hilfe, die Zentralbanken drückten die Leitzinsen runter und pumpten so Geld in die Märkte, während die Regierungen Garantien für Banken aussprachen – laut Internationalem Währungsfonds (IWF) sprachen die Regierungen der USA, Großbritanniens und der Eurozone bis April 2009 Garantien im Wert von 8955 Milliarden US-Dollar aus. In Wirklichkeit waren die Garantien wohl nach oben unbegrenzt, die Regierungen verpfändeten das zukünftige Einkommen der Steuerzahler als Garantien für die von den Banken angehäuften Schuldenberge.

Nach der Krise ist vor der Krise – renommierte Ökonomen prognostizieren, dass sich die nächste Krise bereits abzuzeichnen beginnt: etwa als Blase auf dem chinesischen Immobilienmarkt oder auf den Rohstoffmärkten. Allerdings ist zu befürchten, dass die nächste Krise noch schlimmere Verheerungen nach sich ziehen würde als die letzte, träfe sie doch eine Weltwirtschaft, die gesundheitlich noch immer angeschlagen ist. Ganz klar heißt der Auftrag an die Politik deshalb: die Lehren aus der jüngsten Krise ziehen, um die Entstehung der nächsten zu verhindern.

Die Finanzkrise hatte mannigfaltige Ursachen. Erstens in der Ordnungspolitik: Während sich die Märkte globalisierten, ist die Politik nicht mitgewachsen, es haben sich parallel keine Strukturen einer globalen Ordnungspolitik herausgebildet. Vielmehr wurden Finanzinstitute auf der Mikroebene überwacht, die makroökonomische Kontrolle verlief länderbezogen, und ein systemweiter Überblick über die finanzielle und makroökonomische Entwicklung wurde vernachlässigt.

Zweitens ist die Geldpolitik zu nennen. So haben die USA durch eine expansionistische Währungspolitik, eine auf Verschuldung von Privathaushalten gestützte Binnennachfrage und hohe Staatsschulden dazu beigetragen, dass die Finanzmärkte destabilisiert wurden. Ausgelöst wurde die Finanzkrise in den USA – dem angeblich fortschrittlichsten Finanzmarkt der Welt – durch Subprime-Kredite, die nichts anderes sind als Hypothekenkredite von minderer Bonität, die Kreditnehmer sind dabei meist vermögenslose Privatpersonen. Zur Verschleierung wurden diese Kredite von den Banken in scheinbar sichere Pakete verpackt, sie wurden »verbrieft«. Geplatzt ist die Blase, weil sich durch steigende Zinsen und den Einbruch der Immobilienpreise die ungenügende Sicherung der Subprime-Kredite offenbarte.

Damit sind wir drittens bei den systemimmanenten Fehlern des Finanz-

systems wie der Komplexität und Undurchschaubarkeit von Finanzprodukten, kurzfristig ausgerichteten Vergütungssystemen, mangelhaften
Geschäftsmodellen, der Zunahme komplexer außerbilanzlicher Produkte,
sogenannter Swaps, und des Verbriefungsmechanismus infolge eines
Schattenbankensystems, das die systemischen Risiken sogar noch erhöhte.
Da die Krise eben kein Unfall ist, der alle 100 Jahre einmal passiert,
sondern auf systemimmanente Mechanismen zurückzuführen ist, steht
uns früher oder später die nächste Krise ins Haus – solange wir nichts an
der grundlegenden Organisation des Marktes ändern. Denn noch immer
gilt die Aussage des Ökonomen John Maynard Keynes: »Wenn die Kapital-
entwicklung eines Landes das Nebenprodukt der Aktivitäten eines Kasinos
ist, dann wird die Aufgabe wahrscheinlich schlecht erledigt.«

Die Finanz- und Wirtschaftskrise hat uns bitteres Lehrgeld für die Erkenntnis zahlen lassen, dass Europa eine koordinierte Wirtschaftspolitik
braucht, die makroökonomische Ungleichgewichte abbaut und durch eine
effektive Finanzmarktregulierung flankiert wird. In den dramatischen
Tagen der Krise wurde »die Renaissance der Politik« verkündet. Es war
schließlich der Staat, der eine Kernschmelze der Finanzmärkte und den
Absturz in die globale Rezession verhinderte. Die Finanzkrise zwang die
Deregulierer zum Offenbarungseid: Die unsichtbare Hand des Marktes
wird schon alles richten, so lautete ihre Devise bis dato. Es hat sich jedoch
gezeigt, dass die Finanzmärkte einen festen Ordnungsrahmen brauchen,
denn von Kontrolle und Regulierung befreit, droht der entfesselte Kapitalismus seine eigenen Grundlagen aufzufressen, ja, sich regelrecht selbst zu
kannibalisieren. Wird das System nicht signifikant verändert, dann entstehen in regelmäßigen Abständen Krisen. Das Ziel jeder Regulierung
muss mehr Transparenz, bessere Kontrollen und strengere Regeln sein:
Kein Finanzakteur, kein Finanzprodukt und kein Finanzmarkt dürfen künftig unreguliert bleiben.

Derzeit arbeiten wir im Europäischen Parlament an umfassenden Fi-
nanzmarktregulierungen und sind auf einem guten Weg. Die Regulierung
von Ratingagenturen, höhere Eigenkapitalquoten von Banken, eine EU-
Finanzmarktaufsicht für Banken, Wertpapiere und Versicherungen gehören ebenso wie harte Regulierungen für Hedge-Fonds und private Kapi-
talanleger zu den Erfolgen. Als nächstes knöpfen wir uns den Derivatehandel vor. Der Grundsatz, dass Verursacher, die Banker und Spekulanten,

die Zeche zahlen, muss endlich mit einer Finanztransaktionssteuer umgesetzt werden.

Wolfgang Hetzer stellt in seinem wortgewaltigen Buch unter anderem die berechtigte und interessante Frage nach der strafrechtlichen Aufarbeitung der Krise – die bislang gescheitert ist. Die Grenze zwischen unmoralischem und kriminellem Verhalten ist schwer zu ziehen, der Vorsatz, vorsätzliche Pflichtverletzung schwer zu beweisen. War es Unvorhersehbarkeit oder der Zusammenbruch eines Schneeballsystems? Handelte es sich um ein Systemrisiko oder Organisierte Kriminalität? Zwischen diesen Polen bewegt sich die öffentliche Debatte. Für Hetzer ist die Sache klar: Mit krimineller Energie wurden große Mengen Geld bewegt, und er sieht der Organisierten Kriminalität vergleichbare Netzwerke in der Finanzwirtschaft üble Geschäfte tätigen.

Man muss wahrlich kein Jurist sein, um zu sehen, was offenkundig ist: dass es sich um eine Gerechtigkeitslücke handelt, wenn die kleinen Leute die Zeche für die Finanzjongleure zahlen sollen, wenn von Gier getriebene Banker um des eigenen Profits willen ohne Rücksicht auf Verluste wirtschaftlich gesunde Unternehmen und ganze Volkswirtschaften in die Knie zwingen. Wir brauchen ein Umdenken: Das kurzfristige Shareholder-Value-Denken muss wieder durch langfristiges Wirtschaften ersetzt werden – langfristige Investitionen sollen auch langfristig Gewinne abwerfen und das in einer Finanzwirtschaft, die wieder der Realwirtschaft dient und in der persönliche Verantwortung gilt. Die Aufarbeitung der Finanzkrise, auch die strafrechtliche, ist ohne Zweifel Aufgabe der Politik, und da bleibt noch einiges zu tun.

EINLEITUNG

Die pflichtwidrige Vernichtung fremden Kapitals ist eine Straftat. Diese Auffassung hatte der amtierende Bundespräsident Christian Wulff zu Beginn des Jahres 2009 noch in seiner Eigenschaft als Ministerpräsident Niedersachsens vor dem Hintergrund der Finanzkrise öffentlich geäußert. Sie beschreibt weder die Rechtslage noch die Realität zutreffend. Es gibt keinen Straftatbestand der »Kapitalvernichtung«. Und bislang ist noch niemand wegen der Verursachung der Finanzkrise rechtskräftig verurteilt worden. Hinter der Aussage des jetzigen Bundespräsidenten steckt wohl nur ein Wunschdenken, wenn auch ein sehr nachvollziehbares.

Dafür gibt es gute und schlechte Gründe. Niemals zuvor haben so wenige Menschen so vielen einen derart hohen Schaden zugefügt, wie dies in der bisherigen und sich weiter verschärfenden Finanzkrise geschehen ist und weiter passieren wird. Die naheliegende Frage, wer hierfür die Verantwortung trägt, führt aus der Sicht des ehemaligen Bundesministers der Finanzen, Peer Steinbrück, ins »Nirwana«. Sein ehemaliger Amtskollege Frank-Walter Steinmeier erkärt gar: »Wer nach der Schuld fragt, liegt falsch.«[1] Und für den Chef der Deutschen Bank, Josef Ackermann, ist niemand verantwortlich, weil es sich »nur« um ein Regulierungsversagen handelt.

Das Muster dieser Entwicklung scheint sich in einer Umformulierung des berühmten Romans von Robert Musil, *Mann ohne Eigenschaften*, in »Eigenschaften ohne Mann« zu verbergen. Die Teilnahme an Systemkriminalität ist offensichtlich ohne Strafbarkeitsrisiko. Die verantwortlichen Akteure auf den Finanzmärkten, die Politiker in den Aufsichtsgremien von Finanzinstituten und die Mitglieder der Parlamente scheinen auf den ersten Blick keine persönliche Schuld zu tragen. Das ist bemerkenswert, sind die schädlichen Wirkungen konkreten menschlichen Verhaltens doch nicht mit den Folgen einer Naturkatastrophe zu verwechseln.

Es geht nicht nur um die Bemessung des tatsächlichen Schadens individueller Anleger und Sparer. Wir stehen vor einem Szenario der Staatskrisen, in deren bisherigem Verlauf ganze Wirtschaftsregionen und Währungssysteme bis in die Grundfesten erschüttert wurden. Ein Ende ist nicht absehbar. Die Bestrafung einzelner Täter und Gruppierungen wird keine grundsätzliche Abhilfe schaffen können. Soweit sich bestimmte Personen aber strafbar gemacht haben, ist und bleibt deren Verfolgung ein Gebot der Gerechtigkeit. Das Strafrecht ist in seiner gegenwärtigen Verfassung dafür nicht geeignet. Das gilt auch für Ausstattung und Qualität der zuständigen Behörden und Gerichte.

Zudem darf man sich keine Illusionen darüber machen, dass strafrechtliche Sanktionierungen für die Bewältigung historischer Umbrüche grundsätzlich ungeeignet sind. Die Finanzkrise und die damit verbundenen unübersehbaren Schäden sind auch das Ergebnis ordnungspolitischen Versagens. Für dessen Kompensation ist nicht der Staatsanwalt, sondern der Souverän, also alle Bürgerinnen und Bürger dieses Landes, zuständig. Sie sollten sich überlegen, in welcher Form man auf das weitverbreitete Staatsversagen reagiert, das auch die Frage aufwirft, ob es eine »Korruption durch Inkompetenz« geben kann.

Leider kann sich das vorliegende Werk nicht mit allen aufgeworfenen Problemen angemessen beschäftigen. Es beschränkt sich auf die Frage, ob die internationalen Finanzmärkte zum Tummelplatz einer besonderen Art der Organisierten Kriminalität geworden sind, die es in einem Milieu höchster krimineller Energie, exquisiter fachlicher Qualifikation und korruptiver Verflechtung geschafft hat, die Zusammenhänge zwischen Arbeit, Leistung und Erfolg als Grundlagen einer bürgerlichen Gesellschaft und einer rechtsstaatlichen Kultur in einer jahrelangen hemmungslosen und selbstsüchtigen Bereicherungsorgie zu zerstören. Die damit verbundenen Risiken übersteigen das Potential jeder in der bisherigen Geschichte bekannten Verschwörung gegen alle bekannten Gemeinwesen.

Ein Anlass für die Arbeit an diesem Buch war eine Äußerung des griechischen Ministerpräsidenten Georgios Papandreou während eines Aufenthaltes in Deutschland. Er hatte erklärt, dass sein Land auch deshalb in die derzeitige Lage gekommen sei, weil Korruption dort weit verbreitet sei. Es wäre dennoch völlig verfehlt, bestimmte Länder wie etwa Griechenland, Irland, Portugal, Spanien und Italien über einen Kamm zu scheren. Im Hinblick auf regelgerechtes Verhalten haben auch Länder wie Deutschland und Frankreich keine weiße Weste, wie deren frühzeitige Verletzung des europäischen Wachstums- und Stabilitätspaktes der Europäischen Union zeigt. Überall innerhalb und außerhalb Europas lässt sich zeigen,

wie ökonomische Interessen, politische Ambitionen und nationale Egoismen sich immer wieder in gesamtwirtschaftlich riskanter und tatsächlich
schädlicher Weise verbunden haben.

Diese Verhältnisse und Vorgänge liegen außerhalb der Reichweite
strafrechtlicher Normen. Sie folgen dem Primat der Politik. Mit dessen kri-
tischer Erörterung können selbst für einen Analytiker existenzbedrohende
Aspekte verbunden sein. Die Berufung auf die Meinungsäußerungsfreiheit
ist nur ein unvollkommener Schutz gegen die Reaktionen von Vorgesetzten, vermeintlichen Autoritäten und von Machthabern aus der Wirtschaft
und der Finanzwelt.

In Auseinandersetzungen gehen sie übrigens selten auf das faire Angebot
ein, das in einem Hollywood-Film unterbreitet wurde: »Hören Sie auf, Lügen
über mich zu verbreiten, dann höre ich auf, die Wahrheit über Sie zu sagen.«

Das vorliegende Buch stützt sich nicht nur deshalb ausschließlich auf
allgemein zugängliche Quellen und reflektiert Verlauf und Inhalt einer
öffentlichen Debatte. Es werden keine internen oder klassifizierten Papiere
zitiert. Selbstverständlich gilt für alle genannten natürlichen Personen bis
zur Rechtskraft einer eventuellen (wenn auch unwahrscheinlichen) Verurteilung die Unschuldsvermutung.

Die Vorbereitung dieses Projekts war nur möglich, weil der leider allzu
früh im Januar 2010 verstorbene Generaldirektor des Europäischen Amtes
für Betrugsbekämpfung (OLAF/Office Européen de Lutte Anti-Fraude),
Franz-Hermann Brüner, mit all seinen menschlichen und fachlichen Qualitäten die Bedingungen geschaffen hat, die dafür unabdingbar waren.
Sein Tod hat in jeder Hinsicht eine große Lücke gerissen, die für lange Zeit
nicht zu schließen sein wird. Trotz der dadurch entstandenen, oft nur
schwer erträglichen personellen und sachlichen Widrigkeiten konnten die
notwendigen Arbeiten fortgesetzt werden.

Das Werk ist deshalb dem Andenken von Franz-Hermann Brüner ge-
widmet.

Aber nicht nur ihm gebührt Dank. Meiner Lektorin, Beate Koglin, ist es
in höchst professioneller Weise in unglaublich kurzer Zeit gelungen, ein
monströses Manuskript in einen lesbaren Entwurf zu verwandeln.

Meine Agentin, Aenne Glienke, wurde nicht müde, mich fürsorglich zu
betreuen.

Martin Schulz war als Mitglied des Europäischen Parlaments und Vorsitzender der Sozialdemokratischen Fraktion des Hohen Hauses bereit, ein in der Sache klares Vorwort beizutragen.

Professor Dr. Dr. h. c. mult. Hans-Heiner Kühne, Universität Trier, und Justizrat Rechtsanwalt Professor Dr. Egon Müller, Saarbrücken, haben mit ihrem ausgewogenen Rechtsrat dazu beigetragen, dass ich in einer keineswegs immer freundlichen beruflichen Umgebung die erforderlichen Arbeiten guten Gewissens abschließen konnte.

Meiner Frau Susanne gilt mein besonderer Dank. Sie hat die Entstehung des Manuskripts mit engelsgleicher Geduld nicht nur ertragen, sondern konstruktiv begleitet, obwohl wir beide sehr viel Wichtigeres und Dringlicheres gemeinsam zu tun gehabt hätten.

Das Werk enthält nur meine persönlichen Auffassungen und verpflichtet die Europäische Kommission in keiner Weise.

1 AM ABGRUND

Es begann im Sommer des Jahres 2007. Damals war etwas passiert, das die weltweite Finanzarchitektur beinah ausgehebelt hätte und zu einer der schwersten nichtmilitärischen Bedrohungen für die Stabilität und den Wohlstand vieler Länder eskalierte. Diese Bedrohung ist keineswegs vorbei, ihre Ursachen sind nicht bezwungen. Die Nachwirkungen werden uns länger beschäftigen als jede andere Finanz- und Wirtschaftskrise in den vergangenen Jahrzehnten. Tatsächlich handelt es sich bei der Entwicklung der letzten Jahre um die gravierendste globale Finanzkrise seit der Großen Depression, egal ob man sie nach Tiefe, Ausbreitung und (potentieller) Dauer der begleitenden Rezession oder nach ihrem gewaltigen Effekt auf die Vermögensmärkte betrachtet.

In der globalen Wirtschaftsgeschichte stehen wir vor einer historischen Herausforderung, die Politik und Wirtschaft für mindestens eine Generation völlig verändern wird. Die Welt wird nach dieser Krise also anders aussehen als vorher. An deren Höhepunkt hatte die Kanzlerin der Bundesrepublik Deutschland, Angela Merkel, sogar von einer Gefährdung der Gesellschaftsordnung gesprochen. Solch eine Rhetorik war früher ausschließlich militanten, systemfeindlichen Kräften – dem deutschen und internationalen Terrorismus – vorbehalten. Deshalb stellt sich die Frage, ob die Rhetorik übertrieben war – oder ob diese Gefährdung der Gesellschaftsordnung sich nicht bereits real vollzieht und andauert.[1] Bei den Bemühungen, diese Frage zu beantworten, ist bisher große Zurückhaltung zu beobachten. Es mag einiges dafür sprechen, den Ausbruch der Finanzkrise auf den Sommer 2007 zu datieren. Das darf aber nicht darüber hinwegtäuschen, dass die Entwicklung schon seit vielen Jahren auch für Spitzenpolitiker hinreichend klar erkennbar war und dass sie nicht rechtzeitig reagiert haben. Und die große Krise der globalen Finanzen ist keineswegs zu Ende. Sie hat nur eine Pause eingelegt. Die Staaten haben zwar Notmaßnahmen ergriffen und die reale Wirtschaft fürs erste stabilisiert. Aber es gibt beunruhigend klare Einschätzungen: Da die Politik in den meisten Ländern noch nicht einmal im Ansatz begriffen habe, was da eigentlich passiert ist, schwele der Brand weiter und könne jederzeit neu ausbrechen.[2]

Immerhin hat der Bundesminister der Finanzen a. D., Peer Steinbrück, in seinem jüngsten Buch über die Finanzkrise (*Unterm Strich*) zwar auf das übliche »Politikergeschwurbel« verzichtet. Den Tiefgang aber, den man von einem Zeitzeugen seines Kalibers hätte erwarten können, sucht man vergebens. Seine Schilderungen bieten keinerlei neue Einblicke, selbst die Details haben schon in der Zeitung gestanden.[3] Wer auf neue Fakten gehofft hat, sieht sich enttäuscht.[4] Dennoch wird es im Folgenden zunächst um die Ansichten dieses ehemaligen Amtsträgers gehen müssen, um zu beurteilen, was die politische Führung zumindest in Deutschland wusste, was sie tat oder unterließ, als sie versuchte, die weitere Annäherung an den Abgrund zu verhindern.

Peer Steinbrück sieht sich selbst zwar unverdrossen als jemanden, der dazu beigetragen hat, die Finanzkrise, so gut es ging, zu »bewältigen«. Keiner wisse aber, ob das Schlimmste schon überstanden ist. Auch Steinbrück erkennt, dass es nach wie vor tiefgreifende strukturelle Verwerfungen gibt, die das wirtschaftliche Gleichgewicht in der Welt bedrohen: zwischen den USA und China, aber auch innerhalb Europas. Man sei beim »Zähmen der Finanzmärkte« zwar einige Schritte vorangekommen. Eine Wiederholung wird aber nicht ausgeschlossen. Und die entscheidende Frage hält er für nicht beantwortet: »Wer hat den Primat – die Politik oder die Finanzindustrie?« Immerhin ist inzwischen auch Steinbrück klargeworden, welche Lage im September 2008 bestand: »Die Welt stand an einem Abgrund.«[5]

Es habe ein »Teufelskreis« gedroht, weswegen er und Bundeskanzlerin Merkel in einem angeblich »legendären« Auftritt am 5. Oktober 2008 der deutschen Öffentlichkeit eine Garantieerklärung für Spareinlagen gaben, ohne zu erklären, was unter diesen Begriff fällt. Für eine solche Zusage fehlte jede Legitimation. Es gab keine Rechtsgrundlage und keinen parlamentarischen Rückhalt.[6] Der seinerzeitige Amtsträger Steinbrück wundert sich bis heute, dass die Parlamentarier hinterher nie gefragt haben: »Um Gottes willen, was habt ihr da eigentlich gemacht?«

Mit dieser rechtlich unverbindlichen Patronatserklärung ist es aber immerhin gelungen, einen Ansturm auf die Bankschalter (»bank run«) in Deutschland zu verhindern. Das ändert nichts daran, dass man anderenfalls in die Dimensionen eines Staatsnotstands geraten wäre.

Im späteren Verlauf bestand indes keine Gefahr, dass der Euro zerbricht, glaubt Steinbrück. Die Politik hätte das um jeden Preis verhindern müssen. Der Euro sei für Deutschland eine »Schicksalsfrage«. Der Hauptvorwurf des ehemaligen Ministers an die schwarz-gelbe Bundesregierung ist gleichwohl, dass diese in der kritischen Phase der Griechenland-Krise[7] und Euro-Krise nicht genügend deutlich gemacht habe, dass der Euro nicht nur ein Zahlungsmittel sei, sondern eines der großen Erfolgsprojekte der europäischen Integration. Steinbrück lässt offen, ob die Euro-Krise ausgestanden ist, da die Ursachen einer exzessiven Staatsverschuldung und einer schwindenden Wettbewerbsfähigkeit in einigen Ländern nicht beseitigt seien. Die Griechenland-Krise sei zudem nicht von Spekulanten, sondern von Regierungen zu verantworten. Die Politiker seien als Zocker aufgetreten. Die einen, weil sie sich zu hoch verschuldet und dabei auch noch »geschummelt« hätten. Die anderen, weil sie bei den »Tricksereien« zu lange weggesehen hätten. Bemerkenswerterweise schließt sich der Bundesminister der Finanzen a. D. darin ausdrücklich ein.[8]

Unterdessen scheint der Ausdruck »Krise« zu einem Schlüsselbegriff der Politik geworden zu sein. Steinbrück redet gar von einer vierfachen Krise: Finanz-, Wirtschafts-, Fiskal- und Staatskrise.[9] Der inflationäre Gebrauch des Begriffs erreicht damit einen Höhepunkt, der schon Jahre zuvor durch die entsprechende Literatur vorbereitet wurde.[10] Er kann entlasten und ein fast schon demütiges Einverständnis mit vermeintlich naturgesetzlich bestimmten Abläufen erzeugen. Insbesondere die Behandlung der »Finanzkrise« in den Medien erweckt den Eindruck, als ob es sich um ein Geschehen handelt, das vorausschauender Steuerung entzogen ist. Diese Sicht ist nicht nur irreführend. Sie ist falsch. Es handelt sich dabei um das Produkt einer geschickten Medienpolitik verantwortlicher Entscheidungsträger und Machthaber.

Angesichts der nach wie vor in jeder Hinsicht desaströsen Situation der globalen Finanzwirtschaft steht man nicht nur deshalb vor zahlreichen schwierigen Fragen.[11] Sie erstrecken sich über ein weites Spektrum. Es reicht von der Ordnungspolitik bis hin zum Sicherheitsrecht. Im Hinblick auf das Wirtschaftsstrafrecht tauchen die komplexesten Fragestellungen auf, die jemals an dieses Rechtsgebiet herangetragen wurden.[12] Die Wirtschaft war für das Strafrecht immer ein schwieriger Regelungsbereich. Nähert man sich ihm mit Respekt und Umsicht, sind aus der Sicht des

Strafrechtsprofessors und ehemaligen Vizepräsidenten des Bundesverfassungsgerichts, Winfried Hassemer, die Folgen klar:

- Konzentration der Strafbarkeit auf »handfeste« Rechtsgutsverletzungen
- Freihaltung und Sicherung eines Kernbereichs, in dem die Wirtschaft ihrer eigenen Vernunft folgt
- Einrichtung strafrechtlich flankierend gesicherter Prozeduren, die im Vorfeld einer Rechtsgutsverletzung Transparenz und Kontrolle ermöglichen

Damit ließe sich die interessante Frage aufwerfen, von welcher Vernunft die Wirtschaft geleitet wird und ob dieser eine strafbarkeitsausschließende Wirkung zukommen kann. Zunächst mag aber die Erkenntnis genügen, dass mit der öffentlichen Rede über die Krise eine Betäubung eingeleitet wurde, die die Suche nach den Verantwortlichen und Schuldigen einer äußerst schädlichen und gemeingefährlichen Entwicklung extrem schwierig macht.[13] Es kommt hinzu, dass die notwendige Arbeit am Begriff der Wirtschaftskriminalität lange Zeit nicht in genügender Weise erfolgte, weil sie ein »Stiefkind der Kriminologie«[14] war.

Die Lage scheint unterdessen sehr ernst geworden zu sein. Immerhin meldet der philosophische Zeitgeist Feindeinbruch. Richard David Precht hat sich zumindest in Deutschland nicht nur bei der publikumswirksamen Erörterung von Identitätsproblemen und Liebesfragen Verdienste erworben. Ihm ist auch ein beeindruckender Überblick über diverse andere »Gefechtsfelder« der Gesellschaft zu verdanken. Der »Feind« (sic) sei auf leisen Sohlen gekommen, weiß er im Juni 2010 im *Spiegel*[15] zu berichten, nämlich mit der Unterspülung der Moral durch Ebbe und Flut der internationalen Finanzwirtschaft. In der gegenwärtigen Lage brauche eine Demokratie auf der obersten Führungsebene ausgewiesene und unbestechliche Experten. Nur wenn die Besten der Besten regieren, sei vertretbar, dass nicht das Volk selbst das Zepter der Macht schwinge. Die Experten in der Realität bundesdeutscher Demokratie fänden sich aber gut getarnt und verschüttet hinter Stapeln ungelesener Expertisen, predigten in Büchern, die kein Politiker lese, oder versänken im Alltag unserer Universitäten. Unsere Politiker glichen dagegen herumirrenden Wanderern, denen als Wegweiser Lobbyisten aller Couleur dienten, die im Deutschen Bundestag ein- und ausgingen. Diese bekämen die Politik, die sie wollten, sei es durch eine Parteispende, durch beharrliche Freundlichkeit oder durch Jobangebote für nebenbei und nachher. Manche Politrentner seien keine »Elder Statesmen« mehr, sondern »Elder Salesmen«.[16] Wenn eine Erkenntnis und ein gegenläufiges Interesse aufeinandertreffen, gewinne das Interesse.

Damit ruft Precht natürlich die Erinnerung an Sokrates wach, dem folgender Satz zugeschrieben wird: »Wer zu klug ist, um sich in der Politik zu engagieren, wird dadurch bestraft, dass er von Leuten regiert wird, die dümmer sind als er selbst.«

Nach dem Empfinden des SPD-Politikers Hans-Peter Bartels, Sprecher der Arbeitsgruppe Demokratie der SPD-Bundestagsfraktion, hat Precht in seinem Essay wieder einen ganzen Sack der altbekannten Klischees aus dem antidemokratischen Kasperletheater ausgekippt, indem er unter anderem von »Demokratie-Theater« (früher: »Schwatzbude«) spricht. Der Philosoph Precht unterstelle dem politischen Führungspersonal unserer Tage, ihm gehe es um ein paar letzte Privilegien, ein bisschen Machtgefühl, ein paar Versorgungsansprüche. Demokratie, so die Kritik an Precht, sei nicht die Herrschaft der Größten, Schönsten und Besten, sondern des mittleren Maßes – normale Menschen genügten, egal worin ihre Normalität jeweils besteht. Precht beziehe sich offenbar zustimmend auf den britischen Philosophen John Stuart Mill, der schon behauptet hatte, dass eine Demokratie auf der obersten Führungsebene ausgewiesene und unbestechliche Experten brauche und nur die Besten der Besten regieren sollten. Eine solche verfassungsmäßige Ordnung, so die Stimme aus der politischen Praxis, könnte man schaffen, es wäre allerdings keine freiheitliche Demokratie.[17]

Diese pseudo-philosophische Debatte ist hier nicht zu entscheiden. Wichtiger ist in den folgenden Zusammenhängen die Frage, ab wann insbesondere die Konstruktion undurchschaubarer Anlageprodukte kriminell ist. Bei komplizierten Finanzprodukten scheint der Übergang von normalem zu wirtschaftskriminellem Handeln nämlich fließend geworden zu sein, da zumindest die Unwissenheit der Kunden über deren konkrete Gestaltung mitunter einkalkuliert wurde.[18] Die Vermarktung der Finanzprodukte erfolgte zudem mit System. Dessen Leistungskraft wurde durch die Einbeziehung Außenstehender enorm gesteigert. Finanzielle Anreize führten zu einer Zusammenarbeit besonderer Art. Rechtsanwälte oder

Abschlussprüfer wurden bezahlt, damit sie die wirtschaftlichen Verhältnisse des Unternehmens als geordnet und einwandfrei dokumentierten, obwohl es in bestimmten Fällen offensichtlich war, dass die Grenzen des Legitimen überschritten wurden. Vorgeblich unabhängige internationale Investmentbanken erstellten gegen exorbitante Honorare »Fairness Opinion«-Gutachten, um die Vorteile eines Geschäfts glaubhaft zu machen. Dieselben Banken waren jedoch häufig zuvor an entscheidender Stelle in diese Geschäfte eingebunden und bereiteten so die »Marktkommunikation« zu nicht nachvollziehbaren Transaktionsverläufen vor, welche zusätzlich der eigenen Risikobegrenzung dienten. In einem Satz: »Die Berater tragen wesentlich dazu bei, dass die Gefahr, mit unsauberen Geschäften Verdacht zu erwecken, auf ein Minimum reduziert wird.«[19]

Die Politiker haben sich unterdessen vielleicht sogar einer neuen Macht unterworfen, indem sie die »Denke« von Betriebswirtschaftlern angenommen haben und diese auf die Politik und sich selbst anwenden. Sie sind zu Vermarktern ihrer eigenen Person und Verkäufern von Botschaften geworden, die im Grunde nicht ihren Überzeugungen entspringen, sondern der jeweiligen Marktlage, sie bedienen Wählergruppen, Interessen, Stimmungen, Medien und entwickeln Kommunikationsstrategien, legen sich ein Image zu und verkaufen sich als »Marke«.

Für einen Kritiker ist klar: Auf diese Weise dient man der neuen Macht, einer unheimlichen und gesichtslosen Herrschaft, die keinen festen Wohnsitz und kein Handy hat und als Person nicht greifbar ist. Es sei der unbekannte Großinvestor mit seinen Trittbrettfahrern, den anonymen Kleinaktionären. Er hält sie für die Macht, die Autorität und die Institution, die über das Wohl und Wehe ganzer Nationen entscheiden.[20] Wo ihr Geld hinflösse, blühten Oasen. Wo sie ihr Geld abziehen, wachse die Wüste. Wo sie ihr Geld einsetzen, forderten sie Rendite, zehn Prozent, 20, 25, immer mehr. Der Planet sei zum globalen Industriestandort gemacht worden. Die Zukunft gestalte sich an den Geldströmen entlang. An ihnen richte sich alles aus. Und die Politiker dürften die Entwicklung als Sachzwangvollstrecker und nachsorgende Betreuer der Opfer begleiten. Die Zukunft ergebe sich von selbst aus dem Spiel zufälliger Gewinnerwartungen und notwendiger Anpassung. Wollte man solch eine Zukunft nicht, solle man sich an eine zweite Autorität erinnern: die Verfassung. Danach sei das Volk die Autorität. »Wir« hätten darüber zu bestimmen, wie wir hier leben und arbeiten wollen, nicht anonyme Aktionärsinteressen. Unter dem Schutz der Verfassung sei es prinzipiell möglich, die an die anonymen Märkte verlorene Gestaltungsmacht zurückzuholen. Wir müssten das nur wollen. Natürlich: Es muss organisiert und es muss dafür gekämpft werden. Es sei nicht sehr wahrscheinlich, dass die alten Institutionen (Kirchen, Parteien, Gewerkschaften) die Chance nutzen. Die Kirchen seien viel zu sehr mit sich selbst beschäftigt. Der Blick der Parteien ende zuverlässig immer bei der jeweils nächsten Landtagswahl. Gewerkschaften fehle jegliche Vision für die Zukunft. Impulse seien eher von den international vernetzten Nichtregierungsorganisationen zu erwarten. Und von mündigen Bürgern, die als kleine Minderheit tatsächlich existierten. Angesagt wird der Kampf um die »Rückeroberung der Demokratie«. Derjenige, der ihn organisiert, führt und gewinnt werde die »Autorität« der Zukunft sein.[21]

Aus der Sicht von Oskar Negt, einem der bedeutendsten deutschen Sozialwissenschaftler, befinden wir uns in einer Phase des Umbruchs und vor allen Dingen auch in einer »Zwischenwelt der Ratlosigkeit«. Er vermisst richtige Reformen und erkennt bestenfalls kosmetische Korrekturen, Randerscheinungen halt. Das bestimmende Merkmal der Krisenbewältigung heute sei gleichsam die »betriebswirtschaftliche Rationalisierung« der gesellschaftlichen Einzelbereiche mit einer Umverteilung nach oben und dem Sparzwang nach unten. Die Realität habe eine »gespensterhafte Qualität« bekommen. Der Rettungsfonds von 480 Milliarden Euro für angeschlagene Banken sei eine »negative Utopie«. Die gegenwärtig vorherrschende Form des falschen, verdrehten Bewusstseins laufe den traditionellen Emanzipationsidealen von Aufklärung, Gerechtigkeit, Solidarität und Gleichheit zuwider. Ein verkürzter, auf Anpassung an das Bestehende ausgerichteter Realitätssinn höhle die politische Moral aus und gefährde unsere Demokratie. Am Ende stehe eine »gebrochene Gesellschaftsordnung«, in der das offizielle Institutionengefüge völlig intakt und funktionsfähig erscheine – die Wahlen werden nicht gefälscht, die Korruption ist nicht endemisch, die Machtteilung wird respektiert, Recht wird gesprochen. Aber im Inneren dieser Gesellschaft brodele es. Mit Ausbrüchen sei zu rechnen. In der Abwendung vom System entstünden »politische Schwarzmarktphantasien«. Befürchtet wird der Verlust der Verantwortungsethik. Negt behauptet schließlich, dass Politik nicht in einer von Beruf und Arbeitsplatz abgetrennten Sphäre stattfinde und nicht den Berufspolitikern vorbehalten bleiben dürfe. Im übrigen hält er ganz andere Umverteilungsprozesse des gesellschaftlichen Reichtums für erforderlich. Nur ein Bruchteil fließe in die Gesellschaft, in die Schaffung von Arbeitsplätzen zurück. Die Krise werde zurzeit von denen bezahlt, die am ehesten aus der Gesellschaft ausgegliedert werden.[22]

Doch auch jenseits derartiger fast existentialistischer Betroffenheitslyrik hat die Entwicklung auf den Kapitalmärkten dieser Welt in den vergangenen Jahren möglicherweise eine Dimension eröffnet, in der selbst die Mathematik keine Orientierung mehr vermittelt. Das wäre nicht allzu überraschend, wenn die These stimmte, dass die internationale Finanzwirtschaft Wirtschaftsordnungen und Gesellschaften weltweit mittlerweile sogar in einen Zustand der »Obszönität« versetzt hat. Ausgangspunkt der These ist die Annahme, dass der Zufall die Antriebskraft von allem ist, was sich entwickelt. Es ist kaum bestreitbar, dass Evolutionsprozesse Krisen erzeugen, zum Beispiel Finanzkrisen. Derivate könnte man vor diesem Hintergrund nicht nur als Zufallsgeneratoren ansehen. Als Finanzinstrumente sind sie für manch einen sogar zum »Inbegriff von Bankerschamlosigkeit« geworden. Insbesondere die »Credit Default Swaps – CDS« erzeugten Zufall durch Aufschub. Diese Instrumente dienen der Kreditversicherung. Wird also ein Schuldner zahlungsunfähig, erstattet eine Versicherung dem Gläubiger den geschuldeten Betrag. Je größer die Wahrscheinlichkeit, dass der Kredit nicht zurückgezahlt wird, desto höher die Gebühr für die Versicherung. Diese Gebühr ist die Rendite desjenigen, der in die Versicherung »investiert«. Je sicherer die Rückzahlung, desto geringer der Zufallseinfluss. Je risikoreicher die Rückzahlung, desto größer der Zufallseinfluss. Manche Swaps gelten aus dieser Perspektive als richtige »Zeitmaschinen«. Sie vermischten die irreversible Zeit des vollen Risikos mit einer reversiblen Zeit, in der das Risiko aufgehoben ist. Dazu müsse eine »obszöne« Voraussetzung geschaffen werden: Ein Risikogeschäft ist für Personen zu versichern, die mit dem versicherten Geschäft gar nichts zu tun haben.

Man sieht einen Ereignishorizont entstehen, vor dem das Leben noch in geordneten Bahnen verläuft und hinter dem Zufall und Chaos zuschlagen. Je größer die Swap-Beimischung bei den Krediten, die von Nationalstaaten aufgenommen werden, um die Bankenkrise zu bewältigen, desto stärker die Bildung von »Chaoshorizonten« und desto stärker die Umklammerung durch den schleichenden Staatsbankrott.[23] Und desto geringer die zukünftige Fähigkeit dieser Staaten, ihre »Staatsziele« zu erreichen. Der Grund ist einfach: »Die nächste Blase werden die Staatsanleihen sein.«[24]

Jetzt wissen das auch die Politiker, die man für sachlich zuständig und persönlich qualifiziert hielt. Peer Steinbrück verkündete gegen Ende des Jahres 2010, dass sich ein »giftiges Gebräu« gebildet habe und benennt folgende Punkte:

· Paradigma der Deregulierung
· Jagd nach höchsten Renditen
· Politik des billigen Geldes
· massives Ungleichgewicht zwischen den USA (mit hohem Leistungsbilanzdefizit und starker Abhängigkeit von ausländischem Kapital) und China (mit hohen Exportüberschüssen und Währungsreserven)

Steinbrück hat jetzt erkannt, dass sich daraus eine Blase entwickelt hatte, deren Platzen das Weltfinanzsystem an den Rand des Abgrunds geführt habe.[25] Mittlerweile weiß er auch, dass Ratingagenturen die Bonität von Papieren als hoch eingeschätzt hatten, weil die modelltheoretische Annahme galt, dass man die Ausfallrisiken der unterschiedlich strukturierten Produkte oder Verbriefungen als voneinander unabhängig ansah, also »Kaskadeneffekte« oder gar einen systemischen Zusammenbruch einfach ausschloss. Ein Grund für die Fehleinschätzungen liege auch darin, dass die Ratingagenturen am Verkauf strukturierter Produkte indirekt mitverdienten. Sie berieten die Banken bei der Strukturierung dieser Produkte und gaben ihnen dann ihr »Gütesiegel«. Je zahlreicher und je unterschiedlicher die Produkte waren, umso mehr verdienten sie.[26] Auf einmal hat Steinbrück sogar auch verstanden, dass sich die Politik in Deutschland zu lange der »Deutungshoheit« entfesselter Finanzmärkte ergeben hat. Sie habe sich für Marktliberalisierungen offen gezeigt und der »Schattenwelt« beziehungsweise den »Zauberkunststücken« der Banken sehr stark Raum gegeben, um das Finanzzentrum Frankfurt am Main auf Augenhöhe mit der City of London und der Wall Street in New York City zu halten und das Gewicht der Finanzwirtschaft an dem der Realwirtschaft zu orientieren.[27]

Nunmehr erscheint es ihm auch unzweifelhaft, dass es eine tiefgehende Verstörung der Gesellschaft darüber gibt, was da in den letzten drei Jahren eigentlich passiert ist. Die These von der angeblich selbstregulierenden und zum Ausgleich tendierenden Kraft der Märkte sei widerlegt worden.

Die Exzesse und Spekulationen hätten zwar nicht die Legitimation der Marktwirtschaft, aber das Vertrauen in dieses Ordnungssystem schwer erschüttert. Steinbrück spürt zunehmenden Stress und Legitimationsdruck für die Demokratie. Die Bürger hätten den Eindruck, dass die staatlichen Hilfen nicht an die Geschädigten der Krise fließen, sondern an die Verursacher. Die bis jetzt gezügelte Empörung könne sich sowohl gegen »die« Banken als auch »die« Politik entladen. Einige Bankmanager hätten den Knall offenbar immer noch nicht gehört. Auch nach dem Empfinden von Steinbrück hat sich das Geschehen auf den Finanzmärkten längst von der Wirklichkeit realwirtschaftlicher Vorgänge gelöst.[28]

In der Erinnerung an das Verhalten des Vorstandsvorsitzenden der Deutschen Industriebank AG (IKB), Stefan Ortseifen, berichtet Steinbrück von seiner bittersten Erfahrung in der Finanzkrise, was Ahnungslosigkeit, Risikoignoranz und Desinformation angeht. Weitere Erfahrungen mit Bankmanagern hätten seinen Respekt für diese unantastbar kompetent erscheinende und von ihrer eigenen Bedeutung getragene Kaste auf das Niveau sinken lassen, das diese Herren normalerweise der Politik entgegenbrächten.[29]

Steinbrück ist es mehr als eine Fußnote wert, dass die Deutsche Bank aus der Rettung der AIG (American International Group) durch die US-Regierung eine Zahlung über 11,8 Milliarden US-Dollar für fällige Sicherheiten erhielt. Zur Erinnerung: Der Vorstandsvorsitzende dieser Bank, Josef Ackermann, hatte bekanntlich mehrfach öffentlich erklärt, dass er sich schämen würde, staatliche Hilfe in Anspruch zu nehmen. Er dürfte aber wissen, wie hoch der Abschreibungsbedarf gewesen wäre, wenn nicht eine ganze Serie staatlicher Unterstützungsmaßnahmen erfolgt wäre.[30] Ohne diese Maßnahmen hätte sich nach der Schätzung von Steinbrück die Deutsche Bank einen Abschreibungsbedarf über 25 bis 30 Milliarden Euro nicht ersparen können. Und selbst deren Eigenkapitalausstattung hätte problematisch werden können.[31]

DAS BEISPIEL HYPO REAL ESTATE

Geradezu fassungslos war Steinbrück über den Vorstand der Hypo Real Estate Bank (HRE), der eine Krisenrunde erstklassiger Zusammensetzung und eine Bundesregierung bis hinauf zur Kanzlerin ein ganzes Wochenende mit einem 35-Milliarden-Euro-Loch in der Bilanz beschäftigt hatte und vier Tage später einen weiteren Liquiditätsbedarf von 15 Milliarden Euro zugeben musste. Mit späteren Entschuldigungen habe man sogar versucht, den Minister für dieses »Stück aus dem Tollhaus« verantwortlich zu machen. Steinbrück fühlt sich von dem damaligen Vorstandsvorsitzenden, Georg Funke, getäuscht. Ihn interessiert bis heute brennend die Frage, ob Funke bereits nach dem ersten Krisenwochenende wusste, dass die dort zugesagten Kredite nicht ausreichen würden. Immerhin hatte Funke am 29. September 2008 öffentlich erklärt, dass die Bank gerettet und ihr Kapitalbedarf auf absehbare Zeit gedeckt sei.[32] Während eines Treffens am 6. Oktober 2008 begegnete dem damals amtierenden Bundesfinanzminister in der Gestalt von Georg Funke – ein Mann, dessen Bank gerade mit 50 Milliarden Euro fremden Geldes gerettet worden war – eine solche Mischung aus Realitätsverweigerung, Selbstüberschätzung und Verständnislosigkeit gegenüber den Vorgängen der vergangenen Tage, wie er sie in seinem Leben nicht wieder erfahren habe.[33]

Zur Erinnerung: Als die Bundesregierung im Jahr 2008 den Münchner Immobilienfinanzierer mit Milliardensummen vor dem Zusammenbruch bewahrte, war der Schock bei den Bürgern groß, als man erfuhr, dass eine bislang weithin unbekannte Bank so wichtig für das Weltfinanzsystem sein sollte, dass eine Rettung mit Steuergeldern unausweichlich erschien. Mit acht Milliarden Euro Kapital und (unvorstellbaren) 102 Milliarden Euro an Bürgschaften hat die Bundesregierung die HRE seither gestützt und gegen verfassungsrechtliche Bedenken verstaatlicht. Und nur ein Jahr nach der Verstaatlichung erfuhren die Steuerzahler eher beiläufig, dass noch einmal 40 Milliarden Staatsgarantien nötig sind, die Bank also schon wieder am Abgrund stand. Die Bundesregierung jongliert mit gewaltigen Summen, ohne sich ausreichend zu erklären. Sie sei drauf und dran, ihre Glaubwürdigkeit zu verlieren. Die Vernebelung habe schon einen Tag nach der Rettung angefangen, als der damalige Finanzminister Steinbrück über eine Abwicklung »schwadroniert« habe. Dass die Vorstandschefin der Bank, Manuela Better, im September 2010 für das Jahr 2011 Gewinne in Aussicht stellte, zwei Tage bevor eine neue Rettungsaktion verkündet wurde, passe in das konfuse Bild, das Bund und Bank abgeben.[34]

Diese Aussage wurde in der Öffentlichkeit als »unverzeihlicher Fehler«

bezeichnet, und ein Politiker beschimpfte die HRE als »Zombie-Bank«.[35] Das Institut sei ein »Fass ohne Boden«. Nur zwei Jahre nach der Rettung wurde ein weiterer Garantiebedarf in Höhe von 40 Milliarden Euro reklamiert, der an der Öffentlichkeit und am Parlament vorbei beschlossen und nicht hinreichend begründet wurde. Das Management hatte unterdessen ein dramatisches Bild der Lage gezeichnet und mitgeteilt, dass der Bank spätestens Ende September 2010 das Geld ausgehen werde, wenn sich die Finanzmärkte weiter gegen sie entwickeln sollten.[36] Zu diesem Zeitpunkt sollte übrigens die Aufspaltung der HRE beginnen – in eine Abwicklungsanstalt (»Bad Bank«), die mit Wertpapieren von bis zu 210 Milliarden Euro gefüllt wird, und eine kleinere Restbank, die unter dem Namen Deutsche Pfandbrief AG mit Gewerbeimmobilien- und Staatsfinanzierungsgeschäften dauerhaft als überlebensfähig gilt.[37]

Tatsächlich begann die Aufspaltung in der Nacht vom 30. September auf den 1. Oktober 2010. Binnen eines Tages wurden Wertpapiere, Kredite und ganze Geschäftsbereiche im Volumen von circa 191 Milliarden Euro übertragen. Die verbleibende Kernbank soll in den kommenden Jahren weiter schrumpfen und am Ende noch über eine Bilanzsumme von circa 100 bis 125 Milliarden Euro verfügen. Zur Absicherung dieser nächtlichen »Operation am offenen Herzen« dienten auch die zuvor erwähnten neuen Garantien. Durch sie sollte sichergestellt werden, dass es im Zuge der Abspaltung wegen technischer Fehler nicht zu Geldengpässen in der Bank kommt. Zudem brauchte die HRE einen zusätzlichen Puffer, weil sich die Kurse von Währungen und Staatsanleihen zuletzt zu Ungunsten der Bank entwickelt hatten, weshalb neue Finanzierungsprobleme drohten. Die eigentliche Abwicklungsarbeit wird in den nächsten Jahren zum Ziel haben, möglichst viel für die Staatsanleihen und Kredite in der Bad Bank herauszuschlagen. Es bleibt abzuwarten, wie viel der Steuerzahler von den zehn Milliarden Euro, die der Bund in die HRE gesteckt hat, wiedersehen wird. Außerdem kommt es darauf an, ob und wie teuer der Bund die Restbank (Deutsche Pfandbriefbank) einst wieder verkaufen kann.[38]

Vor diesem Hintergrund sind Meldungen über 25 Millionen Euro, die an verdiente Mitarbeiter des Instituts auch nach der Verstaatlichung als »Boni« ausbezahlt wurden, nur noch ein Sahnehäubchen, das allerdings eine beachtliche Größe erreicht; zu Beginn sollen sogar 35 Millionen Euro im Gespräch gewesen sein. Alle politischen Parteien haben diese Zahlung zwar heftig kritisiert. Das Bundesministerium der Finanzen hat sie aber zunächst einmal verteidigt. Das Geld war im Juni 2010 geflossen, und die Zahlungen waren dem SoFFin und dem Ministerium bekannt. Nur zur Erinnerung: Die HRE hatte ihren Eigentümern im Jahre 2009 einen Verlust von 2,2 Milliarden Euro beschert und musste mit acht Milliarden Euro Kapital und Garantien in Höhe von 142 Milliarden Euro gestützt werden. Nach Angaben der HRE seien für 2009 keine Boni gezahlt worden. Aber mit Blick auf die erforderliche grundlegende Restrukturierung des Konzernverbunds und auf die Stabilisierung sowie zur Vermeidung von Rechtsrisiken sei den 1400 Mitarbeitern eine einmalige Zahlung angeboten worden. Der Gesamtbetrag von 25 Millionen Euro entspreche einem Bruchteil der Bonuszahlungen im Konzernverbund vor der Krise. Vor 2008 wurden mehr als doppelt soviel an Boni ausgeschüttet.[39] Jeder Mitarbeiter der HRE hat also für das Jahr 2009 durchschnittlich 18 000 Euro bekommen, zusätzlich zum festen Jahresgehalt. Und jeder Mitarbeiter hat im gleichen Zeitraum circa 1,6 Millionen Euro Verlust erwirtschaftet. Manager, die eine erhebliche Mitschuld an dem Desaster tragen, drohen gleichwohl mit Klagen auf weitere Leistungen, weil sie wissen, dass sie nur schwer zu ersetzen sind. Das zeugt mindestens von mangelndem Unrechtsbewusstsein und offenbart eine erpresserische kriminelle Energie. [40]

Die moderne Erregungsdemokratie kam in Deutschland weiter auf Touren, als Ende September 2010 ruchbar wurde, dass womöglich circa 200 Mitarbeiter staatlich gestützter Kreditinstitute mehr als 500 000 Euro erhalten haben. Auf diesen Betrag hatte die große Koalition im Herbst 2008 die Gehälter von Vorständen und Aufsichtsräten gedeckelt. Für Mitarbeiter unterhalb dieser Führungsebene wurden allerdings keine konkreten Obergrenzen festgelegt. Allein in der Commerzbank sollen circa 40 Spezialisten ein höheres Gehalt beziehen als der Konzernchef Martin Blessing. Nachdem bekannt geworden war, dass die 1400 Mitarbeiter der HRE für 2009 circa 25 Millionen Euro Sonderzahlungen erhalten hatten, obwohl die Bank in diesem Jahr 2,2 Milliarden Euro Verlust machte, und der frühere HRE-Chef Axel Wieandt nach einem Arbeitseinsatz von 18 Monaten Pensionsansprüche von jährlich 240 000 Euro hat und zwei weitere Vorstände mit Pensionsansprüchen von jeweils 186 000 Euro die Bank verlassen, kam Unmut auf. Den für die Regierung und die Kontrolleinrichtungen handelnden Personen wurde vom finanzpolitischen Sprecher der CDU-Fraktion, Leo Dautzenberg, mit unverkennbarer Ironie »sehr viel Verständnis und Einfühlungsvermögen für die Banker« attestiert.[41] Dem will die Bundesregierung jetzt angeblich einen Riegel vorschieben. Nach Angaben des Staatssekretärs im Bundesministerium der Finanzen, Hartmut Koschyk, soll das »Restrukturierungsgesetz«, das die geordnete Insolvenz systemrelevanter Banken ermöglichen soll, um einen Passus ergänzt werden, der auch die Kappung der Vergütung bei bestehenden Verträgen ermöglicht.[42]

Unterdessen war auf einmal sogar die Wut über die Banker wieder da. In den Monaten zuvor hatte die Erholung der Wirtschaft verdeckt, wie sehr die Rettung der Banken mit Steuergeldern das Gerechtigkeitsgefühl der Menschen verletzt hat. Selbst eine naheliegende moralische Verdammung ändert nichts daran, dass es auch in der vielgescholtenen Bankenbranche keine »Kollektivschuld« gibt. Ökonomisch geht es darum, die besten Mitarbeiter mit entsprechenden Gehältern zu halten, damit sie den angehäuften finanziellen »Sondermüll« entsorgen. Das gilt offensichtlich auch für jene Investmentexperten, die den Kreditsondermüll mitproduziert haben. Zwingt man sie zum Gehaltsverzicht, mag das Rachegefühle befriedigen. Es löst aber die anstehenden Probleme nicht. Appelle an das Anstandsgefühl dürften ohnehin keine Remedur bringen. Die Politik muss von ihren Gestaltungsmöglichkeiten Gebrauch machen. Sie hinkt bei der Aufarbeitung der Finanzkrise regelmäßig hinterher. Exzesse dürften auch zukünftig unvermeidbar sein, wenn die gegenwärtige Struktur der Bankenwelt unverändert bestehen bleibt. Eine kleine Gruppe großer Konzerne dominiert das Geschäft weltweit und zahlt astronomische Gehälter. Das gilt vor allem für die Investmentbanken. Deshalb müssten kleinere Institute selbst drittklassigen Wertpapierspezialisten hohe Gehälter zahlen, um sie zu halten. Die Banken können auch deshalb so agieren, weil sie noch immer darauf vertrauen, im Krisenfall wegen ihrer Bedeutung für die Wirtschaft vom Staat gerettet zu werden. Hier muss die Politik endlich ansetzen, anstatt sich in Bonusdebatten zu verzetteln.[43]

Dort hat man es aber zunächst vorgezogen, einen Vertreter des Bundesministeriums der Finanzen, den Parlamentarischen Staatssekretär Steffen Kampeter, der Lüge gegenüber dem Deutschen Bundestag zu bezichtigen. Dieser war im Juli 2010 von einem Mitglied einer Oppositionsfraktion gefragt worden, ob Mitglieder der »schwarz-roten« Bundesregierung über (vermeintlich großzügige) Pensionszusagen für den früheren HRE-Chef

Wieandt informiert gewesen seien. Mitte September 2010 antwortete der Gefragte, dass weder die Regierung noch die bundeseigene Finanzmarkstabilisierungsanstalt (FMSA) Kenntnisse über den Arbeitsvertrag gehabt hätten. Schon am 22. September musste Staatssekretär Kampeter einräumen, dass der Aufsichtsrat der HRE den Entwurf des Anstellungsvertrages an die FSMA verschickt hatte. Die Opposition im Deutschen Bundestag behauptete auch erneut, dass Kampeter den Deutschen Bundestag bereits im Zusammenhang mit der »Beinahe-Pleite« Griechenlands fehlerhaft informiert hätte. Die Falschaussagen dieses Amtsträgers seien entweder absichtlich oder grob fahrlässig geschehen. In jedem Fall handele es sich um einen klaren Rechtsbruch.[44]

PEER STEINBRÜCK UND DIE »SCHULDFRAGE«

Aus der Sicht des Politikers Peer Steinbrück führt die grundsätzliche Frage »Wer ist schuld?« ins »Nirwana«, weil die Kausalitäten in einem so komplexen System wie dem der Finanzmärkte nicht eindeutig seien und es eine leicht zu identifizierende Verursachergruppe nicht gebe. Er sieht nur eine Gemengelage aus mehreren Faktoren in beliebiger Reihenfolge wie globale Ungleichgewichte, Philosophie der Deregulierung, Risikoignoranz und Arroganz von Bankmanagern, mangelnde »Brandmauern« und »Sicherungskästen«, Intransparenz des Marktgeschehens, Fehler der Politik, Gier von Bankkunden. [45]

Die Fehler der Politik bezeichnet Steinbrück folgendermaßen[46]:

· Unvermögen zum Abbau des fatalen ökonomischen Missverhältnisses zwischen den USA und China
· exorbitante Leistungsbilanzüberschüsse zwischen Deutschland und den anderen Mitgliedsstaaten der EU und des Euro-Raums
· Anhäufung gigantischer Schuldenberge
· mangelnde Nutzung der Einführung des Euro für eine Verbesserung der Wettbewerbsfähigkeit durch ein niedriges Realzinsniveau
· mangelnder Widerstand gegen »spekulative Kreditschöpfungen«
· mangelnde Überführung der Währungsunion in eine Wirtschaftsunion
· unklare Botschaft des »Formelkompromisses von Brüssel« Ende März/ Anfang Mai 2010 (Griechenlandhilfe)

- Gewährung unbegrenzter Liquidität durch staatliche Garantien für systemrelevante Banken und europäische Gewährleistungen für in Not geratene Länder
- mangelnder Druck auf eine fundamentale Umstrukturierung und Konsolidierung des Landesbankensektors
- Aufhäufung des Klumpenrisikos im Verbriefungsgeschäft bei den Landesbanken
- mangelnde Wahrnehmung, wie stark das Schattenbanksystem anwuchs und die Geschäfte in Zweckgesellschaften außerhalb des regulierten und beaufsichtigten Bereichs ausgelagert wurden
- mangelnde Initiative für eine Ermächtigung der Bankenaufsicht zur Prüfung ganzer Geschäftsmodelle

Die Finanzkrise seit 2007 hat aber auch noch etwas ganz anderes offengelegt, wie die Autoren Rudolf Lambrecht und Michael Mueller in ihrem Buch *Die Elefantenmacher* deutlich machen: In bislang unvorstellbarem Ausmaß hat sich die Bundesregierung in die Abhängigkeit der Finanzwirtschaft manövriert und so das Allgemeinwohl einer aus den Fugen geratenen Bankenwelt ausgeliefert. Die Politiker hätten sich als fremdbestimmte Komparsen in einem Theater postieren lassen, dessen selbst ernannte Regisseure in den Banktürmen die Handlung bestimmten – Millionengehälter und Bonuszahlungen im Blick. Das ist nicht weiter verwunderlich, wenn es stimmt, dass der Ausleseprozess in der Parteiendemokratie oft genug Politiker in Spitzenämter spült, denen das für ein Regierungsamt erforderliche Mindestmaß an eigenem Sachverstand und damit an Realitätsbezug fehlt.[47]

Bei der Betrachtung der Fehler, der Maßlosigkeiten und der Hybris der Bankenwelt ist dem ehemaligen Finanzminister Steinbrück dagegen die deutlich unterentwickelte Sensibilität der Wirtschaftselite und ihrer »Prätorianer« gegenüber Politik und Gesellschaft aufgefallen, denen Politiker offensichtlich als »unfähig, ineffizient, verschnarcht und opportunistisch« gelten. Steinbrück beruft sich in diesem Zusammenhang auf ein Zitat, wonach die Finanzwelt ihre überirdischen Gewinne nur erzielen könne, weil sie in hohem Maße Ignoranz einsetze. Gezieltes Nichtwissen sei ihr herausragender strategischer Vorteil – die Befreiung von der Verantwortung für die Konsequenzen, die ihre Geschäfte auslösen. Indem sie die Lebenswirklichkeit der Außenwelt ausblende, gewinne sie die Autonomie der Gestaltungsfreiheit. Insofern sei die Finanzkrise auch das Ergebnis einer besonderen beruflichen Sozialisation und der Abschottung in einer Parallelwelt auf höchstem Niveau. An deren Spitze hat Steinbrück eine »Mischpoke« ausgemacht, die sich durch ein asoziales und amoralisches Verhalten auszeichne. Er sei – am häufigsten auf diversen Inseln – manchmal Maklern, Investmentbankern, Beratern und Jungunternehmern begegnet, die von einer erschreckenden Dünkelhaftigkeit, Selbstbezogenheit und Herablassung gegenüber dem »gemeinen« Volk gewesen seien.

Nicht zuletzt die Finanzmarktkrise habe gezeigt, dass der mitreißende Turbokapitalismus offenbar Anlagen zu Arroganz beflügele, die den Sinn für Maß und Mitte, Proportionen und Balance getrübt hätten. Die Vertreter des globalisierten Finanzkapitalismus wüssten offenbar nicht, dass brachiale Verletzungen von Fairness und Unwuchten in einer Gesellschaft Gegenbewegungen auslösten. In einer Aufwallung von Emotionen und Irrationalität könne das Pendel in ein gegenteiliges Extrem schlagen. Kein Gesetz, keine Verordnung oder Regulierung werde Wirtschaftseliten und ihre Knappen auf das Gemeinwohl, eine Vorbildrolle und einen Blick für Fairness verpflichten können. Das lasse sich auch politisch nicht exekutieren. Deshalb, so seine Voraussage, wird die Gegenbewegung zunehmen, eines Tages organisiert auftreten und dann Konsequenzen erzwingen, die nicht weniger besorgniserregend sein könnten als die Ursachen dieser Wirtschafts- und Finanzkrise.[48]

Man könnte den entscheidenden Gesichtspunkt auch etwas prägnanter fassen: Die Geldkrisen der Gegenwart sind möglicherweise kein Ausdruck von Marktversagen, keine Krise des Kapitalismus, kein Argument gegen die Gier und schon gar kein Beweis für den Unsinn von Managergehältern und Renditezielen. Sie sind wohl eher Ausdruck eines staatskapitalistischen Systemversagens.[49]

Peer Steinbrück hätte sich besser mit dieser These auseinandergesetzt, statt in (selbst-)gefälliger Bescheidenheit zu behaupten, nach einer mehrjährigen Debatte über die Regulierung von Finanzmärkten das Rad nicht neu erfinden zu wollen. Das tut er übrigens auch nicht, wie seine hier nur auf Stichworte reduzierten Vorschläge zeigen[50]:

· Transparenz durch ausnahmslose Führung aller Finanzgeschäfte in der Bilanz
· ausreichende Unterlegung der Risiken in Banken durch Eigenkapital

- Verbot schädlicher Leerverkäufe
- Einschränkung des Eigenhandels von Finanzinstitutionen mit Wertpapieren
- keine Verbriefung (und Weiterreichung) von Kreditrisiken zu 100 Prozent
- transparente Handelsplattformen ausnahmslos für alle Geschäfte mit Finanzderivaten und -zertifikaten
- Leistung von Bonuszahlungen ausschließlich aus dem Ertrag des jeweiligen Finanzinstituts unter bestimmten Beschränkungen
- Zulassung nur von verständlichen Produkten durch die Bankaufsicht
- Ermächtigung der Bankaufsicht zur Prüfung des Geschäftsmodells von Finanzinstituten
- zügiger Abschluss der Arbeiten an einem Bankinsolvenzrecht
- zielstrebige Fortsetzung der Bekämpfung von Steuerhinterziehung und Steuerbetrug
- Einführung einer Umsatzsteuer von 0,1 Prozent auf alle Finanzmarkttransaktionen
- Korrekturen an den internationalen Bilanzierungsstandards
- Fortentwicklung des Internationalen Währungsfonds (IWF) zu einem Frühwarnsystem
- Verbesserung der grenzüberschreitenden Bankenaufsicht
- Beseitigung des »Geburtsfehlers« der Währungsunion (mangelhafte Koordination der Wirtschafts- und Fiskalpolitik)
- Einrichtung eines Europäischen Währungsfonds analog dem IWF
- Gründung einer europäischen Ratingagentur
- Konsultations- und Empfehlungsrecht für die EU bei der Aufstellung nationaler Haushaltspläne
- Entwicklung eines Szenarios für eine Umschuldung von Mitgliedsstaaten mit hoher Staatsverschuldung
- Verankerung eines Verfahrens für eine geordnete staatliche Insolvenz
- Einsatz von EU-Mitteln zur gezielten Verbesserung der Wettbewerbsfähigkeit von Mitgliedsstaaten, die ins Hintertreffen geraten sind
- Erklärungen zur Bedeutung des europäischen Projekts

IST DIE KRISE SCHON VORBEI?

Im Spätherbst des Jahres 2010 schien mancherorts die Welt auf einmal wieder in Ordnung zu sein. Insbesondere die deutschen Erfolge im Außenhandel wurden fast schon begeistert als Zeichen eines beginnenden Wirtschaftsaufschwungs bewertet, der aus den tiefen Tälern der Finanzkrise herausführen wird.

Bei der Betrachtung der Verhältnisse in der City of London stellte sich für einen journalistischen Beobachter sogar schon im Sommer des gleichen Jahres die ermutigende Frage, ob da einmal eine Krise war. Nicht nur die Händler von Luxusautos meldeten schon wieder exzellente Geschäfte: Auslieferung spätestens Anfang des Jahres 2011 – pünktlich zur Auszahlung der Jahresprämien. Mindestens fünf Milliarden Pfund (circa sechs Milliarden Euro) lassen die großen britischen Kreditinstitute ihren Investmentstrategen, Aktienhändlern und Analysten zukommen. Die Prämien schließen fast nahtlos an die früheren Rekordboni an.

Die Krise scheint auch in anderer Hinsicht überwunden. Die britischen Großbanken HSBC und Barclays haben für das erste Halbjahr 2010 Milliardengewinne gemeldet. HSBC, Europas größte Bank, konnte ihren Gewinn dank sinkender Belastungen aus faulen Krediten mehr als verdoppeln. Vor Steuern erreichte das Plus im ersten Halbjahr 2010 circa 11,1 Milliarden US-Dollar (circa 8,6 Milliarden Euro) nach fünf Milliarden US-Dollar im Vorjahreszeitraum. Solche Zahlen sollten nicht darüber hinwegtäuschen, dass die analytischen und ökonomischen Gründe für die desaströse Entwicklung immer noch nicht in genügender Weise geklärt sind.

Fest steht immerhin, dass hinter dem Begriff »Krise« individuelle und kollektive Selbsttäuschungen, wirtschaftliche Interessen sowie politisches Kalkül stehen. Der Sprachgebrauch unterstellt den episodischen Charakter der Entwicklung und gaukelt Beherrschbarkeit vor (»Krisenmanagement«).[51] Politiker können sich als entschlossene und kompetente Schutzherren des Gemeinwohls darstellen, darauf hoffend, dass die Schutzbefohlenen ein kurzes Gedächtnis haben oder die Komplexität der Materie ohnehin nicht durchschauen und ihr »Urvertrauen« zu den vermeintlich Mächtigen behalten.[52] Entscheidungsträger in Wirtschaft und Politik haben indessen in einer Mischung aus Ambition und Inkompetenz[53] selbst die Bedingungen geschaffen, unter denen sich die internationale Finanzwirtschaft in ein Schlachtfeld verwandeln konnte. Es wird zu einem beträchtlichen Teil von überforderten Amtsinhabern und kriminellen Gestalten beherrscht, die mit dem Habitus des seriösen Bankers auftreten.[54] In einem Satz: Keine Naturgewalt hat diese Finanzkrise ausgelöst, sondern beschämendes Versagen in den Vorstandsetagen.[55]

Und viele Regierungen haben jahrelang einfach nur zugeschaut.[56] Mittlerweile gibt es eine »Chronik des Staatsversagens«.[57] Plötzlich scheint man jedoch aufgewacht zu sein.[58] Selbst über die Ökonomen und deren Kompetenz wird jetzt nachgedacht, haben sie sich doch ungeachtet ihrer hohen mathematischen Intelligenz gewaltig verrechnet.[59] Die Welt befindet sich weiter auf dem Weg in ihren schlimmsten wirtschaftlichen und sozialen Alptraum, wie schon im Rückblick auf die Unruhen in Griechenland im Jahre 2008 gemutmaßt wurde.[60] Die Symptome einer »Systemkrise« der sozialen Marktwirtschaft sind unübersehbar, und ganze Demokratien könnten in Gefahr geraten. Gleichzeitig ist der Ruf nach dem »starken Staat« zu hören.[61] Fraglich ist, ob wir in einer »realwirtschaftlichen« Krise oder »nur« in einer Finanzmarktkrise stecken.[62] Zweifellos hat die Finanzkrise ihren Auslöser in einem dreifachen Staatsversagen in den USA. Dieses bestand in einer jahrelangen Niedrigzinspolitik der Notenbank, die sogar negative Realzinsen zuließ, in der Verweigerung einer frühzeitigen Regulierung der Finanzmärkte sowie in dem Verzicht auf die Rettung von Lehman Brothers, einer »systemisch wichtigen« Bank.

Insbesondere das öffentliche Lamento über die »Heuschrecken-Firmen« hat unterdessen gezeigt, dass das weitverbreitete Unverständnis über die Mechanismen moderner Kapitalallokationen durch wahlkampfbedingte Heuchelei noch potenziert wird. In Deutschland spricht das Beispiel des ehemaligen SPD-Vorsitzenden Franz Müntefering für sich. Dessen öffentliche Bemerkungen über das zerstörerische Verhalten mancher Finanzinvestoren kurz vor der Landtagswahl in Nordrhein-Westfalen im Frühsommer 2005 steht in einem bezeichnenden Kontrast zu der Tatsache, dass die »rot-grüne« Bundesregierung unter seiner Mitverantwortung den viel geschmähten Heuschrecken (Hedge-Fonds) den Luftraum über Deutschland mit der Verabschiedung des Investmentmodernisierungsgesetzes 2004 selbst eröffnet hatte.[63]

Der einstige CDU-Finanzexperte Friedrich Merz hat der SPD immerhin bescheinigt, dass sie mit einem kritischen Positionspapier (»Marktradikalismus statt Soziale Marktwirtschaft – Wie Private-Equity-Gesellschaften Unternehmen verwerten«) die jüngste deutsche Kapitalismusdebatte begonnen habe. Leider sei sie nie zu Ende geführt worden, denn als der SPD das Thema zu heiß geworden sei, habe sie sogar die Existenz dieses Papiers bestritten. Die Diskussion habe nach wenigen Wochen auch ein faktisches Ende gefunden. Einer der damals scharf kritisierten Investoren (Blackstone) übernahm auch mit Zustimmung von Müntefering einen Anteil von 4,5 Prozent der Deutsche-Telekom-Aktien von der Kreditanstalt für Wiederaufbau (KfW) und zahlte dafür 2,7 Milliarden Euro. Im übrigen liege auch nichts Verwerfliches darin, dass sich die Kapitalmärkte von den Gütermärkten abgekoppelt haben und mittlerweile auf der Welt mindestens 50-mal so viele Geldtransaktionen stattfinden wie reale Warengeschäfte. Gleichzeitig konstatiert Merz, dass die Ausdifferenzierung der Palette von Finanzmarktprodukten schließlich dazu geführt hat, dass selbst die Profis den Überblick über das Angebot verloren haben. Vor allem in derivativen Produkten, also in abgeleiteten Finanzmarktinstrumenten, denen kein unmittelbarer Gegenwert in Form eines Firmenanteils oder eines Fonds mehr zugrunde liegt, bestehe ein beträchtliches Risiko.

Das alles hält Friedrich Merz, der zwischenzeitlich zum Berater diverser Finanzunternehmen avanciert ist, nicht von der Behauptung ab, dass Finanzinvestoren angeschlagene Unternehmen wieder wettbewerbsfähig machten. Hedge-Fonds seien eine sinnvolle Ergänzung des Kapitalmarkts, die nur dann Erfolg hätten, wenn Unternehmen an Wert verlieren. Sie korrigierten durch ihre Aktivitäten falsche Preisbildungen am Markt und trügen so zur Risikobegrenzung an den Finanzmärkten bei. Wenn spekulative Geschäfte eines Hedge-Fonds zu Problemen führen, lägen die Ursachen in der Regel nicht bei den Fonds, sondern seien meist schon früher entstanden. Die Bundesregierung habe bisher aus gutem Grund eine spezielle Hedge-Fonds-Regulierung abgelehnt. Merz glaubt, dass Müntefering ihm heute insgeheim vermutlich zustimmen würde, wenn er sagt: »Gut, dass wir nun auch in Deutschland Heuschrecken haben.«[64]

Dieser wirtschaftlich erfolgreiche Politiker könnte Anlass sein, sich mit dem Verschwinden der Politik auseinanderzusetzen,[65] einem Verschwinden, dessen Ursprung in einem übersteigerten politischen Willen liegen könnte, der eine Ausweitung ultraliberaler Aktivitäten fordert. Gemeint ist politisches Handeln im Dienste der »allmächtigen« Privatwirtschaft, die unter dem züchtigen und beruhigenden Etikett der »Marktwirtschaft« einer dominanten und rein spekulativen Wirtschaft als Schutzschild dient, die zum Kasino degeneriert und den realen Aktiva gleichgültig gegenübersteht. Es geht also um eine virtuelle Wirtschaft, die keine andere Funktion hat, als der Spekulation und ihren Profiten den Weg zu ebnen. Gemeint sind Gewinne, die aus immateriellen Produkten (Derivaten) hervorgehen, bei denen mit dem gehandelt wird, was nicht existiert. Dazu gehört der Ankauf virtueller Risiken, die mit einem im Projektstadium befindlichen Vertrag verbunden sind, dann der Risiken, die durch den Ankauf dieser Risiken eingegangen wurden, die wiederum selbst jeweils tausenderlei weitere Risiken einschließen, die ebenfalls virtuell sind und ihrerseits Gegenstand weiterer, ebenfalls virtueller Spekulationen sind – von Wetten und weiteren Wetten auf diese Wetten, die zu den »wirklichen« Objekten der Märkte geworden sind.

Die Autorin Viviane Forrester beschreibt das Ergebnis der von Merz verteidigten Politik so: eine anarchische, mafiose Wirtschaft, die sich mit Hilfe eines Alibis – »Wettbewerbsfähigkeit« – verbreitet und eingenistet hat, eine Pseudowirtschaft, gegründet auf Produktion ohne Realität, die sie jedoch nach den Bedürfnissen des spekulativen Spiels erfindet, das selbst von jeglichen realen Aktiva, von jeglicher fassbaren Produktion abgespalten ist. Eine hysterische, wirkungslose Wirtschaft, auf Luft gegründet, Lichtjahre von der Gesellschaft und damit der realen Wirtschaft entfernt. Diese existiert jedoch nur im Bezug auf die Gesellschaft und hat nur Sinn, wenn sie mit dem Leben der Menschen verbunden ist.[66]

In einer fast inzestuösen Verschmelzung von Wirtschaft und öffentlicher Gewalt scheinen Regierungen mehr und mehr wie Wirtschaftsunternehmen zu agieren (und umgekehrt). Regierungen protektionieren den Gewinn, und Unternehmen sprechen von sozialer Verantwortung und Demokratie. Die Wirtschaft übernimmt die Aufgabe der Gesetzesplanung und -verabschiedung, und Regierungen kümmern sich ums Geld.[67] Die gegenwärtigen Erschütterungen der Weltwirtschaftsordnung sind jedenfalls keine Folgen eines Erdbebens. Deren Unterspülung ist nicht auf eine globale Tsunamiwelle zurückzuführen. Die überall zu besichtigenden Verwüstungen traten nicht plötzlich und unerwartet auf. Alles ist Werk von Menschenhand. Die Verheerungen sind das Ergebnis des Einsatzes von »Massenvernichtungswaffen« (Warren Buffet), also Derivaten und anderen »innovativen« und strukturierten Finanzprodukten. Die Wirtschaftswelt befindet sich nach wie vor im freien Fall.[68]

Das ist aber keine naturgesetzliche Zwangsläufigkeit, wie man angesichts der Erfolglosigkeit hektischer politischer Gegensteuerungsversuche annehmen könnte. Gemeinsam mit Notenbanken bemühten sich Regierungen darum, das havarierte Weltfinanzsystem mit billigem Geld zu fluten und auf diese Weise wieder flott zu machen. Banken, die für »systemrelevant« erklärt wurden, erhielten unter anderem durch Zuführung von Steuergeldern Geleitschutz, damit sie wieder aus den schweren Wettern herausfinden, in die sie mit Volldampf hineingefahren waren. Den mehrfach geschädigten Bürgern wurden im Hinblick auf ihre Sparguthaben wirtschaftlich unhaltbare und rechtlich bedeutungslose Garantien gegeben.

Die Politik versucht nach wie vor überwiegend mit Beschwichtigungsritualen eine Trümmerlandschaft schönzureden. Sie gehört zur Hinterlassenschaft gewissenloser Cliquen der Finanzwirtschaft, die unbeeindruckt von wirtschaftlicher Vernunft und bis jetzt nicht genügend wirksamen Regulierungsversuchen des Gesetzgebers einen Krieg gegen die Interessen der Menschen führen, die ihren Lebensunterhalt noch auf Qualifikation, Arbeit, Fleiß und Rechtstreue gründen. Das Thema ist nicht auf »Krisenmanagement« und »Risikomanagement« zu reduzieren. Die Aufgabe ist sehr viel umfassender. Natürlich gehört auch die Vorsorge gegen allfällige Risiken dazu. Vor allem aber wird man sich mit der Frage auseinandersetzen müssen, ob es sich bei der gegenwärtigen Entwicklung um einen bedauerlichen Unfall, eine unglückliche Entgleisung, ein unabwendbares Schicksal oder um eine systemische Fehlentwicklung handelt, für die konkrete natürliche und juristische Personen beziehungsweise Gruppen und Strukturen verantwortlich sind. Der etablierte Gebrauch des Begriffs »Finanzkrise« verniedlicht die gesellschaftliche, wirtschaftliche und politische Dramatik, die mit dieser Frage verbunden ist. Er steht für eine Augenwischerei, die den Blick auf die politisch gewollten und mit asozialer Energie genutzten exklusiven Bereicherungsmöglichkeiten auf Kosten der Allgemeinheit verhindert.

Zum Ende des Jahres 2009 hatte manch ein politisch Verantwortlicher gleichwohl schon geglaubt, dass wir aus dem Gröbsten heraus sind. Etwas vorsichtiger gab sich dagegen Bundeskanzlerin Angela Merkel. Sie hat den

Gläubigen und Gläubigern mitgeteilt, dass wir uns auf einem extrem labilen und unvorhersehbaren Grund bewegen. In der Tat geht es nicht nur um die Verdauung einer einzigen großen Spekulationsblase.[69] Vor uns liegen Hochrisikojahre mit zahlreichen verschiedenen Gefahren, die sich addieren werden. Trotz weniger zaghafter Anzeichen für eine leicht wachsende deutsche Volkswirtschaft bleibt der Versuch, den in der Finanzkrise verlorenen Wohlstand zurückzuholen und zu mehren, eine Tour am Rand des Abgrunds. Wir haben ein Dauerabenteuer vor uns.[70]

In wissenschaftlichen Untersuchungen[71] über die Folgen von Finanzkrisen in der Geschichte sind die Zeichen an der Wand zu lesen:

· Steigerung der Arbeitslosigkeit um durchschnittlich sieben Prozent
· Einbruch der Wirtschaftsleistung um 9,3 Prozent
· Abwicklung ganzer Banken
· Absturz der Aktienkurse auf Tiefstwerte
· Verdoppelung der Staatsschulden
· gesteigerte Anfälligkeit des Bankensystems
· Reduzierung des Wettbewerbs im Bankensektor
· Beanspruchung von Staatshilfen
· Wiedereröffnung hochspekulativer Geschäfte mit Schrottpapieren, Rohstoffen und Kreditversicherungen

DIESES MAL IST ALLES ANDERS

Doch im Vergleich zu früheren Krisen gibt es einen bemerkenswerten Unterschied. Viele Schwellenländer in Asien oder Lateinamerika gelten als finanziell stabil, weil sie im Ausland kaum verschuldet sind. Die finanzpolitischen Minen sind heutzutage in unmittelbarer Nachbarschaft zu finden. Dazu gehören Mitgliedsstaaten der Europäischen Union (EU), vor allem Portugal, Irland, Italien, Griechenland, Spanien (»PIIGS-Staaten«) und die baltischen Staaten sowie Ungarn. Schon seit Anfang 2009 wird sogar über einen Staatsbankrott Großbritanniens nachgedacht, und Londoner Finanzanalysten spekulieren, dass das Vereinigte Königreich ähnlich bankrott gehen könnte wie Island, dessen Wirtschaft mit Hilfe eines Notkredits des Internationalen Währungsfonds (IWF) über Wasser gehalten werden muss. Britische Großbanken häuften trotz milliardenschwerer Rettungsaktionen der Labour-Regierung weiter horrende Verluste an. Das Kreditgeschäft ist ausgetrocknet. Unternehmen und Privatleute erhalten kaum noch Geld. Das britische Pfund verliert gegenüber dem Euro und dem US-Dollar beständig an Wert. Darin drückt sich der Vertrauensverlust internationaler Investoren gegenüber der britischen Wirtschaft aus. Sie ziehen ihr Geld ab. Ein gefährlicher Kreislauf von weiterer Kapitalflucht und Währungsabwertungen scheint sich abzuzeichnen.

Zwischenzeitlich war sogar von einem »Währungskrieg« die Rede. Besonnenere Kommentare gingen jedoch frühzeitig davon aus, dass die Gefahr eines Kampfes zwischen Amerikanern, Chinesen und Europäern auf der Basis aggressiver Abwertungen nicht besteht und zu keiner Zeit bestanden hat. Es geht wohl doch um etwas anderes: Die globalen Ungleichgewichte, die die Finanzkrise mit ausgelöst haben, bestehen noch immer und scheinen sich sogar noch zu vergrößern. Dies führt zu Spannungen im Weltwährungssystem, die den Aufschwung gefährden und im Extremfall zu einem regelrechten Handelskrieg zwischen China und den USA mit Strafzöllen und Ähnlichem führen können.[72]

Im Herbst 2010 war allerdings schon deutlich geworden, dass die Krise einen neuen Schauplatz bekommen hat: die internationalen Devisenmärkte. Es begann zu dieser Zeit nicht nur der Streit zwischen China und den USA um den Wechselkurs. Auch Japan begann mit Bemühungen, den Anstieg des Yen zu stoppen. Die Turbulenzen auf den Währungsmärkten waren schon zu jener Zeit ein Beleg dafür, dass die Krise eben nicht bewältigt ist, sondern sich nur auf ein neues Feld verlagert hat. An den Devisenmärkten werden täglich circa vier Billionen US-Dollar gehandelt. Der Welthandel wurde durch die Krise zwar gedämpft. Aber das Geschäft mit Währungen ist in den drei Jahren zwischen 2007 und 2010 noch einmal um ein Fünftel gewachsen und hat sich vom Geschäft mit Gütern weiter abgekoppelt. Während vor circa 30 Jahren der Warenhandel die Wechselkurse noch im wesentlichen bestimmt hatte, sind gegenwärtig nur noch 15 bis 20 Prozent an Warengeschäfte geknüpft.[73]

Die City of London steht jedenfalls bis auf weiteres unter großem Druck. Dort entstanden auch die kunstvoll gestrickten Finanzprodukte, die als »toxische Wertpapiere« die Bankenbilanzen belasten. Hier kommen aus der ganzen Welt Broker und Banker zusammen, um mit immer höheren Einsätzen zu zocken. Die einseitige Ausrichtung Großbritanniens auf die

Finanzbranche könnte ein Irrweg sein, der trotz der in vielerlei Hinsicht beanspruchten europäischen Sonderstellung dieses Staates (unter anderem als Nichtmitglied der Währungsunion und Verweigerer der Charta der Grundrechte der EU) gemeinschaftsrelevante Auswirkungen hat.[74] Innerhalb eines Jahres hatte sich die Entwicklung dort dramatisch zugespitzt. Schon Anfang 2010 äußerten Vertreter der Deutschen Bank die Vermutung, dass man Großbritannien in einigen Monaten so ähnlich sehen werde wie Griechenland. Das Land mache infolge der Finanzkrise prozentual deutlich mehr neue Schulden als andere Industrieländer. Gemessen am Bruttoinlandsprodukt verdopple sich die britische Verschuldung, während sie in Italien um rund 20 Prozent und in den USA um rund 50 Prozent zulegte.[75]

Insbesondere Finanzinstitute an der Wall Street in New York und in der City of London haben mit Hedge-Fonds Assoziationen gegründet und Verbindungen gepflegt, die über die schadenstiftende Energie konventioneller krimineller Vereinigungen weit hinausgehen. Hedge-Fonds arbeiten mal ohne Kredite und mal mit enormen Schulden. Kauft man für 100 Millionen US-Dollar Aktien und verkauft sie für 110 Millionen US-Dollar, hat man eben zehn Prozent Gewinn auf das eingesetzte Kapital gemacht. 100 Prozent Gewinn fallen für den an, der von 100 Millionen US-Dollar Kaufpreis nur zehn Millionen US-Dollar aus eigener Tasche bestreitet und den Rest per Kredit bezahlt. Natürlich mussten die Fonds auf die Kredite Zinsen zahlen, doch diese lagen lange Zeit sehr niedrig. Im Extremfall zahlten die kaum rechtlichen Auflagen unterworfenen Fonds von 100 Millionen US-Dollar »Einsatz« nur drei Millionen US-Dollar mit Eigenkapital. Und die Banken spielten dieses Spiel nicht nur mit. Sie lebten mit den Hedge-Fonds sogar in einer Art Symbiose. Zum einen kassierten sie Zinsen. Und zum anderen konnten sie der Hedge-Fonds-Industrie viele riskante Papiere verkaufen, damit Gefahren aus den eigenen Bilanzen entfernen und so das Eigenkapital, das sie selbst zur Absicherung vorhalten müssen, niedrig halten.[76]

Die Problematik hat auch grundsätzliche Aspekte. Die Elektronisierung des globalen Geld- und Kapitalverkehrs hat undurchsichtige Finanzinstrumente, insbesondere Derivate und Zertifikate hervorgebracht, deren Risiken nicht mehr abzuschätzen sind. Dafür trägt die angloamerikanische Finanzindustrie die größte Verantwortung. Sie hat kaum zusätzliche Werte produziert, sondern nur zusätzliche Gewinne und Verluste. Man handelt mit »Wertpapieren«, denen eines gemeinsam ist: Gewinn und Einkommen des jeweiligen Urhebers sind von Anfang an gesichert, während das sorgfältig verborgene Risiko der Wertminderung allein beim Käufer des Papiers liegt. Das ist eine gut getarnte Form des »Raubtierkapitalismus«.[77]

Nicht nur die genannten Staaten bieten wegen ihrer katastrophalen budgetären Verfassung ein höchst interessantes Exerzierfeld für weitere Spekulationen, die schließlich die Stabilität des Euro beziehungsweise der jeweiligen Währung gefährden und damit die Grundlagen auch der deutschen Wirtschaftspolitik ruinieren können. Die Krise wird Krisen gebären. Offensichtlich haben zahlreiche Daten und Statistiken schon bei der Gründung der Euro-Zone mit der wirtschaftlichen Realität des einen oder anderen Mitgliedsstaates wenig zu tun gehabt. Die Palette möglicher Erklärungen reicht von Korruption über Inkompetenz bis hin zu staatlich geförderter Systemkriminalität. Prognosen scheinen das Ergebnis von Fieberphantasien gewesen zu sein.

Aber auch die bisherige Kompetenzlosigkeit der europäischen Statistikbehörde (Eurostat) hat dazu beigetragen und ist ein Skandalon für sich. Daran hat Deutschland einen besonderen Anteil. Dort haben sich die Verantwortlichen in den vergangenen Jahren entschlossen gegen die Übertragung der notwendigen Kontrollrechte gestemmt.[78]

Im übrigen hat Deutschland, das sich gerne als europäischer Musterknabe geriert, auf seine Weise erfolgreich an der Vertuschung eigener Staatsschulden gearbeitet. Die Kommunen haben etwa mit US-Finanzinstituten Leasing-Verträge abgeschlossen.[79] Sie haben Klärwerke verkauft und zurückgeliehen, um an Geld zu kommen. Öffentliche Gebäude werden zudem privat gebaut und geleast, statt sie zu kaufen. Oder es wurden staatliche Immobilien und Verkehrswege verkauft, um sich Kapital zu besorgen. Dabei handelt es sich insgesamt um versteckte Staatsverschuldung, die nicht als solche ausgewiesen wird.[80]

Es gibt mittlerweile beeindruckende Einzelbeispiele dafür, was alles passieren kann, wenn sich Kommunen auf bestimmte Bankgeschäfte einlassen. Im August 2010 hat sich etwa die Stadt Pforzheim aus einem bitteren Geldgeschäft mit der Bank J. P. Morgan mit immerhin über 57 Millionen Euro freikaufen können. Damit sind alle Rücklagen der Stadt aufgebraucht. Sie hatte sich wie viele andere Städte Derivate andrehen lassen. Der Gesamtschaden wird auf eine Milliarde Euro geschätzt. Angesichts von Schuldenbergen in den Gemeinden hatten manche Kämmerer versucht, mit diesen Instrumenten die Zinslast zu senken. Pforzheim hatte drei »Spread Ladder Swaps« im Volumen von 60 Millionen Euro bei der Deutschen Bank unterschrieben, weil sie der Bank vertraute. Als das Minus mit Spekulationen auf Zinsbewegungen 20 Millionen erreicht hatte, war das Vertrauen aber dahin. Jetzt schenkte sie es J. P. Morgan und entschied sich im November 2006 zu Swap-Gegengeschäften. Der Hintergrund ist einfach: Eine Kommune hat einen Kredit mit festem Zinssatz – zum Beispiel über 20 Jahre – bei einer Bank abgeschlossen. Der Zinssatz ist ihr irgendwann zu hoch und sie tauscht (swap) für einen bestimmten Zeitraum (beispielsweise sieben Jahre) deshalb ihren festen, langfristigen Zinssatz gegen einen variablen. Im ersten Jahr ist der Zinssatz oft niedriger als vereinbart. Danach orientiert sich der Zinssatz an der Differenz (Spread) zwischen kurzfristigen (etwa zweijährigen) und langfristigen Zinsen (etwa zehnjährigen). Vergrößert sich die Differenz, gewinnt die Kommune, verkleinert sie sich, verliert sie. Bei der Zinsentwicklung der vergangenen Jahre habe viele Kommunen die Wette verloren.

Nach ihren Erfahrungen mit der Deutschen Bank setzte Pforzheim nun nicht mehr darauf, dass sich die Differenz zwischen kurz- und langfristigen Zinsen auseinanderentwickelt, sondern sie setzte auf das Gegenteil. So sollte das Risiko aus den Verträgen mit der Deutschen Bank begrenzt werden. Doch die neuen Swaps bescherten neue Verluste, während sich die Ursprungswette langsam erholte. Es war unterdessen nahezu ausgeschlossen, dass die Stadt mit den neuen Derivaten einen besseren Schnitt machen würde als mit den alten. Letztlich hat die Stadt der Bank viel Geld dafür bezahlt, dass diese ihr ein unbegrenztes Verlustrisiko verkauft. Gegen die Verantwortlichen der Stadt wurden Ermittlungsverfahren wegen des Verdachts der Untreue eingeleitet. Klärungsbedürftig ist, ob sie wussten, was sie taten, und ob sie derartige Geschäfte überhaupt abschließen durften, ob sie gegebenenfalls nur gutgläubig oder fahrlässig handelten und wann sie bemerkten, dass sie wie Pokerspieler mit fremdem Geld hoch gezockt hatten. Untersuchungsbedürftig ist natürlich auch die Rolle der Banken. Sie scheinen ihre Kunden regelrecht »angefixt« zu haben, warfen die Zinswetten im ersten Jahr nach Abschluss oft garantierten Gewinn ab. Mit der Finanzkrise ging das Pokerspiel, das auf noch höherem Niveau in vielen anderen deutschen Städten gespielt wurde, verloren.[81]

In Leipzig begann Ende November 2010 die juristische Aufarbeitung eines der größten kommunalen Finanzskandale in der Bundesrepublik. Am 27. November 2010 wurde der Prozess gegen den ehemaligen Geschäftsführer der Kommunalen Wasserwerke Leipzig (KWL), Klaus Heininger, eröffnet. Gegen den Angeklagten besteht unter anderem der Verdacht der Bestechlichkeit, der Untreue, der Bilanzfälschung und der Steuerhinterziehung. Er hatte sich 2006 – angeblich an den Kontrollgremien vorbei – auf hochriskante Finanzgeschäfte eingelassen. Die Folgen könnten für die Stadt Leipzig dramatisch werden. Die betroffenen Banken, darunter die Schweizer UBS und die Landesbank Baden-Württemberg (LBBW), fordern von der hochverschuldeten Kommune die Rückzahlung von 285,5 Millionen Euro. Heininger hat mittlerweile gestanden, dass er von den Vermittlern der Geschäfte mit 3 Millionen US-Dollar bestochen wurde.

Parallel dazu hat am 9. Dezember 2010 ein weiteres Verfahren im Zusammenhang mit den Leipziger Wasserwerken begonnen. Dort stehen der frühere Chef der städtischen Verkehrsbetriebe, Wilhelm Georg Hanss, und der einstige Stadtkämmerer Peter Kaminski vor Gericht. Auch ihnen wird Bestechlichkeit vorgeworfen. Hintergrund sind die bekannten komplizierten Finanzgeschäfte wie Cross-Border-Leasing (CBL), Credit Default Swaps (CDS), Collateralized Debt Obligations (CDO). Es lief alles nach einem eingespielten Schema. Leipzig hatte sein Trinkwassernetz 2003 mit Zustimmung des Aufsichtsrats in ein CBL-Geschäft eingebracht. Das Risiko dieser Transaktion sicherten die Wasserwerke mit CDS ab. Zu deren Finanzierung wiederum setzten Heininger und sein Kollege Andreas Schirmer auf die hochriskanten CDOs, ein Produkt, das die Finanzkrise mitausgelöst hat. Das Resultat ist klar: Auf der Stadt lasten Nachschusspflichten in dreistelliger Millionenhöhe.

Die Bank und die Stadt haben sich wechselseitig mit Klagen überzogen. Gegenwärtig (Stand: November 2010) wird vor dem High Court of Justice in London geklärt, ob die damals geschlossenen Verträge rechtmäßig zustandegekommen sind. Aus der Sicht der Stadt hätten ihre Bediensteten die Abkommen gar nicht treffen dürfen, und die Banken hätte dies wissen müssen. Sie glaubt nachweisen zu können, dass die Geschäfte nur zur persönlichen Bereicherung und nicht zum Wohl des städtischen Unternehmens abgeschlossen wurden. Sollte sich die Stadt mit ihrer Rechtsauffassung nicht durchsetzen können, dürfte ihr Schuldenberg wieder über die Milliardenmarke steigen und ihre Handlungsfähigkeit stark einschränken.[82]

Aber vielleicht zeichnet sich durch ein Urteil des Oberlandesgerichts Stuttgart vom 27. Oktober 2010 ein Silberstreif am Horizont ab. Der Abwasserzweckverband Mariatal (Ravensburg) hatte sich den Künstlern der Deutschen Bank anvertraut und einen Vertrag zur Zinsoptimierung unterschrieben (2005). Drei Jahre später standen Verluste in Höhe von circa 750 000 Euro zu Buche. Selbst in der schwäbischen Metropole hatte man sich auf ein Glücksspiel eingelassen. Die Bank hatte eine Wette verkauft, bei der nach der Auffassung der Stuttgarter Richter von Anfang an alle Gewinnchancen bei der Bank und fast alle Verlustrisiken bei dem Kommunalverband lagen, eine Vorgehensweise, die einer heimlichen Selbstbedienung der Bank am Vermögen des Kunden gleichgekommen sei. Insoweit habe auf Seiten der Deutschen Bank auch Vorsatz vorgelegen, und die Beratung sei derart schlecht gewesen, dass die Anlageentscheidungen »wie im Blindflug« getroffen worden seien.

Die Deutsche Bank wurde von den Zivilrichtern verurteilt, 710 000 Euro plus Zinsen als Schadenersatz zu zahlen. Damit hat ein deutsches Oberlandesgericht zum ersten Mal eine Bank in vollem Umfang für Verluste haftbar gemacht, die kommunalen Unternehmen aus Zinsspekulationsgeschäften entstanden sind.[83]

EINSICHTEN EINES FINANZMINISTERS

Unterdessen bemühte sich der amtierende Bundesminister der Finanzen, Wolfgang Schäuble, in Deutschland um grundsätzliche Klärungen. Er hat herausgefunden und in seinem Buch *Zukunft mit Maß* beschrieben, dass die Übertreibung des Egoismus, also die Gier, gefährlich ist, weil damit eine »vernünftige Ordnung« beschädigt oder sogar zerstört werden könne. Die gegenwärtige Finanz- und Wirtschaftskrise mache dies deutlich. Sie lehre uns, dass wir einen stabilen Rahmen und verlässliche Regeln brauchen, um menschlicher Maßlosigkeit in entfesselten Märkten entgegenzuwirken. Der Staat habe die Aufgabe, einen rechtlichen Rahmen für das Wirtschaften und das Zusammenleben der Menschen in Freiheit und Vielfalt bereitzustellen. Er müsse für nachhaltige Entwicklungen sorgen, Regeln für Transparenz aufstellen und Fehlverhalten sanktionieren, ohne Innovation und Fortschritt zu hemmen.[84] Daraus wird sich natürlich keine

Welterlösungsformel ergeben, die aus den Untiefen des gegenwärtigen Krisenszenarios herausführt. Schäuble erkennt immerhin, dass der bisherige Rahmen es nicht geschafft hat, die Krise zu verhindern. Der Staat hat also in der Sicherung der modernen Daseinsvoraussetzung in epochaler Weise versagt, auch wenn Schäuble genau diese Konsequenz nicht ziehen will. Er bevorzugt den Ritt auf paratheologischen Sprachwolken und attestiert einen umfangreichen »Anpassungsbedarf«. Das bedeute aber nicht, dass wir die »soziale Marktwirtschaft« abschaffen und eine grundlegende Systemdiskussion führen sollten. Die nötigen Korrekturen könnten auch unter den Bedingungen der Globalisierung geleistet werden.[85]

Leider bleiben aber allzu häufig besondere Aspekte dieses Phänomens unberücksichtigt, die von dem Journalisten und Autor Jürgen Roth so beschrieben werden: »Die Vorstellung, dass die Vertreter der nationalen Ökonomie in ein System der Loyalität gegenüber dem demokratischen Sozialstaat eingebunden sind, wird zunehmend obsolet. Denn die herrschende Kultur potenter Wirtschaftsmächte, in denen totale Willkür, absolute Korruption und strukturelle Erpressung eine lange Tradition haben, wie es in den Ländern der ehemaligen UdSSR der Fall ist, vermischt sich leicht mit der Wirtschaftskultur in demokratischen Systemen. Man nennt es Globalisierung.«[86]

Minister Schäuble hat folgende Erklärungen im Angebot:
· langjährige laxe Geldpolitik der amerikanischen Notenbank
· unverantwortliche sozial- und integrationspolitisch getriebene Anheizung des amerikanischen Immobilienmarktes
· Aufhebung der Verschuldungsgrenzen für Wertpapierhandelshäuser durch die amerikanische Securities and Exchange Commission (SEC)
· Refinanzierung und weltweite Verteilung des gigantischen Hypotheken- und Kreditausfallrisikos durch Verbriefung und »Finanzinnovationen«
· Aufblähung der (deutschen) Landesbanken mit öffentlichen Geldern
· Eingehung unvernünftiger und unverständlicher Risiken
· weitgehende Liberalisierung der Regularien für die Finanzindustrie
· Versagen von Entscheidungsträgern in der Finanzindustrie, bei Banken, Finanzberatungen, institutionellen Anlegern oder vielen anderen Unternehmen
· Gier der Marktteilnehmer und Anleger[87]

Diese Ansätze greifen zu kurz. Niemand war gezwungen, sich dem Streben nach kurzfristiger Rendite zu unterwerfen und wegen ein paar Basispunkten von sicheren Staatsanleihen auf spekulative Zertifikate und Derivate umzusteigen.[88]

Schäuble betont, dass es natürlich kein Patentrezept dafür gibt, wie man aus der Krise herauskommt und was in Zukunft genau verändert werden muss. Auch ihm ist klar, dass der Staat gefordert ist, weil in der jetzigen Situation nur er das notwendige Vertrauen hat. Mit den vom Bundeskabinett beschlossenen Maßnahmen habe die Bundesregierung gezeigt, dass sie entschlossen und kraftvoll handelt, bis das Vertrauen in die Finanzmärkte hinreichend wieder hergestellt ist.[89] Man werde Liquidität schaffen, Kreditvergaben ermöglichen und so die finanziellen Grundlagen der Wirtschaft sichern.

Selbstverständlich will man auch die Auslöser und Ursachen der Krise gründlich analysieren und strategische Vorkehrungen treffen. Wir dürften uns aber nicht in eine »Systemkrise« hineinreden. Die Sinnhaftigkeit von mehr Regulierungen auf internationaler Ebene beurteilt Schäuble skeptisch. Die Förderung der mittelständischen Wirtschaft dürfe nicht vernachlässigt werden.[90] Marktakteure seien Risiken eingegangen, die nicht durch ökonomische Substanz aufzufangen waren. Dies sei durch die Missachtung eines Grundsatzes ermöglicht worden, den Schäuble für ein ganz wesentliches Anreizsystem für maßvolles ökonomisches Handeln hält: die Haftung desjenigen, der Risiken eingeht.[91] Es sei eine Systembedrohung entstanden, weil die Eigenkapitalquote der Handelnden immer geringer geworden sei und mit kreditfinanzierten Transaktionen immer größere »Hebel« in Bewegung gesetzt worden seien. Aus seiner Sicht sind mehrere Vorkehrungen nötig[92]:

· Wiederherstellung des Zusammenhangs von Nutzen und Schaden, von Risiko und Haftung durch eine Beschränkung der Weitergabe von Risiken
· Verbesserung der Aufsicht
· Verhinderung von Risiken, die nicht mit einer ausreichenden Kapitaldeckung unterlegt sind
· Verschärfung des Gesellschaftsrechts und des Strafrechts zur Abschreckung vor Geschäften zu Lasten Dritter
· Herstellung von Transparenz zur Verhinderung systembedrohender Blasen

- Vermeidung der Verstaatlichung und Zentralisierung nach den Grundsätzen der Subsidiarität
- Dezentralisierung der Bewertung von Risiken
- deutliche Verkürzung aufgeblähter Bilanzen
- Kopplung der Anreize an das Schwanken der Papiere, die über den Mechanismus des Eigeninteresses wesentlich zum Verkauf beitragen
- Begrenzung der Inanspruchnahme des Steuerzahlers an den Kosten der Rettungsmaßnahmen
- Verdeutlichung der Notwendigkeit eines (gemeinwohlbezogenen) Ethos für die Eliten in der Finanzwirtschaft
- Rückbesinnung auf den Daseinszweck des Finanzwesens (effiziente Kapitalallokation an Unternehmen und Privatpersonen)
- volkswirtschaftlich sinnvolle Risikotransformation von Einlagen zu sinnvollen Krediten
- Aufrechterhaltung eines reibungslosen Geld- und Kapitalverkehrs
- Besinnung auf die dienende (und nicht selbstbedienende) Funktion des Finanzwesens
- Aufrechterhaltung der (öffentlichen) Haushaltsdisziplin

Schäuble hat beobachtet, dass viele Menschen in Deutschland in der Krise erstaunlich gelassen geblieben sind, vielleicht weil sie wüssten, dass es keine schnelle Lösung gibt. Die Chance dieser Krise liege in einem Umdenken, also in der Wiederentdeckung von »Maß und Mitte«. Für ihn als »Christdemokraten« handelt es sich um zentrale Werte für eine freiheitliche Gesellschaft, die nachhaltig leben und wirtschaften und die so auch die Chancen für die kommenden Generationen bewahren will. Schäuble ist auf der Suche nach einer »neuen Kultur der Mäßigung und Verantwortung«. Sobald man sie gefunden hat, geht unsere Gesellschaft nach seiner Einschätzung als Ganzes gestärkt aus der Krise hervor.[93]

Schon im August 2010 war Schäuble zu der Auffassung gelangt, dass die aktuelle (seinerzeitige) wirtschaftliche Entwicklung Anlass zur Zufriedenheit gebe. Die Krise habe eine gesellschaftliche Bewährungsprobe dargestellt, der Deutschland gewachsen gewesen sei. Die Missachtung des Prinzips klarer Verantwortlichkeiten und Haftungsregeln und damit der Grundprinzipien der sozialen Marktwirtschaft hätten in die Krise geführt. Als Beispiele führte Schäuble wieder die staatlichen Anreize zur Ausweitung der privaten Verschuldung in den USA genauso wie die strukturierten Finanzprodukte an, mit denen sich die Banken in aller Welt ihrer Haftung für bestimmte risikoreiche Geschäfte entledigt hätten.[94] Er propagiert die Fortsetzung eines »finanzpolitischen Kurses der wachstumsorientierten Konsolidierung«, für den mehrere Randbedingungen gelten sollen:

· keine Verteilungsdebatte wegen fehlender Haushaltsspielräume
· Erforderlichkeit nachhaltiger Konsolidierung
· international koordinierte Ausstiegsstrategie aus übermäßiger Staatsverschuldung
· Wahrnehmung der Verantwortung Deutschlands in Europa und der Euro-Zone durch Verankerung der deutschen Stabilitätskultur
· Schaffung effizienterer Eingriffsmöglichkeiten gegenüber Staaten, die die Stabilität in Europa gefährden
· regelgebundene und gestufte Überwachung der Haushaltspolitiken
· rasche Wirksamkeit von Sanktion bei geringerem politischem Spielraum
· Ausschluss des Zugangs zu EU-Mitteln und Aussetzung des Stimmrechts für Länder bei wiederholter Missachtung der Vorgaben zur Reduzierung übermäßiger Haushaltsdefizite
· geordnetes Restrukturierungsverfahren für Mitgliedsstaaten der Eurozone
· europäische und internationale Erledigung der Regulierungsaufgaben
· Verhinderung risikofördernder Managervergütungen
· Verbesserung der Eingriffsbefugnisse der Bankenaufsicht
· Eindämmung spekulativer Exzesse auf den Finanzmärkten durch Risikorückbehalt bei Verbriefungen
· Einführung einer Bankenabgabe und eines intelligenten Regimes zur Reorganisation und Restrukturierung von Banken
· Verbot ungedeckter Leerverkäufe

Die Überlegungen des amtierenden Bundesministers der Finanzen haben das Tröstungspotential einer seelsorgerischen Ansprache. Seine analytischen Ergebnisse sind weder überraschend noch vollständig. Die Gründe für den Ausbruch der Krise sind jedem interessierten Zeitungsleser seit langem bekannt. Dazu zählt auch die in der Politik verbreitete Mischung aus Unfähigkeit und Ehrgeiz. Deren verheerende Folgen stehen nicht gerade im Mittelpunkt der Betrachtungen dieses Berufspolitikers, der sich nach kurzem Zwischenaufenthalt in der Steuerverwaltung seines Heimatlandes Baden-Württemberg seit seinem 30. Lebensjahr ausschließlich auf den Bänken des Deutschen Bundestages und diverser Regierungen mit wechselndem Erfolg beruflich betätigt hat. Seine mit salvatorischen Klauseln angereicherte Sprache verschleiert die ungelösten Interessenskonflikte, die in der gegenwärtigen Weltwirtschaftslage deutlich geworden sind. Predigerhafte Versprechungen und Ankündigungen werden der existentiell bedrohenden Entwicklung nicht gerecht. Die Anteile der internationalen und heimischen Politik an dem desaströsen Verlauf der wirtschaftlichen und finanziellen Entwicklung bleiben diffus. Schlagworte ersetzen präzise Lösungsvorschläge. »Glaube, Liebe, Hoffnung« geraten zum Regierungsprogramm und ersetzen entschlossenes Handeln. Formelhafte Berufungen auf vermeintliche Autoritäten verhindern eine kritische Bestandsaufnahme der realen Verhältnisse. Begriffliche Verkleisterungen erschweren die praxisnahe und sozial gerechte Aufarbeitung einer Katastrophe, die maßgeblich durch das Versagen und die kriminelle Energie angeblicher Leistungseliten, aber auch durch die Gier zahlreicher Wirtschaftssubjekte ausgelöst wurde. Das ist eine brisante Mischung.

DIE ELLENBOGENGESELLSCHAFT DER TOPMANAGER

Insbesondere die Habgier zielt auf eine Exklusivität, die sich früher oder später in eine zerstörende Asozialität verwandelt: »Der Nimmersatt will nicht nur möglichst viel zusammenraffen, er will mehr haben als die anderen, und er will haben, was andere nicht haben. Mit dem defensiven Recht auf Eigentum gibt er sich nicht zufrieden. Eine Gesellschaft der Gier ist geprägt von Furcht, Rivalität und Aggression. Wer den Zugriff der anderen fürchtet, verbirgt seine Wertsachen im Tresor. Wer andere übertreffen will, misst seinen Besitz an fremden Schätzen, jagt seltenen Stücken nach, will als Einziger das Original besitzen. Mehr noch: Er will nicht nur etwas haben, damit andere es nicht haben. Er will auch haben, was die anderen haben. Nicht im Traum denkt er daran, fremdes Eigentum zu respektieren«. Und schließlich: »Die Konkurrenz weicht dem

Streit, der Rivale wird zum Feind. Was als Besitzlust begann, endet im Kampf ums Dasein.«[95]

Der Wirtschaftswissenschaftler John Kenneth Galbraith war der Auffassung, dass die »Topmanager« die einzigen seien, die die »Ellenbogengesellschaft« wirklich verstünden, denn sie hätten diese schließlich erfunden. Das war seine Antwort auf die Frage, warum Manager so viel Macht, so viele Privilegien, so viel Geld akkumulieren können. In der Tat gibt es keine andere Gruppe in der Gesellschaft, die so viele Vorrechte, eine so umfassende Herrschaft unter so geringer Kontrolle mit so wenig Legitimation ausübt wie die Manager. Sie müssen sich nicht wählen lassen wie ihre Gegenspieler in den Unternehmen, Betriebsräte und Gewerkschaftsbosse, sie müssen nicht wie die Regierenden und die Parlamentarier bei Wahlen um ihre Posten bangen. Manager müssen nur Manager kennen, mit denen sie in Vorständen und Aufsichtsräten zusammensitzen, und sich dann gegenseitig zu Topmanagern befördern.[96]

Der in Wolkenkuckucksheimen und Topetagen übliche Wohnkomfort fördert nicht die Bereitschaft, sich mit der »Systemfrage« zu beschäftigen. Schon ihre Existenz wird nicht anerkannt. Die Welt schien tatsächlich nur um einen Millimeter dem Abgrund einer wirtschaftlichen Kernexplosion entgangen zu sein. Dennoch ist sie direkt in die verheerendste aller Systemkrisen gestürzt. Es gibt weitere bedrohliche Ankündigungen: Die »Apokalypse« sei noch lange nicht vorbei. Die Krise habe sich in eine globale Rezession verwandelt. Es drohe Deflation. Der Kapitalismus sei vielleicht noch nicht am Ende.[97] Die Krise markiere aber das Ende der deregulierten Wirtschaft und damit das Ende einer ganzen Ära, das heißt des Ultraliberalismus, des mafiosen Kapitalismus und der Globalisierung der Finanzmärkte, deren Opfer in den Industrieländern mehrheitlich der Mittelstand und die Arbeitnehmer seien. Viele Menschen hätten das Gefühl, dass der Staat sie im Stich lässt, während er gleichzeitig schuldige Banker rettet und diese zudem mit skandalösen vergoldeten Rettungsschirmen geradezu belohnt.

Deshalb stellt sich die Frage, ob es ein Zufall war, dass die Jugend in Griechenland unter dem Schlachtruf »Kugeln für die Jungen, Geld für die Banken« auf die Straßen ging, um gegen den Tod eines jungen Mannes zu protestieren, der am 6. Dezember 2008 von Polizisten erschossen wurde. Die zornigen jungen Griechen hätten gezeigt, dass sie vom herrschenden

Wirtschafts- und Sozialmodell die Nase gestrichen voll haben. Sie wollten nicht mehr zusehen, wie ihr Leben ausgeplündert wird. Wie aber kann man verhindern, dass sich vergleichbare Unruhen auch in anderen Ländern ereignen, da dieses Gesellschaftsmodell auch überall sonst in der EU vorherrscht? Es kursieren beunruhigende Antworten: Man solle die »Diebe der Wall Street« lynchen, die Asylbewerber zurückschicken, die uns unsere Jobs wegnehmen, die multinationalen Konzerne stoppen, die unsere Arbeitsplätze nach Indien verlagern, und die Reichen zur Verantwortung ziehen, die nicht genug Steuern zahlen. Die Krise werde lange anhalten und ungeheures soziales Leid hervorrufen. Man möge von dem Schock profitieren, um endlich das internationale Wirtschaftssystem sowie das ungerechte und überholte Entwicklungsmodell zu ändern.[98]

Solche Gedanken passen natürlich nicht zur Behaglichkeit eines christdemokratischen Welterklärungsmodells deutscher Provenienz. Es geht nicht darum, mit Hilfe einer Art Checkliste gleich ein ganz neues Wirtschaftssystem zu gründen, obschon erste Schritte leicht zu benennen wären:

· verbesserte Kontrolle der Banken
· enge Grenzen für den Derivatehandel
· Bekämpfung der »Steuerparadiese«
· Überwachung der Vergütungen der »trader«
· Abschaffung übertriebener Boni
· Reform der großen Ratingagenturen
· Regulierung spekulativer Fonds
· Veränderung der Buchungsnormen
· Begrenzung der Bündelung von Krediten zu Derivaten
· Verbot von Hedge-Fonds
· Steigerung öffentlicher Ausgaben

Es wäre vielleicht schon ausreichend, in den Köpfen mancher Amtsträger intellektuelle Sperren zu beseitigen. Sie könnten dann erkennen, dass die gegenwärtige Krise allein durch ihr Ausmaß und ihre Intensität die Gelegenheit bietet, die geoökonomische und die geopolitische Architektur der Welt endlich zu verändern.[99] Die Wahrscheinlichkeit, dass der deutsche Finanzminister dies sogar zu seinen Amtspflichten rechnen könnte, ist jedoch angesichts seiner zitierten Bemerkungen äußerst gering. Seine

Sprache ist auch in diesem Zusammenhang verräterisch. Den damit verbundenen analytischen Herausforderungen nachzugehen wäre sinnvoller, als sich mit psychoanalytischen Spekulationen zu beschäftigen. Sie kommen zu dem Ergebnis, dass »das Dienen« des Wolfgang Schäuble etwas Protestantisches habe. Diese Mentalität des Dienens, des Verzichtens und Sparens sei vom aggressiven Hedonismus des Kapitalismus auf Pump, der Schäuble so zuwider sei, ganz weit weg. Schäuble verkörpere das, was der Finanzmarkt, die Wirtschaft und deren Protagonisten noch lernen sollten: Entsagung.[100]

Zurück zu realitätsnäheren Ansätzen: Die »Erpressungsfalle« funktionierte bis jetzt perfekt. Langfristig wirksame Regeln, etwa zur Kreditvergabe und zur Eigenkapitalausstattung involvierter Banken zeichnen sich nicht in der wünschenswerten Klarheit ab. Eines ist aber deutlich geworden: Die Lobbyisten der Finanzwirtschaft haben verstanden, dass sich nicht nur existentielle Bedrohungen stellen, sondern trotz und wegen der Krise weitere und neue lukrative Gewinnmöglichkeiten eröffnen. In dieses paradox anmutende Dilemma ist die Weltwirtschaft hineingeschlittert, weil sich auf dem Humus politischer Nachlässigkeit, fachlichen Unverstands und Gier eine Systemkriminalität entwickelt hat, der man mit ordnungspolitischen Mitteln und mit den gegenwärtigen Sanktionsmöglichkeiten des konventionellen Strafrechts nicht mehr Herr werden kann. Manche empfinden die Zukunftsaussichten als entsprechend bedrohlich: Die Weltwirtschaft tickt längst nicht wieder synchron. Am Ende steht sogar das Szenario einer neuen Megablase, geschaffen durch entfesselte Banken, die mit Billiggeld der Zentralbanken weltweit Kurse und Preise explodieren lassen. Damit steigt die Inflationsgefahr, die ohnehin aus den USA droht, noch weiter an. Nicht nur die deutsche Bundesregierung wird deshalb über Jahre wahre Jonglierkunststücke zwischen Wachstums- und Gefahrenabwehrpolitik erbringen müssen.[101]

Immerhin gibt es in der Wissenschaft mittlerweile interessante Bemühungen, die Entwicklung der Blasen besser zu verstehen. Daran sind die Volkswirtschaftswissenschaftler bekanntlich seit vielen Jahren gescheitert. Das ist umso bedauerlicher, wenn die These richtig ist, dass es der Wirtschaft insgesamt besser ginge, könnte man Blasen vermeiden. Dabei handelt es sich um Fälle, in denen Preise – etwa für Aktien oder andere Wertpapiere – weit über das wirtschaftlich gerechtfertigte Maß steigen. In solchen Situationen fließt viel Geld an die falsche Stelle. Die Erkennbarkeit von Blasen ist aber nach wie vor umstritten. Es herrscht allgemeine Unklarheit darüber, welcher Kurs für Wertpapiere gerechtfertigt wäre.

In jüngerer Zeit wird die Entstehung von Blasen sogar mit physikalischen Methoden untersucht. Dazu analysiert man die Kurse der Wertpapiere aus früheren Blasen, um daraus Schlüsse für die Zukunft zu ziehen – und vergleicht die Kursentwicklungen mit Naturphänomen, zum Beispiel mit epileptischen Anfällen oder mit Druckwellen von Erdbeben. In diesem Zusammenhang soll ein charakteristisches Muster auftreten. Eine Blase soll dann entstehen, wenn die Kurse überexponentiell ansteigen, also wenn sie um immer höhere Prozentsätze wachsen. Mit einem Modell soll gezeigt werden können, wann die Kurse ihren Höhepunkt erreichen. Kurz vorher schwankten die Anleger nämlich immer wieder zwischen Gier und Angst hin und her. Dann bewegten sich die Kurse in einem Muster, das auch andere chaotische Prozesse in der Physik zeigen. Auch hochentwickelte mathematische Ansätze sind in diesem Umfeld nicht immer zuverlässig.

Der an der Universität Zürich forschende Ökonom Didier Sornette hatte beispielsweise sowohl 2002 als auch 2003 einen Aktiencrash für das folgende Jahr prophezeit. Doch die Aktienkurse stiegen in beiden Jahren. Dies wird damit erklärt, dass die amerikanische Notenbank viel Liquidität auf den Märkten geschaffen hatte, ein Umstand, der hohe Kursgewinne ermöglichte. Dieser Effekt war in den Annahmen zuvor nicht berücksichtigt worden. In anderen Bereichen (etwa amerikanischer Immobilienmarkt, Ölmarkt, chinesischer Aktienindex Shanghai Composite) erwiesen sich die Voraussagen von Sornette als zutreffend. Er will mit seinen Prognosen zukünftig jedenfalls besser sein als der Zufall.

Andere Wirtschaftsphysiker bleiben skeptisch. Sie halten zwar die Idee, dass sich ein Zyklus aus Gier und Angst bildet, der eine Blase gebiert, für einleuchtend. Man glaubt dennoch nicht, dass diese Erkenntnisse für eine Blasenprognose reichen. Gegenwärtig sei nicht untermauert, dass sich Menschen genauso verhalten, wie es in den von Sornette verwandten Modellen der Geophysik beschrieben ist. Es gebe auch keine psychologische Erklärung, die diese Modelle stützen würde. Im übrigen sei es oft schwer, die Entscheidungsfreiheit von Menschen in wirtschaftsphysikalischen Modellen zu berücksichtigen. Es bleibt abzuwarten, ob und inwieweit die von Sornette begonnenen »Finanzblasen-Experimente« wirklich zu nachhaltig aussagekräftigen Ergebnissen führen können.[102]

MASCHINENHERRSCHAFT AUF DEN FINANZMÄRKTEN

Zu ganz besonderen Problemen hat die Automatisierung internationaler Finanztransaktionen geführt. Der 6. Mai 2010, ein Donnerstag, dürfte mindestens den Aktienhändlern an der Wall Street in New York einige Zeit im Gedächtnis bleiben. Innerhalb von Minuten fiel der Dow Jones um fast 1000 Punkte und verlor damit mehr als neun Prozent. Es war der höchste Punktverlust während des Handels an einem Tag. Normalerweise wenig schwankungsanfällige Aktien (zum Beispiel Procter & Gamble) sackten innerhalb von Minuten um 37 Prozent ab. Einige Titel wurden ebenfalls innerhalb weniger Minuten praktisch wertlos, ehe sie sich etwas erholten. Die Kurse amerikanischer Aktien hatten an diesem Tag zwar ohnehin schon vor dem Absturz unter Druck gestanden. Der genaue Grund für die ungewöhnlichen Schwankungen blieb aber zunächst unbekannt. Es kam allerdings früh der Verdacht auf, dass ein Händler der Bank Citigroup bei einem Auftrag für ein Termingeschäft statt 16 Millionen US-Dollar den Betrag von 16 Milliarden US-Dollar eingetippt hatte. Das reichte möglicherweise aus, um computergestützte Verkaufsprogramme auszulösen.

Diese Erklärung galt aber nach sehr kurzer Zeit als falsch. Es bleibt abzuwarten, ob die von der Börsenaufsicht SEC und der Wertpapierbehörde CFTC (Commodity Futures Trading Commission) sofort eingeleiteten Ermittlungen jemals den wirklichen Grund herausfinden werden. Als wahrscheinlich gilt, dass die ultraschnellen Handelscomputer von Banken und Investmentfirmen eine erhebliche Rolle bei dem Absturz spielten. Deren Großrechner sind so programmiert, dass sie auf »Stresssignale« reagieren. Am fraglichen Donnerstag hatten die Systeme einen massiven Wertverlust des Euro gegenüber dem Yen registriert. Dies werteten sie als Indikator dafür, dass Investoren riskante Handelspositionen auflösten. Schlagartig gaben die Computer Millionen von Verkaufsordern ab. Als dann die Kurse unerwartet heftig einbrachen, schalteten sich einige Rechner aus – als Vorsichtsmaßnahme. Dadurch schrumpfte aber das Handelsvolumen noch am gleichen Tag. Es fanden sich praktisch keine Käufer mehr.

Die Situation wurde noch dadurch verschärft, dass die Computer während einer Aussetzung für einzelne Aktien an der New Yorker Börse (NYSE/New York Stock Exchange) auf andere Handelsplattformen auswichen.[103] Es verbreitete sich jedenfalls der Eindruck, dass die Maschinen die Kontrolle übernommen hatten. Der Markt zeigte jedenfalls plötzlich die gleiche Volatilität wie im Herbst 2008. Es gab sogar ein parlamentarisches Nachspiel. Nach der Auffassung des Vorsitzenden des zuständigen Unterausschusses des Repräsentantenhauses kann man es sich nicht erlauben, dass technische Fehler die Märkte erschrecken und Panik auslösen.

Mittlerweile wird auch in Frankfurt am Main fast die Hälfte der Handelsgeschäfte von »Algo-Tradern« generiert. Das sind Handelshäuser, die Computer so programmiert haben, dass sie bei bestimmten Handelssignalen Aktien automatisch kaufen und oft binnen weniger Sekunden wieder verkaufen. Die Deutsche Börse hat jedoch bei jedem einzelnen Wert die Möglichkeit der Volatilitätsunterbrechung. An der NYSE werden zwei Drittel aller Aufträge für den Wertpapierhandel von Computern eingeleitet und automatisch mit anderen Computern ausgeführt. Es wird nach technischen Analysen gehandelt. Die Spekulation findet durch mathematische Formeln statt. Das Ergebnis des seit einiger Zeit andauernden technologischen Wettrüstens ist, dass wenige Broker dank ausgeklügelter Algorithmen binnen eines Wimpernschlags Millionen von Kauf- und Verkaufsorders automatisch erfassen, kleinste Preisdifferenzen analysieren und eigene Positionen mit satten Gewinnen neu justieren, bevor einfache Händler und Investoren auch nur eine Ahnung von neuen Trends im neuen Markt haben. Mehr als die Hälfte des Wertpapierhandels sollen von wenigen dieser Broker gemacht werden. Dieser Hochfrequenzhandel geht über wirtschaftlich gesunde Effekte von Börsenspekulationen hinaus. Er beschneidet die Funktion der Aktienmärkte als Allokationsplatz des Kapitals und begründet Zweifel am Primat des Menschen im Verhältnis zur Maschine.[104]

An der Wall Street ist schon vom »Rise of the Machines« die Rede, also dem Aufstieg der Maschinen, mit deren Hilfe übrigens of ein Dutzend Finanzmärkte gleichzeitig nach Anomalien durchstöbert werden, dressiert auf Ineffizienzen und winzige Handelsschwankungen, ausgestattet mit der Macht, eigenständig zu kaufen und zu verkaufen. Eingesetzt werden sie oft von Firmen, die bei der Finanzaufsicht gar nicht registriert sind. Die Hochgeschwindigkeitshändler verwandeln die Finanzmärkte vollends in ein Hightech-Kasino. Es ist pure Mathematik, gepaart mit Tempo. Der EU-Kommissar für Binnenmarkt und Dienstleistungen, Michel Barnier, hat im

September 2010 angekündigt, dass er den Hochgeschwindigkeitshandel sehr genau unter die Lupe nehmen werde. Es bleibt abzuwarten, was er dann sehen wird.[105]

Die Fülle der hochkomplexen Informationen, die in immer kürzer werdenden Zeitabständen zu verarbeiten sind, erzwingt jedenfalls eine permanente elektronische Aufrüstung. Eine Vielzahl unterschiedlichster Situationen bedarf ständiger Beobachtung und Beurteilung. Das ist eigentlich die Aufgabe der »Investoren«. Die Frage ist nur, ob man diese Gestalten identifizieren und dingfest machen kann oder ob sie unerkennbar hinter ganzen Batterien von Computern verschwinden. Man sollte sie zwar nicht einfach zu Ganoven stempeln. Sie taugen aber auch nicht zum smarten Helden unserer Zeit. Es besteht kein Anlass, sie als »Meister des Universums« zu feiern, die das kapitalistische System mit Hilfe perfekter Automaten für sich ausnutzen.

Indessen drängt sich immer mehr der Eindruck auf, dass sie in einer Welt leben, in der die moralische Güte von Entscheidungen kein Kriterium ist. Sie scheinen amoralisch zu handeln und nur der Logik des System zu folgen, dessen Hebel sie kühl bedienen.[106] Man analysiert das menschliche Verhalten und nimmt den Menschen, wie er ist oder wie man ihn sich vorstellt: ungeduldig, undiszipliniert, subjektiv, gierig, arrogant und immer wieder ziemlich realitätsblind. Den besten Hedge-Fonds gelingt es wohl immer wieder, diese Eigenschaften in die binäre Sprache der Computer zu übersetzen. Man hat die Hoffnung, aus einer unfassbaren Datenfülle Muster ableiten zu können, wiederkehrende Verläufe, Wahrscheinlichkeiten künftiger Entwicklungen, Strukturen des menschlichen Herdentriebs. Ziel ist die Übersetzung von Hoffnung und Angst, Gier und Vorsicht in Zahlen. Die Geschäfte der Hedge-Fonds werden fast zu 95 Prozent vollautomatisiert abgewickelt. Bei bestimmten Konstellationen wird die Maschine von selbst aktiv. Sie kauft oder verkauft Positionen unabhängig davon, was Politiker beschließen oder Kommentatoren schreiben. In dieser Umgebung sind Menschen nur noch dazu da, die Rechner auf dem neuesten Stand zu halten, ihre Software zu pflegen, die Algorithmen zu justieren und Programmfehler zu eliminieren.[107] In der Hauptsache geht es um die Zukunft (»Futures«), Termingeschäfte, die sich jedes Jahr völlig unterschiedlich entwickeln.

Im Vergleich zu früheren Zeiten gibt es also mindestens zwei markante

Veränderungen. Es handelt sich zum ersten um die Automatisierung und den immensen Fortschritt der Finanzmathematik und zum zweiten um die Abkopplung der Geld- und Geldtermingeschäfte von realwirtschaftlichen Vorgängen. Millionenbeträge werden nicht mehr gekauft und verkauft, weil man bestimmte Währungseinheiten braucht, sondern weil man im Sekundentakt (»pips«) Kursgewinne weit hinter dem Komma erzielen möchte. Wertpapiere werden nicht erworben, weil jemand an eine bestimmte Firma glaubt oder auf Rendite hofft. Transaktionen finden statt, weil man die Aktien gegen Gebühr an Kunden ausleihen kann, die auf den Niedergang ihres Wertes spekulieren wollen (»short selling«). Die Abwicklung substantiell sinnloser Geschäfte ist Prinzip. Es geht ausschließlich um Geldvermehrung, indem man selbiges von einem Ort zu anderen verbringt (»carry trades«). Auf dem internationalen Währungsmarkt werden täglich für mehr als 3500 Milliarden US-Dollar Devisen umgesetzt. Die meisten Geschäfte finden im Wechselspiel zwischen US-Dollar und Euro statt. Kein einzelner Investor, auch keine Gruppe von Investoren, schon gar kein Hedge-Fonds hätte genug Kapital zur Verfügung, um diesen Markt nennenswert zu bewegen. Ähnliches gilt für die Geschäfte mit Staatsanleihen, das heutzutage meistgenutzte »Instrument« der Finanzwelt. In den USA, dem größten Anleihemarkt der Welt, werden an einem normalen Handelstag Staatsschulden im Wert von mehr als 400 Milliarden US-Dollar gekauft und verkauft. Durch den gesamten Weltmarkt wandern staatliche Verbindlichkeiten von (geschätzt) 40 000 Milliarden US-Dollar.[108]

Das Finanzsystem gilt manch einem erfahrenen Bankmanager jenseits dieser Größenordnungen und dem Phänomen der Elektronifizierung und Automatisierung mittlerweile als Sackgasse, in der sich ein Schneeballsystem ungeheuren Ausmaßes etabliert hat. Insbesondere der Handel mit Kreditausfallversicherungen zeigt, dass Computer sich heutzutage in Gelddruckmaschinen verwandelt haben und die Banken sogar eine Lizenz zum Gelddrucken besitzen. Zahlt ein Kleinanleger 100 Euro auf seiner Bank ein, hat sie 100 Euro mehr, die sie verleihen kann. Aus diesem Betrag werden mühelos 500 Euro oder mehr. Davon werden mindestens 100 Euro am nächsten Bilanztag als Reingewinn in den Büchern der Bank stehen. Die Bank hat die 100 Euro als Sicherheit für den Verleih von 500 Euro genommen. Für diesen Betrag schließt sie einen Kreditausfallvertrag (CDS/Credit Default Swap) ab, obwohl sie keinen Hinweis darauf hat, dass der

Schuldner insolvent werden könnte. Sie hat tatsächlich auch kein Sicherungsinteresse. Mit Hilfe der CDS will sie nur ihre Bilanz »aufhübschen«. Mit dem Kauf der Ausfallversicherung verschwindet der 500-Euro-Kredit zwar nicht aus ihren Büchern. Er ist aber »gehedgt« und damit – buchhalterisch – getilgt. Im Ernstfall würde ja die Versicherung einstehen und nicht die Bank. Daher könnte sie mit den 100 Euro des Kleinanlegers als Sicherheit gleich wieder einen neuen Kredit vergeben und wieder eine Versicherung auf ihn abschließen. Und so weiter. Und so weiter.[109]

Investoren denken über die Sinnhaftigkeit derartiger Strukturen und Geschäfte meistens nicht nach. Sie sind zu sehr damit beschäftigt, mit naturwissenschaftlichen Methoden menschliche Schwächen auszunutzen. Dem Kasino- und dem Turbokapitalismus ist der Technokapitalismus gefolgt, in dem das Prinzip persönlicher Verantwortung funktionslos geworden ist. Dabei denkt jeder, er folge dem Rationalitätspostulat. Dessen Erfüllung geschieht allerdings nur dadurch, dass man sich in ein System integriert, das von Computern überwacht wird: Die Maschinen haben den Markt übernommen. Algo-Trader verstärken jedenfalls in Krisensituationen den Herdentrieb. Computerprogramme können aktuellste Börsennachrichten automatisch auswerten und binnen Sekundenbruchteilen in Wertpapierkäufe umsetzen. Die damit verbundenen Gefahren sind evident. In den USA hat eine Debatte über ein Verbot des »Blitz-Trading« begonnen.[110]

Sie müsste auch das Gebaren von Hedge-Fonds berücksichtigen. Dort arbeiten Menschen, die eine ganze Reihe höchst anspruchsvoller Voraussetzungen erfüllen. Sie sind in Mathematik, Physik, Ingenieurswissenschaften oder Ökonometrie promoviert, verfügen über mehrjährige Erfahrungen bei einem führenden Hedge-Fonds oder einer Bank, weisen hochkarätiges Fachwissen in Statistik, Wahrscheinlichkeitsrechnung, Algorithmen-Handel, Aktienderivaten, Stochastik, impliziter Volatilität, Korrelationen, Verteilungen und beherrschen Programmierung in Java, Matlab, SAS, SQL, C++ und weitere. Natürlich sind sie auch exzellente Teamplayer und hervorragende Kommunikatoren. Diese Experten betreiben vor allem quantitative Analysen, die der Grundidee folgen, dass sich Aktienkurse aus dem Zusammenspiel einer Unzahl von makro- und mikroökonomischen Daten bilden. Mit Computermodellen will man historische Daten analysieren, um Korrelationen zwischen Daten zu finden, die mit relativ hoher Sicherheit die nächste Bewegung des Aktienkurses voraussagen lassen.

Untersuchungsgegenstände sind potentielle Abhängigkeiten zwischen vielen Größen und Faktoren (Gewinn, Wachstum, Buchwert, Eigenkapitalrendite, Bilanzwerte, Handelsvolumen, Liquidität und vieles mehr. Damit sollen zum Beispiel Aktiengruppen (»cluster«) herausgefiltert werden, bei denen bestimmte Datenkorrelationen Preisbewegungen vorhersagen lassen. Können die entdeckten Korrelationen und Ineffizienzen am Markt mit extrem kurzfristiger Arbitrage ausgenutzt werden, dann findet »High-Frequency-Trade« statt, der in Bruchteilen von Sekunden stattfindet. Die rein quantitativ orientierten Fonds achten darauf, dass sich ihre Kauf- und Verkaufspositionen ausgleichen, ihre Gesamtposition also möglichst »marktneutral« ist. Darüber hinaus nutzen sie einen Fremdkapitalhebel (Leverage), um den Erfolg ihrer Strategie zu maximieren. Dies alles kann natürlich nur so lange funktionieren, wie die historisch vom Computer entdeckten Korrelationen weiterbestehen.

Genau das ist in extremen Schock- und Krisensituationen jedoch nicht mehr der Fall. Deshalb gab es im August 2007 ein böses Erwachen. Damals kündigte sich in der Nervosität um den amerikanischen Immobilienmarkt die erste Verkaufswelle an den Aktienmärkten und damit die Krise an den Finanzmärkten an. Die bisherigen Korrelationen waren auf einmal bedeutungslos geworden, und es war mit der Vorhersagefähigkeit der Computerbatterien vorbei. Die zuvor berechneten Hedge-Strategien gingen nicht mehr oder liefen sogar gegen die Fonds. Und die Verluste potenzierten sich wegen ihres hohen Leverage. Das war aber erst der Beginn des Desasters. Die Investoren gerieten bald in Panik und zogen Kapital von den Hedge-Fonds ab. Immer mehr Marktpositionen mussten aufgelöst werden, der Teufelskreis drehte sich immer schneller. Die ausschließlich quantitativ orientierten Fonds hatten in der Regel in hochliquide Aktien investiert und wurden deshalb von der Panik des Gesamtmarktes auch am härtesten getroffen. Zahlreiche dieser Fonds bluteten regelrecht aus, allen voran das Paradepferd von Goldman Sachs, der »Global Equity Opportunities Fund«, der auf dem Höhepunkt seiner Popularität sieben Milliarden US-Dollar verwaltete und im August 2007 den dramatischen Verlust von fast einem Viertel seines Kapitals und anschließend einen stetigen Abfluss seiner Mittel verkraften musste. Trotz Unterstützungsleistungen von Goldman Sachs in Höhe von zwei Milliarden Pfund erholte sich dieser hausinterne Fonds nicht mehr. Ende 2009 war das Kapital auf 200 Millionen US-Dollar zusammengeschmolzen, und Goldman Sachs schloss das Anlagevehikel. Der Vorsitzende der »Quant-Strategie« von Goldman Sachs, Robert Litterman, ging im Januar 2010 in den Ruhestand.

Andere Fonds folgten dem Niedergang in der Finanzkrise. Mittlerweile hat sich die Branche etwas erholt, und die Forschungen an quantitativen Computermodellen gehen munter weiter. Der »High-Frequency-Trade« spielt an der Börse wieder hohe Kommissionen ein. Die entsprechenden Transaktionen machen an der Londoner Börse circa 30 Prozent des Umsatzes aus, die von 30 bis 40 Adressen getätigt werden. Je schneller und technisch perfekter die Handelsplattformen der Börsen sind, desto effizienter und gewinnbringender sind diese Transaktionen. Das neue Londoner Handelssystem »Turquoise« braucht für eine Transaktion nur noch 126 Mikrosekunden. Damit ist es (derzeit) das schnellste System der Welt.[111]

In diesem System ist kein Mensch mehr haftbar, niemand mehr schuld daran, dass die Welt seit zwei Jahrzehnten von einer Staatskrise nach der anderen erschüttert wird. Damit ist auch die Frage aufgeworfen, wofür Politik überhaupt noch gut sein kann, wenn es um die Finanzmärkte geht. Alle Versprechungen für eine Remedur sind bis jetzt wirkungslos geblieben. Die Wirkungslosigkeit vieler Vorschriften rührt übrigens unter anderem daher, dass die Politik der Finanzwelt erlaubt, die sie betreffenden Regeln selbst zu formulieren. Wirkliche Veränderungen müssten dadurch eingeleitet werden, dass die Politik den Banken ans Geld geht, indem sie sicherheitsrelevante Vorschriften zur Eigenkapitalausstattung erlässt und deren Einhaltung rigoros überwacht und Verletzungen entschlossen sanktioniert. Das gilt auch im Hinblick auf das Geldverleihgeschäft. Ohne derartige Maßnahmen, die für sich natürlich noch lange nicht reichen, bleibt alle Politik bloßes »Gefuchtel«.[112]

Unabhängig von physikalischen Ansätzen und dem Stand der Technologie bestehen indessen massive Zweifel an der ordnungspolitischen Akzeptanz des deutschen Managements der Finanzkrise. Die zahlreichen Fälle staatlicher Bankenrettungen in den Jahren 2008 und 2009 werfen Grundsatzfragen nach dem Verhältnis von Staat und Banken auf. In Deutschland und anderen Ländern hat der Staat die Banken mit kurzfristigen Garantien und Liquiditätshilfen, durch Bilanzierungserleichterungen und staatliche Kapitalzuführungen im Gesamtumfang eines dreistelligen Milliardenbetrages gestützt. Bei der Commerzbank belief sich der Staatsanteil am Eigenkapital im Februar 2010 auf 25 Prozent plus eine Aktie. Aus den Rettungsaktionen könnte man mindestes drei grundlegende Lehren ziehen:

· Eine Revision des Insolvenzrechts dient dem Ziel, auch bei systemisch relevanten Finanzinstituten anfallende Verluste verursachungsgerecht zu privatisieren.

· Ein staatliches »Bankenhospital« soll eine kurzfristige Rettung von Banken und insbesondere eine Sonderbehandlung ihrer systemisch bedeutsamen Forderungen und Verbindlichkeiten ermöglichen, ohne die Gesellschafter (Aktionäre) und Gläubiger der betroffenen Banken von ihrer Mithaftung zu befreien.

· Die Haftung der Kapitalgeber verhält sich gegenläufig zu ihrem Ranganspruch (Seniorität), beginnt also bei den Gesellschaftern und endet bei den Einlegern, soweit sie nicht durch Einlagensicherungsfonds geschützt werden.

Mit ihrer Umsetzung könnte die vorrangige Verantwortung der Kapitalgeber als grundlegende Spielregel der marktwirtschaftlichen Wirtschaftsordnung endlich wieder in Kraft gesetzt werden. Leitgedanke könnte es sein, Subventionen nur insoweit zu leisten, wie es für die Funktionsfähigkeit des Bankensystems erforderlich ist. Im Mittelpunkt der Überlegungen steht die Kategorie »systemisches Risiko«. Es entsteht, wenn zahlreiche Banken ähnliche, wertmäßig hoch korrelierte Portfolios halten und intensiv miteinander handeln. Für dieses aus dem Interbankenhandel resultierende Risiko gibt es allerdings bisher weder eine verlässliche Messtechnik noch ein Frühwarnsystem oder gar eine Politikempfehlung. Das systemische Risiko wird durch die Verpflichtung des Staates verschärft, die Funktionsfähigkeit des Finanzsystems um beinahe jeden Preis zu verteidigen. Daraus folgt ein moralisches Risiko. Banken können auf die staatliche Notfallhilfe bauen. Sie müssen nicht mehr selbstverantwortlich für Extremfälle vorsorgen.

Dennoch muss staatliche Sicherung systemisch bedeutsamer Finanzbeziehungen nicht notwendig bedeuten, dass insolvente Institute am Leben erhalten werden. Eine erstrangige Haftung trifft die Gesellschafter. Neben einer Reorganisation des Unternehmens kommt insbesondere eine Beteiligungsfinanzierung in Betracht. Üben sie diese Option nicht aus, lohnt es sich anscheinend nicht. Damit geben die Gesellschafter ihre Rechte weitgehend auf. Dieses gesetzlich verankerte Insolvenzmodell passt ordnungspolitisch in eine Marktwirtschaft. Sein Nutzen wird aber durch die geschilderte Entwicklung beeinträchtigt. In jedem Fall sollen temporäre Verstaatlichung von Banken und vorübergehende »Hospitalisierung«, die sowohl zur Gesundung als auch zur Liquidation führen können, den Konflikt zwischen privater Verantwortung und Sicherung der Finanzstabilität entschärfen, indem sie das Vertrauen in die Finanzstabilität festigen und die Steuerzahler möglichst wenig belasten.[113]

Wenn eine Großbank in eine Schieflage gerät, soll der Staat zukünftig die systemrelevanten Teile abspalten können – auch gegen den Willen des Geldinstituts. Dadurch will das Bundesministerium der Justiz sie gegen die Folgen einer Insolvenz abschotten. Die Kosten für die Bewältigung solcher Schieflagen könnte der Staat aber grundsätzlich nicht tragen. Hier sind vor allem die Eigentümer gefordert. Der Widerstand privater Akteure gegen eine Restrukturierung soll durch eine hoheitliche Anordnung überwunden werden können. Dahinter stehen offensichtlich die Erfahrungen mit dem amerikanischen Finanzinvestor Christopher Flowers, den die seinerzeit amtierende Bundesregierung enteignen wollte, um die HRE aufzufangen.

Standen die Banken nach der Lehman-Pleite im Jahre 2008 kurz vor einer »Kernschmelze«[114], sah die Lage dank der enormen Finanzhilfen der Staaten und Notenbanken ein Jahr später anders aus. Die internationalen Großbanken meldeten nicht mehr Milliardenverluste, sondern Milliardengewinne. Man konstatierte gerade im Bereich des Investmentbanking einen beachtlichen »Swing«. Nachdem die Banken im vierten Quartal 2008 ihre toxischen Wertpapiere abschreiben mussten, verdienten sie im gesamten Folgejahr wieder prächtig, besonders mit der Herausgabe und dem Handel von Anleihen, mit denen sich Staaten und Unternehmen in der Krise finanzierten. Die Starken sind durch die Finanzkrise noch stärker geworden und die Schwachen noch schwächer.[115] Die entscheidende Frage ist, ob die Lösung der Krise nur gelungen ist, indem man die nächste vorbereitet hat. Der Preis für die Bankenrettung ist offensichtlich eine enorme und höchstgefährliche Staatsverschuldung.

2 RISKANTE PRODUKTE UND GESCHÄFTSMODELLE

Vor allem strukturierte Finanzprodukte und komplexe derivate Instrumente haben den zerstörerischen Urknall ermöglicht, der zum größten Krisenszenario der neueren Wirtschaftsgeschichte geführt hat. Den Banken scheint die Lust am Spiel mit dem hochbrisanten Material dennoch nicht vergangen zu sein. Sie werden auch von zahlreichen Kunden gedrängt, ihr riskantes Treiben fortzusetzen. Aus deren Sicht hat das gute Gründe. Der Umgang mit solchen Produkten ermöglicht es ihnen, den peinlichen Ausweis von Verlusten zu vermeiden. Und die Investmentbanken helfen natürlich gern, weil die dazu erforderlichen Transaktionen eine in diesen schwierigen Zeiten willkommene Einnahmequelle sind. Sie »rollen« die erwirtschafteten Verluste auf die kommenden Jahre. Das ist nichts anderes als eine Vertagung der Stunde der Wahrheit.

Beispiel: Eine Transaktion mit produzierten, aber unverkäuflichen Autos mit Hilfe eines Verkaufs mit derivaten Rückkaufsgarantien wird so strukturiert, dass Abschreibungen auf den Bestand in Zukunft gestaffelt anfallen, das Unternehmen den Verlust aber nicht sofort voll tragen muss. Letztlich bürdet sich der Kunde mit diesen Geschäften aber langfristig viel höhere Verbindlichkeiten auf, nur um jetzt kurzfristige Verluste zu vermeiden und besser dazustehen. Die Transaktionen sind immer mit Optionen verbunden, die letztlich die Risiken auf den Kunden, nie aber auf die Bank abwälzen und vom Kunden daher teuer bezahlt werden müssen.

Die Kunst der Bank besteht darin, die Transaktionen so zu gestalten, dass dies im Rahmen der Rechnungslegung machbar ist. Und machbar ist vieles. Es gibt eine definitorische Grauzone. Unklar ist, was buchhalterisch als verkauft gilt, wenn versteckte Optionen oder Verpflichtungen auf eine Rücknahme von Risikopositionen in den Derivaten enthalten sind. Die Aufsichtsbehörden machen keine Schwierigkeiten, weil sie diese Produkte meistens nicht verstehen. Und die Kunden begreifen nicht, dass sie sich mit solchen komplexen Produkten gefährliche Risiken einhandeln. Es fällt immer auf sie zurück, und sie müssen teuer dafür bezahlen. Große deutsche Konzerne konnten ihren Hausbanken nachweisen, dass sie jedes Mal über den Tisch gezogen wurden, wenn sie bei Devisenmarkttransaktionen von den Handelstischen außerhalb Deutschlands bedient wurden. Als die Krise schon ausgebrochen war, merkten sie, dass die eine oder andere ausländische Investmentbank plötzlich stillschweigend die Firma in den allgemeinen Geschäftsbedingungen auf eine rechtlich eigenständige Niederlassung des Bankenkonzerns geändert hatte, die als Kontrahent nicht annähernd so gut mit Kapital abgesichert war wie die Zentrale in New York, mit welcher die Kunden ihre Geschäfte getätigt hatten. Im Ernstfall wären sie bei einem Zusammenbruch der jeweiligen Bank, der im Jahr 2009 nicht ausgeschlossen werden konnte, kaum abgesichert gewesen.

Gefährlich für unbedarfte Kunden können auch strukturierte Einlagen (»Structured Deposits«) sein, bei denen der Kunde eine Einlage bei einer Bank tätigt, die in der Bilanz des Kunden zwar ausgewiesen wird. Nicht ausgewiesen wird aber, dass diese Einlage und die auf die Einlage erzielten Renditen an die Marktentwicklung zum Beispiel einer Währung, eines Aktienindexes oder eines anderen Marktpreises gekoppelt sind und die Einlage gleichzeitig als Sicherheitsleistung für die Bank gilt. Über eingebaute Optionen fallen die Verlustrisiken voll auf den Kunden zurück. Die Banken gehen bei diesen Transaktionen außer dem direkten Kontrahentenrisiko kein Marktrisiko ein, denn viele der Kundengeschäfte gleichen sich aus, und die Restrisiken werden abgesichert.

Beispiel: Auf der einen Seite der Bank steht ein westlicher Großkonzern, der seine Einnahmen in Russland und Zentralasien gegen eine Abwertung des Rubels absichern möchte und auf einen gesicherten US-Dollar-Wechselkurs pocht. Auf der anderen Seite der Bank steht indessen ein Kunde aus Russland oder Zentralasien, der im internationalen Rohstoffgeschäft US-Dollar-Einnahmen hat, diese zeitweilig spekulativ anlegen will, letztlich aber lokale Währung oder Rubel braucht. Dem Kunden aus Russland, der Ukraine oder Kasachstan wird eine strukturierte Einlage mit hoher Verzinsung angeboten, bei der der Kunde allerdings das volle Verlustrisiko und das Wechselkursrisiko trägt, die Bank also das gesamte Verlustrisiko auf den Kunden abwälzt. Solche Spekulationsgeschäfte, deren Risiken angeblich von den Kunden oft nicht richtig eingeschätzt worden waren, sind auch ein Grund, warum einige Bankkunden im Osten heute so hohe Fremdwährungsverbindlichkeiten angehäuft haben. Auch hier wurden Produkte für Kunden strukturiert, die kurzfristig zu Gewinnen führten, die Kunden letztlich aber mit den vollen Risiken stehenließen.

Der Grund, weswegen Kunden vor allem im Osten diese Geschäfte eingingen, wird von westlichen Banken mit zwei Stichworten erklärt: Spekulation und Korruption.[1] Die internationalen Finanzmärkte standen zwar am Anfang der gegenwärtigen Weltwirtschaftskrise. Die maßgeblichen Impulse gingen aber von den Notenbanken aus. Die amerikanische »Federal Reserve« (Fed) nahm dabei eine prominente Rolle ein.[2] Sie ist für eine Politik extrem niedriger Zinsen verantwortlich. Ob eine schwache Konjunktur, die Anschläge des 11. September 2001 oder das Platzen der »Dotcom-Blase«: Das Handlungsspektrum der amerikanischen Notenbank schien auf die drastische Senkung der Zentralbankzinsen beschränkt zu sein. Den Geschäftsbanken wurden dadurch alle Türen zum Paradies geöffnet. Die Beschaffung von Fremdkapital wandelte sich zum kostengünstigen Kinderspiel. Bei der Kreditvergabe war die Bonität der Schuldner unwichtig geworden. Gleichzeitig sahen sich die institutionellen Investoren gezwungen, nach höherverzinslichen Anleihen Ausschau zu halten.

Regierungen schienen ihren Part in der Regulierung und der Manipulation gesehen zu haben. Sie gerieten aber schnell in ein Dilemma, weil stärkere Regulierungen regelmäßig zu Wettbewerbsnachteilen führen. Deshalb glaubten Verantwortliche in der Politik, Abkommen im Hinblick auf notwendige Veränderungen im Bereich der Bankenaufsicht »flexibel« nach Maßgabe nationaler Interessen interpretieren beziehungsweise missachten zu müssen. Dazu gehörte in den USA insbesondere die Förderung des Kaufs von Eigenheimen. Es versteht sich im übrigen fast von selbst, dass aus beschäftigungspolitischen Gründen ein niedriges Zinsniveau politisch gewollt war, zumal damit der Effekt einer Verbilligung der gigantischen Staatsverschuldung in den USA verbunden war.

Auch die Geschäftsbanken haben ihren Anteil an der gegenwärtigen Katastrophe. Man muss einräumen, dass ihre Ausgangslage grundsätzlich schwierig war und ist. Sie müssen die zumeist kleineren Beträge ihrer Kunden fast jederzeit verfügbar halten. Gleichzeitig vergeben sie Kredite mit relativ langer Laufzeit. Diese »Fristentransformation« begründet ein banktypisches (Liquiditäts-)Risiko, das sich bei mangelnden kurzfristigen Refinanzierungsmöglichkeiten realisiert. Ausfälle im Kreditgeschäft können sich zudem zum Insolvenzrisiko verdichten. Zu den Instrumenten einschlägiger Risikosicherungssysteme gehören unter anderem freiwillige und gesetzliche Einlagensicherungssysteme, Bildung von Rücklagen, Ausstattung mit Eigenkapital.

Risikovorsorge kann also sowohl durch Verfügung über liquide Mittel (Bargeld, erstklassige Wertpapiere) als auch über eine hohe Eigenkapitalausstattung erfolgen. Damit ist aber aus der Sicht der Geschäftsbanken ein weiteres und klassisches Dilemma zu bedenken. Für Zwecke der Renditesteigerung müssen sie die Kassenbestände möglichst klein halten, das Eigenkapital reduzieren, riskantere Wertpapiere kaufen und höherverzinsliche sowie riskantere Kredite vergeben. Banken müssen daher regelmäßig eine Wahl zwischen Sicherheit und Rendite treffen. Schließlich können Vorsicht und Gier in einen existenzgefährdenden Widerspruch geraten.

Der Königsweg aus dieser verzwickten Situation schien mit der Verbriefung und Strukturierung von Finanzprodukten eröffnet. Trotz des erheblichen banktechnischen und mathematischen Aufwands ging es dabei nicht um »rocket science«, also hoch anspruchsvolle Wissenschaft.[3] Man hat vielmehr den Eindruck, dass es sich um simple Taschenspielertricks handelt, deren Erfolg von Täuschung, Schnelligkeit und Präzision abhängt. Kompetenzmängel schufen dafür ein günstiges Umfeld. Verbriefung ist nichts anderes als die Verwandlung nicht handelbarer Kredite in handelbare Wertpapiere. Kredite werden quasi in ein Wertpapier verpackt. Anteile an dem so entstandenen Portfolio verkaufen die Banken dann an institutionelle Investoren. Manche sehen darin eine »revolutionäre« Neuerung.[4] Wie auch immer: Zu früheren Zeiten haben die Institute gewährte Kredite über die gesamte Laufzeit haftend in ihrer Bilanz gehalten. Der sich verbreitende Verkauf dieser »Produkte« hatte mehrere Folgen:

· Zufuhr neuer liquider Mittel
· Erweiterungen der Kreditvergabemöglichkeiten
· Anfall attraktiver Gebühren bei den beteiligten Investmentbanken
· Kreditlozierung in aufsichtsfreien Instituten
· rasche Weitergabe des Kreditrisikos
· sorglosere Kreditgewährung

Charakteristisch für die jeweiligen Deals war die Verpackung von erheblich ausfallgefährdeten Krediten in Wertpapiere und entsprechend hohe Zinszahlungsversprechen an die Käufer als Ausgleich. Es kann dahinstehen, ob die in diesem Zusammenhang geübte Technik der »Strukturierung« die »finanzmarkttheoretische Quadratur des Kreises« ermöglichte. Jedenfalls sind damit Investoren, denen das Engagement in riskante Papiere verboten war, in den Kreis der Abnehmer einbezogen worden. Eine Hierarchie der Risikoübernahme hat daran nichts geändert.[5] Letztlich wurden aus einem Portfolio von relativ riskanten Papieren bis zu 97 Prozent Wertpapiere gezaubert, die als sicher oder gar sehr sicher eingestuft wurden. Das führte zu einer dramatischen Ausweitung der Kreditvergabefähigkeit der Banken und zur Umfunktionalisierung der Käufer der verbrieften Kredite zu indirekten Kreditgebern beziehungsweise »Schattenbanken« ohne jegliche Beaufsichtigung.

Damit war der Geist aus der Flasche. Er entfesselte insbesondere in den USA einen kreditfinanzierten Boom. Die Importe wuchsen, und die Exporte stagnierten. Die Zentralbanken der asiatischen Lieferländer agierten als Finanziers. Mit den durch Export eingenommenen US-Dollar kaufte man zum Festkurs heimische Währung ein und legte die entsprechenden Beträge in amerikanischen Staatsanleihen an. Gegen Ende des Booms vergaben die amerikanischen Institute immer freizügiger Immobilienkredite auch an sehr schlechte Schuldner. Das Geschäft schien risikolos, da die Besicherung durch die gekauften Häuser erfolgte. Deren Preise stiegen zunächst ständig. Und die Banken konnten die Kredite mittels Verbriefung aus ihrer Bilanz entfernen. Die Krise brach sich in dem Moment Bahn, in dem die Immobilienpreise in den USA verfielen. Ein gigantisches Schneeballsystem sui generis begann zu schmelzen.

SCHULD SIND IMMER NUR DIE ANDEREN

Auch in Europa wurden bald die Grenzen der Traumwelt erkennbar. Der Hypothekenkäufer HRE gewann als einer der ersten entsprechende Einsichten. Sein Geschäftsmodell war ebenfalls einfach. Es beruhte auf kurzfristigen Einlagen institutioneller Anleger, mit denen langfristig laufende Kreditverbriefungen gekauft wurden. Das funktionierte so lange, wie die Zinsen bei langfristigen Krediten deutlich höher waren als bei kurzfristigen Einlagen. Ein sehr hoher Kredithebel war hilfreich, um die Eigenkapitalrendite entsprechend hoch zu halten. Bei der HRE kamen auf einen Euro Eigenkapital 50 Euro Fremdkapital. Der Zusammenbruch war zwangsläufig, als die Kunden erkannten, in welches Risiko sie sich begeben hatten und ihre kurzfristigen Einlagen zurückzogen.

Tatsächlich hat kein Bankenchef in Deutschland einen größeren Scherbenhaufen hinterlassen als Georg Funke mit der HRE. Der Staat musste rund 100 Milliarden Euro an Kapital und Bürgschaften zur Rettung des maroden Instituts aufwenden. Um diesen Betrag zu verdienen, müssten drei Millionen Menschen in Deutschland ein ganzes Jahr arbeiten. Staatsanwälte ermitteln seit 2008 gegen den ehemaligen Vorstandschef Funke und den Ex-Aufsichtsratschef Kurt Viermetz. Die Vorwürfe sind im Laufe der Zeit immer konkreter geworden. Sie reichen von fachlichen Mängeln über riskante Geschäfte bis hin zu wildem Wachstum und unvollständigen sowie undurchsichtigen Mitteilungen an die Aktionäre. Funke wehrte sich mit der Behauptung, dass die Pleite der US-Investmentbank Lehman Brothers im September 2008 schuld an der HRE-Pleite sei. Diese Argumentation gilt als typisch für ihn. Das »Funke-Theorem« lautet: »Alle sind schuld, nur ich nicht.«[6]

Es habe niemand damit rechnen können, dass sich die großen Institute danach kaum noch Geld liehen. Dem widersprechen Experten mit der These, dass Lehman nur der Anlass, aber nicht der Grund für den Zusammenbruch der HRE gewesen sei. Die HRE habe trotz der Krise ihr Geschäftsmodell beibehalten und sich weiter kurzfristig Geld geborgt. Sie habe auch keine Zusage anderer Institute erhalten, im Fall von Liquiditätsengpässen genügend Geld zu bekommen. Wer über diese Sicherheiten nicht verfüge, aber trotzdem an dem in der HRE üblichen Geschäftsmodell festhalte, handle leichtfertig. Mitte August 2008 hatte der HRE-Vorstand um Funke den Aktionären im Geschäftsbericht noch mitgeteilt, man habe alles im Griff. Selbst im denkbar schlimmsten Fall sei sichergestellt, dass die HRE-Gruppe sowie ihre Tochterbanken zahlungsfähig sind.

Schon wenige Wochen später ging das Geld aus, und der Staat musste einspringen. Die Staatsanwaltschaft hält den Geschäftsbericht für schlicht falsch. Die angeblich durchgeführten »Stresstests« zur Überprüfung der eingegangenen Risiken seien alle mangelhaft gewesen. Es habe zudem klare Mängel bei der Liquiditätsanalyse und -steuerung gegeben. Ende Juli

2008 hatte auch die Bankenaufsicht gravierende Defizite beanstandet. Das alles konnte Funke nicht davon abhalten, gegen seine fristlose Kündigung Klage zu erheben und sich als Opfer der internationalen Finanzkrise zu sehen. Als Schuldige hat er andere identifiziert, unter anderem Investmentfonds unter den HRE-Anlegern. Diese hätten ihm Anfang 2008 nicht verziehen, dass er damals nicht nur 300 Millionen Euro Abschreibungen mitgeteilt, sondern auch gleich eine Kürzung der Dividende von 1,50 Euro auf 50 Cent pro Aktie vorgeschlagen habe. Im Februar 2010 war ein Ende des Ermittlungsverfahrens nicht absehbar.[7]

Andere Institute gaben noch ein risikotechnisches »Sahnehäubchen« obendrauf. Sie betrieben »Zweckgesellschaften«, die langfristig verbriefte und mit kurzfristigen Einlagen finanzierte Kredite kauften. Auf diese Weise umging man die gesetzlichen Vorschriften zur Eigenkapitalunterlegung und Aufsichtsführung. So realisierten sich die systemischen Risiken des Finanzsektors. Es bestand kein Überblick mehr über das Engagement der Mitbewerber in »faulen« Krediten. Die Bereitschaft zur wechselseitigen Kreditgewährung oder zum Handel mit Wertpapieren sank gegen Null. Nach dem Zusammenbruch der Lehman Bank verschwand das Vertrauen in die scheinbar unerschöpfliche Güte des Staates als omnipräsenter Ausfallbürge. Schließlich brach der Markt für Zentralbankgeld zwischen Geschäftsbanken zusammen. Die Kreditklemme war perfekt, und das Risiko eines »bank run« schien unabwendbar. Die Schrumpfung der Eigenkapitaldecke und die Reduktion der Kreditvergabe schlugen schließlich auf die Realwirtschaft durch, die wegen Finanzierungsschwierigkeiten Investitionen zurückstellen musste. Die anhaltende Verweigerung mag man als Selbstschutzmaßnahme der Banken ansehen, die offensichtlich ihre eigene Risikotragfähigkeit überschätzt haben und so die Finanzkrise auslösten.

Eine höhere Eigenkapitalausstattung scheint auf den ersten Blick ein Mittel der Wahl zu sein. Damit könnte ein höherer Risikopuffer entstehen, der aber womöglich Unternehmen den Zugang zu frischem Geld weiter erschwert. Fraglich ist, ob Unternehmensanleihen ausreichende Linderung verschaffen können. Immerhin haben Unternehmen bis September 2009 weltweit schon Anleihen von einer Billion US-Dollar begeben. Von einer Bedarfsdeckung sind auch deutsche Unternehmen jedoch noch weit entfernt. Deshalb denkt man schon wieder (oder immer noch) über die Verbriefungen von Kreditforderungen nach, deren Risiken über forderungs-besicherte Wertpapiere (Asset-Backed Securities – ABS) an Investoren weitergereicht werden. Damit ist allerdings eine Revitalisierung der zent-ralen Ursachen für die Krise zu befürchten. Es ist noch nicht zu beurteilen, ob der in der EU vorgesehene Selbstbehalt von verbrieften Risiken in der Bilanz der Bank das in diesem Bereich verlorene Vertrauen wiederher-stellen kann. In jedem Fall darf man aber jetzt schon sicher sein, dass statt eines wieder florierenden Marktes für Schuldscheindarlehen eine höhere Eigenkapitalausstattung zu bevorzugen ist. Sie würde sowohl die Risikotragfähigkeit als auch die Kreditwürdigkeit verbessern.[8]

DEREGULIERUNG DER FINANZMÄRKTE ALS NEOLIBERALES GLOBALISIERUNGSPROJEKT

Damit ist die Frage, wer letztlich die Verantwortung für dieses Szenario trägt, keineswegs erledigt. Zur Beantwortung der (zunächst nicht straf-rechtlichen) »Schuldfrage« gibt es mehrere Angebote[9]:

· weltweit deregulierte Kapitalmärkte
· falsche Konzeption der noch bestehenden Regulierungen
· zu großzügige Geldversorgung durch die Notenbanken
· Beteiligung von Regierungen an der Kreditvergabe durch staatliche und halbstaatliche Banken
· Versagen der aufsichtführenden Eigentümer und damit regierungsamt-liche Pflichtverletzung
· Produktion großer Mengen fauler Immobilienkredite durch massive Eigenheimförderung (insbesondere in den USA)
· mangelnde Anpassung staatlicher Regulierungen an die Möglichkeiten neuer Finanzmarktinstrumente
· Ausnutzung von Regulierungslücken durch Banken im Handeln gegen den Geist bestehender Vorschriften
· Versagen des bankinternen Risikomanagements
· unangemessene Vergütungsregeln für Bankmanager
· unzureichende Risikoverteilung im Rahmen von Verbriefungen
· mangelnde Erfahrungswerte mit neuen Produkten und entsprechend unangemessene Risikobewertungen

- Überheblichkeit und fast blindes Vertrauen in die prognostische Leistungskraft mathematischer Methoden und hochkomplexer Schätzverfahren
- Unterschätzung der Risikoaversion

In einem Satz: Die Innovationen in der Finanzbranche, regulatorische Lücken und menschliche Fehler haben eine Risikoerhöhung bewirkt, die schließlich in die gegenwärtige Krise umgeschlagen ist. Dabei ging die eigentliche Gefahr von regulierten Banken an überwachten Finanzplätzen aus. Tatsächlich hatten Notenbanken und Aufsichtsbehörden wegen falsch verstandener Förderung des eigenen Finanzplatzes beide Augen geschlossen. Man mag zwar darüber spekulieren, ob es ohne die schiefen Anreizsysteme in den Banken, ohne die schiefe Ebene zwischen Banken und Staat und ohne die schief verteilten Anreize zwischen den Ländern die Risikoexzesse nicht gegeben hätte. Grundsätzlich gilt aber, dass Aktionäre und Aufsichtsräte in den Banken keine nachhaltigeren Anreize schaffen, solange sie darauf vertrauen können, dass der Steuerzahler sie im Ernstfall raushaut. Trotz aller lautstarken Bekundungen in jüngerer Zeit wird der politische Wettlauf um möglichst laxe Aufsicht weitergehen, solange Regierungen das nationale Finanzplatzinteresse über das Wohl der Weltgemeinschaft stellen.

Mit der undifferenzierten Behauptung, dass es in Marktwirtschaften und auf Finanzmärkten keine Rendite ohne Risiken gebe, ist nicht nur die Gefahr eines Rationalitätsabbruches verbunden. Sie befreit auch nicht von der Aufgabe, wirkungsvollere Regeln für das Management dieser angeblich unvermeidbaren (systemischen) Risiken zu entwickeln und für eine präventiv und repressiv leistungsfähige Sanktionierung fahrlässiger und vorsätzlicher Pflichtverletzungen zu sorgen. Dabei handelt es sich um eine äußerst dringliche Aufgabe, weil die Entwicklung des internationalen Finanzmarktgeschehens nicht nur wirtschaftliche, sondern auch sicherheitspolitische Dimensionen hat, die bislang leider nicht die gebührende Aufmerksamkeit gefunden haben.[10]

Die Vernachlässigung der Risikopotentiale ist normalpsychologisch nicht zu erklären. Man weiß seit Jahrzehnten, dass die Deregulierung der Finanzmärkte das zentrale Element des neoliberalen Globalisierungsprojektes ist.[11] Seit den 1980er Jahren ist bekannt, dass diese Märkte ein Ort beständiger Instabilität sind, mit verheerenden Auswirkungen auf die Entwicklungsländer. Spätestens seit der Immobilienblase in Japan in der zweiten Hälfte der 1980er Jahre erreicht die Anfälligkeit der Finanzmärkte auch die entwickelten Industrieländer. Und nach der Internetblase und der »Subprime-Krise«[12] sind die Zentren des Weltfinanzsystems insgesamt in eine systemische Krise geraten. Deren Probleme liegen tiefer als in der Immobilienfinanzierung.

Die destabilisierenden Auswirkungen sind zu einem erheblichen Teil der Lobbyarbeit jener Akteure zuzuschreiben, die sich immer größere Spielräume erkämpfen konnten. Dies geschah, weil die Mehrzahl der Ökonomen, Politiker, Journalisten und Regulierer an das neoliberale Versprechen geglaubt haben, dass entfesselte Finanzmärkte Effizienz und Wachstum weltweit fördern würden.[13] Das lag womöglich auch daran, dass man die handfesten Interessen der Finanzindustrie theoretisch absicherte und untermauerte. Es kam zur Abdankung des gesamtwirtschaftlichen Denkens der Makroökonomie. Das mikroökonomische Denken trat in den Vordergrund und prägte auch die Analyse der Finanzmärkte. Deren Regulierung – soweit noch vorhanden – konzentrierte sich auf die Stabilität von Mikroeinheiten und blendete makroökonomische Risiken aus. Der Denkansatz rationaler Erwartungen kam hinzu. Damit ist eine Reihe von Problemen verbunden.

Selbst unter Experten besteht keine Einigkeit darüber, wie genau die kausalen Zusammenhänge in der Wirtschaft funktionieren. Die breite Masse der Arbeitnehmer, Anleger und Kleinunternehmer weiß es auch nicht besser. Das Konzept der rationalen Erwartungen unterstellt, Individuen benötigten noch nicht einmal Zeit, um die grundlegenden Strukturen der Wirtschaft zu erkennen. Selbst Strukturveränderungen sind in diesem Modell sofort bekannt und werden von den Individuen unmittelbar in ihr Kalkül eingebaut. Im übrigen können die im Durchschnitt korrekten Erwartungen nur dann gebildet werden, wenn man davon ausgeht, dass alle ihre künftigen möglichen Ereignisse, ihre Wahrscheinlichkeit und ihre Auswirkungen bekannt sind. Das ist aber grundsätzlich nicht der Fall.

Im Bereich der Finanzmarktanalyse entspricht den rationalen Erwartungen die Annahme der Effizienz dieser Märkte.[14] Die offizielle Logik der auf Vermögensmärkten agierenden rationalen Wirtschaftssubjekte ist einfach: Erfährt zum Beispiel ein einzelner Investor, dass ein Unternehmen eine vielversprechende Erfindung gemacht hat, dies aber noch nicht im

Aktienpreis ausgedrückt ist, wird er so viele Aktien kaufen, bis der Kurs wieder dem fundamental richtigen Preis entspricht. Erfährt ein Anleger dagegen von Schwierigkeiten eines Unternehmens und sind diese noch nicht im Aktienkurs reflektiert, wird er Aktien verkaufen, bis der Preis entsprechend gefallen ist.

Mit der Realität haben die Hypothesen der effizienten Finanzmärkte und der rationalen Erwartungen dennoch nichts zu tun. Nur auf der Grundlage umfassender Ignoranz kann man annehmen, dass alle Wirtschaftssubjekte die grundlegenden Strukturen der Wirtschaft gleich einschätzen und aus historischen Daten die Zukunft so vorhersagen, dass es im Durchschnitt zu keiner systematischen Abweichung ihrer Vorhersagen von der Realität kommt. Geradezu irrsinnig ist die Annahme, Spekulationsblasen würden sich an den Finanzmärkten nicht entwickeln.[15] Zum theoretischen Fundament der Kritik effizienter Kapitalmärkte gehört die Akzeptanz von Unsicherheit als entscheidende Kategorie zum Verständnis kapitalistischer Ökonomien.

Es ist schlicht abwegig zu glauben, dass alle Wirtschaftssubjekte auf der Suche nach Fundamentaldaten die gleichen Einschätzungen machen würden. Wir können die Sachlage in vielen Entscheidungssituationen einfach nicht kennen. Vermögensmärkte sind von Erwartungen getrieben, die nicht stabil in Fundamentalfaktoren, das heißt grundlegenden wirtschaftlichen Kennziffern verankert sind. Diese sind ohnehin sehr schwer oder gar nicht erkennbar. Vermögensmärkte sind durch »Herdenverhalten« charakterisiert. Alle folgen einem Leitwolf, also einem großen Fonds oder Investor. Genau dieses Verhalten führt zu kumulativen Prozessen beziehungsweise irrationalen Blasen.

Ein weiterer Aspekt tritt hinzu. In modernen Finanzsystemen kann das Kreditvolumen unbegrenzt ausgedehnt werden. Ein Blick auf die Finanzkrisen der letzten 140 Jahre zeigt, wie stark sich die Staaten im 20. Jahrhundert verschuldeten und wie stark die Eigenkapitalquote der Banken gefallen ist. Dieser Wert lag vor 140 Jahren noch bei 30 bis 40 Prozent und stürzte bis heute auf durchschnittlich fünf Prozent ab. Die Umsätze und Gewinne der Geldhäuser wuchsen vor allem über kurzfristige Finanzierungen. Das Risiko in den Bilanzen stieg. Anfang der 1980er Jahre begann der Kreditboom erst richtig. Vor allem in den USA und dem Vereinigten Königreich setzte eine massive private Verschuldung ein. In vielen Ländern degenerierten die Banken zu Immobilien-Hedge-Fonds. Nicht zuletzt deshalb fragt man in jüngerer Zeit, ob Kredit, nicht Geld die relevante Größe für die Währungspolitik sei.[16]

Für Geld und Kredit gilt der alte Grundsatz »ex nihilo nihil fit« (von nichts kommt nichts) scheinbar nicht. Beide können aus dem Nichts geschaffen werden und sind beliebig vermehrbar. Natürlich benötigt man im Rahmen einer Kreditexpansion zusätzliches Zentralbankgeld, einerseits aufgrund von Barabhebungen der Kreditnehmer, andererseits auf Grund von Mindestreserveverpflichtungen der Banken. Vermögensmarktinflation und Kreditexpansion verstärken sich gegenseitig. Die potentiell unbegrenzten Möglichkeiten der Kreditexpansion in modernen Finanzsystemen, die damit möglichen exzessiven Blasen und die potentiell katastrophalen Wirkungen der zwingend folgenden Implosion erfordern eine strikte Regulierung der Institutionen, die Kredite vergeben. Das Geschäftsbankensystem ist folgerichtig durch Eigenkapitalvorschriften, Mindestreserven und weitere Vorschriften in seiner Kreditexpansion begrenzt.

Die Prinzipien der effizienten Finanzmärkte waren mit ihrem Überbau der rationalen Erwartungen die Basis des Handelns der Marktakteure. Sie versuchten auf verschiedene Weise, die mit Aktienportfolios verbundenen Risiken zu berechnen (»Value at Risk«). Finanzinstitutionen entwickelten eigene Risikomodelle, um ihre Geschäftspolitik abschätzen zu können. Sie beruhten alle auf Daten der Vergangenheit und verstärkten die auf Vermögensmärkten schon existierenden kumulativen Prozesse. Bei einer positiven ökonomischen Entwicklung schätzte man die Risiken als gering ein, bei einer negativen wurden sie überzeichnet. Risikomodelle wirkten so prozyklisch. Sie haben also potentiell krisenhafte Effekte. Sie unterstellen ungerechtfertigt eine normale oder gemäßigte Risikoverteilung. Diese Annahme ist willkürlich und in der Realität nicht haltbar. Unternehmensspezifische Risikomodelle eignen sich auch nicht für die Abschätzung systemischer, also grundsätzlicher Risiken. Die Einführung bankenspezifischer Risikomodelle und externer Ratings hatte übrigens zur Folge, dass die gesetzlich vorgeschriebene Eigenkapitalhaltung im Bankensystem, verglichen mit den davor geltenden Regeln, deutlich abnahm. Damit war ein Ziel der Finanzindustrielobby erreicht.

Auch die Anfang der 1990er Jahre eingeführten Buchführungsvorschriften beruhten auf der Annahme effizienter Märkte. Regeln, die auf historischen Kosten basierten, wurden durch eine Bewertung ersetzt, die von den jeweiligen Marktwerten ausging (»Fair-Value-Accounting«). Kauft also ein Investmentfonds eine Aktie zu einem bestimmten Preis, dann wird der Wert der Aktie in dessen Büchern zunächst mit dem Kaufpreis gebucht. Steigt der Aktienwert, dann wird der nun höhere Preis gebucht. Das führt bei dem Investmentfonds zu einem Gewinn. Nach der traditionellen Buchführungsmethode wäre der Aktienwert in den Büchern unverändert geblieben. Nach den neuen Regeln steigen in einer Vermögensmarktinflation das Vermögen in den Bilanzen der Unternehmen und die Gewinne stark an, ohne dass dies durch eine Verbesserung der Einnahmen und Ausgaben des Unternehmens gerechtfertigt wäre.

Die Folge sind hohe Bonuszahlungen an das Management, hohe Dividendenausschüttungen und der Anreiz zu hoher Kreditaufnahme: In der dann eintretenden Entwertung dieser »Vermögenswerte« führt »Fair-Value-Accounting« zu einer ungebührlichen Reduzierung des Eigenkapitals bis hin zum Insolvenzfall. Bei besonders hohen Gewinnausschüttungen im Zuge einer Vermögensinflation besteht die Gefahr, dass Unternehmen »ausbluten« und wegen zu geringer Eigenkapitaldecke für Krisenzeiten schlecht gewappnet sind. Spiegeln Vermögenswerte also keine Fundamentalfaktoren wider, provoziert das »Fair-Value-Accounting« über die Maßen prozyklische Entwicklungen und verstärkt die Schocks für die gesamte Wirtschaft.

Die Problematik verschärfte sich in den vergangenen Jahrzehnten noch dadurch, dass die »Kontrollinstanzen« und die Ratingagenturen von falschen Voraussetzungen ausgingen. Sie glaubten an die Effizienz der Finanzmärkte und meinten, dass mit immer komplexeren mathematischen Risikomodellen die systemischen Risiken des Finanzmarktes eingedämmt werden könnten. Der grundlegende Fehler war der Glaube, dass man mit einzelwirtschaftlichen Modellen der Risikoberechnung systemische Risiken erfassen und verhindern kann. Mit der beschleunigten Entfesselung der Finanzmärkte in den 1980er Jahren erhöhten sich diese Risiken. Die Sollbruchstellen des »Finanzkapitalismus« wurden zahlreicher und größer.

Zu den wichtigsten Tendenzen und Faktoren, die zur Erhöhung der systemischen Risiken in der Finanzindustrie beigetragen haben, gehören:
· verstärkte Integration der verschiedenen Segmente des Finanzsystems (zum Beispiel umfängliche Entwicklung von Sekundärmärkten für Immobilienkredite)

- rasante Zunahme von Verbriefungsaktivitäten
- Produktion von Finanzinnovationen
- Aufkommen von »Moral-Hazard-Problemen« (Anreiz zu exzessiv riskanten Geschäften)
- Anstieg individueller Liquidität auch durch Finanzierung langfristiger Kreditvergaben durch kurzfristige Kreditaufnahme (Fristentransformation)
- Bedeutungszuwachs der Ratingagenturen
- Bedeutungsverlust des traditionellen Geschäftsbankensystems
- Verlagerung verbriefter Immobilienkredite in Zweckgesellschaften
- geringe Regulierungsdichte und starke Risikoorientierung der Institutionen im Schattenbanksystem
- steigende Gefahr systemischer Risiken im traditionellen Bankensystem durch Verquickung mit dem Schattenbanksystem
- bankenspezifischer Renditerausch
- Absinken der Eigenkapitalhaltung
- drastische Erhöhung des Konkurrenzdrucks im Finanzsystem durch Liberalisierung des internationalen Kapitalverkehrs
- Verringerung oligopolistischer Strukturen
- Regulierungsdefizite
- Zunahme der prozyklischen Funktionsweise und der Dynamik der Finanzmärkte im Gefolge des Eigenkapitalsystems von Basel II (flexiblere Ausrichtung der Eigenkapitalvorschriften an Investitionsrisiken)
- gigantischer Anstieg der internationalen Kapitalströme
- Priorisierung der Devisenmarkttransaktionen (Terminmärkte) gegenüber Handelsgeschäften
- heftige Schwankungen der flexiblen Wechselkurse
- Vordringen des »Shareholder-Kapitalismus« gegenüber dem »Stakeholder-Kapitalismus«

Der Glaube an Objektivität und Rationalität war unterdessen weit verbreitet. Man glaubte ernsthaft, dass die Finanzmärkte und ihre Akteure Unternehmen realitätsgetreu bewerten und deren »fairen Wert« über die Marktmechanismen garantieren würden. Kritik an diesen Mechanismen und ihrer inhärenten Tendenz zum irrationalen Überschwang wurde als rückständig diskreditiert.

ROT-GRÜNE WEGBEREITER DES SHAREHOLDER-KAPITALISMUS

In Deutschland hat vor allem die »rot-grüne« Bundesregierung den Siegeszug der Finanzmärkte begünstigt und die Auflösung der »Deutschland AG« in Gestalt des »rheinischen Kapitalismus« vorangetrieben. Heute dagegen werden wieder alternative Modelle der Unternehmensführung (»Corporate Governance«) im Zug einer neuen Rolle der Finanzmärkte für die Unternehmensfinanzierung und für die gesamte Volkswirtschaft diskutiert. Die vorhergehende Entwicklung hat gezeigt, dass die klassischen Wettbewerbsvorteile der deutschen Industrie umso mehr eingeschränkt wurden, je entschiedener die Bedeutung der Kapitalmärkte im Rahmen der Unternehmensfinanzierung und -kontrolle betont wurde. Die langfristige Unternehmensorientierung des Managements wurde den kurzfristigen »Shareholder-Value-Prinzipien« geopfert. Die Ergebnisse des vergangenen Jahrzehnts offenbaren ein grundlegendes Scheitern der einseitigen Konzentration auf Finanzmarktindikatoren. Die effizienztheoretische Behauptung, der Shareholder-Value erhöhe vor allem das unternehmerische Gewinnstreben mit positiven wohlfahrtstheoretischen und gesamtwirtschaftlichen Implikationen, ist widerlegt.

Heute sind die weitreichenden negativen Folgen für Arbeitnehmer, die Einkommensverteilung und somit auch für den gesamtwirtschaftlichen Verbrauch für jedermann sichtbar. Der Fokus auf Finanzkennziffern nach dem Shareholder-Value-Modell hat einen negativen Effekt auf die Innovationstätigkeit einer Ökonomie. Es ist ein Modell der Profite ohne Investition. Man versucht, mit kurzfristigen Strategien, einschließlich Unternehmensverkäufen und -verschmelzungen (»Mergers & Acquisitions«), Gewinne zu erzielen. Das führt zu geringen Investitionen und niedrigem Wachstum. Damit werden schließlich beträchtliche systemische Risiken für die Finanzstruktur einer Volkswirtschaft erzeugt. Der Nachweis einer signifikant positiven Korrelation aus Shareholder-Value-Orientierung und Wertsteigerung von Unternehmen fehlt nach wie vor. Die Übernahme »atlantischer« Kapitalismuselemente hat dafür eine Hybridisierung des deutschen Wirtschaftsmodells bewirkt. Internationaler und europäischer Druck hat zu weiteren scharfen Formen der Veränderung geführt. Dies gilt insbesondere im Hinblick auf Rechnungslegungsvorschriften.

Insgesamt bleibt festzuhalten, dass der auf dem Shareholder-Value beruhende Ansatz der Unternehmensführung mit seiner finanzbilanziellen Priorisierung, der Anbindung von Managementvergütungen an den Aktienwert sowie der Bindung des Unternehmenserfolgs an die Entwicklung des kurzfristigen Börsenwerts höchst kritikwürdig ist. Folgen Vermögenspreise nicht den Fundamentalfaktoren, werden Bilanzierungen, die an die kurzfristige Entwicklung der Vermögenspreise gekoppelt sind, zu fiktiven Größen. Bei Vermögensmarktinflationen gaukeln sie hohe Gewinne vor. Sie führen zu obszön hohen Managementgehältern und Gewinnausschüttungen. Bei Vermögensmarktdeflationen zerstören sie das zuvor schon reduzierte Eigenkapital von Unternehmen und Finanzinstitutionen zusätzlich. Die Beispiele sind Legion (Enron, Worldcom, Parmalat, Société Générale etc. etc. etc.).[17] Insbesondere Enron hat zu sehr grundsätzlichen Überlegungen veranlasst.[18] Während man den Hedge-Fonds LTCM (Long-Term Capital Management) im Hinblick auf die Geldvernichtung für »speziell« hält, wird der US-Konzern als das »Paradepferd« für das Krisenpotential des Finanzmarktes angesehen.

Einige »Systemzutaten« sind unentbehrlich: schockierende Inkompetenz, maßlose Arroganz, Verfall ethischer Maßstäbe und totale Verachtung für das Urteil des Marktes.[19] Es hat sich eine fatale Mischung aus kühnem Unternehmertum, semi-kriminellem Laisser-faire und platter Korruption als Bank- und Unternehmensführungsstil durchgesetzt. Schon 1998 hatte der damalige der Leiter der Securities and Exchange Commission (SEC) in New York seine Sorge darüber geäußert, dass in zunehmendem Maße solide Geschäftspraktiken missachtet werden, um die Ertragserwartungen der Wall Street zu erfüllen. Zu viele Unternehmensmanager, Wirtschaftsprüfer und Analysten spielten dieses Spiel mit.[20] Immer häufiger setzten sie bloßes Wunschdenken über eine wahrheitsgetreue Darstellung. Die Qualität der Erträge und daher auch die Qualität der Finanzberichte nahmen ab. Aus Managern wurden Manipulatoren. Die Illusion trat an die Stelle der Integrität.[21]

Die Enron-Politik, die sich damit brüstete, ihren Märkten Deregulierung und Effizienz zu schenken, wird als Musterbeispiel für jene »Priester-Arroganz« bezeichnet, die ihre Inkompetenz mit finanzieller Attraktivität kaschiert. Bekanntlich ging mit Enron auch die Wirtschaftsprüfungsgesellschaft Arthur Andersen unter. Selbst die SEC geriet ins Zwielicht, und die amerikanische Regierung musste sich Vorwürfe wegen ihrer schlampigen Haltung zu den Usancen im Finanzmarktsektor gefallen lassen. Schließlich raffte sich der Kongress zwar dazu auf, das vermeintlich strengste Anlegerschutzgesetz zu verabschieden, das man seit dem großen Crash 1929 je gesehen hatte. Aber auch diese Gesetzgebung konnte offensichtlich die nachfolgenden Krisen nicht verhindern.

Die Erklärung ist einfach: Nach wie vor sind die Teilnehmer auf die Nutzung von Lücken, die Umgehung von Vorschriften und, wenn es sein muss, das kriminelle Brechen von Gesetzen ausgerichtet, wobei die Vielfalt der Derivate und die Verbriefung der Finanzprodukte eine entscheidende Rolle spielen.[22] Der Publizist Hans-Peter Raddatz sieht sogar eine evolutionär und politreligiös verankerte Tendenz, die die reinigende Zerstörung brauche, um ihre Art von Fortschritt voranzubringen. Daran werde sich nichts ändern, weil die gewinngetriebene Veränderung der Motor des Systems sei. Raddatz erkennt eine solide gewachsene Marktideologie, die dem Geschehen zugrunde liege. Sie sehe den Staat als zentralen Gegenspieler, den sie durch steigende Verluste in eine ruinöse Verschuldung treibe. Insofern könne es auch keine andere Verantwortung im Bewusstsein der Akteure geben. Sie wähnten sich immer »im Recht«, wenn sie das bestehende Recht und seine den Markt einengenden Regeln deregulieren und, wo immer ohne größeres Aufhebens möglich, übergehen und durch neue »Fakten« – ein anderer Ausdruck für Rechtsbruch – außer Kraft setzen.

Zur Erreichung dieses Ziels habe sich die »Funktionskette« ständig ausgeweitet. Von den Unternehmen und Banken über die Wirtschaftsprüfungs- und Anwaltskanzleien sowie die zahllosen Institute und »unabhängigen« Gutachter, die Lobbys und Verbände der Institutionen dehnten sich die Tentakel der marktideologischen Vereinnahmung weiter aus. Schließlich sei der Staat besetzt und die Korruption hoffähig gemacht worden. Wer auch das für »Verschwörung« hält, sich selbst aber noch als denkfähig einschätzt, möge das Experiment starten, sich durch die Inkompetenz dieser Ausflucht nicht stoppen zu lassen, sondern die real existierenden Formen der Kollaboration zwischen Politik, Justiz und Finanzwelt zu prüfen. Diese Problemlage treffe für die USA als führender Markt- und Militärmacht in besonderem Maße zu und stehe in krassem Gegensatz zu der Behauptung ihres ehemaligen Präsidenten George W. Bush, wonach die Größe eines Landes nicht mit der Börse steige oder falle. Dahinter scheine die so vergebliche wie dumme Absicht durch, die spekulative Identität Amerikas und damit auch die »Superseilschaft Politik–Wirtschaft« zu verschleiern.

Auch im Hinblick auf Deutschland und Europa geht es nach der Auffassung von Raddatz um die Frage, wie es dazu kam, dass sich die politische Klasse in Wechselwirkung mit der Wirtschaft zu einer »Dienstklasse« entwickelte, die den Staat dereguliert, um ihn als vor dem Volk verhülltes Betriebssystem den Marktmechanismen verfügbar zu machen. Dieser Prozess zwinge sie zwar, gegen die Interessen der Mehrheit zu handeln, gebe ihnen aber mit der Propaganda des Marktpopulismus die Handhabe, alles Mögliche »für die Menschen« zu tun, wie schädlich auch immer die Maßnahmen für das ohnehin sehr vage formulierte »Gemeinwohl« sein mögen. Der Wettbewerb um den Abbau von Steuern und Regeln bei der Industrieansiedlung, Umwelt und Migration nütze also nicht nur der Superseilschaft Wirtschaft–Politik, sondern der systemischen Funktionskette insgesamt. Staatsseitig betreibe sie mit dem Sozialbudget eine Art Konzern, der mit einer langsamen »Mafiasierung« anderen, ihm nützlichen Kulturen ähnlich werde. Demgemäß hartnäckig zeige sich das Beharrungsvermögen gegen die eigene Deregulierung, wobei sich wirtschaftsseitig die Kollaboration zwischen Unternehmen und Wirtschaftsprüfung ähnlich mafios festigend entwickele. Die »Achse Enron-Andersen« sei bei weitem kein Einzelfall geblieben, sondern habe zahlreiche Nachfolger, von denen in Deutschland die Telekom-Immobilienbewertung einer der bekannteren Fälle gewesen sei.[23]

Es ist die Rede von einem durch Selbstbezug und Selbstbetrug geschützten Biotop, in dem, wie Raddatz glaubt, – fast evolutionär und unvermeidbar – der Managertyp des »elitären Raptors, des kleptokratisch begabten Strategen«, entstanden ist, der temporär ertragsstarke, jedoch kaum zukunftsfeste Unternehmen oder Banken führt, weil er die elitäre Funktionskette Geschäft – Finanzen – Prüfung – Politik effizient zu schmieden versteht. Dieser Typus erhöhe aber auch die Wahrscheinlichkeit und Dimension des Kollapses drastisch, weil ihn sein eigenes, nicht selten lichtscheues Engagement dazu zwinge, langfristig sinnvolle Maßnahmen zu unterlassen, immer neue Verschleierungen zu erfinden und die Agonie der Verlustblasen bis zum Anschlag zu verlängern, bevor sie schließlich unausweichlich platzen. Je höher die Einkünfte eines Topmanagers oder -bankers, desto abhängiger sei die Funktionskette, die mit ihm und seiner Organisation in Verbindung steht. Sie sei das Spiegelbild der »Normalverteilung« jenes elitären Kraftfelds, in dem sich realisieren lässt, was sich der moralisch blockierte Menschenverstand nicht vorstellen kann. Als Beispiel zitiert Raddatz den ehemaligen Siemens-Chef Heinrich von Pierer, der »linke« wie »rechte« Regierungen beriet und Bedingungen zuließ, die den Konzern mit riesigen schwarzen Kassen für die Wechselfälle globalen Wirtschaftens ertüchtigte. Dazu gehörte übrigens die Gründung einer »hauseigenen« Gewerkschaft, die nach dem Muster des strukturierten Produkts helfen sollte, die Ansprüche der Arbeitnehmer zu regulieren. Als das Gegenstück zu von Pierer in der Politik wird der Bundeskanzler a. D. Gerhard Schröder gesehen. Dieser habe den Erzvater der Ökonomie, Adam Smith, abgewandelt, indem er mit einer Deregulierung »der ruhigen Hand« die sozialen Inhalte der eigenen Partei entkernte. Hier schien jedenfalls nach dem Empfinden von Hans-Peter Raddatz die Superseilschaft Wirtschaft–Politik durch, indem Schröder den russischen Präsidenten Putin als »lupenreinen Demokraten« lobte und nach dem Ende seiner Amtszeit sinnigerweise in der Energiewirtschaft, im Aufsichtsrat des russischen Gazprom-Konzerns, landete. Seine Karriere stehe beispielhaft für die untrennbaren Verbindungen der »finanzkulturellen Power Networks«, denn sie führten ihn auch mit dem Iran zusammen, einem Land, dessen Ambitionen zum US-Imperium querstehen und das deshalb für den Öl-, Gas- und Atom-Konkurrenten Russland interessant ist.[24]

Jenseits derartiger persönlicher Verknüpfungen ist grundsätzlich bemerkenswert, dass sich die Akteure des sich selbst überschreitenden Megaspiels nicht beirren ließen. Der Erfolg gab ihnen recht. Über die Einrichtung der Superseilschaft war das Risiko so zu verkleinern, dass der »Bullenmarkt« eine offenbar unwiderstehliche Stehaufkraft entwickelte. Allerdings wurde die Inanspruchnahme des »Rating« vermehrt erforderlich, ursprünglich eine bürokratische Funktion, die sich zum quasimetaphysischen Phänomen wandelte. Während die einen begannen, das Rating als »Eucharistie der Marktreligion« zu verspotten, halten es andere nur für eine weitere Stufe der marktkorrekten Risikoverschleierung. In einer durch Deregulierung entfesselten Konkurrenz sei das Rating zum »geldschaffenden Passepartout« geraten, das die Türen zu immer ergiebigeren Schatzkammern der Finanzpapiere geöffnet habe. Dabei habe sich das

A-Rating im Trend zu Betrugsstrukturen enorm inflationiert. Während es immer schwieriger wurde, ein Papier unterhalb »Double A« anzubieten, wurde es für den Verkaufserfolg in der Investmentwelt immer wichtiger, an eines der beiden ersten A-Ratings zu kommen. Das System der einäugigen Risikoprüfung begann also auch auf dem zweiten Auge zu erblinden. Im Mix der Werte dominierten regelmäßig die bestbewerteten und hoben beim Rating die schwächeren unverhältnismäßig stark an. Indem drei Viertel aller Hypothekenpapiere (»Mortgage-Backed Securities«) beim Investor landeten, konnten sie die Bilanzen der Banken verlassen und den Platz für die nächste »Produktgeneration« räumen.

MEHR GESCHÄFTE MIT IMMER WENIGER KAPITAL

Endlich erfasste die Methode auch die riskantesten aller Börsenakteure, die Hedge-Fonds. Sie stehen mit chronisch geringem Eigenkapital am Anfang der Absturzkette, wenn es in die nächste Krise geht. Gleichwohl schafften es diese »Marktakrobaten« immer wieder, ihre Hochrisikoprodukte in konservativ wirkende Anleihen zu verpacken und unter attraktiven Konditionen unter die Leute zu bringen. Diese Dynamik ist nicht vom Himmel gefallen. Sie repräsentiert einen führenden Teil des aktuellen Weltbilds. Ihre Komponenten spielen eine wichtige Rolle in der Umkehrung der Werte und Fakten, wie sie Enron über längere Zeit beispielhaft vorführte: »Inszenierung, Infantilisierung, Bürokratisierung und Kriminalisierung.«

Insofern ließ sich für die Bewertung von Anlageobjekten die Seilschaft zwischen Investmentbanken und Ratingagenturen kaum vermeiden. Das Gleiche gilt für Bewertungsfragen oder die drohenden Konkurse im Unternehmensbereich, die sich immer öfter durch Kollaboration von Konzernchefs und Wirtschaftsprüfern »regeln« ließen. Richtig mag zwar sein, dass nicht alle Beteiligten korrupt waren. Es ist aber hinreichend deutlich geworden, dass das System nicht nur zum Missbrauch einlädt. Ein »Elitenprivileg« scheint sogar dazu zu berechtigen. Mit fortschreitendem Erfolg ist man quasi entsprechend verpflichtet. Dabei muss man das System nicht mit einer »Verschwörung« gleichsetzen. Es handelt sich nur um einen historisch gewachsenen und »kybernetisch verdrahteten Selbstläufer«.[25]

Man möge sich an Schätzungen erinnern, wonach in der (bisherigen) Hauptphase des letzten Crashs an den US-Börsen immerhin sieben Billionen US-Dollar allein an den US-Börsen vernichtet worden sein sollen. Europa und Asien sollen zusammen ähnliche Verluste verzeichnet haben. Die Golfregion soll mit circa 2,5 Billionen US-Dollar dabeigewesen sein. Verantwortlich dafür seien das »Zufallsdogma« und sein ausführendes System der Investmentbanken. In immer neuen Kaskaden »strukturierter Produkte« hätten sie ein Universum zahlloser Derivat-Mutationen erzeugt, das dem Marktpublikum die Illusion einer »Wahl« vorgegaukelt habe. Indem man die verschiedenen Kreditrisiken in immer kompliziertere Formen verpackte und in immer weniger nachvollziehbare Ebenen der Bewertung verschob, habe sich eine Spannung zwischen Wunsch und Wirklichkeit aufgebaut, die auch die elitäre Kontrolle durchbrochen habe.[26]

Unter dem »Regime des defekten Zufalls« habe sich schließlich die Systematik des Schneeballs mit der Stabilität des Kartenhauses zu einem Dominoeffekt verbunden, der den größten Crash aller Börsenzeiten zustandebrachte. Täuschung geriet nicht nur zum Recht beziehungsweise zur Pflicht. Sie wurde sogar zur Überlebensregel. In einer deregulierten Welt, in der korrekte Information und Fairness zu Dummheit und Schwäche mutieren, gilt das »Vorrecht des Stärkeren«. Diesem steht es offensichtlich frei, die Anleger zu betrügen, weil er der »Meister des Universums« ist, dem die Masse nur als Resonanzboden dient, seine privilegierte Stellung, wenn nicht gar »genetische Überlegenheit« widerzuspiegeln. Der Einwand, dass doch nicht alle Teilnehmer Betrüger seien, ist so häufig wie sinnlos. Tatsächlich kann unter den gegebenen Bedingungen der evolutionären Asymmetrie wohl überhaupt niemand betrügen. Alle Akteure verhalten sich »systemisch korrekt«, wenn sie das Risiko minimieren, indem sie Rendite und Rating optimieren und zugleich ihren Bonus maximieren. Jedes davon abweichende Verhalten wäre nicht nur irrational, sondern »elitär unkorrekt«. Daraus zieht man den Schluss, dass es zur Rationalität der Staaten beziehungsweise Regierungen gehört, die Verschuldung voranzutreiben und neue »Power Networks« im Bereich der Institutionen zu schaffen. Da ihre Loyalität sich den Zwecken neu entstehender und zusammenwachsender Märkte zuwende, müsse die Bevölkerung zunehmenden Verzicht leisten oder sich eine neue Elite suchen.[27]

Vor dem geschilderten Hintergrund stellt sich in verschärfter Weise die

Frage, ob die hochspezialisierten Manager in den Investmentbanken intellektuell überfordert waren und deshalb die Entwicklung der Märkte und die objektiven sowie wahrscheinlichen Wirkungen ihres Verhaltens gar nicht oder nicht rechtzeitig einschätzen konnten. Oder aber, ob sie sehr genau wussten, was passieren kann, und dies gegenüber ihren Kunden und dem Rest der Welt mit krimineller Energie verschleiert und vertuscht haben.

Seit März 2010 liegt der Bericht von Anton Valukas, einem gerichtlich bestellten Gutachter vor, der die Ursachen des Untergangs der Lehman-Bank zu untersuchen hatte. Bekanntlich waren die Kreditmärkte weltweit regelrecht eingefroren, nachdem die Bank am 15. September 2008 Gläubigerschutz nach Artikel 11 des amerikanischen Konkursrechts beantragt hatte. Auf 2200 Seiten hat Anton Valukas von der amerikanischen Anwaltskanzlei Jenner & Block LLP versucht, Teile der Entwicklung zu erklären. Aus seiner Sicht war der Zusammenbruch der Lehman-Bank eher die Konsequenz als die Ursache des sich verschlechternden wirtschaftlichen Klimas. Die Schieflage der Bank und die Folgen für deren Gläubiger und Aktionäre hätten sich aber durch das Verhalten ihrer Manager verschärft, das von ernsten, aber nicht schuldhaften Fehlentscheidungen bis zu justitiablen Bilanzmanipulationen reiche.

Verantwortlich seien aber auch das Geschäftsmodell der Bank, das exzessive Risiken gefördert habe, und die staatlichen Regulierungsbehörden, die Geschäftspraktiken besser hätten prüfen sollen. Im Kern habe sich das Geschäftsmodell zwar nicht von dem anderer Institute an der Wall Street unterschieden. Aber es sei noch riskanter gewesen als das der Konkurrenz. In aggressiver Weise habe man sich für das Prinzip »Mehr Geschäfte mit weniger Kapital« entschieden.

Als die Krise im Sommer 2007 begann, habe die Führung der Bank die Risiken nicht etwa begrenzt, sondern sogar noch ausgeweitet in der Hoffnung, aus dem Niedergang Profit schlagen zu können. Man habe auch immer mehr eigenes Kapital in riskante Geschäfte investiert. Dabei seien interne Risikostandards und -kontrollen systematisch verletzt worden. Bestimmte Geschäfte habe man einfach aus dem Risikokalkül herausgenommen. Insgesamt waren bei Lehman die Vermögenswerte besonders langfristig angelegt, finanziert wurden sie aber besonders kurzfristig. All das war betriebswirtschaftlich falsch, rechtlich aber nicht anfechtbar. Das gilt jedoch nicht für die Reaktionen der Lehman-Manager. Sie hätten die Lage der Bank »schöner« dargestellt, als sie war. Dazu sahen sich die Verantwortlichen vermutlich »gezwungen«. Natürlich war wegen der kurzfristigen Finanzierung Vertrauen in die Solvenz der Bank besonders wichtig, geradezu unabdingbar für das Überleben.

Als die negativen Schlagzeilen zunahmen, brauchte Lehman besonders dringend gute Noten von den Ratingagenturen. Um sich selbst Zeit zu kaufen und das notwendige Vertrauen zu sichern, entschloss sich die Führung, ein irreführendes Bild der Lage zu zeichnen. Aber auch das half nicht. Im September 2008 war das Vertrauen offensichtlich zerstört, die Bank konnte sich nicht mehr finanzieren und war binnen weniger Tage am Ende. Schon Ende des zweiten Quartals 2008 musste der Bankchef Richard Fuld[28] einen Horrorverlust von 2,8 Milliarden US-Dollar melden. Er behauptete dennoch, dass sich der Verschuldungsgrad der Bank erheblich reduziert habe und die Bilanz der Bank um 60 Milliarden US-Dollar verkürzt worden sei. Gleichzeitig verschwieg er aber, dass dies das Ergebnis eines »Bilanztricks« war.[29]

Die Bank hatte einen Mechanismus eingesetzt, der in ihrem Jargon »Repo 105« genannt wurde. Normalerweise sind Repo-Geschäfte gängige Praxis zwischen Banken. Das Institut A beschafft sich typischerweise Geld bei Institut B, indem es für einen oder mehrere Tage Wertpapiere verpfändet. Diese Papiere werden auf jeden Fall zurückgenommen. Deshalb verbleiben sie in der Bilanz des Instituts A. Die amerikanischen Buchführungsregeln erlauben jedoch eine Ausnahme. Wenn der Wert der verpfändeten Papiere 105 Prozent oder mehr der erhaltenen Geldsumme ausmacht, kann das Geschäft bei Institut A als »Verkauf« verbucht werden. Die Papiere werden dann gewissermaßen in der Bilanz des Instituts B geparkt. Dieses Verfahren setzte Lehman ein und nahm auf diese Weise 50 Milliarden US-Dollar aus der Bilanz, und zwar in allen drei Quartalen am Ende von Lehmans Existenz. Der Verschuldungsgrad wurde dadurch künstlich um 1,7 bis 1,9 Punkte gesenkt. Einziger Zweck der Operation war die »Verschönerung« der Bilanz. Selbst die eigenen Controller bestätigten, dass die jeweiligen Geschäfte keinerlei Substanz hatten. Die Führung der Bank schlug entsprechende Warnungen in den Wind. Die Wirtschaftsprüfungspraxis Ernst & Young testierte diese Praxis. Der Anwalt von Richard Fuld versicherte, dass sein Mandant von diesen Tricks nichts gewusst habe.

Gleichwohl finden sich in dem Bericht des Gutachters Anton Valukas weitere Vorwürfe gegen Fuld und seine Managerkollegen. Sie hätten im Sommer 2008 auch ihre Liquiditätslage weiter »beschönigt«. Die angeblich frei verfügbare Menge von 40 Milliarden US-Dollar sei großteils entweder gesperrt oder nicht verfügbar gewesen. Bei Konkurseröffnung habe Lehman nicht, wie behauptet, 41 Milliarden US-Dollar, sondern nur zwei Milliarden US-Dollar liquide Mittel gehabt. Die Institute JP Morgan Chase und Citigroup hatten in den letzten Tagen von Lehman in ihren Geschäftsbeziehungen höhere Sicherheiten verlangt und auf diese Weise die Liquiditätsreserven belastet und den Untergang beschleunigt. Valukas äußert schließlich die Vermutung, dass einige Vermögensbestandteile nach der Pleite missbräuchlich an die britische Bank Barclays übertragen worden seien, die den größten Teil der Lehman-Reste erworben hatte. Der Bericht beruht auf der Auswertung von circa 34 Millionen Dokumentenseiten und 4,4 Millionen E-Mails. Es wurden 250 Einzelpersonen vernommen. Das Gutachten kostete 30 Millionen US-Dollar.[30]

Diese Feststellungen sind umso dramatischer, erinnert man sich daran, dass »Lehman Brothers« geradezu als »Blaupause« für eine moderne Investmentbank galt.[31] Dabei hat die Bank eine durchaus längere (Vor-)Geschichte. Mit dem Aufkommen neuer Industriezweige (Eisenbahnen, Kommunikation, Energie) wuchs der Bedarf nach Finanzierungsmöglichkeiten für entsprechende Unternehmen. Der Grundstein für das Investmentbanking wurde vor mehr als hundert Jahren gelegt. Lehman war angesichts der guten Geschäftsmöglichkeiten daher schon seinerzeit engagiert. Die Bank war bereits seit dem Wechsel vom 19. zum 20. Jahrhundert nahezu ausschließlich im Investmentbanking aktiv. Sie hatte viele Börsengänge großer Unternehmen begleitet und eine hervorragende Reputation gewonnen. Nach dem Zweiten Weltkrieg nahm die Bank auch am Aufschwung der Kapitalmärkte teil. Im Jahre 2006 hatte sie schließlich eine Struktur, die sich aus drei Geschäftsbereichen zusammensetzte: »Capital Markets«, »Investment Banking« und »Investment Management«. Damit war sie in allen Geschäftsfeldern des Investmentbanking vertreten.

Das Institut hatte zwar seit seinem Börsengang im Jahre 1994 bis zum Jahre 2007 eine eindrucksvolle Erfolgsgeschichte vorzuweisen. Während der dann einsetzenden dramatischen Entwicklung an den Kapitalmärkten stellte sich jedoch heraus, dass die Geschäftsstruktur der Bank den damit einhergehenden Belastungen nicht gewachsen war. Systemische Risiken wurden zum gravierendsten Problem. Damit ist die Gefahr bezeichnet, dass die Unfähigkeit eines Marktteilnehmers, seinen vertraglichen Verpflichtungen nachzukommen, dazu führt, dass auch andere Marktteilnehmer nicht in der Lage sind, ihren Verpflichtungen nachzukommen, und dass damit größere Probleme im gesamten Finanzsystem ausgelöst werden können. Zum Aufbau systemischer Risiken müssen einerseits Marktteilnehmer mit einer entsprechenden Größe und andererseits entsprechende Verbindungen zwischen den einzelnen Marktteilnehmern bestehen.

Im Fall der »Subprime-Krise« kam es zu einer Verstärkung der systemischen Risiken wegen des durch die Verbriefungen erreichten allgemeinen hohen Niveaus an (Kredit-)Risiken. Ein weiterer Faktor war, dass die einzelnen Verflechtungen zwischen den Marktteilnehmern durch die Vielzahl der Verbriefungen intransparent geworden waren. Die Ausfallraten der Verbriefungen in den Jahren 2006 und 2007 bewirkten einen Schock für das gesamte Finanzsystem. Das schwindende Vertrauen unter einzelnen Marktteilnehmern führte schließlich zum Zusammenbruch verschiedener Finanzmärkte. Erst jetzt entdeckt man auch, dass die Banken über ihre außerbilanziellen Zweckgesellschaften ein wesentlich größeres »Exposure« (Risiko) gegenüber dem Hypothekenmarkt hatten, als ursprünglich angenommen worden war. Verschiedene Banken waren sowohl groß genug als auch ausreichend eng mit ihren Geschäftspartnern verflochten, um selbst ein systemisches Risiko darzustellen. Lehman hatte beispielsweise mehr als 440 000 Derivatepositionen, in denen die Bank »Short-Positionen« gegenüber mehr als 2000 Gegenparteien eingenommen hatte, und mehr als 460 000 Derivatepositionen mit »Long-Positionen« gegenüber mehr als 3900 Gegenparteien.[32] Die Insolvenz von Lehman ist insoweit fast schon ein Musterbeispiel dafür, wie sich der Zusammenbruch eines großen Marktteilnehmers auf die Funktionsfähigkeit der gesamten Märkte auswirken kann.

Dennoch sollte es nicht überraschen, dass Richard Fuld die Schuld für den Zusammenbruch der von ihm geführten Bank nicht bei sich, sondern der US-Regierung und der US-Notenbank, dem Federal Reserve System (Fed), sieht. Hätten sich die Behörden anders verhalten, gäbe es Lehman heute noch, glaubt er anscheinend allen Ernstes. Der Untergang der Bank sei durch unkontrollierbare Marktkräfte verursacht worden und durch Ge-

rüchte, Lehman habe nicht genügend Kapital, um seine Investitionen abzudecken. All dies habe zu einem Verlust an Vertrauen geführt, wodurch
die Stärke und die Solidität der Firma unterminiert worden seien. Andere
Banken hätten im Herbst 2008 unter ähnlichem Druck gestanden. Aber
nur Lehman sei von Washington gezwungen worden, Insolvenz anzumel-
den.[33]

Bei Realisierung systemischer Risiken droht das gesamte Finanzsystem
in Mitleidenschaft gezogen zu werden, das heißt, alle Institute können von
Liquiditätsrisiken betroffen werden. Darunter ist die Gefahr zu verstehen,
dass man einer Zahlungsverpflichtung nicht oder nur unter Inkaufnahme
von Verlusten nachkommen kann. Sie bestand bei Lehman an mehreren
Stellen. Die Bank stellte mit ihren Aktivitäten im Hypothekenmarkt Liquidität für Hypothekenbanken zur Verfügung. Zur Refinanzierung nutzte
Lehman das Instrument entsprechender Verbriefungen exzessiv. Nach
dem Einbruch der Märkte konnte Lehman jedoch die große Position an
Hypothekendarlehen in seiner Bilanz nicht mehr in Liquidität umwandeln.
Sie war stattdessen gezwungen, unverbriefte und bereits verbriefte Darlehen in der Bilanz zu halten. Hinzu kam, dass die Verbriefungen von
den an Lehman angehängten »Special Purpose Vehicles« (SVP/Zweckge-
sellschaft) und »Special Investment Vehicles« (SIV) in Form der »Asset-
Backed Commercial Papers« (ABCP/besicherte Geldmarktpapiere) üblicherweise als Sicherheiten für ihre Refinanzierung verwendet wurden. Mit
dem Vertrauensverlust in den entsprechenden Märkten gingen jedoch
diese Refinanzierungsmöglichkeiten verloren, so dass auch Lehman Liqui-
ditätsproblemen ausgesetzt war. Die Bank musste sich also andere Refinanzierungsquellen suchen. Es kam unterdessen zu einer dramatischen
Entwicklung. Die unfreiwillig in der Bilanz gehaltenen Hypotheken und
Verbriefungen waren auf Grund von steigenden Kreditrisiken und zusätzlichen »Mark to Market«-Verlusten (Mark to Market = marktnahe Bewertung oder auch Neubewertungsprozess) ausgesetzt. Damit war das Vertrauen in die einzelnen Banken und damit letztlich auch in Lehman dahin.

Nach dem Zusammenbruch der Investmentbank Bear Stearns hatte die
Fed Möglichkeiten zur Aufnahme von Notfallkrediten geschaffen. So wurde
auch den Investmentbanken gegen Hinterlegung von Sicherheiten Zugang
zur Zentralbankliquidität gewährt. Lehman und andere Banken haben das
jedoch kaum genutzt. Ein Grund mag darin liegen, dass mögliche Nutzer

eine Stigmatisierung befürchteten, falls dies nach außen gedrungen wäre, und mit der Unterstellung rechneten, keinen anderen Zugang mehr zu Liquidität zu bekommen. Jedenfalls spitzte sich die Lage bei Lehman nach dem Verlust im zweiten Quartal 2008 immer mehr zu. Die Bank hatte zwar einen Liquiditätspool aufgebaut, der vor Engpässen schützen sollte. Als neue schwere Verluste im dritten Quartal 2008 eingetreten waren und kein neuer Investor gefunden werden konnte, glaubte man auch nicht mehr an die Behauptungen über die Existenz einer ausreichenden Kapitaldecke.[34]

Lehman war in besonderer Weise »Modellrisiken« ausgesetzt. Damit ist die Gefahr von Verlusten auf Grund der fehlerhaften Auslegung oder Anwendung von Modellen und den daraus entstehenden Diskrepanzen zwischen den im Modell ermittelten Preisen und tatsächlichen Werten oder zwischen den im Modell ermittelten und tatsächlich eingegangenen Risiken gemeint. Die Bank konnte nur einen sehr kleinen Teil ihrer Aktiva in Verbindung mit den Hypotheken und entsprechenden Verbriefungen direkt auf der Basis von Marktpreisen bilanzieren. Der überwiegende Rest konnte mit Modellen bewertet werden, deren Parameter sich zumindest noch aus Marktdaten ableiten ließen. Ein immer noch großer Teil musste jedoch vollständig auf Basis von Modellen bewertet werden, deren Eingabeparameter auf Basis von Managementvorgaben gewählt wurden. Mit der Einführung von Indices eröffnete sich eine neue Möglichkeit, um Bewertungsmodelle zu kalibrieren und entsprechende Parameter abzuleiten.

Das wurde bald problematisch, weil die Marktteilnehmer schnell erkannten, dass die Risiken aus Hypothekenverlusten zu gering bewertet worden waren und dementsprechend »Short-Positionen« im Index aufbauten. In der Folge verfielen einzelne andere untergeordnete Indices. Für Lehman und andere Marktteilnehmer, deren Modelle mit Daten gefüttert wurden, die auf einem eigens entwickelten Index basierten, bedeutete dies, dass auch die Preise ihrer Anlagen entsprechend an Wert verloren. Die Probleme potenzierten sich bei Mehrfachverbriefungen, weil auch hier wieder die Modelle mit entsprechenden Parametern bestückt werden mussten. Grundsätzlich stellte sich heraus, dass die zur Bewertung von Verbriefungen und entsprechenden Derivaten verwendeten Parameter sehr geringe Ausfallquoten vorsahen. Das hatte mit der Realität allerdings wenig gemeinsam. Preise wurden also zu hoch und Risiken zu gering angesetzt. Auch die Ratingagenturen griffen übrigens auf Modelle zur Ermittlung ihrer Ratings zurück und waren deshalb ähnlichen Problemen ausgesetzt.[35]

Lehmann Brothers hatte sich zur Gefahr für andere Marktteilnehmer und somit zum systemischen Risiko entwickelt. Die US-Regierung und die Fed hatten bis zu ihrem Zusammenbruch systemische Risiken gemanagt, indem sie in Not geratene Banken retteten. Man vertraute deshalb auch darauf, dass Lehman unterstützt würde, zumal die Bank als zu wichtig angesehen wurde, um sie scheitern zu lassen (»too big to fail«)[36]. Da noch dazu im Sommer 2008 zwei Kapitalerhöhungen durchgeführt werden konnten, kam der Zusammenbruch im September 2008 recht schnell und überraschend. Für die Reduzierung der offenen Positionen gegenüber Lehman hatten die Marktteilnehmer keine Zeit mehr. Mit der Verweigerung einer Unterstützung verstärkte sich das systemische Risiko. Es wurde auf einmal erforderlich, den Zusammenbruch des gesamten Finanzsystems abzuwenden. Zu diesem Zweck erlaubte man unter anderem den beiden Investmentbanken Morgan Stanley und Goldman Sachs die Umwandlung in herkömmliche Geschäftsbanken, um ihnen einen besseren Zugang zur Zentralbankliquidität zu verschaffen. Es wurde auch die Palette der Sicherheiten erweitert, die die Fed im Gegenzug für die Bereitstellung von Liquidität akzeptierte. Zudem rettete man wenige Tage nach dem Zusammenbruch von Lehman den Versicherungskonzern AIG, um den Ausfall einer weiteren wichtigen Komponente des Finanzsystems und damit dessen vollständigen Zusammenbruch zu verhindern.[37]

3 DIE ÖFFNUNG DES DEUTSCHEN LUFTRAUMS FÜR DIE HEUSCHRECKEN DIESER WELT

Der damals amtierende Bundesminister der Finanzen, Hans Eichel, SPD, hatte am 8. Juli 2003 den Diskussionsentwurf eines »Gesetzes zur Modernisierung des Investmentwesens und zur Besteuerung von Investmentvermögen (Investmentmodernisierungsgesetz)« vorgestellt. Damit sollte der Finanzmarktförderplan 2006 der Bundesregierung umgesetzt werden. Der Gesetzgeber wollte die Leistungsfähigkeit und die Attraktivität des Investmentstandortes Deutschland steigern. Der Entwurf griff aktuelle Entwicklungen im Investmentwesen auf und sollte die Bedingungen für Anbieter von Investmentfonds erleichtern. Die Bedürfnisse von Anlegern sollten befriedigt, ihr Schutz verbessert werden. Der Gesetzgeber beabsichtigte seinerzeit die erstmalige Zulassung von »Sondervermögen mit zusätzlichen Risiken« – Hedge-Fonds – in Deutschland. Er wollte, dass die Anbieter von Hedge-Fonds auf moderne und liberale rechtliche Rahmenbedingungen treffen. Hedge-Fonds sollten als Sondervermögen von Kapitalanlagegesellschaften aufgelegt werden können. Es sollte die Schaffung von Investmentaktiengesellschaften mit veränderlichem Kapital als zusätzliche organisationsrechtliche Form eines Investmentfonds ermöglicht werden.

Offensichtlich hatte sich die damalige rot-grüne Bundesregierung vom weit verbreiteten Negativimage der Hedge-Fonds nicht beirren lassen, obwohl diese Instrumente schon seit geraumer Zeit als dubiose Finanzvehikel in wenig regulierten Offshore-Zentren Verwendung fanden. Etliche Manager hatten sich in diesem Zusammenhang immer wieder mit prall gefüllter Kasse in die Karibik abgesetzt. Immerhin war sogar der Finanzminister der USA nach dem 11. September 2001 in großer Sorge, weil er befürchtete, dass Hedge-Fonds auch zur Finanzierung des Terrorismus und zur Geldwäsche eingesetzt werden könnten. Zudem hatte man schon damals in den USA eine Zunahme von Betrügereien bei der Verwaltung von Hedge-Fonds festgestellt. Bereits im Mai 2003 fanden im amerikanischen Kongress mehrtägige Anhörungen statt, in deren Rahmen Möglichkeiten zur Risikominimierung durch engere Regulierungen diskutiert wurden. Nichtsdestotrotz wollte der Bundesminister der Finanzen den deutschen Anlegern den Zugang zu Hedge-Fonds erleichtern. Dahinter steckte auch die Erwartung positiver Auswirkungen für die deutsche Kapitalbilanz. Man schätzte zu jener Zeit, dass heimische Anleger circa 60 Milliarden Euro in Hedge-Fonds im Ausland investiert hatten. Der Gesetzgeber war guter Hoffnung, dass ein Teil dieser Gelder nach Deutschland zurückfließen würde und weitere Kapitalabflüsse ins Ausland verhindert werden könnten.

Seine Pläne waren angeblich auch aus der Sicht der Anleger in Deutschland begrüßenswert. In der schon damals anhaltenden Baisse hätten Hedge-Fonds im Gegensatz zu anderen Anlagen durchaus zufriedenstellende positive Renditen erbracht – auch wenn die teils anvisierten zweistelligen Renditen nicht eingefahren wurden. Zudem sei es ein unzutreffendes Pauschalurteil, dass alle Hedge-Fonds sehr riskante Strategien fahren. Es gebe völlig unterschiedliche Strategien mit abgestuften Risiken.[1]

In Deutschland war ein direktes Investment in Hedge-Fonds bislang nicht möglich gewesen. Deshalb war eine Vielzahl von Hedge-Fonds-Zertifikaten entstanden. Deren Konstruktion war sehr unterschiedlich, ein Vergleich ihrer »Performance« nicht ohne weiteres möglich. Manche Papiere bezogen sich auf einzelne Hedge-Fonds-Gesellschaften, andere auf aktiv gemanagte Dachfonds. Der Mehrheit der Papiere lagen gleichwohl Indices zugrunde, die von den Emittenten der Zertifikate kreiert wurden. Die meisten der Zertifikate waren nicht börsennotiert. Sie konnten nur bei der emittierenden Bank erworben werden. Schon wegen der unterschiedlichen Ausgestaltung der Papiere war ein sorgfältiges Studium der Emissionsprospekte sehr empfehlenswert. Bislang sprach für den Kauf eines Zertifikates gegenüber einem Direktinvestment der wesentlich geringere Einsatz. Der Zutritt zu einem Einzel-Hedge-Fonds war unter einer Million US-Dollar nicht zu haben. Für die Anleger war das Risiko geringer, wenn sie eine solvente Zertifikat-Emittentin wählten. Schon wegen der hohen Anwaltskosten war es jedoch kaum möglich, Geld aus einem in den kaum regulierten Offshore-Zentren lokalisierten Fonds zurückzubekommen. Die Anleger konnten mit Hedge-Fonds-Zertifikaten nicht nur spekulieren, sondern damit auch die Risiken breiter streuen. Wenn es an der Börse abwärts ging, konnte das Portfolio so stabilisiert werden. Aber: Was die Hedge-

Fonds-Manager im einzelnen machten, blieb den Anlegern überwiegend verborgen. Sie mussten deshalb noch mehr als Geld investieren: Vertrauen.

Die Pläne des Gesetzgebers hätten vor diesem Hintergrund einer risiko-orientierten seriösen Folgenabschätzung unterzogen werden müssen. Das ist nicht geschehen, obwohl die Steigerung der Attraktivität des Finanz-platzes Deutschland mit noch größeren Gefahren für den Anlegerschutz, die Betrugssicherheit und den durch die Geldwäschebekämpfungsvor-schriften intendierten Rechtsgüterschutz verbunden war. Fraglich ist deshalb nicht nur, von welchem Gemeinwohlverständnis die rot-grüne Bundesregierung ausgegangen war. Eines war nach der Einschätzung des damaligen Gesetzgebers immerhin klar: Auf Grund der steuerlichen Gleichbehandlung inländischer und ausländischer Fonds, die nach euro-päischem Recht erforderlich ist, würde es zu Steuermindereinnahmen kommen.

Die Bundesregierung wollte mit ihrer Gesetzesinitiative beeindrucken-den Vorbildern folgen: Luxemburg, Irland und Großbritannien. Die An-bieter von Investmentfonds hielten die dort bestehenden rechtlichen Rahmenbedingungen vielfach für attraktiver als in Deutschland. Man wollte also der Abwanderung ins Ausland gegensteuern. Die Investment-branche sollte auch hierzulande bei ihrer Geschäftstätigkeit unterstützt werden, ohne jedoch Gesichtspunkte der Aufsicht und des Anlegerschut-zes zu vernachlässigen. Die Einführung eines »Sondervermögens mit zusätzlichen Risiken« sollte ebenfalls den Interessen des Anlegers dienen, da er Anteile an Hedge-Fonds seinem Portfolio bemischen könne. Der Gesetzgeber sah sich durch »Fachkreise« begrüßt, weil damit neben der Verbesserung der Wettbewerbssituation auf dem Finanzplatz Frankfurt am Main im Bereich alternativer Finanzprodukte gleichzeitig dem Anleger-schutz gedient sei. Er beabsichtigte, Hedge-Fonds aus dem »grauen« Kapi-talmarkt herauszulösen und der Anwendung des Investmentgesetzes und des Investmentsteuergesetzes zu unterstellen – bei einer steuerlichen Gleichbehandlung mit herkömmlichen Sondervermögen. Andere alter-native Anlageformen (»Private Equity« und »Venture Capital«) sollten un-reguliert bleiben.

Einige Erwartungen der Wirtschaft hatte der Gesetzgeber aber nicht er-füllt. Er hätte sich für einen abschließenden Katalog der Anlagegegenstände und Regeln zur Auswahl der Zielfonds für die Dachfonds mit zusätzlichen

Risiken entscheiden müssen, um unter Beibehaltung seines »liberalen« Grundansatzes zu verhindern, dass Anbieter von Produkten mit anderer Ausrichtung nur zur Teilhabe an den steuerlichen Privilegierungen und an der Beaufsichtigung durch die Bundesanstalt für Finanzdienstleistungsaufsicht (BaFin) sich als Hedge-Fonds gerieren. Die Einführung von Sondervermögen mit zusätzlichen Risiken war aus der Sicht des Gesetzgebers eine wesentliche Neuerung. Man sah in den flexiblen Anlagestrategien bei größtmöglicher Freiheit der Manager ein Hauptmerkmal der Hedge-Fonds, deren Anbieter auch in Deutschland auf moderne und liberale rechtliche Rahmenbedingungen treffen sollten.

Der Gesetzgeber hielt den Finanzplatz mittlerweile reif für die Zulassung von alternativen Investmentprodukten und glaubte, dass die Hedge-Fonds-Branche sich der Risiken bewusst geworden sei und verantwortungsvoll mit ihnen umgehen würde. Er erwartete daher, dass die vorgesehenen Freiräume nicht missbraucht würden. Der im Entwurf verfolgte liberale Regelungsansatz sei insbesondere hinsichtlich der Leerverkäufe (»short sales«) sowie bei der Kreditaufnahme und dem Einsatz von Derivaten zur Erzielung von Hebeleffekten großzügig und lege Anbietern, die ihre Produkte an institutionelle Anleger vertreiben wollen, keine Beschränkungen auf. Stattdessen stelle man hohe Anforderungen an die Gesellschaften, die diese Fonds auflegen, und an deren Manager. Aus Gründen des Anlegerschutzes sei allerdings der Vertrieb von »Single Hedge-Fonds« einzuschränken. Privatanleger dürften also nur Anteile an Dachfonds erwerben, die in Hedge-Fonds anlegen und per definitionem bereits eine Risikostreuung bieten, die das Verlustrisiko des privaten Anlegers begrenzt. Dennoch hat der Gesetzgeber wegen des nicht zu verkennenden Risikos einer Anlage in Anteilen an Hedge-Fonds einen ausdrücklichen Warnhinweis vorgeschrieben, der dem potentiellen privaten Anleger deutlich machen sollte, dass er bis zu 100 Prozent seines Anlagevermögens verlieren kann. Mit der vorgeschlagenen gesetzlichen Regelung stehe der Verbraucher besser da, weil er nun in Hedge-Fonds beaufsichtigter Anbieter investieren könne und nicht mehr auf unbeaufsichtigte Produkte wie Hedge-Fonds-Zertifikate zurückgreifen müsse.

Der rot-grünen Bundesregierung war schon klar, dass der Begriff »Hedge-Fonds« irreführend ist (to hedge = eingrenzen, absichern) und tatsächlich gerade diese Fonds spekulativ in hochriskanten Vermögensgegenständen anlegen. Der Begriff ist zwar weltweit eingeführt. Es gibt aber keine allgemeingültige Definition. Wegen der Bandbreite der als Hedge-Fonds bezeichneten Produkte hielten es die Verfasser des Gesetzentwurfs nicht für zielführend, eine Definition auszuarbeiten. Sie sahen in Hedge-Fonds »Kapitalsammelstellen«, deren Manager Anlagemärkte, Instrumente und Strategien frei wählen und weitgehend frei von gesetzlichen Vorgaben unter Aufnahme von Krediten oder dem Einsatz von Derivaten zur Steigerung des Investitionsgrades und der Durchführung von Verkäufen von Vermögensgegenständen, die sich zur Zeit des Verkaufs nicht im Eigentum des Sondervermögens befinden (Leerverkauf oder short sale), anlegen dürfen.

Der Gesetzgeber hatte auch herausgefunden, dass die Fondsmanager unterschiedliche Anlagestrategien verfolgen, um eine unter Risikogesichtspunkten optimierte größtmögliche Rendite erzielen zu können. Anlageziel sei der »positive absolute return«. Er hatte entdeckt, dass die Manager versuchen, sowohl negative wie positive Trends zu identifizieren und über- und unterbewertete Wertpapiere und andere Finanzprodukte ausfindig zu machen. Die Anlagestrategien werden – das ist nicht sehr überraschend – ständig den Gegebenheiten des Marktes angepasst. Der Gesetzgeber war vor diesem Hintergrund der Auffassung, dass enge gesetzliche Vorgaben nur hinderlich seien und den Anlageerfolg schmälerten. Ein deutsches Produkt, das mit Hedge-Fonds konkurriere, müsse schon aus Wettbewerbsgründen in der Lage sein, alle im Ausland möglichen Anlagestrategien abzubilden. Die Vielzahl der möglichen Kombinationen, aber auch die mangelnde Eindeutigkeit von Definitionen, die eine Zuordnung von Strategien zu eingeführten Begriffen erschweren, machten es selbst dem Gesetzgeber in Deutschland unmöglich, sie erschöpfend darzustellen. Deshalb hatte er auch davon abgesehen, sie einer Definition des Sondervermögens mit zusätzlichen Risiken zugrundezulegen. Auf Grund der Freiheiten der Fondsmanager bei der Anlage der Mittel seien jedenfalls zusätzliche Risiken zu gewärtigen. Weitere Risikofaktoren treten hinzu:

· komplexe Basiswerte
· Aufspüren und Ausnutzen von Marktunvollkommenheiten
· Investitionen auch in beschränkt marktgängige und starken Kursschwankungen unterliegende und nicht börsennotierte Werte
· unbeschränkter Einsatz von Kreditmitteln und Derivaten
· Durchführung von Leerverkäufen

STRATEGIEN DER HEDGE-FONDS-MANAGER

Ein Blick auf ausgewählte Strategien von Hedge-Fonds zeigt, dass deren Risiken unterschiedlich hoch sind:

- Bei der weltweit häufigsten Strategie »Long/Short Equity« versuchen die Hedge-Fonds-Manager Ineffizienzen und Fehleinschätzungen der Aktienmärkte zu nutzen. Es werden nicht nur Aktien gekauft, die man für unterbewertet hält. Gleichzeitig werden als überbewertet geltende Aktien verkauft. Hedge-Fonds veräußern dabei nicht nur Aktien, die sie vorher gekauft haben, sondern auch Papiere, die sie sich am Markt leihen.
- Mit der »Global-Macro-Strategie« hat unter anderem George Soros reüssiert. Sie beruht auf einer makroökonomischen Analyse, mit deren Hilfe globale Trendänderungen ausgenutzt werden sollen. Diese Änderungen können sich im Aktien-, Zins-, Währungs- oder Rohstoffbereich abspielen. Es wird in alle erdenklichen Märkte und Instrumente – auch Futures und Optionen – investiert.
- Fonds, die sich der »Relative-Value-Strategie« bedienen, nennt man »Arbitrage Fonds«. Damit gehen die Fonds ein relativ geringes Risiko ein. Sie ergreifen Kauf- und Verkaufsgelegenheiten innerhalb einzelner Märkte und gleichen Preisunterschiede aus. Die Fonds bewerten beispielsweise Aktien, Anleihen und Wandelanleihen eines Unternehmens. Ist die Aktie im Vergleich zur Wandelanleihe überbewertet, wird die Aktie verkauft und die Wandelanleihe gekauft.

Im Hinblick auf den letztgenannten Punkt ist ergänzend zu bemerken, dass in den Nachwehen der Finanzkrise bei den Hedge-Fonds wieder eine Strategie Aufmerksamkeit findet, deren Tauglichkeit in der Krise beschädigt schien. Es handelt sich um die »Convertible Arbitrage«, also den gleichzeitigen Kauf einer Wandelanleihe und den Verkauf der Aktie desselben Unternehmens. Damit will man vermutete Unterbewertungen im wenig liquiden Markt für Wandelanleihen nutzen. Kaum eine andere Strategie war von August 2009 bis August 2010 erfolgreicher. Wandelanleihen sind üblicherweise verzinste Anleihen mit begrenzter Laufzeit, die zu einem vorab festgelegten Verhältnis in Aktien des ausgebenden Unternehmens getauscht werden können. Es handelt sich gewissermaßen um eine Anleihe mit einer eingebetteten Kaufoption auf Aktien.

Die Wandelanleihe ist also eine Art Zwitter aus Anleihe und Aktie. Die Entwicklung des Aktienkurses des Unternehmens nimmt Einfluss auf die Preisbildung der Wandelanleihe. Die Hedge-Fonds berechnen das theoretisch richtige Preisverhältnis zwischen der Wandelanleihe und der Aktie mit hochgezüchteten mathematischen Modellen. Entfernt sich in der Praxis das Preisverhältnis vom theoretischen Optimum, entsteht für die Hedge-Fonds ein Anreiz, durch Arbitragegeschäfte das tatsächliche Preisverhältnis dem theoretisch optimalen anzunähern. Zumeist gilt die Wandelanleihe gegenüber der Aktie als unterbewertet. Der auf »Convertible Arbitrage« spezialisierte Hedge-Fonds kauft deshalb die Wandelanleihe, während er gleichzeitig die Aktie leer verkauft. Derartige Geschäfte sind nicht wirklich neu. Sie fanden schon im 19. Jahrhundert statt, wenn auch ohne die erst jetzt verfügbaren mathematischen Modelle. Ihre Blütezeit erlebten sie allerdings erst mit dem Wachstum der Hedge-Fonds.

Die regelmäßige Unterbewertung der Wandelanleihen hat mehrere Gründe. Ihr Markt ist meist weniger liquide als der Aktienmarkt und der Handel damit ein wenig teurer als der mit liquiden Staatsanleihen. Die Umsätze sind klein, und es finden sich nicht immer Marktmacher, die zuverlässige Kauf- und Verkaufskurse stellen. Zudem verschwindet ein großer Teil der Wandelanleihen direkt bei der Emission in festen Händen – vor allem in denen der Hedge-Fonds. Sie halten circa 75 Prozent aller amerikanischen Wandelanleihen, deren Gesamtvolumen circa 200 Milliarden US-Dollar beträgt.

Ein weiterer Grund liegt in der Bereitschaft von Emittenten, bei der Begebung neuer Wandelanleihen Preiszugeständnisse zu machen, um ihre Papiere möglichst rasch zu verkaufen. Nicht zuletzt Arbitrageure zeichnen Wandelanleihen, wie Beobachtungen auf dem kanadischen Markt gezeigt haben. Dort kam es bei der Platzierung von Wandelanleihen häufig zu einem überdurchschnittlichen Fall des Aktienkurses des Unternehmens – ein Hinweis auf die Tätigkeit von Leerverkäufern. Die Attraktivität von Wandelanleihen nahm im Zusammenhang mit dem Bilanzskandal um den amerikanischen Energiekonzern Enron in den Jahren 2001 und 2002 zu. Doch schon 2005 erlebten viele Fonds ihre schwarze Stunde. Bei General Motors büßten damals einerseits die Anleihen wegen einer schlechteren Bonitätseinschätzung stark an Wert ein. Andererseits stieg wegen eines

Übernahmeangebots des Investors Kirk Kerkorian der Aktienkurs kräftig an. Wer damals »Convertible Arbitrage« betrieb, also die Anleihen gekauft und die Aktien leer verkauft hatte, verlor auf beiden Marktseiten viel Geld. Danach zogen viele Anleger wieder Mittel aus den Fonds ab. Sie hatten sich billige Kredite zwischen 120 und 150 Milliarden US-Dollar von »Prime Brokern«, also führenden amerikanischen und internationalen Banken, besorgt. Zur Besicherung dienten die Wandelanleihen. Die »Prime Broker« hatten sich wiederum durch billige Kreditaufnahmen bei europäischen Banken refinanziert. Es kam, wie es kommen musste: »Convertible Arbitrage« geriet zu einem der vielen Kanäle, in denen die Krise von Amerika nach Europa überschwappte.

Wenig überraschend ist, dass nach dem Zusammenbruch der Lehman Bank die »Prime Broker« bei den einschlägigen Hedge-Fonds Kündigungen aussprachen. Diese mussten notgedrungen größere Bestände an Wandelanleihen verkaufen. Damit wurde deren Preis erheblich gedrückt. Und natürlich: Die Arbitrageure litten unter einem Missverhältnis zwischen ihren relativ illiquiden Anlagebeständen und der Kreditfinanzierung. Die Portfolien aus Wandelanleihen dürften damals mindestens die Hälfte ihres Wertes verloren haben. Nicht zuletzt die Emittenten konnten die Papiere außerordentlich günstig zurückkaufen und im Verlauf des Jahres 2009 von sich erholenden Kursen profitieren.

Immerhin können jetzt einige Lehren gezogen werden:

· Die mit der »Convertible Arbitrage« verbundenen Risiken sind auf dem Papier überschaubar. Sie gilt als »marktneutrale« Strategie. Die Gesamtentwicklung des Marktes muss den Arbitrageur also nicht interessieren. Er ist sowohl Käufer als auch Verkäufer.

· Fallen die Aktienkurse insgesamt, dürfte auch der Wert der Wandelanleihe wegen der in ihr enthaltenen Aktienoption fallen. Aber im Gegenzug erzielt der Arbitrageur durch den Leerverkauf der Aktien einen hohen Gewinn.

· Steigen die Aktienkurse insgesamt, verliert der Arbitrageur zwar mit seinem Leerverkauf, aber dafür müsste als Ausgleich der Wert der Wandelanleihe steigen.

· Der Erfolg der »Convertible Arbitrage« hängt nicht von der Marktentwicklung insgesamt ab, sondern überwiegend von den meist kleinen Änderungen des relativen Preises zwischen Anleihe und Aktie.

· Eine zwangsweise Liquidierung von Anleihebeständen zu Ausverkaufspreisen kann erhebliche Schäden anrichten.

· Das Bonitätsrisiko (General Motors) darf nicht unterschätzt werden.

Gleichwohl hat sich in den ersten Monaten des Jahres 2010 gezeigt, dass »Convertible Arbitrage« durchaus erfolgreich betrieben werden kann. Ein Vergleich der Marktbewertungen amerikanischer Wandelanleihen zu ihren theoretischen Werten zeigt, dass sich der Abschlag der Marktwerte gegenüber den theoretischen Werten der Anleihen in der Finanzkrise stark vergrößert hat – ein »Traumszenario« für Arbitrageure.[2]

Zurück zu grundsätzlicheren Aspekten: Leverage und Leerverkäufe sind nach der Einschätzung des Gesetzgebers die wesentlichen Merkmale von Hedge-Fonds. Leverage bezeichnet die Hebelwirkung zur Steigerung der Eigenkapitalrendite auf Grund des Einsatzes von Fremdmitteln aus Krediten oder über Derivatgeschäfte. Das Anlageportfolio kann auf Grund des erhöhten Leverage ein höheres Risikoprofil als traditionelle Anlageformen aufweisen. Hedge-Fonds nehmen ein Mehrfaches des Anlagevolumens als Darlehen bei einer Bank auf und verwenden es für Investitionen. Es liegt auf der Hand, dass bei einer Fremdfinanzierung der Gesamtertrag höher ist als bei einer Anlage, die sich auf das von den Anlegern aufgebrachte Kapital beschränkt. Die Möglichkeit der Fremdfinanzierung birgt aber auch die Gefahr erhöhter Verluste, da der Wert des Portfolios sinkt, wenn Ertrag und Wertsteigerung fremdfinanzierter Anlagen unter die im Zusammenhang mit Krediten fälligen Zinszahlungen fallen.

Der Gesetzgeber wusste, dass der Verlust den Gewinn der Anleger schmälern oder sogar das Kapital aufzehren kann. Er erinnerte daran, dass Leerverkäufe, also der Verkauf von Vermögensgegenständen, die sich zur Zeit der Transaktion nicht im Sondervermögen befinden, in Deutschland schon bisher zulässig waren. Leerverkäufe kommen nach seinen Beobachtungen jedoch nicht bei jeder Anlagestrategie zum Einsatz. Schwerpunktmäßig handele es sich um »Short selling«-Strategien. In der Praxis verkaufen die Investmentmanager vermeintlich überbewertete Aktien leer, die sie vorher gegen Zahlung einer Gebühr am Markt geliehen haben. Später kaufen sie die Papiere zum niedrigeren Kurs zurück. Auf diese Weise können sie auch einen Gewinn am fallenden Markt realisieren. Im Hinblick auf die Steigerung des Kurswertes des Wertpapiers birgt der Leerverkauf ein unbegrenztes Risiko in sich, das sich in unbegrenzten Verlusten realisieren kann. Andererseits werden Leerverkäufe bei bestimmten Strategien auch lediglich zu Sicherungszwecken (hedging) eingesetzt.

Dem Sicherheitsbedürfnis des privaten Anlegers sollte durch Gewährleistung einer hohen Transparenz entsprochen werden. Die Geschäftsführer seien verantwortlich für die Auswahl der Zielfonds. Sie hätten unter Nutzung aller verfügbaren Informationsquellen alle aus der Sicht eines ordentlichen Kaufmannes erforderlichen Informationen einzuholen und sich über die Anlageentscheidungen sowie die Entwicklung des Portfolios der Zielfonds laufend zu informieren. Gegenstände einer sorgfältigen Prüfung (»due diligence«/Sorgfaltspflicht) sollten sein:

- Informationen über das Fondsmanagement (beispielsweise Anzahl der Manager, Lebensläufe)
- die interne Organisation (zum Beispiel Betriebsabläufe, Verantwortlichkeiten, Verfahren der Order-Erteilung und -Abwicklung)
- die Infrastruktur des Fonds (etwa Geschäftsführung, Prime Broker, Administrator, Wirtschaftsprüfer, Depotbank)
- die Anlagestrategien und Anlagerichtlinien (zum Beispiel Ausmaß der Risiko-Diversifizierung, Maximum- und Minimumpositionen)
- das Risikomanagement (beispielsweise Organisation und Struktur, Verantwortlichkeiten, Verfahren der Risikokontrolle)

Der Gesetzgeber hatte davon abgesehen, eine im traditionellen Asset Management übliche vollständige Positionstransparenz über tägliche Vermögensaufstellungen, die auch die Einzelpositionen offenlegt, zu verlangen. Zum einen seien bei bestimmten Strategien (»Distressed Securities«) tägliche Vermögensaufstellungen nicht sinnvoll und wegen des Nichtvorliegens täglicher Anteilsrückgaben auch nicht erforderlich. Zum anderen stehe sie den aus Gründen des Wettbewerbs berechtigten Interessen der Zielfondsmanager an der Geheimhaltung ihrer Anlagepolitik entgegen. Solche Erwägungen machen die Unterscheidung zwischen Naivität, Inkompetenz, Fahrlässigkeit und Vorsatz nicht leicht.

Es war schon damals hinreichend bekannt, dass die internationalen Finanzmärkte das moderne Leben prägen. Sie spiegeln alle wichtigen Veränderungen der ökonomischen Rahmenbedingungen. Diese Märkte sind das wichtigste Symbol und zugleich das zentrale Instrument der Globalisierung.[3] Von herausragender Bedeutung sind die Derivate. Sie treiben die Deregulierungswelle voran und unterstützen die Steuerflucht von Unternehmen und Privatpersonen. Letztlich bewirken Derivate die Aushöhlung organisierter politischer Strukturen. Möglicherweise haben sie das System der Wirtschaft sogar revolutioniert. Derivate und Hedge-Fonds eignen sich aber auch zur Geldwäsche.[4]

HEDGE-FONDS UND GELDWÄSCHE

Wie bereits angedeutet, hatte sich der Finanzminister der USA unter dem Eindruck des 11. September 2001 entschlossen, die Kontrolle über Hedge-Fonds erheblich zu verschärfen, weil er vermutete, dass diese auch von Terroristen zur Geldwäsche missbraucht werden.[5] Das ist ein beunruhigender Befund. Die Geldwäsche soll immerhin auch das »Herzstück« der Organisierten Kriminalität sein.[6] Mit der Liberalisierung, Deregulierung und Globalisierung der Finanzmärkte ist die Geldwäsche zu einem Problem mit neuen Dimensionen geworden. Nicht nur ihr Umfang hat stark zugenommen. Auch die mit ihr verbundenen Gefahren für Wirtschaft, Gesellschaft und Politik sind erheblich größer geworden.

Vor dem Hintergrund der Attentate vom 11. September 2001 gelangte die vom Deutschen Bundestag am 15. Dezember 1999 eingesetzte Enquete-Kommission »Globalisierung der Weltwirtschaft – Herausforderungen und Antworten«[7] in ihrem schon am 12. Juni 2002 veröffentlichten Schlussbericht zu der Auffassung, dass die deregulierten Finanzmärkte nicht nur Vehikel der Wohlstandsmehrung in der Welt seien, sondern auch zur Finanzierung der Organisierten Kriminalität und terroristischer Netzwerke missbraucht werden könnten.[8] Tatsächlich ist die Geldwäsche im Zuge der Globalisierung zum »Skandalon« geworden. Die institutionelle Liberalisierung und Deregulierung der globalen Kapitalmärkte hat zusammen mit der Privatisierung ein extremes Wachstum von Finanzgeschäften ausgelöst, das in manchen Sektoren (vor allem im Bereich der Derivate) seit den 1980er Jahren eine Verhundert- und Vertausendfachung der Umsätze mit sich brachte. Zusammen mit der Verbreitung elektronischer Medien ist dies alles auch Geldwäschern zugute gekommen.[9]

Hedge-Fonds sind die Leitwölfe der internationalen Spekulation. Sie sind meistens in Offshore-Zentren beheimatet und »steueroptimiert«. Dort erfolgt die Ausnutzung der internationalen Arbeitsteilung zur Ausreizung des regulatorischen Gefälles und zur Umgehung von Steuern. Sie setzen an der Londoner Börse bis zur Hälfte aller Aktien um. Ihre Strategie prägt das Geschehen an den Märkten.[10] Es handelt sich größtenteils um private Vereinigungen von spekulativen Anlegern. Hedge-Fonds sind postmoderne und schwer fassbare Phänomene. Die Übergänge zu anderen Anlageformen (Investmentfonds) sind fließend. Hedge-Fonds sind meistens global orientiert. Hin und wieder sind sie auch auf einzelne Wirtschaftssektoren ausgerichtet. Sie verhalten sich »amöbenartig«, passen ihre Strategie den sich wandelnden Umständen an und nutzen insbesondere die Hebelwirkung von Derivaten.[11] Die Funktionalität von Hedge-Fonds ist nicht zu verstehen, wenn man sich nicht von der Vorstellung löst, dass die einzige Aufgabe der Finanzmärkte darin besteht, Kapital für Investitionen in Unternehmen zu besorgen. Moderne Anleger und Spekulanten wollen vor allem Kursschwankungen und örtliche Kursunterschiede in den Weltmärkten für sich ausnutzen. Dabei spielt es keine Rolle, ob die Kurse steigen oder sinken, wenn sie sich nur bewegen. Diese Bewegungen führen zu jeweils großen Kapitalverschiebungen unter den Beteiligten, entsprechend den Gesetzen der Derivate: Die einen gewinnen, was die anderen verlieren.[12]

Der Ursprung der Hedge-Fonds lag in der Erkenntnis, dass der Verkauf von geborgten Wertpapieren und weitere Formen von Kreditaufnahmen für den Handel mit Wertpapieren sehr riskant sind. Um diese Risiken einzugrenzen und um sich abzusichern, versucht man, die Risiken zu analysieren. Es handelt sich einerseits um das Risiko, dass einzelne Aktienposten falsch gewählt wurden, andererseits um das Risiko eines allgemeinen Preisverfalls. Um sich gegen die Folgen eines allgemeinen Preisverfalls zu schützen, verkaufte man zunächst stets eine Anzahl von überbewerteten Aktien. Gleichzeitig wurden Aktien auf Kredit gekauft, die man für unterbewertet hielt.[13] Hedge-Fonds gehören zu den undurchsichtigsten Anlagevehikeln überhaupt. In Kombination oder in Ergänzung zu den Derivattransaktionen spielen sie mittlerweile eine entscheidende Rolle bei der Reinigung schmutzigen Geldes unbekannter Herkunft.[14] Letztlich hat der Gesetzgeber eine formvollendete Einladung an alle »Global Players« zur noch erfolgreicheren Geldwäsche ausgesprochen. Die Wölfe sind gekommen. Und sie sind geblieben. Und sie fressen niemandem aus der Hand. Niemals.

Immerhin ist dem damaligen Bundesfinanzminister Hans Eichel eine perfekte Überraschung gelungen, als er am 6. März 2003 den Finanzmarktförderplan 2006 der Öffentlichkeit vorgestellt hatte. Selbst Banken und Vermögensverwalter rieben sich verwundert die Augen. Derselbe Bundesfinanzminister hatte die Hedge-Fonds wenige Monate zuvor noch an den Pranger gestellt und überlegt, ob man deren Managern die regelmäßig eingesetzte Strategie des Leerverkaufs von Aktien verbieten sollte. Die Hedge-Fonds waren schon damals nicht in der Lage, ihre Performanceversprechen einzuhalten. Der Einfluss auf die Kursgestaltung wurde weit überschätzt. Das in Hedge-Fonds investierte Vermögen erreichte nur drei Prozent jenes Kapitals herkömmlicher Investmentfonds. Der dort beliebte Einsatz von Derivaten, die die Bewegung hoher Nominalbeträge mit geringem Einsatz erlauben, ändert daran wenig. Dennoch, so wurde behauptet, seien Geldanlagen in Hedge-Fonds im Sinne der Risikostreuung vernünftig. Rund 70 Prozent der am Weltmarkt tätigen Hedge-Fonds hatten aber schon 2002 wegen der geringen Anlageresultate keine Erfolgsgebühr erhalten. In diesem Jahr hatten immerhin schon 800 Hedge-Fonds die Segel gestrichen.[15]

Manche öffentlichen Erklärungen Hans Eichels waren erhellender als die Begründungen des Gesetzentwurfs: In Deutschland sei der Finanzdienstleistungssektor von zentraler Bedeutung für die wirtschaftliche Stabilität von Staat und Gesellschaft. Die Branche bringe mit einer Bruttowertschöpfung von (damals!) 86 Milliarden Euro einen maßgeblichen Wertschöpfungsanteil (4,6 Prozent des gesamten Volumens) in die Volkswirtschaft ein. Damit liege sie weit über der Wertschöpfung anderer bedeutender Branchen wie Energie, Telekommunikation und Transport. Mit insgesamt 1,5 Millionen Beschäftigten stelle der Finanzdienstleistungssektor einen der größten Arbeitgeber in Deutschland dar. Im Jahre 2002 seien etwa 3,6 Prozent der erwerbstätigen Bevölkerung in Deutschland dort beschäftigt gewesen. Der Bundesfinanzminister sah für die deutsche Finanzmarktpolitik zwei große Herausforderungen: Das Vertrauen der Anleger müsse wiederhergestellt werden, und man müsse sich den Aufgaben stellen, die mit der Schaffung eines gemeinsamen Finanzmarktes in Europa verbunden seien. Durch das Platzen einer übermäßigen Spekulationsblase, durch Börsenbetrügereien, eine enttäuschende Weltkonjunktur und eine unsichere geopolitische Lage hätten sich die Finanzmärkte nach der

Einschätzung des Ministers damals in einer schwierigen Phase befunden. Die Lösung liege auf der Hand: Die rot-grüne Bundesregierung müsse nur ihre (vermeintlich) erfolgreiche Reformpolitik fortsetzen.

Der Bundesregierung war zwar klar, dass die Hedge-Fonds umstritten sind, weil sie in dem Ruf stehen, für Anleger besonders riskant zu sein. Auch hierzulande warfen Kritiker der Branche vor, an den Finanzmärkten mit großen Wetten auf fallende Kurse Schieflagen auslösen zu können. Dies schien die Bundesregierung aber nicht angefochten zu haben. Das ist erstaunlich, hätte sie doch erkennen können und müssen, dass die Profiteure einer derartigen Gesetzgebung zu einem beträchtlichen Teil Spekulanten, Steuerhinterzieher und Geldwäscher sein werden. Immerhin hat sie ihren professionellen Unterstützern auch einige Gewinnmöglichkeiten eröffnet.

In manchen Wirtschafts- und Fachkreisen empfand man die Absichten des Bundesfinanzministers teilweise als »revolutionär«: »Von der Ertragsperspektive her gesehen, kann das für Anbieter und Anleger ein Knüller werden.«[16]

Wolfgang Stolz, Vorstandsmitglied der UBS Warburg in Frankfurt am Main, hielt die Hedge-Fonds und deren auf sicheren und maximalen Gewinn (»absolute return«) abzielende Strategien für einen integralen Bestandteil effizienter Finanzmärkte. Hedge-Fonds seien gerade durch den uneingeschränkten Einsatz von Risikomanagementstrategien und wegen geringer oder gar nicht vorhandener Beschränkungen erfolgreich. Flexibilität ist anscheinend ein Erfolgskriterium.[17] Gleichzeitig ist sie aber auch ein Risikofaktor, der durch die im Entwurf vorgesehenen Maßnahmen nichts von seiner Gefährlichkeit einbüßt. Eine derartige Gesetzgebung hat vor allem die Interessen einer überaus mächtigen Klientel bedient und Versprechungen zur Organisierung einer möglichst wirksamen staatlichen Geldwäschebekämpfung zum Lippenbekenntnis gemacht. Die sozialdemokratisch geführte Bundesregierung hat mit ihren zitierten Gesetzentwürfen die Tatgelegenheiten für Wirtschaftskriminelle größten Kalibers vervielfältigt und erweitert. Sie schuf die legalen Grundlagen dafür, dass auch Deutschland wenige Jahre später in den Mahlstrom des internationalen Finanzkapitalismus geriet.

GEGENMASSNAHMEN

Möglicherweise gelingt es aber dem Europäischen Parlament, der Europäischen Kommission und den Mitgliedsstaaten der EU den Folgen der hier nur kurz skizzierten Entwicklung insbesondere im Hinblick auf Derivate in absehbarer Zeit entgegenzuwirken. Immerhin besteht die Absicht, den entsprechenden Markt wieder unter Kontrolle zu bringen, obschon die Industrie sich bereits teilweise erfolgreich gewehrt hat. Die Kommission hat sich schon 2009 in zwei Mitteilungen zu künftigen politischen Maßnahmen bei der Gewährleistung effizienter, sicherer und solider Derivatemärkte geäußert und dabei betont, dass Derivate durchaus auch eine nützliche Rolle für die Volkswirtschaft spielen können (Transfer von Risiken von risikoscheuen auf risikobereitere Wirtschaftsteilnehmer). Auch sie hat richtig erkannt, dass vor allem OTC-Derivate (OTC = over the counter; das heißt, OTC-Derivate werden nicht über die Börse, sondern direkt über den Schalter gehandelt) zu den Finanzmarktturbulenzen beigetragen haben, indem sie die zunehmende Nutzung von Hebeleffekten zugelassen und zu immer größeren Abhängigkeiten zwischen den Marktteilnehmern geführt haben. Das Parlament hat zu Recht in Frage gestellt, ob die dramatische Aufblähung des Derivatehandels im vergangenen Jahrzehnt notwendig und sinnvoll war.

Auf der Grundlage unter anderem des »De-Larosière-Berichts«[18] hat die Kommission mehrere Maßnahmefelder vorgeschlagen:

· weitere Standardisierung von Derivateverträgen
· Verwendung von Transaktionsregistern
· stärkere Inanspruchnahme zentraler Gegenpartei-Clearing-Stellen (CCP/Central Counterparty)
· verstärkter Rückgriff auf organisierte Handelsplätze

Darin sieht sie einen generellen Paradigmenwechsel ihrer bisherigen Finanzmarktpolitik. Die Transparenz soll erhöht und die Marktteilnehmer in die Lage versetzt werden, die Risiken korrekt zu bewerten. Damit sollen klare Ziele erreicht werden: Verringerung des Ausfallrisikos und des operationellen Risikos, Erhöhung der Transparenz sowie Verbesserung der Marktintegrität und -aufsicht.

Dagegen gibt es keinen nennenswerten politischen Widerstand.[19] Der Berichterstatter des Parlaments hat sich neben der weitgehenden Unterstützung der Vorschläge der Kommission für die gesonderte Behandlung mehrerer Punkte ausgesprochen[20]:

· künftige bessere Abbildung des Risikos im Preis der Derivate
· Kostentragung der künftigen Marktstruktur ausschließlich durch Marktteilnehmer, nicht durch Steuerzahler
· keine Unterhaltung der zentralen CCP und ihrer Risikomanagementsysteme durch Nutzer
· Ausschluss eines Wettbewerbs zwischen CCPs
· Festlegung von Meldestandards für alle Derivate zur Weiterleitung an die zentralen Transaktionsregister
· Sonderregelungen für kleine und mittlere Unternehmen (KMU) und geringere Eigenkapitalanforderungen für KMU
· unabhängiges und zentrales Clearing für CDS-Derivate
· Begrenzung und gegebenenfalls Verbot für CDS-Derivate bei sich kumulierenden Risiken
· Zugang zu den Transaktionsregistern für nationale Regulierungsbehörden
· Kompetenzzuweisung an die Europäische Wertpapierbehörde (ESMA/ European Supervisory Authority (Securities and Markets)) für die Zulassung von zentralen CCPs in der EU und aus Drittstaaten

Die Europäische Kommission hat im September 2010 den Entwurf einer Verordnung zum Derivatehandel und einen Bericht über dessen mögliche Folgen[21] vorgelegt. Sie betont, dass der Beinahe-Zusammenbruch von Bear Sterns im März 2008, der Ausfall von Lehman am 15. September 2008 und die Rettung des Versicherungskonzerns AIG die Unzulänglichkeiten des OTC-Derivatemarktes ins Zentrum der Aufmerksamkeit gerückt haben. Die Kommission arbeitet seit Oktober 2008 aktiv daran, die Unzulänglichkeiten, die die Krise ans Tageslicht gebracht hat, zu beheben. Der am 15. September 2010 vorgelegte Folgenabschätzungsbericht ist ein Begleitdokument zu einigen von der Kommission angekündigten Vorschlägen, die sich unter anderem auf die Erhöhung der Transparenz und die Reduzierung operationeller Risiken beziehen.

Noch ehe der Kommissionsentwurf in die politische Debatte ging, hatten Lobbyisten nach den Feststellungen des *Zeit*-Journalisten Claas Tatje erfolgreich Einfluss ausgeübt. Gerade deutsche Großkonzerne hätten in

Brüssel Stimmung gegen ein zu scharfes Gesetz gemacht. Das hat nachvollziehbare Gründe. Unternehmen wie die Lufthansa nutzen Derivate zur Risikostreuung – etwa um sich gegen Schwankungen beim Kerosinpreis abzusichern. Dieses klassische Derivategeschäft macht gerade noch ein paar Prozent des Gesamtmarktes aus, aber es funktioniert ungeregelt schnell und vor allem günstig. Die bisherigen Interaktionen zwischen Politikern, Lobbyisten und Beamten zeigten nach der Auffassung Tatjes, was Regulierung so schwierig macht und warum es kaum gelingen kann, die nächste Blase per Gesetz zu verhindern.[22]

In einem anderen Kommentar behauptet Cerstin Gammelin in der *Süddeutschen Zeitung*, dass die Hoffnung, die Kommission werde Spekulanten das Handwerk legen, einem Irrtum gleichkomme. Deren Vorschläge verdienten bestenfalls das Prädikat »halbherzig«. Brüssel wolle zwar die größten Auswüchse der Wetten auf fallende oder steigende Preise für Rohstoffe, Aktien oder Staatsanleihen, nicht aber die Wurzeln des Übels beseitigen. Es gibt Zweifel daran, ob dies ausreicht, um den Finanzmarkt sicherer zu machen. Der gigantische außerbörsliche Handel mit Derivaten und Versicherungen auf Kreditausfälle habe zusammen mit den Leerverkäufen zentral dazu beigetragen, dass die Lehman Bank im September 2008 unterging. Bis zum (vorgesehenen) Inkrafttreten der Vorschriften im Jahre 2010 hätten die Interessenvertreter der Branche ohnehin noch genügend Zeit, auf eine Verwässerung der Regeln hinzuarbeiten.[23]

Diese Skepsis ändert nichts daran, dass die Ziele der Kommission vernünftig sind, auch wenn nach Auskunft des zuständigen Kommissars Barnier ein generelles Verbot von Leerverkäufen nicht geplant ist[24]:

· zukünftige Abwicklung des Handels mit Derivaten über eine zentrale Stelle
· Angabepflichten der Händler gegenüber der zentralen Stelle
· rechtzeitiges Auffangen etwaiger Ausfälle
· Standardisierung und Normierung des Handels
· Einrichtung eines Transaktionsregisters
· Überwachung der Derivategeschäfte durch die in Paris anzusiedelnde Aufsichtsagentur für Wertpapierhändler
· Anmeldepflichten bei Leerverkäufen
· Nachweispflichten zur Lieferfähigkeit bei ungedeckten Geschäften im Hinblick auf die angebotenen Finanzprodukte

4 FINANZMARKT UND MAFIA

Im Sommer 2010 stand ein junger Mann vor einem Gericht in Paris, der in der Öffentlichkeit als »das Gesicht der Krise« bezeichnet wurde. Jérôme Kerviel, ein Angestellter der Großbank Société Générale, schien bislang das größte Rad in der Geschichte der Finanzindustrie gedreht zu haben, das allerdings zum Stillstand kam, als er durch Spekulationsgeschäfte einen Verlust von mehr als fünf Milliarden Euro erwirtschaftet hatte. Es ist aber zweifelhaft, ob dafür allein die kriminelle Energie von Kerviel ausreichte oder ob der dahinterstehende betrügerische Mechanismus selbst ein Produkt der Bank ist, eine Sichtweise, die das Pariser Gericht vertrat. Während Kerviel behauptete, dass die Bank über sein Vorgehen informiert gewesen sein musste, hielten ihn seine Vorgesetzten für nicht mehr als eine »gut verdienende Prostituierte«.[1]

Kerviel selbst hielt sich nur für ein Rad im Getriebe. Die Wahrheit über seine Ergebnisse war zudem ein offenes Geheimnis. Die Summe, die einen echten und von der Bank realisierten Gewinn darstellte, tauchte sowohl in der Liquiditätsberechnung als auch in der Buchhaltung auf. Die diversen Milliardenbeträge existierten in den Büchern und auf den Konten der Société Générale tatsächlich. Und trotz der enormen Höhe erregte ein Geschäft (Verlust) über anderthalb Milliarden nicht mehr Aufmerksamkeit als andere Überschreitungen. Keiner seiner Vorgesetzten hatte Kerviel zurechtgewiesen oder gar vor Risiken gewarnt, die dessen Praktiken für die Bank darstellten.[2]

Seine Verurteilung zu einer Gefängnisstrafe von fünf Jahren, davon zwei Jahre auf Bewährung, und zu Schadenersatz in Höhe von 4,9 Milliarden (!) Euro Anfang Oktober 2010 empfindet Kerviel als große Ungerechtigkeit. Er habe vor Gericht Beweise vorgelegt, dass viele Händler ähnlich vorgingen und dass die Chefs wussten, was da lief. Dennoch wurde die Bank von jeder Mitschuld freigesprochen. Kerviel hatte seinen Einsatz immer mehr erhöht, nachdem er gemerkt hatte, dass seine Vorgesetzten ihn schon aus Eigennutz und zum Nutzen der Bank deckten. Sie hätten sogar die Sicherheitssysteme in den Computern deaktiviert. Gegen den Vorwurf, er sei der »Erfinder eines kohärenten Betrugssystems« gewesen, verteidigte sich Kerviel mit dem Hinweis, dass er nur die Methoden angewandt habe, die bereits in der Bank existiert hätten und die er dort gelernt habe. Die Kontrolleure hätten zwar erkannt, dass er für Gegengeschäfte zur Absicherung gar keine Handelspartner hatte. Aber sie hätten niemals etwas gesagt. Auch die Risikokontrolle habe nichts weiter unternommen. Es habe viel Heuchelei gegeben, da alle alles gesehen hätten und niemand etwas gesagt habe: »Man widersetzt sich nicht dem Geschäftsmodell einer Bank.« Das Urteil gegen Kerviel hat nach seiner Auffassung dazu gedient, das System und das Image der französischen Banken zu retten.[3]

Am 16. Oktober 2009 haben Beamte des amerikanischen Federal Bureau of Investigation (FBI) in New York City den 52 Jahre alten Raj Rajaratnam verhaftet, der 1997 den (inzwischen aufgelösten) Hedge-Fonds »Galleon« gegründet hatte. Dieser Fonds verwaltete bis Oktober 2009 circa 3,7 Milliarden US-Dollar Kundenvermögen. Der Festgenommene steht im Verdacht, Insiderhandel im großen Stil betrieben zu haben. Hochrangige Informanten sollen ihm unter anderem Tipps über das Geschäft von Google und den bevorstehenden Verkauf der Hotelkette Hilton gegeben haben, die er für hochprofitable Börsengeschäfte genutzt haben soll. Der aus Sri Lanka in die USA eingewanderte Beschuldigte wurde kurz nach seiner Verhaftung gegen eine Kaution von 100 Millionen US-Dollar wieder auf freien Fuß gesetzt. Es handelt sich um den ersten großen Fall von Insiderhandel, in den ein Hedge-Fonds verwickelt ist. Die Ermittlungen richten sich gegen zwei weitere Hedge-Fonds-Manager und ranghohe Manager des Technologiekonzerns IBM, der Unternehmensberatung McKinsey und des Chipherstellers Intel, die sich des Wertpapierbetrugs und der »Verschwörung« schuldig gemacht haben sollen. Die Gruppe soll sich mindestens 20 Millionen US-Dollar auf betrügerische Weise verschafft haben. Erstmals sind in einem Verfahren wegen Insiderhandels Methoden eingesetzt worden, wie sie beim Vorgehen gegen Organisierte Kriminalität (OK) und Terroristen an der Tagesordnung sind.

EINE KULTUR DES BETRUGS

Im November 2010 ist klargeworden, dass die US-Justiz, ausgehend von diesem Komplex, die umfassendsten Ermittlungen wegen Insidergeschäften aufgenommen hat, die es in den USA je gegeben hat. Die amerikanischen Medien berichteten, dass das FBI, die Börsenaufsicht (SEC) und die Staatsanwaltschaft von Manhattan eine »Kultur des Betrugs« aufgedeckt haben. Ganze Netzwerke aus Investmentbankern, Spekulanten, Analysten und Unternehmensexperten sollen sich auf den Handel mit vertraulichen Informationen spezialisiert und illegal Millionengewinne eingestrichen haben. Das Ausmaß der Ermittlungen wird als »gewaltig« bezeichnet.

In ihrem Mittelpunkt stehen unabhängige Expertenfirmen, die professionelle Anleger wie Hedge-Fonds mit Fachkenntnissen über einzelne Branchen versorgen. Oft heuern diese Firmen frühere Unternehmensmanager als Berater an, deren Insiderwissen sie besonders wertvoll macht. Wiederum stehen auch Mitarbeiter der Investmentbank Goldman Sachs im Visier der Ermittler. Sie sollen vertrauliche Informationen über anstehende Unternehmensfusionen im Gesundheitssektor an Händler weitergereicht haben. Der Kreis der Verdächtigen umfasst Mitarbeiter von fast allen Wall-Street-Häusern. Auch die Deutsche Bank wurde von den Ermittlern aufgefordert, interne E-Mails preiszugeben. Insgesamt sollen drei Dutzend Firmen verwickelt sein. Fast alle Ermittlungen waren durch das Verfahren gegen Rajaratnam in Gang gekommen. Es hat den Anschein, als ob die Strafverfolger eine regelrechte Prozesswelle vorbereiten.

Auch wenn vieles dafür spricht, dass zunächst nur einfache Mitarbeiter angeklagt werden und nicht hochrangige Mitarbeiter, dürften die Ermittlungen gerade die Großbanken an einer empfindlichen Stelle treffen. Sie werfen ein Schlaglicht auf ihr umstrittenes Geschäftsmodell. Diese Institute sind einerseits als Berater tätig und kommen so an vertrauliche Informationen. Andererseits agieren sie als Spekulanten und können jeden Informationsvorsprung zu Geld machen. Es wird nicht nur der ohnehin ramponierte Ruf der Wall Street unter den neuen Insider-Fällen leiden. Schon die bisherigen Ermittlungsergebnisse nähren den Verdacht, dass die gesamte Branche von Korruption durchdrungen ist.[4]

Nach mehrjährigen Ermittlungen gegen Hedge-Fonds an der Wall Street begann endlich am 21. November 2010 die heiße Phase der Untersuchungen wegen illegalen Insiderhandels. An diesem Tag untersuchten die Beamten des FBI in einer koordinierten Razzia die Büros von drei großen amerikanischen Hedge-Fonds (Global Investors aus New York, Diamond Capital Management aus Stamford/Connecticut, Loch Capital Management aus Boston).[5]

Auch in Deutschland hat in der Debatte über das Verhältnis zwischen Bankberater und Kunden inzwischen ein Begriff Eingang gefunden, der die Alarmglocken schrillen lässt: Schmiergeld. Verkaufen Banken ein Finanzprodukt, erhalten sie in aller Regel eine Provision. Die Rede ist auch von Rückvergütungen, Retrozessionen oder Kickbacks. Bei Letzteren handelt es sich um nichts anderes als »illegal or improper payment«, also eben schlicht Schmiergeld. Und Kickback-Vereinbarungen sind nach den Worten Jürgen Ellenbergers, Richter am Bundesgerichtshof (BGH), einfach nur Abreden mit schmiergeldähnlichem Charakter. Dem Einwand der Üblichkeit aus Bankenkreisen setzt der BGH entgegen, dass es hier einen Interessenkonflikt gibt. Der Kunde könne nicht wissen, ob die Bank ein bestimmtes Produkt deshalb empfiehlt, weil die Provision so hoch ist oder weil es für den Kunden objektiv das Beste ist. Das Reichsgericht hatte übrigens schon vor mehr als 106 Jahren entschieden, dass es dem Grundsatz von Treu und Glauben widerspricht, wenn ein Bankier verschweigt, dass er auch von anderer Seite Geld für den Vertrieb von Wertpapieren bezieht. Auf Grund einer europäischen Richtlinie müssen übrigens seit 2007 alle Geldhäuser den Kunden über Kickbacks aufklären. Die Frage bleibt natürlich, ob sie es in den Jahren zuvor auch hätten tun müssen. Auf Grund der Rechtsprechung des BGH hätte spätestens sei 1989/1990 ein entsprechendes Problembewusstsein vorhanden sein müssen.[6]

Doch zurück zu unserem konkreten Fall in den USA. Er zog bald immer weitere Kreise. Nach Presseberichten von Ende Oktober 2009 soll auch der ehemalige Vorstandchef eines großen Halbleiterherstellers (Advanced Micro Devices – AMD), Hector Ruiz, zum Netz der Informanten der bis dahin sechs angeklagten Personen gehört haben. Er soll einer für den Hedge-Fonds New Castle tätigen Managerin, Danielle Chiesi, vorab Informationen über einen anstehenden Verkauf der Fertigungssparte von AMD gegeben haben. Chiesi hatte Rajaratnam angeblich hierüber informiert. Anschließend haben die Hedge-Fonds New Castle und Galleon Aktien von AMD gekauft. Im November 2009 wurden weitere neun Manager,

Rechtsanwälte und Händler von der Wall Street festgenommen. Damit stieg die Zahl der Verdächtigen auf 15 Personen. Fünf der Beschuldigten hatten die ihnen zur Last gelegten Vergehen rasch zugegeben. Alle Verdächtigen sollen an illegalen Aktiengeschäften beteiligt gewesen sein. Die zunächst angenommene Schadenssumme von 20 Millionen US-Dollar hat sich binnen kurzer Zeit auf mindestens 40 Millionen US-Dollar erhöht.

Dieser Fall ist keineswegs charakteristisch für den Beginn und den Verlauf der Finanzkrise. Die Verdächtigen haben diese Krise genauso wenig ausgelöst wie zum Beispiel die Herren Bernard Madoff und Robert Allen Stanford. Gleichwohl sollte zumindest die Affäre Madoff, bei der es sich um den größten Betrug der Finanzgeschichte handelte, zum Anlass genommen werden, einiges in unserem Privatleben wie auch in unserem Verständnis des Geldwesens, unserer Gesellschaftsordnung und unserer Art, Geschäfte zu machen, in Frage zu stellen. Bekanntlich wird die Wirtschaft als Ganzes und der Finanzmarkt im Besonderen vom Widerspruch zwischen Gewinnstreben und Verlustangst gesteuert. Das liegt im Wesen des Menschen, und es ist völlig sinnlos, dagegen ankämpfen zu wollen, wie es viele opportunistische und populistische Politiker vorgeben, die nun die »Gier der Banker« attackieren, als ob sie nicht selbst die Gewinne annehmen würden, wenn sie die Gelegenheit hätten. Gewinnstreben und Verlustangst drücken sich im Geldmarkt durch die Rendite, also den Gewinn, und die Volatilität, das Risiko des Kapitalverlusts, aus. Die »Genialität« Madoffs bestand darin, beide ins Gleichgewicht zu bringen. Einerseits weckte er die Habgier bei seinen Kunden, indem er sie mit jährlichen Renditen von über zehn Prozent anlockte. Andererseits versprach er im Gegensatz zu den meisten anderen Betrügern nicht so hohe Profite, dass Angst vor dem Risiko aufgekommen wäre.[7]

Auch die von Robert Allen Stanford aufgebaute »Stanford International Bank« hat jahrelang unwahrscheinliche, wenn nicht unmögliche Gewinne gemeldet. Der Texaner Stanford hat ein betrügerisches Investmentsystem errichtet, in dem circa acht Milliarden US-Dollar zirkulierten. Letztlich war er auch nur der Betreiber eines weltweit verzweigten Schneeballsystems. Er war ebenso in Geldwäscheaktivitäten verstrickt und hat undurchsichtige Überweisungen an Kongressabgeordnete vorgenommen, die mit der Überwachung der SEC betraut waren.[8]

Der New Yorker Generalstaatsanwalt Andrew Cuomo beschäftigte sich im Sommer 2009 mit der Vorbereitung einer Anklage gegen die Charles Schwab Corporation, die Anleger in die Irre geführt haben soll. Es geht um »Auction Rate Securities (ARS)«, also Anleihen mit langer Laufzeit, deren Zinssätze in kurzen Abständen bei Auktionen neu festgesetzt werden. Vor allem Kommunen und Unternehmen in den USA nutzen dieses Schulden-instrument. Börsenmakler wie Charles Schwab hatten die Anleihen in den Jahren vor der Krise als liquide Anlage gepriesen und an Privatinvestoren verkauft. Im Jahre 2008 brach der Markt zusammen, und die Anleger fanden für ihre ARS-Papiere keine Bieter mehr und kamen nicht mehr an ihr Geld. Cuomo wirft einer ganzen Reihe von Finanzdienstleistern vor, Produkte vertrieben zu haben, die sie selbst nicht verstanden. Zudem hätten sie ihre Kunden nicht gewarnt, als der Markt zum Stillstand kam. Die meisten der beschuldigten Firmen, darunter die Deutsche Bank, haben sich inzwischen mit der Staatsanwaltschaft auf einen Vergleich geeinigt. Sie zahlten Anlegern 61 Milliarden US-Dollar zurück.

Schwab blieb dagegen stur und provozierte damit weitere Ermittlun-gen. Er beklagte sich, dass die Staatsanwälte ihn ungerechtfertigterweise für illiquide Märkte und die Vergehen großer Wall-Street-Firmen, die den Markt geschaffen hätten, verantwortlich machten. Seine Manager hätten trotz ihrer hochklassigen Ausbildung nicht Risiken voraussehen können, die weder die Regulierungsbehörden noch Marktexperten erahnt hätten. Die Staatsanwälte verfügen dagegen über Beweise, wonach der Unterneh-mensführung schon im Herbst 2007 klar war, dass der Markt zusammen-brechen wird. Sie hatte deswegen auch Schritte unternommen, um die eigene Firma zu schützen. Die Kunden erfuhren davon nichts. Der Rück-kauf der Papiere dürfte 500 bis 800 Millionen US-Dollar kosten.[9]

Jenseits der großen, weiten Welt gibt es auch in der deutschen Provinz bemerkenswerte Vorgänge. Die Staatsanwaltschaft Würzburg hat gegen den Bundesbürger Helmut Kiener, der zu diesem Zeitpunkt immerhin schon ein Jahr in Untersuchungshaft war, Anklage erhoben. Sie wirft ihm vor, durch den Aufbau eines Schneeballsystems knapp 5000 Sparer um 122 Millionen Euro geprellt zu haben. Ihm drohen wegen schweren Be-trugs bis zu 15 Jahre Haft. Der Hedge-Fonds-Manager habe über seine beiden Fonds K 1 Global und K 1 Invest Alt-Anleger mit dem Kapital neuer Investoren bezahlt – bis ihm im Frühjahr 2009 das Geld ausging.

Zu den Geschädigten gehören übrigens auch die Großbanken BNP

Paribas und Barclays, denen der Angeklagte 223 Millionen Euro abgeschwatzt haben soll. Die staatsanwaltlichen Ermittlungen begannen erst, nachdem der Geldwäschebeauftragte von Paribas geraume Zeit zuvor eine Verdachtsanzeige gestellt hatte. Die Fonds wurden mittlerweile vom Insolvenzverwalter schon als mittellos eingestuft.

Kiener hatte Genussrechte an Sparer verkauft. Dabei handelt es sich um Wertpapiere ohne besondere Mitwirkungs- oder Kontrollrechte. Die Sparer müssen darauf vertrauen, dass die Berechnung des Fondswerts korrekt verläuft und die Fondsgesellschaft Gewinne macht. Es besteht der Verdacht, dass der Fondswert vorsätzlich manipuliert wurde. Der Verdächtige behauptet demgegenüber, dass er ein perfektes Hedge-Fonds-System eingerichtet habe, das von 1996 bis 2009 insgesamt 833 Prozent Rendite erzielt hätte. Im November 2010 wurden weitere Beschuldigte wegen des Verdachts der gewerbsmäßigen Beihilfe zum Betrug festgenommen. Es handelt sich um die Mitgeschäftsführer der Firma Treukapital und einen Steuerberater, der als Prüfer für die Hedge-Fonds Kieners tätig war.

Dieser Fall wirft auch ein Schlaglicht auf den »grauen Kapitalmarkt« in Deutschland, wo der Handel mit weitgehend ungeregelten Finanzprodukten an der Tagesordnung ist. Nach aktuellen Schätzungen wird dort durch Betrug, Misswirtschaft und hohe Provisionen jährlich ein zweistelliger Milliardenbetrag versenkt. Im Jahre 2009 wurden 18313 Fälle von Kapitalanlagebetrug bekannt. Das ist eine Steigerung um das Dreifache im Vergleich zum Vorjahr. Es handelt sich aber nur um eine partielle Aufhellung des Dunkelfelds, nicht um den tatsächlichen Anstieg der Delikte, erklärte das Bundeskriminalamt, das den Zuwachs für eine Folge der öffentlichen Aufarbeitung der Wirtschafts- und Finanzkrise und der Aufrufe von Verbraucherschutzorganisationen zu Strafanzeigen gegen Anlagevermittler hält.[10]

NEUE FORMEN DER ORGANISIERTEN KRIMINALITÄT

Vorbehaltlich rechtskräftiger Verurteilungen zeigen diese Fallkomplexe, wie hoch die Risiken sind, die sich in der modernen Finanzwelt realisieren können, wenn große Mengen von Kapital mit krimineller Energie bewegt werden. Eine hoch technologisierte und weltweit tätige Finanzindustrie hat strukturelle Risiken bislang ungekannten Ausmaßes mit sich gebracht, die – auch jederzeit ohne kriminelle Trittbrettfahrer – in enorme Schäden für eine unübersehbare Vielzahl von Unbeteiligten umschlagen können, also eine Vielzahl von Opfern produzieren. Kommt es allerdings zu einer konspirativen Kooperation von Individuen und Gruppen, sind Schäden zu beklagen, die weit über das in den idyllischen Zeiten der historischen Mafia Übliche hinausgehen. Bislang hat man allerdings das gesellschaftliche Milieu, in dem entsprechende Verschwörungen vorbereitet werden, nicht mit konventioneller OK assoziiert. Das ist ein schwerer Fehler, für den es psychologische, wirtschaftliche und politische Gründe gibt. Erforderlich ist zunächst die Abkehr vom überkommenen Verständnis dieser Kriminalitätsform. Bislang sind damit – fast reflexartig – nur bestimmte Schlagwörter verbunden: Rauschgift, Rotlichtmilieu, Menschenhandel, Ausländer, Gewalt, Mafia und so weiter.

Sie führen zu einer Stigmatisierung besonderer Art. In der öffentlichen Wahrnehmung gerät OK fast zur mythologischen »Unterwelt«, die fernab der bürgerlichen Gesellschaft ihr eigenes Leben nach geheimnisvollen Riten und Traditionen führt, weitab von den Zentren des sonstigen bürgerlichen, wirtschaftlichen und politischen Daseins. Dieses Verständnis wirkt entlastend. Die »Mafia«, das sind immer nur die Anderen, Fremden, Fernen. Eine unheimliche Bedrohung, die von außen kommt, die wohlgeordnete eigene Welt bedroht und mit brutaler Energie drangsaliert oder auch mit korruptiven Praktiken unbescholtene Bürger verführt.

Wenige Blicke in beliebige Tageszeitungen eröffnen jedoch andere Perspektiven. Die Nachrichten über kriminelles Geschehen auf allen Etagen von Wirtschaft, Verwaltung und Politik führen vielleicht doch noch zu einer grundlegenden Revision in der Einschätzung des Phänomens OK. Davon sind nicht nur einzelne Kriminalitätsbereiche, sondern auch die »üblichen Verdächtigen« betroffen. Es scheint klärungsbedürftig geworden zu sein, ob die Grundsätze des fairen Wettbewerbs in der Wirtschaft, die Gesetzesbindung der Verwaltung und die Gemeinwohlverpflichtung der Politik durch das »Gangsterprinzip« abgelöst wurden.

Die Finanzkrise provoziert heutzutage Fragen, die sich bis vor kurzem niemand vorstellen konnte. Dazu gehört auch eine Debatte, die Alexander Dibelius, Deutschland-Chef der Investmentbank Goldman Sachs, zu Beginn des Jahres 2010 ausgelöst hat. Unmittelbar vor der Verkündung der Tatsache, dass diese Bank im Krisenjahr 2009 mehr als zehn Milliarden *nicht dem Gemeinwohl verpflichtet?*

US-Dollar verdient hat, erklärte dieser Manager, dass Banken und besonders private und börsennotierte Institute nicht zur Förderung des Gemeinwohls verpflichtet seien. Sie dienten der Gesellschaft am besten, wenn sie überzogene Risiken vermeiden und Geld verdienen. Bei den Angaben zum Gewinn der Bank war übrigens schon berücksichtigt, dass allein für die ersten neun Monate fast 17 Milliarden US-Dollar für Manager-Boni zurückgelegt worden waren.

Die Bank bemühte sich nach der zitierten Erklärung darum, sie als Ergebnis eines Übersetzungsfehlers hinzustellen. Dibelius habe sagen wollen, dass private Banken keinen öffentlichen Auftrag zu erfüllen hätten. Solche Missverständnisse nehmen in jüngerer Zeit zu. Der Vorgesetzte von Dibelius, Lloyd Blankfein, fühlte sich ebenfalls fehlinterpretiert, als er kurz zuvor erklärte, dass er doch nur Gottes Auftrag erfülle und die hohen Gewinne der Investmentbank für die Gesellschaft unproblematisch seien.[11]

Auf den ersten Blick scheint Dibelius gleichwohl recht zu haben. Firmen im Privatbesitz sind vor allem ihren Aktionären, Mitarbeitern und Kunden verpflichtet. Davon wird aber die Geltung des Verfassungsgrundsatzes »Eigentum verpflichtet« nicht berührt. Sein Gebrauch soll zugleich dem Wohle der Allgemeinheit dienen. Selbstverständlich gibt es auch gemeinwohlorientierte Sorgfaltspflichten für Manager, die über Aktienbesitz Eigentümer der von ihnen verwalteten Firmen sind. Der Kollaps der Finanzmärkte hat überaus deutlich gemacht, dass große Teile der Gesellschaft nicht ohne solide Banken funktionieren können.

Auch der zweite Teil der Erklärung von Dibelius bedarf der Kommentierung. Natürlich belasten Banken wie Lehman Brothers oder HRE die Gesellschaft mehr als Goldman Sachs oder die Deutsche Bank mit ihren Milliardengewinnen. Aber auch diese erfolgreichen Unternehmen hätten die Krise ohne staatliche Hilfen für die anderen nicht überlebt. Zudem ist noch nicht geklärt, ob die neuen Gewinne nur deshalb erzielt wurden, weil man schon wieder zu hohe Risiken einging in dem Wissen, dass diese Banken im Falle einer drohenden Pleite mit den Mitteln des Steuerzahlers aufgefangen werden. Natürlich wirft auch die schiere Höhe der Gewinne die Frage auf, ob sich einige Banken erneut auf Kosten der Gesellschaft die Taschen füllen. Im übrigen gilt: Nur wenn die Märkte funktionieren, dienen sie dem Wohl der Gesellschaft.

Bei den Gewinnen von Banken wie Goldman Sachs, Deutsche Bank und

Marktversagen
kein Wettbew

J. P. Morgan besteht aber der Verdacht, dass ein Marktversagen vorliegt. In besonders lukrativen Geschäftsbereichen wie etwa dem Derivatehandel beherrschen wenige Investmentbanken den Markt. Deren Macht hat sich in der Krise sogar noch weiter konzentriert. Es liegt auf der Hand, dass die hohen Bonuszahlungen für spezialisierte Banker nicht nur die Grenzen des guten Anstandes sprengen. Sie helfen den Marktführern auch, sich gegen neue Wettbewerber abzuschotten. Vor diesem Hintergrund sind Banken also durchaus dem Gemeinwohl verpflichtet. Eine angemessen strenge Regulierung muss verhindern, dass sich Finanzinstitute im Stile einer mafiotischen Verschwörung zusammentun und gesellschaftliche Flurschäden in unübersehbarem Ausmaß verursachen.

Die implizite Staatsgarantie (»too big to fail«) scheint bei Bankern ein fundamentales Missverständnis hervorgerufen zu haben. Sie könnten in einer selbstbegünstigenden Verkennung der realen Zusammenhänge tatsächlich von ihrem Gemeinwohlnutzen überzeugt sein. Doch übermäßige Marktmacht ist immer eine Bedrohung des volkswirtschaftlichen Systems. Die von einigen Finanzinstituten erreichte Größe bedarf rechtlicher, politischer und gesellschaftlicher Intervention. Sie muss nicht nur im Interesse eines fairen Wettbewerbs auf den Finanzmärkten beschnitten werden. Daneben ist für Transparenz zu sorgen, indem Derivate nur noch über Börsen gehandelt werden dürfen. Sonst ist nicht zu verhindern, dass das Ideal der Mafia (»höchstmöglicher Gewinn bei geringstmöglichem Aufwand«) in Gestalt einer Priorisierung von Boni-Zahlungen vor dem Gemeinwohl das alltägliche Marktgeschehen bestimmt.[12]

Keine honorige Bank verdient es, als Teil einer »Finanzmafia« diffamiert zu werden. Das gilt natürlich auch für politische Parteien oder Mitgliedsstaaten der EU. Es wäre auch völlig verfehlt, ordnungsgemäß geleistete und verbuchte Parteispenden als Bestechung oder falsche statistische Angaben ohne sachliche Anknüpfungstatsachen als staatlich inszenierten und organisierten Betrug anzusehen. Das ändert nichts an einem zu Beginn des Jahres 2010 beobachteten Klärungsbedarf im Zusammenhang mit der finanziellen Unterstützung eines Hotelunternehmers in Millionenhöhe an die FDP. Die Autoren eines *Spiegel*-Artikels berichten, dass eine »Substantia AG« aus Düsseldorf wenige Tage nach den Wahlen zum Deutschen Bundestag im Jahre 2009 dieser Partei eine Spende von 300 000 Euro zukommen ließ und während des Jahres vor der Wahl 1,1 Millionen Euro an Spenden gezahlt habe. Die Substantia AG steht im Eigentum des August Baron von Finck, der einen Teil seines Milliardenvermögens in der Schweiz vor deutschen Steuersätzen bewahrt. Die Familie des Herrn von Finck ist auch im Hotelgewerbe engagiert und Haupteigentümer der »Mövenpick Gruppe«, die in Deutschland 14 Hotels betreibt. Kurz nach Eingang der letzten Zahlung am 13. Oktober 2009 hätten Spitzenvertreter der FDP in den Verhandlungen um den Koalitionsvertrag, der die Grundlage der gegenwärtigen schwarz-gelben Bundesregierung ist, erfolgreich darauf gedrungen, den Mehrwertsteuersatz von 19 auf sieben Prozent für Übernachtungen zu senken. Dabei handelt es sich um ein Milliardengeschenk für die Branche und um einen klassischen Fall von »Klientelpolitik«.[13] Die Summe ist eine der höchsten Parteispenden in der Geschichte der Liberalen.

Nach Erklärungen eines Sprechers der FDP gebe es keinen Zusammenhang zwischen der Mehrwertsteuersenkung und den zitierten Spenden. Nichtsdestotrotz wirft die politische Opposition den Liberalen und auch der Christlich Sozialen Union (CSU) vor, zu reinen »Lobbyistenvereinen«[14] degeneriert zu sein. Sollte sich jedoch entgegen den bisherigen Behauptungen ein Zusammenhang beweisen lassen, wäre dieser Ausdruck eine beschönigende Ausflucht oder eine strafrechtlich irrelevante Schutzbehauptung.

WIE ORGANISIERTE KRIMINALITÄT DEFINIERT WIRD

Die wirksame Bekämpfung der Organisierten Kriminalität (OK) insbesondere in Gestalt der Wirtschaftskriminalität hängt zunächst von einer realitätsgerechten präzisen Begriffsbildung ab. Trotz einer über viele Jahre geführten polizeipraktischen und wissenschaftlichen Diskussion gibt es insoweit immer noch viele Defizite, auf die hier nur fragmentarisch einzugehen ist.

Seit Mai 1990 gibt es in Deutschland ein kriminalpolitisches Mantra. Jeder Versuch, dem komplexen Phänomen der OK näherzukommen, wird von den Geräuschen begleitet, die man beim Gebrauch einer tibetanischen Gebetstrommel hören kann. Der definitorische Singsang, der in den »Gemeinsamen Richtlinien der Justizminister/-senatoren und der Innenminister/-senatoren der Länder über die Zusammenarbeit von Staatsanwaltschaft und Polizei bei der Verfolgung der Organisierten Kriminalität«

steckt, schlägt unvermeidlich jedem entgegen, der sich mit OK beschäftigen will.

In der Tat scheint die heute allgemein anerkannte Definition in ihrer Präzision auf den ersten Blick kaum überbietbar zu sein. OK zeichnet sich demnach durch folgende Elemente aus:

- planmäßige Begehung von Straftaten
- erhebliche Bedeutung der Straftaten (einzeln oder in der Gesamtheit)
- drei Beteiligte (mindestens)
- arbeitsteiliges Zusammenwirken von längerer oder unbestimmter Dauer
- Gewinn- oder Machtstreben
- gewerbliche oder geschäftsähnliche Strukturen
- Gewalt oder andere zur Einschüchterung geeignete Mittel
- Einflussnahme auf Politik, Medien, öffentliche Verwaltung, Justiz oder Wirtschaft

Straftaten des Terrorismus sind ausdrücklich ausgenommen.

Dieses Verständnis prägt nicht nur die kriminalpolitische Diskussion.[15] Es ist in Deutschland auch grundlegend für die Erstellung der entsprechenden Lagebilder durch das Bundeskriminalamt (BKA). In den Augen von Kritikern hat der zitierte Ansatz inhaltlich zur Folge, dass das Vorhandensein einer wie auch immer strukturierten Organisation weiter in den Hintergrund gedrängt wurde. Der handelnde Akteur bleibt in dieser Definition tatsächlich diffus. Ethnische Aspekte bleiben ausgespart. Die drei Komponenten (Geschäftsstruktur – Gewalt – Einflussnahme) sind nicht kumulativ, sondern alternativ miteinander verknüpft. Unklar bleibt, in welchem Verhältnis diese drei Modalitäten zu den von der Gruppierung begangenen Straftaten stehen. Möglicherweise war es der umfassende Charakter der Definition, der dazu führte, dass die Debatte um das Besondere der OK merklich abflachte.

Unterdessen wurde man nicht müde hervorzuheben, dass ihre Existenz in Deutschland unstreitig sei. Gleichzeitig beklagt man, dass unter OK häufig nicht jene qualifizierte Form des Verbrechens verstanden wird, die von subtilen Tattaktiken und -techniken bestimmt ist und die sich ausschließlich am zu erwartenden Profit orientiert. Man schien zunächst übereingekommen zu sein, dass es sie auf jeden Fall gibt, um erst danach zu fragen, worin denn das Besondere liege.

Die zitierte Definition hat den Vorteil, dass sie vielfältige OK-Variationen abdeckt. Angesichts ihrer Unbestimmtheit ist das nicht weiter verwunderlich. Die Weite der Definition hat Kritik ausgelöst. Auch das ist kaum erstaunlich, wenn man die Funktion dieser Definition weniger als eine bloße Norm der Aufgabenzuweisung versteht, sondern unter einem stärker grundrechtsrelevanten, weil staatliche Sanktionen oder Eingriffe legitimierenden beziehungsweise begrenzenden Blickwinkel betrachtet. Vor diesem Hintergrund empfindet man es als besonders problematisch, dass fast alle Elemente der Definition interpretationsbedürftig sind. Aus polizeilicher Sicht ist die damit verbundene Flexibilität begrüßenswert. Aus grundrechtlicher Perspektive ist eine derart vage Definition problematisch, wenn und weil darauf weitreichende staatliche Maßnahmen gestützt werden.

Die deutsche Lehrbuchliteratur ist im Hinblick auf eine konkrete Definition der OK auffallend zurückhaltend. Auf Grund der Vielgestaltigkeit ihrer Erscheinungen entziehe sie sich einer Definition. Stattdessen begnügt man sich häufig mit Kriterien- oder Indikatorenkatalogen, wobei eine Gewichtung der einzelnen Merkmale häufig unterbleibt. Die Notwendigkeit einer »Organisation« und die Geschäftsmäßigkeit der Deliktsbegehung beziehungsweise die Kombination beider Elemente werden dagegen immer wieder hervorgehoben.

Auch jenseits des deutschen Horizonts gibt es vielfältige Bemühungen, das komplexe Phänomen der OK definitorisch zu erfassen. In der Erklärung anlässlich des 50. Jahrestages der Unterzeichnung der Römischen Verträge (»Berliner Erklärung«) hat die EU versprochen, den Terrorismus, die OK und die illegale Einwanderung gemeinsam zu bekämpfen. Die OK hat damit nicht zum ersten Mal auch auf europäischer Ebene die Weihen der Anerkennung ihrer tatsächlichen Existenz durch hohe und höchste Amtsträger sowie politische Gremien erhalten. Die Einlösung dieses Versprechens ist aber nur möglich, wenn vielfältige und anspruchsvolle Voraussetzungen erfüllt werden. Dazu gehört nicht nur ein europaweit gültiges und klares Konzept der OK.

Dem Europäischen Parlament lag schon 1992 ein erster Bericht eines Untersuchungsausschusses über die Ausbreitung des organisierten Verbrechens im Zusammenhang mit dem Drogenhandel in den Ländern der Europäischen Gemeinschaften vor. Seinerzeit hatte man auch erkannt, dass die OK vielfältige Formen annimmt und dadurch eine eindeutige Definition erschwert wird. Man unterschied zwischen der OK als Gattungsbegriff für alle Formen organisierter Kriminalität und dem »institutionalisierten Verbrechen«. Letzteres durchdringe die moderne Industriegesellschaft in einem Maße, das die »einfache« OK nicht erreiche.

Für die Verfasser des Berichts stellt sich die OK folgendermaßen dar: »Verbrechen, deren Strukturen außergewöhnliche Bekämpfungsmethoden erfordern und die eine potentielle Gefahr nicht nur für einzelne Gemeinschaften, sondern für die ganze Nation darstellen. Allerdings scheint sich das organisierte Verbrechen an überlieferte Verhaltensmuster zu halten, und die einzelnen Organisationen bestehen meist aus Angehörigen derselben Volksgruppe. Das Phänomen lässt sich als eine Reihe komplexer krimineller Aktivitäten beschreiben, die von Organisationen oder anderen Körperschaften hauptsächlich aus Gewinn- oder Machtstreben in größerem Stil betrieben werden.«[16]

Wenig später hat das Europäische Parlament OK als eine organisierte kriminelle Vereinigung definiert, die international tätig ist und deren Aktivitäten sich von der eigentlichen Straftat bis hin zur direkten oder indirekten Kontrolle der Wirtschaftstätigkeit, der öffentlichen Konzessionen, der Lizenzen, Aufträge und Dienstleistungen erstrecken.

Im Jahre 1995 hat die Gruppe »Drogen und Organisierte Kriminalität« in ihrem Jahresbericht elf Indikatoren für OK aufgeführt, die sich offensichtlich stark an die in Deutschland entwickelte Definition anlehnen. Damit wollte man auf Grund standardisierter nationaler Berichte einen Überblick über die OK in den Mitgliedsstaaten der EU gewinnen.

Die Kommission hat am 19. Januar 2005 einen Vorschlag für einen »Rahmenbeschluss des Rates zur Bekämpfung der Organisierten Kriminalität« vorgelegt.[17] Sie geht davon aus, dass es kriminellen Organisationen gelungen ist, international angelegte Netzwerke von großer Spannweite zu errichten und umfangreiche Profite zu erzielen. Immense Gewinne seien in folgenden Bereichen erwirtschaftet worden:
· illegaler Drogenhandel
· Menschenhandel (insbesondere mit Frauen und Kindern)
· illegaler Waffen- und Munitionshandel
· Fälschungen und Produktpiraterie
· international angelegte Betrugspraktiken

Die erzielten riesigen Vermögen werden gewaschen und danach wieder in den Wirtschaftskreislauf eingeschleust. Die OK befindet sich nach Auffassung der Kommission in einem »beträchtlichen Aufschwung«. Nach ihrem Empfinden spielt die EU auf dem Gebiet der Bekämpfung der OK eine »bahnbrechende« Rolle seit dem Vertrag von Amsterdam und dem Europäischen Rat von Amsterdam am 16. und 17. Juni 1997, der den ersten Aktionsplan zur Bekämpfung der OK beschlossen hat. Die Kommision verweist auch auf die Strategie der EU für den Beginn des neuen Jahrtausends zur Prävention und Bekämpfung der OK. Dort wird betont, dass die OK ihrem Wesen nach dynamisch und nicht an starre Strukturen gebunden ist. Sie ist in der Lage, entsprechend den sich wandelnden Marktkräften und Gegebenheiten auf »unternehmerische«, geschäftsmäßige und hochflexible Weise vorzugehen. Gruppierungen der OK seien im allgemeinen nicht nur innerhalb der nationalen Grenzen aktiv. Sie bildeten oft Partnerschaften innerhalb und außerhalb des Unionsgebietes, entweder mit Einzelpersonen oder mit anderen Netzen, um einzelne oder mehrere Straftaten zu begehen. Die Kommission ist der Überzeugung, dass diese Gruppierungen sich in zunehmendem Maße an legalen sowie illegalen Märkten beteiligen, wobei sie auch auf nicht kriminelle Wirtschaftsexperten und Strukturen zurückgreifen. Sie profitieren von dem freien Verkehr von Kapital, Waren, Personen und Dienstleistungen in der EU.

Die Kommission hat erkannt, dass Gruppierungen der OK auf Grund ihres immer höheren Entwicklungsstandes in der Lage sind, legale Schlupflöcher und Gesetzesunterschiede zwischen den Mitgliedsstaaten zu nutzen und von den Anomalien in den verschiedenen Systemen zu profitieren. Gruppierungen mit Ursprung in Europa stellten eine bedeutend größere Gefahr dar als Gruppierungen von außerhalb des Unionsgebietes, obschon deren Bedrohung zuzunehmen scheine. Die ersteren bauen nach den Feststellungen der Kommission ihre internationalen kriminellen Kontakte aus und greifen beispielsweise über Geldwäsche, Drogenhandel und Wirtschaftskriminalität gezielt die sozialen und wirtschaftlichen Strukturen der europäischen Gesellschaft an. Sie scheinen in der Lage zu sein, sowohl in Europa als auch in anderen Teilen der Welt ohne Schwierigkeiten und effizient zu operieren. Gemeinsame Anstrengungen dieser Gruppierungen zur Beeinflussung und Behinderung der Arbeit der Strafverfolgungs- und Justizbehörden machten das Ausmaß und das professionelle Vorgehen dieser kriminellen Organisationen deutlich. Dies erfordert nach Meinung der Kommission eine dynamische und koordinierte Reaktion aller Mitgliedsstaaten.

Im Sinne des zitierten Rahmenbeschlusses ist unter einer »kriminellen Vereinigung« der auf längere Dauer angelegte organisierte Zusammenschluss von mehr als zwei Personen zu verstehen, die mit dem Ziel, sich unmittelbar oder mittelbar einen finanziellen oder sonstigen materiellen Vorteil zu verschaffen, in Verabredung handeln, um Straftaten zu begehen, die mit einer Freiheitsstrafe einer bestimmten Höhe oder einer freiheitsentziehenden Maßregel der Besserung und Sicherung bedroht sind. Der Begriff »organisierter Zusammenschluss« bezeichnet einen Zusammenschluss, der nicht zufällig zur unmittelbaren Begehung eines Verbrechens gebildet wird und der nicht notwendigerweise förmlich festgelegte Rollen für seine Mitglieder, eine kontinuierliche Mitgliedschaft oder eine ausgeprägte Struktur hat (Artikel 1).

Auch der Europarat erarbeitete seinen Überblick über die Lage der OK in den Mitgliedsstaaten anhand eines Kriterienkataloges. Die OK muss vier obligatorische Erfordernisse erfüllen:

· Zusammenarbeit von drei oder mehr Personen
· längere oder unbestimmte Zeit (des Zusammenwirkens)
· Verdacht oder Verurteilung wegen schwerer Straftaten
· Ziel der Erlangung von Gewinn und/oder Macht

Mindestens zwei der weiteren Kriterien müssen zusätzlich erfüllt sein, um eine Zuordnung zur OK vorzunehmen:

· bestimmte Aufgabe/Rolle für jeden Teilnehmer
· interne Disziplin und Kontrolle
· Gewalt oder andere Einschüchterungsmittel
· Einflussnahme auf Politik, Medien, öffentliche Verwaltung, Gesetzgebung oder die Wirtschaft durch Korruption oder andere Mittel
· geschäftsähnliche oder gewerbliche Strukturen
· Geldwäsche
· Aktivitäten auf internationalem Level

Die zitierten Definitionsversuche haben offensichtlich zahlreiche Gemeinsamkeiten. Sie dürfen jedoch nicht als wechselseitige Bestätigung für die jeweilige Richtigkeit des analytischen Ansatzes missverstanden werden.

Insgesamt stellen sie immer noch kein genügendes, qualitativ orientiertes Raster zur Erkennung und Einordnung OK-verdächtiger Strukturen und Personen dar. Das ist angesichts der in der Finanzkrise zutagegetretenen kriminellen Energie und der organisierten Vorgehensweise von Personen und Gruppierungen höchst bedauerlich. Es geht nicht um die Mafia als eine konkrete historische und leider auch aktuelle Variante der OK in Italien oder in den USA. Es handelt sich vielmehr um ein System unkontrollierter Macht.»Mafia« ist nur eine Metapher, die für einen pathologischen Machtmissbrauch steht. Dabei ist OK nicht nur ein Merkmal strukturschwacher Gesellschaften. Sie hat sich – in unterschiedlichen Formen – in allen politischen Systemen ausgebreitet. Man mag sich mit der These beruhigen, dass intakte Staatswesen mit einer funktionierenden Rechtsprechung, parlamentarischen Opposition und einer freien Presse effektive Abwehrmechanismen gegen eine kriminelle Unterwanderung ausbilden können.

Es drängt sich jedoch die Frage auf, wie groß und wie nachhaltig dieser Beruhigungseffekt wäre, wenn man zu dem Ergebnis kommen müsste, dass sich die OK als Wirtschaftsform und als »politisches« Prinzip etabliert hat. Diese und eine Vielzahl weiterer Fragen, die durch mittlerweile unübersehbar viele anregende Beispiele auf allen Etagen der wirtschaftlichen und politischen Hierarchien hochaktuell geworden sind, müssen in einer Zeit beantwortet werden, in der die angebliche Unterscheidbarkeit von Gewinn und Beute den Erklärungswert und die Überzeugungskraft eines Ammenmärchens hat. Es ist kaum zu übersehen, dass Steuerhinterziehung, Fehlallokation von Kapital zum Zwecke der Steuervermeidung, steuerlicher Gestaltungsmissbrauch von legalen Unternehmen zum Nachteil der Allgemeinheit und korruptive Praktiken in weltweit agierenden Konzernen zu einer strukturellen und funktionellen Überschneidung mit der OK geführt haben.

FINANZKRISE UND ORGANISIERTE KRIMINALITÄT

Vor diesem Hintergrund ist umso mehr zu bedenken, dass die Verfolgung der Entwicklung der OK sich nicht auf reine Beschreibungen der Situation – unterstützt mit statistischen Daten, deren Ableitung nicht immer nachvollziehbar ist – beschränken sollte. Erforderlich ist die Erstellung einer Bedrohungsanalyse, die auf der Basis gesicherten Faktenwissens Bewertungen zum aktuellen, von der OK für bestimmte Rechtsgüter ausgehenden Risikograd enthält und die gleichzeitig prognostische Aussagen über deren besonders gefährliche zukünftige Entwicklungsschwerpunkte erlaubt.

Der bisherigen Berichterstattung über die OK musste eine weitere qualitativ orientierte Dimension hinzugefügt werden. Das ist mittlerweile durch Europol geschehen (Organised Crime Threat Assessments – OCTA). Darin sind unter anderem die wirtschaftlichen Voraussetzungen und die finanziellen Folgen darzustellen und zu erörtern, die mit dem Handeln krimineller Vereinigungen und den Aktionen von Tätern verbunden sind, die der OK zugerechnet werden können. Bislang konzentrierte sich das Augenmerk der Polizei und der Justiz in allen Mitgliedsstaaten der EU leider vor allem auf besonders auffällige (gewalttätige) und damit »primitive« Formen. Damit gerieten vornehmlich bestimmte Muster der Bandenkriminalität in den Blickwinkel (beispielsweise Zigarettenschmuggel).

Im Hinblick auf die finanziellen Interessen der EU gehen die noch ernster zu nehmenden Gefährdungen hingegen von Personen und Strukturen aus, die andere spezifische Merkmale und Talente ausgebildet haben. Das kriminologische und kriminalistische traditionelle Verständnis musste sich auch deshalb ändern. Unter dem Eindruck äußerst attraktiver Tatgelegenheiten, die sich angesichts der Höhe der in der EU und aus öffentlichen Haushalten zur Verfügung stehenden Mittel bieten, und wegen der anhaltenden Zeiten wirtschaftlichen und ordnungspolitischen Umbruchs haben sich die Methoden kriminellen Handelns verfeinert. Die besonders gefährlichen Vertreter der OK greifen zu kaufmännischen Kalkulationen und identifizieren die höchsten Gewinnspannen und die geringsten Risiken mit unternehmerischer Weitsicht. Nicht zuletzt aus diesen Gründen gab es in den letzten Jahren mehrere qualitative Sprünge. Dadurch ist es in zunehmendem Maße gelungen, das Wohlstandsgefälle innerhalb der EU, die strukturellen Umwälzungen, die für einen offenen Binnenmarkt typischen Kontrolldefizite, die Vielzahl und Komplexität gesetzgeberischer Akte sowie die Anfälligkeit von Teilen der wirtschaftlichen, politischen und administrativen Eliten für Korruption in etlichen, wenn nicht allen Staaten planvoll auszunutzen.

Die meisten der bisherigen Bemühungen reflektieren trotz mancher Fortschritte immer noch eine gewisse Naivität. Es ist nicht erst seit der Finanzkrise erkennbar, dass wir in Gesellschaften leben, in denen Lebenssinn sich in Gewinnmaximierung erschöpft. Dort hat die OK alle Chancen, weiter zu wachsen und zu gedeihen. Vielleicht ist tatsächlich nicht mehr zu klären, in welchem Maße und zu welcher Zeit zwischen (noch) legalen Unternehmen und der OK Deckungsgleichheit besteht. Schon jetzt ist nicht zu übersehen, dass die Finanzierungsbedürfnisse politischer Parteien, die Machtinteressen von Politikern und die Gewinnorientierung von Unternehmen in unheilvoller Weise zusammengewachsen sind. Insbesondere die Korruption hat sich zum verführerischsten und gefährlichsten Leitmotiv der Moderne entwickelt. Sie ermöglicht es gerade der OK, auf Waffengewalt konventioneller Art zur Durchsetzung ihrer Absichten zu verzichten. Geld korrumpiert nicht nur. Es räumt jeden Weg geräuschlos frei. Damit schließt sich der Kreis: Jede Gesellschaft, innerhalb und außerhalb Europas, hat die OK, die sie verdient, weil sie an ihr und mit ihr verdient.

Die Finanzkrise bietet viele anschauliche Beispiele dafür, dass sich die OK in äußerst besorgniserregender Weise entwickelt hat und sogar zum sicherheitspolitischen Problem erster Ordnung geworden ist. Aus der Finanzkrise hat sich eine wirtschaftliche und aus dieser eine soziale Krise entwickelt. Die Globalisierung hat auf den Finanzmärkten eine Kasinokultur entstehen lassen – mit dramatischen Konsequenzen.[18] Dazu zählt die transnationale OK, die eine gesamtwirtschaftlich relevante Größe und eine globale Ausdehnung erreicht hat. Im Mittelpunkt der ganzen Entwicklung steht allerdings Korruption. Regierungen haben erlaubt, dass das Finanzsystem und seine wichtigsten Vertreter außer Kontrolle gerieten. Auch wenn man manche Unternehmen für zu korrupt gehalten hat, um erfolgreich zu sein, so hat man sie doch für so groß eingeschätzt, dass sie nicht scheitern können. Finanziers und Wirtschaftsführer haben ohne Regeln eine allgemeine Bereicherungsorgie veranstaltet. Banker, Fondsmanager und Vermögensverwalter haben ihre Dienstleistungen und ihre Seelen verkauft, um riesige Summen Geldes zu verdienen und es sich in die eigene Tasche zu stecken, als dieses Finanzsystem kollabierte. Armeen von Rechnungsprüfern, Buchhaltern und Rechtsanwälten haben sich legalen und illegalen Industrien wie Söldner zur Verfügung gestellt, um schmutzige Geschäfte zu verdecken beziehungsweise ihnen den Anschein der Rechtmäßigkeit zu vermitteln. Ratingagenturen und Beratungsgesellschaften haben Unternehmen betrügerisches Verhalten gelehrt und ihnen anschließend Unbedenklichkeitstestate erteilt. Die Offshore-Finanzzentren haben Geld jeder Herkunft akzeptiert und keine Fragen gestellt. Darin liegt insgesamt der korrupte Kern der Finanzkrise, die für die OK geradezu ein Jungbrunnen ist.

Gleichwohl konnten die bisherigen Versuche einer abstrakten Beschreibung dem komplexen und konkreten Erscheinungsbild dieser Kriminalitätsform nicht gerecht werden. Die offiziöse Annäherung an das Problemfeld OK eröffnet zwar vereinzelte Perspektiven auf das spezifische Kriminalitätsgeschehen, erlaubt aber keinen empirisch fundierten abgeschlossenen Befund. Die herkömmliche polizeiliche Erhebungspraxis verführt zu analytischen Kurzschlüssen, weil konventionelle Formen der gewerbsmäßigen und bandenförmigen Begehung von Straftaten auf Grund kriminalpolitischer Vorgaben qualitativ überhöht werden. Der Begriff OK degeneriert zu einer legitimatorischen Floskel, mit deren Hilfe Aufgaben- und Befugniserweiterungen für Sicherheitsbehörden begründet werden. Die Zuweisung kriminellen Geschehens in den Bereich der OK folgt allzu häufig den Regeln eines öffentlichkeitswirksamen, also simplifizierenden Alarmismus. Die herkömmlichen Muster erleichtern den Akteuren der Kriminalpolitik die Selbststilisierung als »Retter in der Not«.

Inhalt und Qualität der behördlichen Erfassung zeigen immer noch, dass die Tiefen- und Höhendimensionen dieser Kriminalität nicht hinreichend beachtet werden. Die Etikettierung OK beruht auf einer unreflektierten Übernahme des Postulats der Unterscheidbarkeit von Politik, Wirtschaft, Staatsbürokratie und organisierten kriminellen Strukturen. Deren effiziente polizeiliche Verhütung und Bekämpfung scheitert daran, dass sie in vielen Staaten »nur« die radikale Ausprägung ökonomischer, militärischer und politischer Machtverhältnisse ist. In der OK spiegeln sich die moralischen und ethischen Widersprüche einer Gesellschaft, die Lebenslügen der bürgerlichen »Wohlanständigkeit« und die Folgen politischer Täuschungen zum Zwecke des Machterwerbs sowie die Wirkungen der egomanischasozialen Energie, die Funktionsträger bei der Verteidigung ihrer Positionen in Politik, Wirtschaft und Verwaltung regelmäßig entwickeln.

5 BUSINESS UND BETRUG

Die reale Zerstörungskraft der in der Finanzindustrie entstandenen Strukturen ist mittlerweile evident. Unklar bleibt, wer konkret für die eingetretenen Folgen verantwortlich ist und ob Einzelpersonen oder Unternehmen zivilrechtlich haftbar gemacht oder gar strafrechtlich belangt werden könnten. Die bisherigen Anstrengungen sind nicht ermutigend. Maßgebende Akteure in der Weltwirtschaft scheinen durch ethische und rechtliche Differenzierungen nicht mehr ansprechbar zu sein. Bislang deutet sich nur in wenigen Einzelfällen eine Art von Gegenwehr an.

Am 29. Juni 2009 verurteilte ein Gericht in New York City den seinerzeit 72 Jahre alten Bernard Madoff zu einer Freiheitsstrafe von 150 (!) Jahren. Er gilt (bis jetzt) als der »größte Betrüger in der Weltwirtschaftsgeschichte«, der nach eigenen Angaben Anleger um circa 50 Milliarden US-Dollar betrogen hat. Die Anklageschrift war sogar von 65 Milliarden US-Dollar ausgegangen. Im Vergleich zu den seit Beginn des Jahres 2008 im Zuge der Finanzkrise entstandenen Schäden handelt es sich dennoch nur um »Peanuts«, um einen etablierten banktechnischen Begriff zu benutzen. Die tatsächlichen Verluste sollen nach den Behauptungen des Anwalts von Madoff »nur« bei circa 13 Milliarden US-Dollar liegen. Diese Summe ist ziemlich genau so hoch wie der Betrag, den der Steuerzahler in den USA im Jahre 2008 an die Deutsche Bank für deren Krisenverluste zahlen musste. Der Betrag, mit dem die amerikanische Gesellschaft für die Verluste ihrer Banken geradezustehen hat, ist sogar 200-mal größer.[1]

Gegen derartige Vergleiche ließe sich einwenden, dass es nicht um Verlustausgleich, sondern um Betrug geht. Es ist jedoch sehr fraglich, ob dieser Einwand auch nach einem kurzen Blick in die Karibik überzeugt. Auf den Cayman Islands sind mindestens 2000 Milliarden Euro steuerfrei »gebunkert«. Dieses Vermögen stammt überwiegend aus den USA. Selbstverständlich sind auch deutsche Banken und staatliche Finanzinstitute in das System aus Steuerhinterziehung und betrügerischen Anlagen seit vielen Jahren integriert. Sie sind Elemente eines gemeinwohlschädlichen international organisierten kriminellen Zusammenhangs. Zahllose Bürger in allen Teilen der Welt werden durch die steuerfreie Anlage von Vermögenswerten durch höhere Steuern und Sozialabbau unmittelbar belastet. Die Gewinne aus dieser Art von Organisierter Kriminalität übersteigen die Beute von Tätern des Kalibers von Madoff um ein Vielfaches. Seit Jahrzehnten hat sich eine ganze Landschaft von »Steueroasen« entwickelt, gegen die Piratennester vergangener Jahrhunderte (oder auch der Neuzeit) idyllische Orte sind, in denen fast eine Art sozialer Gerechtigkeit herrschte. Das dort angehäufte Vermögen kam im Vergleich mit den modernen Banktechniken fast durch »ehrliche Arbeit« zustande. Und das (natürlich geraubte) Geld kam immerhin teilweise dem Wirtschaftskreislauf im jeweiligen Stützpunkt zugute.

EINLADUNG ZUM BETRUG: STEUERFREIE ENKLAVEN

Insbesondere Großbritannien scheint noch heutzutage von seiner ruhmreichen Vergangenheit zu profitieren. Die Cayman Islands, die Virgin Islands, die Bermudas, die Kanalinseln Guernsey und Jersey unterliegen als Teil britischer Kronkolonien überwiegend der Jurisdiktion des »Mutterlandes«. Und die hocheffiziente Steueroase Delaware ist ein Bundesstaat der USA, ein Tatbestand, der anscheinend Vertrauen schafft und die IKB-Bank, die von der (staatlichen!) KfW kontrolliert werden sollte, veranlasste, dort ihren Fonds Rhineland Funding steuersparend und kontrollfrei zu platzieren.

In der aktuellen Berichterstattung über die globale Finanzkrise und einzelne kriminelle Anleger geht es leider nicht um die Analyse von Betrug als System und Verantwortungslosigkeit als Grundprinzip kapitalistischer Funktionsweisen. Die partielle (und ungeeignete) Individualisierung von Schuld und die Ausnutzung einer billigen Sündenbockfunktion täuschen darüber hinweg, dass das Kerngeschäft der gesamten weltweiten Finanzwirtschaft unsolide war und ist. Es besteht zu einem sehr großen Teil aus betrügerischen Komplotten und kriminell-verschwörerischer Kooperation und wird zum Teil von Regierungen initiiert beziehungsweise nach den Maßstäben volkswirtschaftlicher Renditeerwartungen toleriert.

Unsolidität ist sogar der Kern der Geldgeschäfte, auf die der weltweite Betrieb des Kapitalismus reduziert ist. Die Auswirkungen sind in mindestens drei Sektoren überdeutlich: Immobilien, Kredite und traditioneller Finanzsektor.[2] Für eine Entwarnung gibt es keinen Grund. Zu Beginn des Jahres 2010 kehrte der irrationale Überschwang schon wieder zurück. Mit spekulativer Manie war zuvor ein Schuldenberg angehäuft worden, dessen Höhe mittlerweile in babylonische Dimensionen angewachsen ist. Die Akkumulation von Kapital steht in keinem Zusammenhang mehr mit Güterproduktion. »Leistung« und »Verdienst« sind funktionslos geworden. Der Urgrund, die Quelle des Reichtums, ist fast ausschließlich Spekulation.

Der Anstieg der Vermögenspreise ist auf die Diskrepanz zwischen Schulden und Einkommen zurückzuführen. Diese Entwicklung endet regelmäßig durch einen Zusammenbruch der Systeme. Er ist unter anderem moderierbar durch eine Verminderung der Verschuldung im privaten Sektor, allerdings mit der Folge einer Nachfrageschwächung. Für die neoklassische Ökonomie sind gleichwohl (vorübergehend) auftretende Wachstumssignale eine Bestätigung ihrer Thesen über rationale Erwartungen, zu denen auch die Behauptung gehört, dass Regierungen die konjunkturelle Entwicklung nicht beeinflussen könnten und mit einer Krise im Privatsektor nicht zu rechnen sei.

Anlass zum Umdenken gäbe es eigentlich genug. Immerhin konnte nur mit öffentlichen Ausgabenprogrammen in Höhe von vier bis sechs Prozent des Weltsozialprodukts eine (immer noch fragile) Stabilisierung bewirkt werden. Es ist keine Frage, dass der erforderliche weitere Entschuldungsprozess nach dem Ende der staatlichen Stimulierungsmaßnahmen die Konjunktur weiter belasten muss, insbesondere in Staaten mit hohen Verbindlichkeiten. Der Schwerpunkt einer Gegenstrategie müssen die Schulden sein, die der Finanzierung von Vermögenspreisspiralen dienten. Hier sind vor allem die Gläubiger gefordert. Wie die Entwicklung des Verhältnisses von Hypotheken zum Bruttoinlandsprodukt zeigt, haben die Banken zunächst gute Geschäfte mit professionellen Spekulanten gemacht. Nachdem sie in diesem Bereich in den 1990er Jahren Rückschläge verzeichneten, rückten die Privatpersonen in das Visier und wurden Gegenstand des Beuteschemas. Die Banken waren auf einmal bereit, auch »Normalbürger« zu finanzieren, und ließen sie auf steigende Hauspreise wetten.

Dazu ist kein Finanzsektor nötig. Dort sollten vor allem industrielle Unternehmen und Neugründungen unterstützt werden. Stattdessen hat man unsinnige und betrügerische Schneeballkonstruktionen (»Ponzisysteme«[3]) gefördert und sich mit Hochstaplern und Anlagebetrügern im mafiotischen Stil verbündet.

Gleichwohl halten die Bemühungen an, mit einer unglaublichen und unerträglichen Mischung aus Arroganz und Inkompetenz das (immer noch) bestehende Finanzsystem zu retten. Dieses System hat aber unter anderem wegen schlechter, unverantwortlicher und krimineller Kreditvergabe keine Existenzberechtigung mehr. Es hat versagt. Radikale Remedur ist nicht in Sicht. Das Dilemma ist übergroß. Die Beseitigung der Schuldenlast durch Abschreibung würde zum Konkurs der meisten Banken führen, die verstaatlicht und später reprivatisiert werden könnten. Eine Alternative wäre natürlich die Herbeiführung einer Inflation. Offenkundig werden bis jetzt beide Alternativen aus politisch begreiflichen Gründen nicht nur ignoriert. Im Gegenteil: In bestimmten Weltgegenden werden die Konsumenten zur Fortsetzung des Verschuldungskurses geradezu animiert. Das passt in das Szenario einer verdorbenen Bankenwelt. Die staatlichen Stützungsmaßnahmen haben nicht nur den (verdienten) Untergang der meisten großen amerikanischen Banken verhindert. Sie haben sogar zu deren Ermutigung beigetragen, so dass sie unbelehrbar ihre vorherige Politik wieder betreiben. Die angebotenen Finanzmittel wurden überwiegend nicht für die Belebung der Wirtschaft verwendet, sondern flossen direkt in Spekulationen an den Börsen. Das Motto ist schlicht: »business as usual.«

Die Bankenwelt kann möglicherweise nicht verstehen, dass das Scheinwachstum vor der Krise im Kern allein auf das zunehmende Missverhältnis zwischen Schulden und Sozialprodukt zurückging. Sollten die Verantwortlichen dies aber doch verstanden haben und sollten sie wissen, dass sich dieses Verhältnis nicht grenzenlos ausdehnen lässt, dann stellt sich die Frage, ob sie auf Kosten der Allgemeinheit eine suizidal-hedonistische Kultur inszenieren oder eine kriminelle Energie entwickelt haben, die niemand mehr in den Griff kriegen kann. Wie auch immer: Die Welt steht vor der größten Finanzblase aller Zeiten. Sie wurde von einem Bankensektor geschaffen, der völlig außer Kontrolle geraten ist. Dazu haben maßgebliche Vertreter der neoklassischen Wirtschaftstheorie als ideologische Steigbügelhalter die entscheidenden Beiträge geleistet.

Die globalen Finanzmärkte scheinen sich teilweise in Tatorte verwandelt zu haben, wo sich hochintelligente Individuen tummeln, die mit überlegenem Fachwissen und krimineller Energie eine unübersehbare Vielzahl von Menschen schädigen und die Vernichtung von Unternehmen und ganzen Wirtschaftsordnungen organisieren.[4] Es ist nicht zu bestreiten, dass eine hoch technologisierte und weltweit tätige Finanzindustrie strukturelle Risiken bislang ungekannten Ausmaßes mit sich gebracht hat. Wie bereits erwähnt, können sie zwar jederzeit auch ohne kriminelle Trittbrettfahrer in enorme Schäden für eine unübersehbare Vielzahl von Unbeteiligten umschlagen, also eine Vielzahl von Opfern produzieren.

Aber auch wenn sich deshalb das Problem einer strafrechtlich definierbaren Schuld zunächst nicht stellen sollte, bleibt doch zu prüfen, wer verantwortlich ist. Dabei stellt sich eine Reihe von Vorfragen, die bereits angedeutet wurden:

· Handelt es sich um den nicht steuerbaren Selbstvollzug von Systemzwängen, um die Wahllosigkeit von Naturkatastrophen oder eben doch um menschliches Versagen, welches mindestens aus individuell-professionellem Ungenügen, aus charakterlichen Mängeln oder aus kollektiver Verblendung heraus entsteht?

· Was wäre, wenn sich Personen und Kollektive als Akteure auf den Finanzmärkten dieser Welt verabredet hätten, um in krimineller Weise ihrem Bereicherungsstreben zu frönen und dabei ganze Währungssysteme destabilisieren?

· Ist eine international abgestimmte strafrechtlich orientierte Strategie der Risikominimierung erforderlich, oder handelt es sich vor allem um eine ordnungspolitische Aufgabe?

· Ist das Strafrecht auf derartige Herausforderungen überhaupt vorbereitet?

· Verfügt man international über ein Sanktionssystem, das Täter beeindrucken kann, die sich in einer Kultur hedonistischer Asozialität mafiös verbunden haben?

· Leben wir in einer Epoche, in der sich Organisierte Kriminalität als Wirtschaftsform etabliert hat und in der die Politik auf Hand- und Spanndienste für hochqualifizierte Verschwörer reduziert ist?

DAS WELTBILD EINES BANKANGESTELLTEN

Bei der Beantwortung der Frage, ob er schon einmal über die eigene Schuld an der Entwicklung nachgedacht habe, welche die Weltwirtschaft an den Rand des Zusammenbruchs geführt hat, war selbst ein in Deutschland tätiger leitender Bankangestellter nur begrenzt hilfreich. Er behauptet, dass es weniger auf das Verhalten des einzelnen ankomme als darauf, die richtigen Regeln zu haben. Josef Ackermann war also entweder nicht in der Lage, den Inhalt der ihm gestellten Frage zu erfassen, oder er wollte sich einfach nicht mit seiner persönlichen Verantwortung öffentlich auseinandersetzen. Er gibt stattdessen in einem Interview im Oktober 2009 an,[5] sich über die Ursachen der Finanzkrise und über deren Lehren für die Zukunft Gedanken gemacht zu haben. Dieser Ansatz inspiriert zur Umformulierung des berühmten Romantitels von Robert Musils *Mann ohne Eigenschaften* in »Eigenschaften ohne Mann« und zu einer neuen Nachdenklichkeit über »Schuld und Sühne«. Immerhin räumt Ackermann ein, dass er selbst einiges falsch eingeschätzt habe.

Sein Weltbild ist folgendermaßen zusammengesetzt: Jeder Marktteilnehmer übernimmt nur so viele Risiken, wie er selbst verkraften kann. Damit ist das System in sich selbst stabil. Einzelne Banken sammeln außerhalb der Bilanz keine Risiken in solchen Größenordnungen an. Die »kollektive« Erkenntnis war jedoch nicht tief genug gewesen. Angesichts der Dimension der globalen Finanzmärkte war nur bei relativ wenigen Produkten die Substanz nicht gut gewesen. Diese Produkte haben allerdings viele andere in Mitleidenschaft gezogen. Es ist schwierig, Blasen vorab zu erkennen. Es gibt kein Bankgeschäft ohne Risiko. Deshalb ist es gerade in Boomzeiten so wichtig, »Risikodisziplin« beziehungsweise »Risikomoral« zu bewahren. Die Deutsche Bank hat Fehler gemacht. Er selbst auch. Aber man hat schon sehr früh auf systemische Schwierigkeiten hingewiesen und eine systemische Lösung gefordert. Es gibt keinen Grund, kollektiv in Sack und Asche zu gehen, zumal die meisten Bankmitarbeiter gerade in Deutschland mit dem Entstehen der Finanzkrise nicht das Geringste zu tun gehabt haben. In Teilbereichen müssen die »Spielregeln« geändert werden, um die Wiederholung einer solchen Krise zu vermeiden. Daraus folgt aber nicht, dass verbriefte Produkte, Finanzinnovationen oder gar das Investmentbanking insgesamt verschwinden. Die Banken müssen künftig mehr Eigenkapital vorhalten und einen Teil der Verbriefungen in der eigenen Bilanz führen. Es ist richtig, vermehrt Derivate über börsenähnliche Gebilde zu handeln, um die gegenseitige Abhängigkeit von Banken untereinander zu reduzieren. Die Banken gehören zur am stärksten regulierten Branche der Wirtschaft. Nur in wenigen Teilbereichen, vor allem in der US-Immobilienfinanzierung, gibt es zu wenige »Spielregeln«. Im übrigen sind Appelle an die Moral des einzelnen oder von Unternehmen in einer Wettbewerbsgesellschaft keine Lösung. Falsche Anreizsysteme haben zwar ihren Anteil an den Ursachen der Krise. Aber andere Faktoren wie globale Ungleichgewichte, eine zu lockere Geldpolitik in den USA oder die expansive Kreditvergabe sind wesentlich wichtiger. Man braucht kein grundsätzlich anderes, aber ein besseres Finanzsystem. Als Folge der Krise will die Deutsche Bank nicht nur Boni an die längerfristige Wertentwicklung des Unternehmens koppeln, sondern auch ein »Malussystem« einführen. Im übrigen bestehe kein Grund, vom Gewinnziel der Deutschen Bank (25 Prozent Eigenkapitalrendite vor Steuern) abzurücken.

Soweit das Weltbild Josef Ackermanns. Seine Gedankenführung macht einen Diskurs über die Unterscheidbarkeit von Verantwortungsgefühl, Schuldbewusstsein oder gar Schamgefühl sinnlos. Insbesondere die Orientierung an 25 Prozent Eigenkapitalrendite ist auch dem Bundesminister der Finanzen, Wolfgang Schäuble, nicht vermittelbar. Er hat erkannt, dass das Verhältnis zwischen dem Austausch von Gütern und Dienstleistungen auf der einen Seite und dem Austausch von Finanzdienstleistungen auf der anderen Seite sich im Vergleich zur Einführung des Euro vor zehn Jahren um einen Faktor von mindestens zehn hoch drei verändert hat. Der Finanzsektor sei »selbstreferentiell« geworden. Der Einschätzung von Ackermann, dass eine Eigenkapitalrendite von 25 Prozent angemessen sei, setzt Schäuble entgegen, dass ein produzierendes Unternehmen dies nicht leisten könne. Daraus müsse man schließen, dass der Finanzmarkt sich nur noch um sich selbst dreht, statt seine Aufgabe zu erfüllen und eine vernünftige, nachhaltige Wirtschaft zu finanzieren: »Das müssen wir ändern.«[6]

Die Rede Ackermanns handelt nur von »Irrtümern«, nicht von individueller Schuld, schon gar nicht der eigenen. Das havarierte System wird bedingungslos, wenn nicht besinnungslos, verteidigt. Wahrnehmungsfähigkeit und Differenzierungsvermögen sind anscheinend durch Machtfragen moderiert. Ackermann beruft sich auf einen Satz von Ronald Reagan, dem 40. Präsidenten der USA. Für diesen gehörte die Aussage »Ich komme von der Regierung und bin hier, um zu helfen« zu den furchterregendsten Sätzen. Nach dem Empfinden von Ackermann klingt das Wort »Staat« auch in den Ohren vieler Unternehmer wieder bedrohlich. Die Regulierung nehme zu, und der Staat spiele eine sehr aktive Rolle in der Wirtschaft. Regierungen entscheiden darüber, welche Firma überlebt und welche fällt. Dabei sei überhaupt nicht klar, dass die Politik den Unternehmen überlegen ist. In der Tat: Von der Antwort auf die Frage, wer die Macht hat, hängt es ab, wer die Welt nach dem Ende der gegenwärtigen Finanz- und Schuldenkrise gestalten wird.

Dem Schweizer Ackermann scheint es schwerzufallen zu begreifen, dass die Deutsche Bank für die Deutschen nicht nur eine Bank, sondern ein Symbol ist. Von ihr wird nicht nur erwartet, dass sie Gewinne macht, sondern auch gesellschaftliche Verantwortung übernimmt. Ackermann kämpft aber bei allen Gelegenheiten weiter gegen eine allzu harte Regulierung, gegen allzu harte Gesetze und gegen allzu viel Einfluss des Staates. Sein Institut scheffelte im Jahre 2009 schon wieder Milliardenbeträge, vermutlich vor allem deshalb, weil die Einschätzung wohl zutrifft, dass die Deutsche Bank ein Hedge-Fonds mit angeschlossener Bank ist.

Ackermann ist vor allem ein Lobbyist, der seit 2003 auch das International Institute of Finance (IIF), dem circa 380 Institute der globalen Finanzindustrie angehören, leitet und der sich erfolgreich dagegen wehrt, dass die Banken an die Kette gelegt werden.[7] In Berliner Regierungskreisen wird er als der oberste »Regulierungsverhinderer« bezeichnet. Er sieht vor allem seine eigenen Interessen und nicht die Not der Politik. Auch deshalb scheint er bis heute nicht begriffen zu haben, was seine Zunft angerichtet hat und wie hoch der Druck im Kessel ist. Dessen ungeachtet wird aber in Berlin behauptet, dass man dort ohne sein Wissen um den Zustand der Branche den Bankenrettungsschirm nicht zustandegebracht hätte.

Ackermann hat sich dennoch nicht von der Erklärung abhalten lassen, dass er sich schämen würde, den Rettungsschirm in Anspruch zu nehmen. Bundeskanzlerin Merkel soll sich deshalb »verraten« gefühlt haben. Das hindert sie aber nicht, diesen Bankangestellten zu fast allen wichtigen Wirtschaftstreffen in ihren Dienstsitz einzuladen. Gleichzeitig glaubt sie, dass Ackermann ihre Sorge um den sozialen Zusammenhang nur so lange teile, wie ein solcher die Geschäfte seiner Bank gefährdet. Sie soll auch die Äußerungen Ackermanns in einem Interview registriert haben, dass die meisten Vorschläge zur Regulierung der Finanzmärkte nichts taugten, auch nicht die Finanzmarktsteuer, für die Merkel eintrat. Ackermann vermittelt zuverlässig den Eindruck, dass der Kapitalismus von morgen nicht viel anders aussehen wird als der Turbokapitalismus von gestern.

Da dürfte ein Kommentar des Kollegen Paul Volcker, unter Präsident Reagan Chef der US-Notenbank, auf eine Rede von Josef Ackermann in der Deutschen Bank in Berlin im Dezember 2009 nicht viel ändern: »Herr Ackermann behauptet, die Banken hätten mit ihren innovativen Finanzprodukten Wohlstand geschaffen. Das Gegenteil ist richtig.« Es sei auch falsch, dass der Staat sich zu sehr einmische, vielmehr seien die bisherigen Vorschläge zur Regulierung »kleingeistig«. Man müsse gegen die Aufforderung, sich nicht einzumischen und nicht zu viel zu regulieren, kämpfen, rief Volcker in den Saal, den Ackermann aber schon zuvor verlassen hatte.[8]

Dessen ungeachtet macht man sich zunehmend Gedanken über die persönlichen Eigenschaften des Josef Ackermann, der einerseits als mächtigster Wirtschaftsführer in Deutschland gilt und von allen am meisten Hass und Häme auf sich ziehe.[9] Andererseits attestiert Jan Fleischhauer ihm im *Spiegel* ein zurückhaltendes und sympathisches Sozialverhalten. Bislang hat ihm auch niemand vorgeworfen, ein Betrüger oder ein Trottel zu sein. Man hält ihn für einen fähigen und sogar steuerehrlichen Manager. Seine Leistungen als Banker stehen nicht im Zentrum der Kritik. Auf Ablehnung stößt vielmehr die Art, wie er für seine Sache eintritt. Dabei geht es eben auch um die Frage, inwieweit er bereit ist, Verantwortung für die Krise zu übernehmen, in die seine Branche die gesamte Weltwirtschaft gestürzt hat. Das ist besonders bedeutungsvoll, wenn die Behauptung stimmt, dass sein Verhalten auch darüber entscheidet, wie die Bürger über Staat und Wirtschaft denken.

Die Probleme beginnen dabei überraschenderweise mit einem Erfolg. Im Jahre 2009 lag der Gewinn der Deutschen Bank nach Steuern bei circa fünf Milliarden Euro, wobei das Investmentbanking durch den Handel mit Anleihen am stärksten zugelegt hatte. Das macht Ackermann stolz. Andere sehen darin den Beweis dafür, dass man einfach nur weitermacht wie vor Beginn der Krise. Investmentbanker zocken unverzagt weiter »auf Teufel komm raus«. Alle denkbaren Handelsgegenstände an der Börse sind nach wie vor Teile hochriskanter Wetten. Es stellt sich die Frage, ob dies angemessen ist oder man nicht zunächst durch eigene Regulierungsvorschläge um die Vermeidung alt-neuer Fehler bemüht sein sollte. Das setzt aber voraus, dass man Klarheit über das herstellt, was falsch gelaufen ist: Wer also trägt die Schuld? Haben einzelne versagt oder das System als Ganzes?

Die Deutsche Bank scheint von Ackermann zwar relativ unbeschadet durch die Krise gesteuert worden zu sein. Das ändert aber nichts an der Tatsache, dass er zuvor genau jene Spekulationsgeschäfte betrieben und gefördert hat, die das gesamte System schließlich ins Wanken gebracht haben. An der Auseinandersetzung um Ackermann lässt sich ablesen, was die Gesellschaft von ihrer »Wirtschaftselite« erwartet, was sie noch erträgt und was sie nicht hinzunehmen bereit ist. Ackermann gilt inzwischen nicht nur als »Hassfigur«, sondern gar als »Feindbild«. Ihm selbst scheint das Verhältnis zwischen dem reinen Profitstreben und der Anteilnahme am Wohlergehen seiner Mitmenschen unproblematisch zu sein. Die Finanzkrise bietet ihm kein grundsätzliches Problem. Sein Institut scheint gut über die Runden gekommen zu sein, und für die Fehler der anderen, die nur mit Staatshilfe überleben konnten, ist er nicht verantwortlich. Die Einsicht, dass auch die Deutsche Bank ohne die staatliche Unterstützung für andere Institute zusammengebrochen wäre, liegt entweder außerhalb seiner intellektuellen Reichweite oder wird absichtsvoll verdrängt. Damit lassen sich alle rechtlich oder moralisch begründeten Vorwürfe mühelos abwehren. Es ist wie immer: Eigenes Fehlverhalten gibt es nicht, oder es ist irrelevant. Der Marktmechanismus im System hat versagt.

Immerhin findet es Ackermann »unmöglich«, dass auf die wildesten Fehlspekulationen in vielen Fällen keine Strafe folgte. Im September 2009 hatte er sich mit dem Rechtsanwalt Eberhard Kempf, der überwiegend als Strafverteidiger tätig ist und Ackermann auch im »Mannesmann-Strafverfahren« vertreten hatte, über die strafrechtlichen Folgen der Finanzkrise unterhalten. Dem in seinen Jugendtagen im Kommunistischen Bund Westdeutschlands (KBW) engagierten und mit der etwas verschwitzten Gloriole des »eigentlich Linken« versehenen Anwalt, dem die Verbreitung der Vorstellungen des KBW irgendwann »zu blöd« geworden sein soll, gefällt die von Ackermann geübte »Beanspruchung« des Publikums. Sie besteht darin, an die vermeintlichen »Naturgesetze« des Kapitalismus zu erinnern. So würde beispielsweise eine höhere Eigenkapitalquote der Banken zu einer Verteuerung der Kredite führen. Eine (freiwillige) Gewinnbeschränkung würde ab einer gewissen Grenze dazu führen, dass die Konkurrenten den jeweiligen Marktteilnehmer »auffressen«. Gleichwohl widmet sich Ackermann gelegentlich auch der Frage, ob zu viel Marktwirtschaft auch zu Wohlstandseinbußen führt oder ob man zu einem »eher kontemplativen« Wettbewerb zurückkommen könnte.[10]

Trotz dieser demonstrativen Nachdenklichkeit scheint es Ackermann nicht gelungen zu sein, sich bei seinen Vorstandskollegen besonders beliebt zu machen. Etliche beklagen sich, natürlich erst nach ihrem Ausscheiden, darüber, dass mit Ackermann die Amerikaner auf den Führungsetagen einzogen und die Investmentbanker den Ton angaben, gegen deren Gewinne die Erträge aus dem ehrwürdigen Kundengeschäft in der Tat nur noch lächerlich waren. Es versteht sich im übrigen fast von selbst, dass Ackermann derartige von ihm selbst angeschnittene und hochinteressante Fragen regelmäßig nicht beantwortet. Dieses Schweigen ist mangels entsprechenden Gedankenvermögens vielleicht auch nicht vorwerfbar. Genauso wenig wirft ihm im Bundeskanzleramt irgendjemand vor, die Arbeit an den neuen Regeln für die Finanzbranche zu hintertreiben. Ackermann tut aber auch nichts dafür, dass es sie gibt.

DIE GEBURTSSTUNDE DES GOLDESELS

Die Fachgremien, die unter anderem für Bilanzierungsvorschriften zuständig sind, wissen heute zwar recht genau, welche Mängel in der Bankenregulierung, der Rechnungslegung und der Aufsicht – unabhängig von Größe und Gier – die krisenhafte Entwicklung begünstigt haben. Die Anpassung der einschlägigen Vorschriften ist indes so schwierig, dass diejenigen, die das Desaster ausgestaltet und organisiert haben, also die Banken selbst, zur Mitwirkung aufgerufen sind. Das erhöht die Delikatesse der Lage, die ohnehin widersprüchlich genug ist. Einerseits will die Politik die Banken und ihre Geschäfte so regulieren, dass ein erneutes »Durchbrennen« der Finanzmärkte verhindert wird. Andererseits drängen die Finanzministerien die Banken zu stärkerer Kreditvergabe, um die Rezession möglichst schnell zu überwinden. Man weiß zwar, dass die früher offensichtlich leichtfertige Gewährung von Krediten und die Abwälzung der damit verbundenen Risiken auf den breiten Markt zu den Grundübeln gehörten, die Teil der Geschäftsstrategie der Banken waren. Es wurden aber nicht die richtigen Lehren aus diesen Kardinalfehlern gezogen.

Allem Anschein nach sollte der Rückkehr zu einem starken Wirtschaftswachstum Priorität gegenüber der (absoluten) Sicherheit des Systems eingeräumt werden. Allen Marktteilnehmern dürfte jedoch klar sein, dass das Wachstum, an das sich die Gesellschaft mittlerweile gewöhnt hat, nur möglich ist, wenn man diese Fehlerkultur fortsetzt. In dieser Atmosphäre vermeintlich objektiver Zwangsläufigkeit ist die Unterscheidung zwischen Tradition und Rechtsverstoß nicht einfach. Jedenfalls haben die Fed und die Bank von England sich schon Anfang 2009 wieder darum bemüht, die unverantwortliche und letztlich gemeinwohlschädliche bisherige Technik der Kreditvergabe erneut anzuregen. Angesichts der damit verbundenen extremen Lockerung der Geldmenge konnten die City of London und die Wall Street in New York mit einem gewissen Recht annehmen, dass sie die »bewährten« ausgetretenen Pfade weiter benutzen können und sollen.

Ungeachtet strengerer Einzelvorschriften geht es offensichtlich darum, mit den alten Techniken möglichst schnell die Finanzierung eines neuen Wirtschaftswachstums zu organisieren. Die übriggebliebenen Banken haben daher schon im Laufe des Jahres 2009 begonnen, ihre Investmenttätigkeit kräftig auszubauen. Die Rekordgewinne, die noch im gleichen Jahr anfielen, schienen ihnen recht gegeben zu haben. Es ist zu befürchten, dass die nach dem Zusammenbruch der Lehman Bank begonnene Diskussion über die Angemessenheit der Bankengewinne, die Bonuszahlungen für Manager und Händler und die Rolle der City of London und anderer Finanzplätze beendet wird, sollte die Wirtschaft wieder für längere Zeit in den erhofften Höhenflug übergehen. Eine Debatte über objektive Ursachen, Unrechtsbewusstsein und individuelle Schuld wird dann wohl nicht mehr stattfinden.

Immerhin scheint die amerikanische Notenbank Ende des Jahres 2009 damit begonnen zu haben, einen späteren Kurswechsel in der Geldpolitik vorzubereiten. Sie gab die geplante Einrichtung eines neuen Finanzinstruments bekannt, mit dem sie einen Teil der wegen der Finanzkrise in den Markt gepumpten Liquidität wieder aus dem Bankensystem abziehen könnte. Dabei handelt es sich um zeitlich befristete Anlagen, die Banken dort deponieren können. Die vorgesehenen Zinsen könnten diese »Parktechnik« für die Banken attraktiv machen. Man vergleicht diese Einlagen mit Festgeldzertifikaten, die Privatkunden bei normalen Banken erwerben können. Eine kurzfristige Auswirkung auf die geldpolitischen Entscheidungen wird mit diesen Termineinlagen jedoch nicht verbunden sein, behauptet die Notenbank, die bis dahin auf die Finanzkrise unter anderem mit der Senkung des Leitzinses und dem Kauf von Anleihen reagiert hat und dadurch das Finanzsystem mit Geld fast geflutet hat. Ihre aus Krediten und Wertpapieren bestehende Bilanz hat sich innerhalb von zwei Jahren nach Beginn der Krise auf 2,2 Billionen US-Dollar verdoppelt!

Die Europäische Zentralbank (EZB) hatte mit der Rückführung der Geldschwemme etwas früher begonnen. Im November 2009 verschärfte sie die Mindestanforderungen an Kreditverbriefungen, die von Banken als Sicherheit bei den Finanzierungsgeschäften der Zentralbank eingereicht werden können. Künftig müssen die Verbriefungen eine erstklassige Note zweier Ratingagenturen tragen. Zudem wurde das Geld beim letzten der drei einjährigen Finanzierungsgeschäfte nicht mehr zum Leitzins zugeteilt. Die Banken zahlen den Durchschnitt der Leitzinsen während der Laufzeit. Die EZB hatte die Finanzierungsgeschäfte von zwölf Monaten Dauer und die Erfüllung aller Gebote zum Leitzins eingeführt, um die Banken zu stabilisieren. Sie hatten sich einer wechselseitigen Geldleihe verweigert und wären ohne die Hilfe der EZB zahlungsunfähig gewesen. Der Geldmarkt war dessen ungeachtet bis zum Ende des Jahres 2009 immer noch nicht zu einem reibungslosen Funktionieren zurückgekehrt. Gleichwohl war die »Stunde der Ingenieure« angebrochen, die nach der Kernschmelze des Finanzsystems das Kraftwerk sanieren:

»Da wird eine undichte Röhre ersetzt, dort eine Leitung umgelegt, hier baut man ein Ventil ein, links soll eine neue Kontrollstation hin, rechts werden Sicherungen ausgetauscht, hüben ist eine Brandmauer, drüben ist noch Platz für einen Überlaufbehälter. Der eine Techniker will diesen Hebel betätigen, der andere jenen Hahn abdrehen – ein hektisches Werkeln ohne Ordnungsprinzip.«[11]

Dem wird entgegengehalten, dass sich der Kapitalismus von Grund auf erneuern müsse, um das verspielte Vertrauen wiederzugewinnen. Mit klügeren Vorschriften über die erforderlichen Eigenmittel der Banken, mit einer Aufsicht über Hedge-Fonds und sonstige Berufsspekulanten und mit technokratischen Vorkehrungen sei es nicht getan. Angesichts der Ursachen der Finanzkrise wendet man sich gegen die Rückkehr des Kapitalismus zur Tagesordnung mit einer leicht revidierten Marktordnung. Das Debakel hat zahlreiche unterschiedliche Wurzeln:[12]

· unbedingter Wille zur Überschusserzielung in bestimmten Ländern (China, Japan, Deutschland, Niederlande, Schweiz)
· unmäßige Verschuldung der gesamten Volkswirtschaft der USA
· Vertrauensschwund bei ausländischen Geldgebern
· Vertrauensschwund in ausländische Geldgeber
· blinde Finanzierung des US-Häusermarktes
· Aufblähung der Staatsverschuldung
·· Mutation von Regierungschefs zu Croupiers (anstelle der Bankchefs)
· Legitimierung schierer Gier durch eine Ideologie des übersteigerten Eigennutzes
· Virtualisierung dieser Gier nach Ablösung der Substanz durch Phantasie an der Börse und auf zügellosen Finanzmärkten
· Entfernung der Finanzwelt von Realwirtschaft und Realität
· Abschaffung global wirksamer Kapitalverkehrskontrollen
· Umleitung von Kapital in die Spekulation
· Vernachlässigung des Auf- und Ausbaus von Unternehmen und Volkswirtschaften
· mangelnde Besteuerung spekulativer Gewinne
· Begünstigung der Steuerflucht durch Steueroasen
· Unverhältnismäßige steuerliche Belastung der Löhne und Gehälter
· massive Entlastung von Kapitaleinkünften
· Schwächung des Produktionsfaktors Arbeit
· übersteigerte Renditeerwartungen
· substanzgefährdende Sparprogramme zur Erhöhung der Profitabilität übernommener Unternehmen
· Umverteilung von unten nach oben durch Wettlauf von Staaten um niedrigere Kapital- und Unternehmenssteuern
· Belohnungen (»Boni«) und steuerliche Privilegierungen für eine »globale Oberschicht«
· Verbreitung ultraliberaler staatsfeindlicher Ideologien

Offensichtlich gibt es nicht nur die eine Ursache für eine komplexe Kette von Ereignissen, die sich schließlich in einer katastrophalen Krise verdichteten. Solche (beliebig erweiterbaren) Aufzählungen können dennoch nie vollständig sein. Bei der Komplexität der Abläufe und der Unübersichtlichkeit der Auswirkungen ist es nicht verwunderlich, dass eine Vielzahl von Experten auf eine mindestens ebenso große Vielzahl von Faktoren verweist. Dabei wird fast liebevoll ein Streit darüber geführt, welche davon die wichtigsten sind. Es wäre jedenfalls eine unzulässige Vereinfachung, wenn man die Weltfinanzkrise allein auf eine Korrektur des nordamerikanischen Immobilienmarktes zurückführen wollte. Zu berücksichtigen sind auch die Verbindungen zwischen diesem Markt und dem globalen Finanzsystem, zu dem auch die primären und sekundären Hypothekenmärkte gehören. Darüber hinaus sind die Zusammenhänge zwischen Hypotheken und jenen strukturierten Finanzprodukten zu diskutieren, welche die Investmentbanker in den letzten Jahrzehnten entwickelt haben.

Das ändert nichts an der Richtigkeit der Feststellung, dass am Anfang in der Tat eine Korrektur auf dem US-Immobilienmarkt stand. »Korrektur« bedeutet hier, dass die Preise vorher deutlich zu hoch waren. Ihr Abstieg musste deshalb umso steiler ausfallen. Die Preisentwicklung war auch deshalb eingeleitet und befördert worden, weil neue Formen von Hypotheken angeboten wurden, die von neuen auf den Markt drängenden Käufern genutzt wurden. Hypothekenvermittler boten auf einmal eine ganze Palette neuer Produkte mit flexiblen Rückzahlungsbedingungen oder variablen Zinssätzen an. Die Hypotheken wurden kurzfristig so erschwinglich, dass sehr viel mehr Menschen als zuvor glaubten, sich deren Aufnahme leisten zu können. Die Folge war absehbar. Die Preise stiegen, und der Immobilienboom schien nachhaltig geworden zu sein. Die Überprüfung der Kreditnehmer wurde zunehmend nachlässiger. Es lockten die Provisionen für die Geldverleiher. Zudem wähnten sie sich wegen des Wachstums des Immobilienmarktes auf der sicheren Seite, weil eine wirtschaftlich lukrative Verwertung des Grundeigentums im Falle von Zahlungsschwierigkeiten problemlos möglich erschien.

Weitere Verlockungen entstanden dadurch, dass die Firmen, die sich auf den primären und sekundären Hypothekenmärkten tummelten (zum Beispiel Freddie Mac, Fannie Mae, Investmentbanken der Wall Street), den Hypothekenanbietern die entsprechenden Schuldverschreibungen abkauften. Damit erweiterten sich die Möglichkeiten der Kreditgeber, die auf der Basis der mittlerweile etablierten laxen Standards auch intensiv und extensiv genutzt wurden. Die aufgekauften Darlehen wurden in Pools zusammengefasst und als Wertpapiere verkauft. Die primären Hypothekenanbieter wurden so nicht nur von Risiken befreit, sondern erhielten auch zusätzliche Liquidität.

Dahinter stand ein politischer Wille. Die von der US-Regierung gegründeten Firmen Freddie Mac und Fannie Mae sollten und wollten Darlehen mit niedriger Qualität kaufen. Die dahinter stehende Rationalität war einfach. Der Immobilienmarkt florierte (»Bullenmarkt«). Deshalb konnten die Sicherungsgüter im Bedarfsfall auch leicht weiterverkauft werden. Zudem wirkte das wachsende Interesse der Investmentbanken stimulierend. Dahinter stand schließlich der ausdrückliche Wunsch des US-Kongresses und der amerikanischen Regierung, Menschen mit niedrigem Einkommen als Marktteilnehmer zu gewinnen. Alle politischen Parteien waren aus unterschiedlichen Gründen von dem Gedanken überzeugt, dass der Erwerb von Wohneigentum zur Realisierung des »amerikanischen Traums« beitragen könnte und sollte.

Tatsächlich ist die Förderung des Eigenheimbesitzes seit Jahrzehnten ein Hauptziel amerikanischer Politik. Miete gilt als Zeichen von geringem sozialen Status und fehlender Solidität. Der US-Kongress hatte schon 1977 den »Community Reinvestment Act« verabschiedet, durch den Banken angehalten wurden, verstärkt Bauprojekte in ärmeren Wohngegenden zu finanzieren. Dennoch blieb Hausbesitz bis in die 1990er Jahre weitgehend der oberen Mittelschicht des Landes vorbehalten. Menschen mit niedrigem Einkommen qualifizierten sich nicht für Hypothekendarlehen und konnten auch die Steuervorteile nicht nutzen, weil sie keine Einkommensteuererklärungen abgaben. Die Regierung unter Präsident Bill Clinton verstärkte die Bemühungen, auch Bürgern mit geringerem Einkommen sowie Minderheiten den Weg zum eigenen Haus zu ebnen. Die Regierung unter George W. Bush setzte diese Anstrengungen fort.[13]

Sind Menschen bereit, für ein Haus jeden Preis zu bezahlen, spielt aber nicht nur ihre psychische Verfassung eine Rolle, sondern eben auch die Verfügbarkeit von Krediten. Ein Immobilienboom kann nur entstehen, wenn die Geldmenge steigt und mehr Kredite vergeben werden. Bliebe die Geldmenge konstant, könnten Immobilienpreise nur in dem Maße steigen, wie die Preise anderer Güter fallen. Getrieben von einem wachsenden Volumen der Hypothekenkredite stiegen auch die Preise für Immobilien.

Das beeinflusste natürlich die Kreditvergabe. Ein weiterer »Circulus vitiosus« entstand. Die Spirale drehte sich immer schneller, weil Banken prozyklisch handeln. Je besser die wirtschaftliche Lage ist, desto mehr Kredite vergeben sie. Beginnt der konjunkturelle Abschwung, beschränken sie die Kreditvergabe.

Die Banken haben an dem Zyklus von Aufschwung und Rezession einen entscheidenden Anteil.[14] Sie kamen den potentiellen »Häuslebauern« mit Sonderkonditionen und Verträgen entgegen, die nur einen minimalen formalen Aufwand erforderten. Ihr Entgegenkommen bestand zu einem Teil aus den erwähnten »Subprime«-Konditionen. Danach wurde die Kreditwürdigkeit des Kreditnehmers nicht oder nur oberflächlich überprüft. Selbst Menschen, bei denen einiges dafür sprach, dass sie Zins und Zinseszins nicht würden zahlen können, kamen in den Genuss von Hypothekendarlehen. Die Verträge waren übrigens auf Grund des höheren Ausfallrisikos mit höheren Zinssätzen verbunden.[15]

Ihre Verantwortung ist aber noch viel größer: Manche innovative Finanzinstrumente verbreiterten die Basis des Krisenszenarios. Bislang wurden nur die Einkünfte aus Hypothekenzahlungen in »Wertpapiere« verpackt und gehandelt. Später kam man auf die bemerkenswerte Idee, die mit diesen Wertpapieren nach wie vor verbundenen Risiken in Gestalt von Kreditderivaten (Credit Default Swaps (CDSs), das heißt Kreditausfallversicherungen, oder Collateralized Debt Obligations (CDOs), also in Fonds gebündelte und verbriefte Kredite unterschiedlicher Qualität, zu verkaufen. Für Investmentbanken waren dies die Schlüssel für die Tore zum Paradies. Diese Papiere schienen zunächst äußerst lukrativ zu sein. Der Anreiz zum Kauf von Hypothekenschulden stieg ständig.

Den Lobbyisten der Finanzindustrie gelang es zudem, Politik und Gesetzgebung für weitere laxe Prüfungsverfahren zu gewinnen. Der Hypothekenmarkt schwoll so immer weiter an, und immer mehr neue »Produkte« konnten verbrieft werden. Der Euphemismus der »Subprime-Hypotheken« führte zur Abdankung wirtschaftlicher Vernunft und geriet zum Paravent, hinter dem sich Wirtschaft, Regierung und Kriminelle in unterschiedlicher Weise selbst bedienten. Nach einiger Zeit kam es, wie es kommen musste. Das Wirtschaftswachstum verlangsamte sich, und die Zinssätze stiegen. Die Preise der Häuser und damit der Wert der auf ihnen liegenden Hypotheken verfielen. Die von politischen und finanziellen Interessen gespeiste

Blase platzte. Soweit könnte man fast noch von einem »business as usual« sprechen. Sehr bald wurde aber deutlich, dass diesmal alles anders war. Zunächst löste die Unterstützung, die das US-Finanzministerium den vorgenannten Firmen gewährte, keine Ruhe, sondern eine Marktpanik aus. Andere Faktoren traten hinzu. Die Verbriefungen spielten eine besondere Rolle. Damit sollten zukünftige Einnahmen zusammengefasst und zu Wertpapieren geschnürt werden, die an Investoren verkauft werden sollten (siehe hierzu ausführlich Kapitel 6). Die Attraktivität dieser Papiere hing natürlich von den potentiellen beziehungsweise erwarteten Renditen ab. Deren Einschätzung stützte sich wiederum auf Bewertungen, die von den Ratingagenturen angeboten beziehungsweise gekauft wurden. Auf diese Weise entstand ein selbstreferentieller Kreis der Begünstigung, in dem Interessenkonflikte anscheinend gar nicht mehr vorkommen konnten. Es war die Geburtsstunde des Goldesels oder die Konstruktion des ersten wirklich funktionsfähigen »Perpetuum mobile«. In einem fast schon mafiotisch-korrupten Zirkel konnte eine Orgie sozialschädlicher Selbstbegünstigungen unter amtlicher Aufsicht und mit Billigung von Regierungen stattfinden. Mit der in vielen Fällen äußerst zweifelhaften Bewertung der einschlägigen Agenturen war scheinbar die Vergleichbarkeit mit anderen Anlageformen eröffnet. Beim Vergleich der Profitabilität verschiedener Wertpapiere ignorierte man systematisch und in kriminell-verschwörerischer Absicht nicht nur die Tatsache, dass sich verschiedene Anlageformen eben nicht ohne weiteres vergleichen lassen, sondern auch die Möglichkeit eines objektiv fehlerhaften Ratings.

Die ursprüngliche offizielle Strategie zielte darauf ab, das Kreditrisiko unter den Hausbesitzern durch Wertpapiere und Derivate unter den Teilnehmern des globalen Finanzmarktes zu verteilen. Das Verlustrisiko sollte unter zahlreichen Investoren in kleine Portionen aufgeteilt werden. Die neuentwickelten Derivate hätten auch für eine genaue Festsetzung der Preise sorgen sollen, so dass der Handel mit solchen Risiken überhaupt erst möglich wurde. Durch den »Einbau« von Derivaten in die Wertpapiere waren die Investmentbanken in der Lage, Produkte anzubieten, welche die Ratingagenturen dann besser bewerteten. Dadurch wurden diese Wertpapiere im Vergleich zu anderen Anlagen mit demselben Rating billiger. In diesem Zusammenhang haben neue finanzmathematische Modelle zu einem weiteren Komplexitätsschub geführt.

Im Zuge dieses Derivatehandels ist unterdessen ungeheuer viel Geld auf den Finanzmärkten investiert worden. Es diente fast ausschließlich der spekulativen Bereicherung einer Reihe von Finanzcliquen, die unter der Duldung der Verantwortlichen in Politik und Exekutive der Realwirtschaft die dringend benötigten Mittel vorenthielten und unter Missbrauch der Steuerzahler als unfreiwillige Ausfallbürgen eine Kasinowirtschaft etabliert haben.

Gleichwohl wird immer wieder behauptet, dass Derivate ein verfeinertes Risikomanagement ermöglichten und Kapital verbilligten. Zwar können Derivate in manchen Bereichen bewirken, dass mehr Kapital in eine bestimmte Anlageform fließt, etwa Hypothekendarlehen. Aber sobald das Ausfallrisiko der Hypotheken steigt, reagieren die Märkte für Derivate und strukturierte Wertpapiere sofort und dramatisch, weil das Kapital dort zunächst abfließt. Sodann fallen die Preise der Basiswerte. Auf die Besitzer der Derivate kommen massive Verluste zu. Die gleichwohl bestehende Beliebtheit der Derivate ist einfach zu erklären. Das einfließende Fremdkapital eröffnet eine enorme Hebelwirkung. Diese Instrumente bieten deshalb verhältnismäßig hohe Gewinne (oder Verluste) bei niedrigen Anfangsinvestitionen. Gleichzeitig erhöht der Hebeleffekt das Risiko. Auch eine niedrige Anfangsinvestition kann zur Pleite führen.

6 STRUKTURIERTE FINANZPRODUKTE UND STRAFRECHT

Aus verschiedenen Gründen ist es extrem schwierig, sich dem Gesamtkomplex des Finanzmarktes und der strukturierten Finanzprodukte strafrechtlich zu nähern. Es kommt hinzu, dass die mit der Internationalisierung des Rechts der Kapitalgesellschaften einhergehenden Rechnungslegungsvorschriften insbesondere bei Unternehmenskäufen Bewertungsspielräume eröffnet haben, die zu irreführenden Gewinnausweisen führen. Damit wird dem Strafrecht das Schwert aus der Hand geschlagen: Denn was das Bilanzrecht zulässt, kann nicht strafbar sein.

Die Zuschreibung strafrechtlich relevanter Verantwortlichkeit ist ein anspruchsvoller Prozess. Sein Erfolg ist nicht nur von persönlichen Verhältnissen (zum Beispiel Schuldunfähigkeit, Notwehr und so weiter) abhängig. Die historische Erfahrung lehrt, dass strafrechtlich begründete Vorwürfe quasi gegenstandslos werden, wenn bestimmte Verhaltensweisen fester Bestandteil eines geradezu irrationalen Zusammenhangs geworden sind oder Widersprüchlichkeit zum Funktionsprinzip mutiert ist.

Eines kommt hinzu: Die Normenflut und die bis zur Unverständlichkeit reichende überkomplexe Formulierung einzelner Rechtsvorschriften machen den Anwender in weiten Teilen des Kapitalmarktstrafrechts orientierungslos. Es gibt kaum aus sich heraus lesbare Straftatbestände. Stattdessen hat der Gesetzgeber eine Technik gewählt, die vom Straftatbestand auf die Ge- und Verbote des entsprechenden Aufsichtsrechts verweist. Diese Vorschriften führen etwa im Bereich des Rechts der Marktmanipulation oder des Insiderhandels zu weiteren Vorschriften. Das Ergebnis ist ein Normengestrüpp, dessen Verfassungsmäßigkeit zweifelhaft ist. Die »Entschuldigung«, dass man doch EU-Richtlinien habe umsetzen müssen, trägt nicht. Die Ausformung des Strafrechts ist nach wie vor Aufgabe der Mitgliedsstaaten der EU. Auch der deutsche Gesetzgeber ist nicht gezwungen, Änderungen des Kapitalmarktrechts auf eine strafrechtliche Verweisungskette durchschlagen zu lassen.

KAPITALMARKTKRIMINALITÄT

Insgesamt muss diese Lage nicht zuletzt deshalb Besorgnis auslösen, weil in jüngerer Zeit die Integrität der Finanzmärkte auch durch Strukturen der OK bedroht wird. Die Bundesanstalt für Finanzdienstleistungen (BaFin) hatte schon im Jahre 2007 circa 750 Analysen zu möglichen Fällen von Insiderhandel und Marktmanipulation angefertigt, 103 neue Untersuchungen eingeleitet und in 42 Fällen gegen 113 Personen Strafanzeige erstattet. Zu den Kernaussagen der Herbsttagung des Bundeskriminalamts (BKA) im Jahre 2008 gehörte die Forderung, dass der Kapitalmarktkriminalität, die vornehmlich aus der zunehmenden Komplexität der Finanzprodukte in intransparenten Märkten resultiert, mit handhabbarem Recht begegnet werden muss. Zudem sollten Gesetzestexte vereinfacht und Verweisungen vermieden werden, statt zusätzliche Strafvorschriften zu schaffen. In diesem Zusammenhang wurde zwar die grundsätzliche Frage nach der erforderlichen und sinnvollen Eingriffsintensität staatlicher Sicherheitsorgane in die Abläufe der freien Wirtschaft gestellt. Gleichzeitig sah man es aber als eine Pflicht des Staates an, auf intransparenten Märkten den Bürger vor riskanten Investitionen in komplexe Anlageprodukte durch gesetzliche Regulierung bei Anbietern und Plattformen sowie durch Aufklärung zu schützen.

Leider handelt es sich nur um die amtsüblichen und »politisch inspirierten« guten Hoffnungen. Sie werden sich in absehbarer Zeit nicht erfüllen. Es gibt noch nicht einmal eine verbindliche Definition des Kapitalmarktstrafrechts.[1] Im Gegensatz zum Vermögensstrafrecht handelt es sich nicht um einen feststehenden Begriff. Wir haben keine zusammenhängende und abschließende Kodifizierung in einem einzelnen Gesetz. Die Strafvorschriften sind über die Fläche verstreut. Dennoch hält man es für sinnvoll, »Kapitalmarktstrafrecht« als Oberbegriff für einen strafrechtlichen Teilbereich anzusehen. Insoweit geht es um die Summe der strafrechtlichen Normen, die unmittelbaren oder mittelbaren Bezug zum Kapitalmarkt beziehungsweise kapitalmarkttypischen Geschäften haben. Dazu gehören nicht nur die klassischen Vorschriften über Betrug und Untreue im allgemeinen Strafrecht, sondern auch die im Handelsgesetzbuch (HGB), Kreditwesengesetz (KWG), Aktiengesetz (AktG) und Gesetz über die Gesellschaften mit beschränkter Haftung (GmbHG) geregelten Vorschriften über Falschangaben und unrichtige Darstellung. Weitere zahlreiche einzelgesetzliche Normen im Börsengesetz (BörsG) und Wertpapierhandelsgesetz (WpHG) treten hinzu und bilden in der Summe mit diversen Tatbeständen im Ordnungswidrigkeitenrecht ein »Querschnittsrecht«. Und auch die Folgen der zahlreichen EU-Richtlinien zur harmonisierten Durchsetzung der gemeinschaftsrechtlich geschützten Freiheit des Kapitalverkehrs verkomplizieren die Lage.

Die Leistungskraft all dieser Normen wird schon durch den Umstand negativ beeinflusst, dass der »Kapitalmarkt« aus juristischer und wirtschaftswissenschaftlicher Sicht zu den unpräzisesten und erklärungsbedürftigsten Begriffen der Fach- und Allgemeinsprache zählt. Er gilt zusammen mit Derivate-, Geld- und Devisenmärkten als Teil der Finanzmärkte, an denen sich Angebot und Nachfrage nach Geld und geldwerten Titeln treffen. Ihm fließen langfristige Kredite und Beteiligungskapital zu, so dass Unternehmen einen großen Teil der Mittel zur langfristigen Finanzierung ihrer Investitionen erhalten. Die langfristige Finanzierung öffentlicher Aufgaben und die Vermögensbildung gehören ebenfalls zu seinem Funktionsspektrum.

Eine Differenzierung zwischen dem organisierten und dem nicht organisierten Kapitalmarkt, dem Primär- und dem Sekundärmarkt sowie dem amtlichen Markt beziehungsweise dem regulierten Markt ist für strafrechtliche Zwecke genauso wenig zielführend wie die Unterscheidung von Kapitalanlageformen (Wertpapiere, Immobilien und so weiter) oder Produkten (Eigen-, Fremdkapitaltitel). Auch eine Systematisierung nach den beiden vorrangigen Regelungszielen, Funktionsschutz der Kapitalmärkte einerseits und Anlegerschutz andererseits, ist untauglich. Die letztgenannten Aspekte fallen zwar oftmals unter den Strafrechtsschutz. Sie unterscheiden sich aber erheblich von der Bandbreite der geschützten beziehungsweise zu schützenden Individual- beziehungsweise Kollektivrechtsgüter.

Insbesondere im Bereich der Rechnungslegung vollzieht sich derzeit ein tiefgreifender Wandel weg vom gläubigerschutzorientierten Handelsgesetzbuch zum kapitalmarktorientierten System der IAS/IFRS-Rechnungslegungsvorschriften (International Accounting Standards/International Financial Reporting Standards). Es ist schwer abzuschätzen, inwieweit dieser Wandel strafrechtlich nachvollziehbar sein wird.

Dem Kapitalmarktstrafrecht wird dennoch eine wachsende praktische Bedeutung zugeschrieben. Das ergibt sich aus vermehrten Presseberichten über Ermittlungen wegen unerlaubten Insiderhandels, unzulässiger Kursmanipulation, Bilanzmanipulationen und Anlegerschädigungen sonstiger Art. Eine Ursache ist die dynamische Entwicklung des deutschen Kapitalmarktes in den letzten 15 Jahren, die zu einer erheblichen Ausweitung möglicher Anlageformen geführt hat. Zudem hat sich der Anlegerkreis für risikogeneigtere Investitionen am Kapitalmarkt erweitert. Die entsprechenden Märkte haben eine gewaltige volkswirtschaftliche und gesellschaftliche Bedeutung gewonnen, weil sich der Staat immer stärker aus der sozialen Daseinsvorsorge zurückzieht und sich die Bürger zunehmend auch unter Teilnahme am Kapitalmarktgeschehen abzusichern versuchen. Nicht zuletzt die Klagen und Anzeigen geschädigter Anleger machen deutlich, dass sich die strafrechtliche Relevanz informationeller Intransparenz verändert hat.

Das 4. Finanzmarktförderungsgesetz vom 21. Juni 2002 hat mit einer erheblichen Verschärfung und Neuformulierung von Vorschriften zum Insider und Ad-hoc-Strafrecht sowie des Verbots der Marktmanipulation den strafrechtlich bislang größten Schritt vollzogen. Ob der deutsche Gesetzgeber damit wirklich konsequent auf das Strafrecht setzt und damit einen durch die europäische Rechtsetzung keineswegs zwingend vorgegebenen Sonderweg beschreitet, ist zweifelhaft. Gleichwohl gibt es Bedenken gegen eine Ausweitung des deutschen Kapitalmarktstrafrechts, soweit dies unter Hinweis auf die Umsetzungspflicht europäischer Rechtsetzungsvorhaben legitimiert wird. Bei einer Fokussierung auf das Strafrecht bestehe die Gefahr, dass die Suche nach außerstrafrechtlichen Regelungsalternativen aus dem Blick gerate. Insoweit ist der Befund nicht ermutigend.

Die Aussichten werden auch nicht besser, wenn man eine grundsätzliche und systematische Perspektive wählt. Ökonomisch reduzierte Beobachter vertreten zumeist die Ansicht, dass die Finanzmarktkrise eine Systemkrise und Folge von Fehlern des Systems der Finanzwirtschaft ist. Folgt man dieser Deutung, dann ist niemand schuld, außer vielleicht die Politiker, weil sie die Stellschrauben des Systems nicht richtig gestellt haben. Die Frage, ob das Strafrecht in seiner gegenwärtigen Verfassung oder nach der Implementierung neuartiger Sanktionsmöglichkeiten geeignet ist, Risiken, wie sie in der anhaltenden Finanzkrise zutage getreten sind, präventiv und repressiv wirkungsvoll zu begegnen, bleibt offen. Skepsis ist angebracht.

Die Kategorien des Strafrechts beruhen auf Rechtswidrigkeit, Schuld und individueller Zurechnung. Es ist »Ultima ratio« und lebt von Ableitungen aus anderen Rechtsgebieten. Strafrecht versagt, wenn es nicht um die Behandlung natürlicher Personen geht, sondern um die gemeinwohlverträgliche Moderierung sozialer, wirtschaftlicher und politischer Systeme. Sollte jemals ein Überblick über die von Institutionen und Personen angerichteten Schäden möglich sein, wird es aber vielleicht doch noch eine Debatte über einen Funktionswandel des Strafrechts geben. An deren Ende sollte ein Sanktionsrepertoire stehen, das auch den Herausforderungen einer »Systemkriminalität« gerecht werden kann und nicht nur Kinderpornographen und Ladendiebe beeindruckt. Natürlich sind das menschliche Leid und die persönlichen Verheerungen, die in diesem Kriminalitätsbereich angerichtet werden, schrecklich. Die entsprechende Delinquenz hat auch eine gesellschaftliche Bedeutung. Sie muss mit allen verfügbaren und geeigneten Mitteln verhindert, verfolgt und bestraft werden. Hier geht es aber um einen Bereich, dessen Bedeutung ebenfalls kaum zu überschätzen ist und in dem der dort herrschende Komplexitätsgrad insbesondere für das Strafrecht grundlegende und äußerst schwierige Fragen mit sich bringt.

Es ist einfach zu viel geschehen, um insbesondere im Wirtschafts- und Kapitalmarktstrafrecht zur Tagesordnung übergehen zu können. Damit ist jedoch nicht ohne weiteres der undifferenzierte Ruf nach dem scharfen Schwert des Strafrechts gerechtfertigt. Er muss ohnehin unerhört bleiben, wenn das Gesetzlichkeitsprinzip und das rechtsstaatliche Strafverfahrensrecht keine Haftung vorsehen (sollten). Diese Grundsätze gelten indessen für jedermann, also auch für diejenigen, die im Vorfeld der Finanzkrise für Banken verantwortlich waren und für sie handelten. Es wäre gleichwohl falsch, nur den »systemischen Charakter« der Finanzkrise zu betonen und deshalb die Frage der Verantwortlichkeit auch nach strafrechtlichen Maßstäben nicht zu stellen.[2] Zur Beantwortung der Frage der Sanktionierbarkeit bestimmter Verhaltensweisen vor und während der Krise muss man sich eben nicht nur den Ursachen der Krise widmen, sondern auch die Sachverhalte und Geschäfte sehr genau definieren, die möglicherweise unter eine Strafandrohung gestellt sind. Allgemeine Betrachtungen, etwa zur Untreue, helfen nicht, wenn und solange nicht klar ist, um welche konkreten Konstellationen es geht. Der Ausgangspunkt ist klar: Die Finanzmärkte sind Motor und Schauplatz der Globalisierung geworden. Die Internationalisierung und die Kreation innovativer Finanzprodukte hat die Undurchschaubarkeit dieser Märkte enorm gesteigert.

DIE ROLLE DER RATINGAGENTUREN: AUS DRECK GOLD MACHEN

Bevor im Folgenden die genauen Sachverhalte und Geschäfte im Bereich der strukturierten Finanzprodukte thematisiert werden, soll zunächst ein Schlaglicht auf die Ratingagenturen und ihre Rolle geworfen werden. Natürlich muss man fragen, was Polizeibeamte und Gerichte leisten können, wenn selbst Banker, Aufsichtsräte, Ratingagenturen und die Bankenaufsicht nicht mehr durchblicken. Sie versinken bei ihren Ermittlungen oft genug in einem Meer von Beweismaterial. Allein bei den aktuellen Verfahren im Zusammenhang mit der Kapitalmarktkrise stößt man nach Angaben des BKA-Präsidenten auf Datenmengen im zwei- bis dreistelligen Terabyte-Bereich. Die Herausforderungen beginnen damit aber erst. Polizisten und Justizjuristen sollen dann äußerst komplexe wirtschaftliche Sachverhalte angemessen bewerten und fachlich hochkompetenten Bankern und Börsenspezialisten nachweisen, dass sie etwa im Sinne des Untreuetatbestandes vorsätzlich und pflichtwidrig gehandelt haben.

Die vermeintlich zuverlässigen Klassifizierungen der Ratingagenturen dienten zur Orientierung über die hinter den Verbriefungen stehenden komplexen Verträge und Vorgänge. Sie haben anscheinend vergessen lassen, dass jeder Kredit mit Risiko behaftet ist. Man schien einen Weg gefunden zu haben, unsichere Kredite in sichere zu verwandeln. »Dreck zu Gold«, das alte Spiel, nur unter den technischen Bedingungen digitaler Medien.

Dazu werden viele Kredite gebündelt und paketweise versichert. Das Bündeln hilft aber nur, wenn wenige und nicht die Mehrzahl der gebündelten Kredite ausfallen. Und das Versichern hilft nur, wenn der Versicherer haftet, also solvent ist. Die üblichen Verträge für die Verbriefungen sind zumeist mehrere hundert Seiten lang. Das liegt daran, dass sie nicht eigentlich Sicherheit gewährleisten sollen. Das können sie auch gar nicht. Sie müssen nur jene juristischen Vorgaben erfüllen, die die Prüfstatiker der Kreditpyramiden, die Ratingagenturen, verlangen. In Absprache zwischen Emittenten und Ratingagenturen wurde die Absicherung als juristische Fiktion ausgehandelt. Für einen bestimmten Preis erklärt sie faule Kredite als sicher, die dann wiederum als Sicherheit für weitere Kredite hinterlegt werden können. Am Ende sah sich die Zentralbank genötigt, als Garant letzter Instanz genau jene Risiken zu übernehmen, die in diesen Papieren erst konstruiert, dann veräußert und schließlich von niemandem mehr getragen werden konnten.[3]

Vor diesem Hintergrund wird es immer unerträglicher, dass sich die Ratingagenturen jahrelang erfolgreich vor amerikanischen Gerichten gegen Schadenersatzklagen wehren konnten. Aber vielleicht ändert sich das doch noch im Zuge der juristischen Aufarbeitung der Immobilien- und Finanzkrise. Immerhin haben Investoren bis Ende 2010 mehr als 500 Klagen gegen die führenden Agenturen eingereicht. Allerdings hat noch keiner der zahlreichen Kläger, die den Agenturen vorwerfen, die Finanzkrise durch unangemessen hohe Bonitätsnoten für strukturierte Investmentprodukte mitverursacht zu haben, Schadenersatz erstritten. Es gibt jedoch erste Ausnahmen.[4]

Traditionell haben Ratingagenturen Schadenersatzklagen mit dem Argument abwehren können, dass ihre Bewertungen vom Grundrecht auf Meinungsfreiheit geschützt seien. Dagegen wird aber von einer Bundesrichterin aus New York, Shira Scheindlin, geltend gemacht, dass die Beratungsunternehmen nicht den gleichen Schutz freier Meinungsäußerung wie bei traditionellen Bonitätsprüfungen beanspruchen können, wenn ihre Bewertungen nicht der breiten Öffentlichkeit zur Verfügung stehen, sondern Teil der Strukturierung von Finanzprodukten für einen begrenzten Kreis von Investoren sind. Andere Gerichte haben begonnen, dieser Argumentationslinie zu folgen.

Damit werden Verurteilungen aber keineswegs schon sicher. Gerichtlich klärungsbedürftig ist auch die Frage, wann die Bewertung von Wertpapieren fehlerhaft ist. Ein Rating ist nur eine Prognose. Sie ist nicht schon deshalb fehlerhaft, weil sie sich nicht bewahrheitet. Zwar haben die SEC und der Kongress Belege dafür gesammelt, dass die Ratingagenturen, angetrieben vom Kampf um Marktanteile, Finanzprodukte wissentlich unangemessen hoch bewerteten. Aber die Kläger müssen den Agenturen nicht nur Fehlverhalten, sondern auch die Verursachung eines Schadens nachweisen. Das Argument der Agenturen, dass es sich um eine »systemische Krise« handele, kann in weiteren Gerichtsverfahren also durchaus erfolgreich sein.

Das Vertrauen in die Richtigkeit der jeweiligen Beurteilungen führte unterdessen selbst Banken in den Abgrund. Sie hatten anscheinend trotz des manifesten Marktversagens nicht verstanden, welche Risiken sie mit gewissen Geschäften eingegangen waren. Umgekehrt behaupten Rating-agenturen, dass man sich bei der Konstruktion bestimmter Anleihen auf die Angaben der Banken zu Einzelkrediten verlassen habe. Damit stellt sich die Frage, ob sie hierdurch nicht einen Betrug begangen haben könnten. Das »Gütesiegel« der Agenturen war nur ein Abklatsch der Auskünfte von Instituten, die nichts anderes vorhatten, als ein von ihnen eingegangenes Kreditrisiko durch Verbriefung weiterzugeben. Das von ihnen veranlasste Rating war für die Verkehrsfähigkeit der Anleihen erforderlich. Der Markt vertraute darauf, dass die jeweiligen Einstufungen Ergebnis eines verläss-lichen Verfahrens waren. Das ist jedoch äußerst zweifelhaft.

Es bleibt nur zu hoffen, dass zumindest die US-Strafverfolgungsbe-hörden an dieser Stelle nachhaken mögen. Tatsächlich haben die Rating-agenturen in einer besonderen Weise Beihilfe zu einem Finanzhandel geleistet, bei dem nicht ohne weiteres festzustellen ist, ob es sich um syste-matisierten Irrsinn oder um eines der abgefeimtesten Betrugsschemata handelt. Natürlich hätte im Normalfall niemand unübersichtliche Papiere gekauft, die aus dubiosen Papieren zusammengebastelt sind. Mit einem AAA-Gütesiegel (Triple A = beste Bewertung, Ausfallrisiko fast null) der über jeden Zweifel erhaben scheinenden großen Ratingagenturen war jeglichen Bedenken aber offenbar die Grundlage entzogen. Die Agenturen setzen gewaltige Softwarepakete ein, die mit jeder Menge Wahrscheinlich-keitsrechnung und sonstiger Finanzmathematik ausgerüstet sind. Sie wurden an die Banken weitergegeben, die sie für die maßgeschneiderte Anfertigung von »Collateralized Debt Obligations« (CDOs/forderungsbe-sicherte Wertpapiere) nutzten und so genau die gewünschten Ratings für die einzelnen Tranchen bekommen konnten.

Zwar waren die Berechnungen, die diesen Bonitätsnoten zugrunde-lagen, so kompliziert, dass sie kaum jemand vollständig nachvollziehen konnte. Das schien aber auch gar nicht nötig gewesen zu sein, weil die Ratings nicht von den cleveren Bankern, sondern von »unbestechlichen« Computern erstellt wurden. Aber diese Geräte wurden von den Rating-agenturen »gefüttert«. Und die handeln völlig profitorientiert und nicht als neutrale und objektive Institutionen. Die großen »Players« – Standard & Poor's, Moody's und Fitch – werden nicht von den Käufern, sondern von den Emittenten dieses Finanzmülls bezahlt. Ihr Profit hängt natürlich von der Menge des verkauften Schrotts ab.[5] Moody's hat zwischen 2002 und

2006 im Zuge des wie eine Massenpanik ablaufenden Handels mit »Asset-Backed Securities« (ABS/forderungsbesichertes Wertpapier) und CDOs Gewinn und Aktienkurs schlicht verdoppelt.

Man muss immer bedenken, dass die großen Ratingagenturen meist börsennotierte Unternehmen sind. Damit sind ihre Bewertungen möglicherweise auch das Spiegelbild der Investmentinteressen ihrer Aktionäre. Wenn also zum Beispiel ein Großaktionär bei Moody's in große Mengen US-Staatsanleihen investiert und zusätzlich auf fallende Börsenkurse setzt, hätte er durchaus ein Interesse daran, dass die USA ein niedrigeres Ranking erhalten, da damit die Zinsen für die Staatsanleihen steigen und gleichzeitig die Handlungsfähigkeit der Regierung, für Rettungsaktionen Geld rauszuwerfen, beschränkt wird.

Die Ratings waren für das Entstehen der Nachfrage jedenfalls entscheidend. Pensionsfonds und Versicherungen sind gesetzlich verpflichtet, ihre Gelder in Wertpapiere mit höchster Bonität zu investieren. Die entsprechend gut bewerteten Teile (Seniortranchen) der CDOs waren scheinbar attraktiver als die renditeschwächeren Staatsanleihen. Aber selbst Zentralbanken (insbesondere von Entwicklungs- und Schwellenländern) ließen sich blenden und investierten Devisenreserven im Wert von vielen Billionen US-Dollar. Die russische Zentralbank hatte ein Fünftel ihrer gesamten Reserven (circa 100 Milliarden US-Dollar) in Wertpapiere investiert, die auf US-Hypotheken basierten. Auch der chinesischen Zentralbank werden entsprechende Käufe nachgesagt.

Letztlich wurden die riesigen Gewinne, die Investmentbanken wie Ratingagenturen mit der Erfindung volkswirtschaftlich nutzloser Finanzvehikel gemacht haben, von Steuerzahlern aus Shanghai und Irkutsk finanziert. Das scheint aberwitzig und/oder kriminell zu sein. Die hochgejubelten Finanzinnovationen bestanden tatsächlich aus nichts anderem als in der Übertragung oder wundersamen Verwandlung hochriskanter Kredite in scheinbar sichere Anlageformen, um einen schier unerschöpflichen Strom von Liquidität zu erzeugen. Darlehen, in die bei halbwegs seriöser Analyse niemand investiert hätte, wurden jahrelang als vermeintlich überproportionale Renditebringer mit scheinbar niedrigem Risiko von Hedge-Fonds, Investmentgesellschaften, Versicherungen, Pensionsfonds und sogar Zentralbanken begeistert aufgekauft.[6]

Auch wenn man in der mangelnden Überprüfung durch die Käufer ein fahrlässiges Verhalten sehen kann, ändert dies nichts an der Notwendigkeit, die Angaben auf dem Weg zum Rating daraufhin zu untersuchen, ob getäuscht wurde und wer getäuscht hat. Es ist falsch, nur ein Marktversagen zu vermuten und zu meinen, das Ganze habe mit dem Strafrecht nichts zu tun. Vieles spricht dafür, dass das Vertrauen in Ratings missbraucht wurde. Der Absturz einschlägiger Klassifizierungen im freien Fall verlangt auch deshalb nach Aufklärung, weil die Agenturen behauptet haben, Risikoszenarien abzubilden. Selbstverständlich haben auch zahlreiche Privatanleger komplexe Finanzprodukte erworben, deren Risiken sie nicht überblickten. Wo aber der einzelne nicht mehr weiß, was er tut, ist das Einfallstor für betrügerische Handlungen aller Art eröffnet.

Die Entstehung einer Lage, die kriminelle Handlungen begünstigte, wurde entscheidend gefördert, weil die Ratingagenturen auf der gesamten Linie in eklatanter Weise versagt haben oder aber im Rahmen einer Verabredung gemeinschaftlich und gezielt mit kriminellen Zielsetzungen vorgingen. Sie haben erst am Ende der Entwicklung im Sommer 2007 Herabstufungen vorgenommen. Da waren die Häuserpreise schon deutlich gefallen. Die Agenturen sind also nach und nicht vor der Katastrophe aufgewacht. Bei ordnungsgemäßer Arbeit hätten sie die systemischen Risiken, die in den CDOs und anderen Papieren steckten, erkennen können beziehungsweise müssen. Und sie hätten ihr Wissen den Kunden von vorneherein mitteilen müssen. Ihre Bewertungen sind zwar nichts anderes als Meinungen. Dennoch kommt ihnen gesetzesgleiche Wirkung zu. Die amerikanische Börsenaufsicht hatte schon 1975 beschlossen, dass sich alle auf dem Kapitalmarkt tätigen Unternehmen von mindestens zwei der staatlich anerkannten Agenturen bewerten lassen müssen.

Bemerkenswert ist in der Tat, dass die Ratingagenturen ihren Kunden im Rahmen des »indicative Rating«[7] gegen Gebühr dabei geholfen haben, die Wertpapiere, die sich in ihrem Besitz befanden, zu strukturieren und somit verschiedenen Tranchen zuzuweisen. Die »hohe Kunst« bestand darin, die Tranchen so zu gestalten, dass dabei ein möglichst großes Volumen von »AAA-Tranchen« entstand. Wegen der dafür zu entrichtenden niedrigen Zinsen waren damit die lukrativsten Geschäfte eröffnet. In den verwendeten mathematischen Modellen ging man von der Unabhängigkeit der Risiken aus, um die vorgegebenen maximalen Ausfallwahrscheinlichkeiten für die Tranchen gerade noch zu unterschreiten. Das Problem war nur, dass die Rechnungen und die durch sie generierten Bewertungen nicht stimmten. Zu Recht wird betont, dass dies nicht nur an der Vernachlässigung des Systemrisikos (Marktkollaps) gelegen haben kann. Auf geheimnisvolle Weise entstanden durch die Strukturierung nämlich überwiegend AAA-Tranchen, obwohl die ursprünglichen Kredite an die Hauseigentümer keinesfalls nur dieser Kategorie zuzurechnen waren.

Die Ratingagenturen haben die Kunden der Banken nicht nur an der Nase herumgeführt. Sie stehen auch unter Betrugsverdacht, weil sie den CDO-Papieren viel zu gute Bewertungen ausgestellt haben. Es darf vermutet werden, dass die Finanzinvestoren und die Sparer aus aller Welt sicherlich nicht über Jahre hinweg in solchem Umfang zur Finanzierung des amerikanischen Leistungsbilanzdefizits beigetragen hätten, wäre ihnen klargewesen, welch ein Schrott ihnen angeboten wurde. Es liegen mittlerweile beeindruckende wissenschaftliche Untersuchungen vor, die zeigen, in welch einem unglaublichen Umfang »getrickst« wurde, also über Jahre organisierter Betrug stattfand. Man war tatsächlich versucht, an Alchemie zu glauben, konnten doch durch die bloße Mischung von Papieren und die Definition der Tranchen auf der Basis qualitativ unzureichender Daten phantastische Endergebnisse erzielt werden. Das amerikanische Finanzsystem hatte anscheinend mit seinen Ratingagenturen eine Formel für die synthetische Goldproduktion gefunden. Wie aber sind die skandalös unrealistischen Fehlbewertungen zu erklären?

Man könnte die Ursachen erahnen, machte man sich klar, dass die Ratingagenturen, wie bereits angedeutet, selbst private Großunternehmen und sogar börsennotierte Aktiengesellschaften sind, die Geschäfte machen wollen und von den bewerteten Unternehmen bezahlt werden. Für die Arbeitszeiten ihrer Mitarbeiter, die sie zur Informationserhebung und Bewertung in die Firmen schickten, liquidierten sie fürstliche Honorare, zahlten aber selbst nur sehr bescheidene Gehälter. Selbst wenn die Mitarbeiter nach den Regeln der Kunst vorgegangen sein sollten, so dürften sie es sich zweimal überlegt haben, bevor sie Großkunden durch kritische und restriktive Bewertungen verärgerten und dann möglicherweise verloren. Es dürfte ihnen leichter gefallen sein, ein paar kleinere europäische Banken korrekt zu bewerten und damit ihre »Objektivität« unter Beweis zu stellen.[8]

Die Kritik an der Rolle der führenden US-amerikanischen Ratingagenturen geht indessen über das übliche Gezänk hinaus. Es klagen nicht (nur) einzelne Emittenten, die sich zu schlecht beurteilt fühlen, oder einzelne Anleger, die ihre Kapitalanlagen auf Grund zu später Herabstufungen nicht rechtzeitig umgeschichtet haben und deshalb Verluste erlitten. Mittlerweile scheint allen Marktteilnehmern tatsächlich doch die zentrale Rolle der Ratingagenturen für die effiziente Kapitalallokation bewusst geworden zu sein. Versagen kann ohne weiteres Milliardenschäden nach sich ziehen, Verluste, die alle tragen müssen. Inzwischen dürfte jedermann klargeworden sein, dass toxische Wertpapiere im Mittelpunkt der Krise stehen, deren Bonitätseinschätzung Außenstehenden praktisch nicht möglich ist, weil sie auf Verbriefungen von dem Bankgeheimnis unterliegenden Kreditportfolios beruhen. Und die Ratings für vermögensgedeckte Wertpapiere sind eben ganz anders hergeleitet als bei den traditionellen Kreditratings.

Es geht nicht um die Beurteilung der betriebswirtschaftlichen Grundfunktionen der Beschaffung, der Produktion und des Absatzes von Gütern und Leistungen und auch nicht um das Management oder die Vermögens-, Finanz- und Ertragslage, sondern um die Modellierung von »Cashflows«, Überschüssen, die ganz oder teilweise auch synthetisch erzeugt werden können, also ohne dass reale Vermögensgegenstände den Besitzer wechseln. Wir reden über die verführerischen Spielwiesen der »strukturierten Finanzierungen«. Die führenden amerikanischen Ratingagenturen befinden sich in einer ausgezeichneten Position, um quasi aus einer Duopolstellung[9] heraus Schleusenfunktion für die internationalen Kapitalmärkte wahrzunehmen. An ihnen führt, wie angedeutet, auch auf Grund gesetzlicher Verpflichtungen, kein Weg vorbei. Investoren sind bei strukturierten Produkten auf die Ratings auch angewiesen, weil die öffentlich zugänglichen Informationen nicht ausreichen, um alle einschlägigen Aspekte zu verstehen und hinsichtlich des Risikogehalts zu beurteilen.

Vertreter der Ratingbranche wollen weismachen, dass das Versagen der US-Agenturen, die seit den 1980er Jahren mit strukturierten Finanzierungen ihre besten Geschäfte gemacht hatten, auf ihrem »leichtfertigen« Glauben an die Daten beruhte, die ihnen von den Banken geliefert wurden. Unmerklich sei eine Verantwortung der Risikobeurteilung, die eigentlich bei den Banken liegen sollte, auf die Ratingagenturen verlagert worden. Für die Investmentbanken sei dies eine einträgliche Sache gewesen. Da sie sich ohnehin möglichst nicht an den Risiken ihrer Verbriefungen beteiligen wollten, hätten sie es den Ratingagenturen überlassen, mit ihren Ratings

Anleger bezüglich der Risiken zu beschwichtigen. Die Bewertungen für strukturierte Produkte seien aber nicht von langjährigem Erfahrungswissen getragen, sondern durch Ideen von US-Nobelpreisträgern, die ihre anspruchsvollen Theorien den Absolventen von Eliteuniversitäten eingeträufelt hätten.

Eine Kumulation mehrerer Faktoren habe die Fehleinschätzungen ermöglicht: neue Verfahren, neue Instrumente und Analysten ohne geeignete Praxisausbildung. Von Mitbewerbern wird schließlich auch kritisiert, dass der Markt von zwei US-Agenturen mit circa 80 Prozent weltweit dominiert wird. Weit mehr als 100 weitere Agenturen teilen sich den Rest. Erst wenn weitere Agenturen offiziell für regulatorische Zwecke anerkannt und ausgebaut würden, könnten Urteilsmängel erkannt und massenhafte Kapitalfehlleitungen vermieden werden, eine Argumentation, die offensichtlich nur von Konkurrenzdenken gespeist ist und auf den Grundsatz »more of the same« hinausläuft.[10]

WIE DIE VERBRIEFUNGEN FUNKTIONIERTEN

Unter den Bedingungen einer Konzentration auf die mögliche strafrechtliche Relevanz soll hier der Versuch unternommen werden, die für die Komplexitätssteigerung maßgeblichen Verbriefungen von Kreditrisiken und die daran sich anschließenden weiteren Verbriefungsaktionen zu behandeln. Das ist schon deshalb kein leichtes Unterfangen, weil die durch zahlreiche Anglizismen völlig »verquaste« Fachsprache aufzulösen ist, damit die Darstellung der Vorgänge nachvollziehbar wird.[11] Die Verbriefung von Krediten und Kreditrisiken ist ohnehin kompliziert genug.

Die klassischen Kreditverbriefungen werden als »echte« oder »tatsächliche« Verkäufe bezeichnet (»true sales«). In der Sache geht es neben Kreditforderungen um alle Vermögenswerte, die einen mehr oder weniger kontinuierlichen Zahlungsstrom eröffnen. Gebräuchlich ist der Begriff »Asset-Backed Securities (ABS)«, also gesicherte Wertpapiere. Das heißt lediglich, dass die Zinsen, die den Käufern der Wertpapiere zustehen, nicht allein aus dem (ungewissen) Vermögen des Emittenten aufgebracht werden müssen.

Der Emittent ist seinerseits Gläubiger von (Zins-) Forderungen (zum

Beispiel aus Kreditverträgen). Die Wertpapiere sind durch Vermögenswerte gedeckt bzw. unterlegt. Der Emittent kann die eingenommenen Zahlungen an die Wertpapierkäufer weiterleiten.

ABS-Anleihen sind also »forderungsgestützte Wertpapiere«. Eine allgemein anerkannte Definition gibt es nicht. Man findet zwar im europäischen Recht Ansätze einer Definition, die wegen ihrer verschachtelten Terminologie nur unter Qualen zu lesen sind.[12] Spätestens dann wird deutlich, warum sich das europäisierte Kapitalmarktrecht in einem desolaten Zustand befindet. Und man begreift die Fragwürdigkeit der Forderung nach weiterer internationaler und europäischer Regulierung.

Die »Asset-Backed Securities« stellen jedenfalls nur einen Oberbegriff dar. Bestehende Differenzierungen dienen nur der Bezeichnung der Vermögenswerte (zum Beispiel Kredite oder sonstige Forderungen), die zur Deckung der Anleihe bestimmt sind, beispielsweise gebündelte Hypothekenkredite: Residential Mortgage-Backed Securities (RMBS); gewerbliche Hypothekenkredite: Commercial Mortgage-Backed Securities (CMBS); Unternehmenskredite: Collateralized Loan Obligations (CLO). Die »unterlegten« Forderungen setzen sich aus zahlreichen Einzelforderungen zusammen, die eine Bank an Kreditnehmer vergeben hat (zum Beispiel Immobilienkredite; Verbraucherkredite oder sonstige Forderungen).

Im früheren konventionellen Bankgeschäft verblieben vergebene Kredite in den Büchern. Es erfolgte die Auszahlung und die Vereinnahmung von Zins und Tilgung über die Laufzeit.

Am Anfang einer Kreditverbriefung steht natürlich auch ein Vertrag zwischen einer Bank und einem Kreditnehmer. Die Bank hält den Kredit jetzt aber nicht mehr über die volle Laufzeit, sondern trennt sich von ihm im Wege der Verbriefung. Sie emittiert ein mit diesen (Kredit-)Forderungen unterlegtes Wertpapier (ABS) und zahlt die Wertpapierzinsen an die Wertpapierkäufer aus den Kreditzinsen. Die Laufzeiten können so abgestimmt werden, dass die Fälligkeit der Rückzahlung der ABS-Anleihe an die Wertpapierkäufer mit der Fälligkeit der Kreditrückzahlung an die Bank zusammenfällt. Die Bank reicht dann den vom Kreditnehmer erhaltenen Betrag an den Wertpapierkäufer durch. Letztlich kann die Bank auf diese Weise die Kreditforderung noch während der vereinbarten Laufzeit aktivieren.

Diese denkbar einfachste Verbriefungsform hat natürlich nicht die Finanzkrise ausgelöst. Relevant werden insoweit deutlich komplexere Verbriefungen mit zahlreichen Akteuren. Die ursprünglich kreditgewährende Bank (Originator) tritt an ein weiteres spezialisiertes Finanzinstitut heran, zum Beispiel eine Investmentbank (Arranger oder Sponsor). Dieses analysiert das für die spätere Verbriefung in Betracht kommende Kreditportfolio des Originators und versucht eine »Strukturierung«, das heißt, Kredite gleicher Gattung und gleicher oder ähnlich langer Laufzeit werden zusammengeführt, um daraus eine am Kapitalmarkt handelbare Anleihe zu formen.[13]

In dem geschilderten Verfahren lassen sich durch die Gründung und Einschaltung einer Gesellschaft die gewünschten Effekte erreichen. Ihr Zweck ist die Durchführung der Verbriefung, daher »Zweckgesellschaft« oder »Special Purpose Vehicle (SPV)«. Gründer ist nicht der Originator, sondern der Arranger. Gründung und Abtrennung der Zweckgesellschaft dienen der insolvenzfesten Ausstattung des Kreditportfolios, also der Abschirmung gegen Risiken aus der Sphäre des Originators. Die von der Zweckgesellschaft zu emittierende und mit den Kreditforderungen des Originators unterlegte ABS-Anleihe kann somit ihre Deckung nicht verlieren.

Bei Pfandbriefen ist dieser Umweg übrigens nicht nötig, weil die Pfandbriefgläubiger ausreichend gesichert sind (§ 30 Abs. 1 Pfandbriefgesetz/PfandBG). Der Originator mindert nach vollzogener Übertragung der Einzelkredite auf die Zweckgesellschaft das mit Eigenkapital zu unterlegende Kreditvolumen der Bank.[14] Die Zession[15] (§§ 398 ff. Bürgerliches Gesetzbuch/BGB) der Kreditforderungen bewirkt wegen der Eigenständigkeit der Zweckgesellschaft als juristischer Person eine rechtliche und wirtschaftliche Abspaltung des übertragenen Kredits vom Originator.

Der Originator erwartet von der Zweckgesellschaft ein Entgelt für die erworbenen Kredite. Die dafür erforderlichen Mittel beschafft sie sich durch die Emittierung von Wertpapieren. Sie verbriefen die Forderungen aus den erworbenen Kreditportfolios, daher auch die Bezeichnung »ABS-Anleihen«. Einzelkredite werden so durch Verbriefung zum handelbaren Kapitalmarktpapier. Gegenstand des Handels ist allerdings nur die ABS-Anleihe als ein durch die Kreditforderungen unterlegtes Wertpapier.

Zur Herstellung einer Kongruenz (von Laufzeiten und Zinsterminen) zwischen den zu emittierenden Wertpapieren und den Einzelkrediten werden Sicherungsvereinbarungen (Swap-Geschäfte) geschlossen, damit Unterschiede in den Zins- und Zahlungsmodalitäten geglättet werden können. Die Rendite des Käufers der ABS-Anleihe hängt von der Entwicklung des zugrundeliegenden Kreditportfolios ab. Zahlungsstockungen oder Insolvenzen bei den ursprünglichen Kreditnehmern schmälern die liquiden Mittel, welche die Zweckgesellschaft weiterreichen kann. Darunter leidet auch die Rendite der ABS-Anleihe. Deren Käufer trägt das Ausfallrisiko. Die Höhe der laufenden Zinszahlungen ist nicht zuverlässig vorherzusagen. Der Arranger versucht, zahlreiche Ausfallrisiken über Derivate, Kreditversicherungen oder Garantieerklärungen einzudämmen. An dieser Stelle beginnt regelmäßig ein Teufelskreis. Zwar wird mit einer Kreditversicherung das Risiko ausgelagert. Es ist aber noch in der Welt, nur trägt es eben ein anderer. Dritte werden für die Risikoübernahme entlohnt. Niemand weiß indessen genau, wer in welchem Umfang die Ausfallrisiken versichert und wie er sie gerechnet hatte. Nicht zuletzt deshalb entstand eine Vertrauenskrise, die sich auch auf die im ABS-Markt tätigen Kreditversicherer erstreckte. Die ABS-Anleihen wurden schließlich häufig zu einem Anleihen-Portfolio zusammengeführt, das seinerseits als Collateralized Debt Obligation (CDO) handelbar ist. Gegenstand der Geschäfte sind also wiederum »nur« in Fonds gebündelte und verbriefte Kredite unterschiedlicher Qualität.

Die Zweckgesellschaft kann dem Originator das entsprechende Entgelt für das Kreditportfolio nur bezahlen und einen attraktiven Preis erzielen, wenn der Kapitalmarkt den von ihr angebotenen ASB-Anleihen tatsächlich vertraut. Es ist einem potentiellen Käufer am Kapitalmarkt nämlich kaum möglich, das Ausfallrisiko selbst einzuschätzen. Das wäre eigentlich die Aufgabe der Ratingagenturen. Es liegt in der Logik des Systems, dass eine Absicherung von Ausfallrisiken der Kreditforderungen über Derivate, Kreditversicherer, Garantieerklärungen und so weiter zu einem besseren Rating beiträgt.

Es schien jedoch keine Rolle gespielt zu haben, welche Qualität die vom Originator vergebenen Kredite aufwiesen. Die Behauptung der Ratingagenturen, dass sie sich auf dessen Angaben verlassen hätten, provoziert in der Tat die Frage nach Funktion beziehungsweise Existenzberechtigung dieser Agenturen. Sie vergaben kein ernstzunehmendes Gütesiegel, sondern verbreiteten einen Abklatsch der Angaben, die Banken gemacht hatten, die ein in ihren Büchern befindliches Kreditrisiko verkehrsfähig machen wollten. Das war unter mehreren Gesichtspunkten heikel:

- Ein Originator wird sich vor allem von den Krediten verabschieden wollen, die ihm selbst unsicher erscheinen; es werden also eher zweifelhafte Forderungen an die Zweckgesellschaft weitergereicht.
- Ratingagenturen haben nicht die erforderliche Risikoüberprüfung geleistet; andere Wege der Risikobewertung wären erforderlich.
- Die stürmische Entwicklung des Verbriefungsmarktes führte bei immer mehr Originatoren zur Auskehrung von Krediten in der Absicht, die so entstandenen Forderungen an eine Zweckgesellschaft zu verkaufen.
- Eine kurze Verweildauer des Kredits in den Büchern stand also von Anfang an fest.
- Es konnte mithin kein echtes Kreditrisiko entstehen; der Schuldner musste nur bis zur Forderungsabtretung an die Zweckgesellschaft durchhalten.
- Nach der Abtretung wird der Originator von einem Zahlungsausfall beim Schuldner nicht mehr berührt; es handelt sich um ein Problem der Zweckgesellschaft beziehungsweise des Käufers eines durch Kreditforderungen unterlegten Wertpapiers.
- Solch ein System bietet vielfältige Anreize zur leichtfertigen Kreditvergabe.
- Die Zinspolitik der Notenbanken (»billiges Geld«) hat günstige Kreditaufnahmen und damit chancenreiche Investitionen und Spekulationen ermöglicht.

Ermittlungen von US-Strafverfolgungsbehörden haben handfeste Anhaltspunkte dafür erbracht, dass zahlreiche Kreditforderungen bereits zum Zeitpunkt der Verbriefung zweifelhaft oder zumindest teilweise abschreibungsreif waren. Es bleibt nur zu hoffen, dass die einschlägigen Ratingverfahren auch strafrechtlich untersucht werden.

Die Verbriefung lässt die Rechtsnatur der einzelnen Bestandteile eines Kreditportfolios unberührt. Die Vielzahl der Einzelkredite muss natürlich weiterhin verwaltet werden. Das tut die Zweckgesellschaft, welche die Kredite erworben hat, nicht. Ein Dritter (Servicer) wird eingeschaltet. Als Dienstleister kommt aber auch der Originator in Betracht. In jedem Fall begründet die Übernahme der Aufgabe einen Provisionsanspruch. Alles in allem ist dies nur der erste Schritt bei der Bildung komplexer Finanzprodukte.[16]

In einem zweiten Schritt geht es um die weitere Verbriefung von ABS-Anleihen in »Asset-Backed Commercial Papers (ABCP)«-Programmen. Dabei handelt es sich um eine Spielart der Verbriefung von Forderungen, die von den ABS-Anleihen zu trennen sind. Die Programme können von unterschiedlichen Gesellschaften gestaltet werden, aus deren Geschäftsbetrieb Forderungen aus dem Verkauf von Waren oder Dienstleistungen gegen Dritte entstehen. Die jeweilige Zweckgesellschaft oder die gesamte Verbriefungsstruktur nennt man übrigens auch »Conduit«. Das Conduit erzeugt durch den Ankauf der Forderungen einen Zahlungsstrom. Der Gewinn besteht aus der Marge aus dem mit einem Disagio (Abschlag) versehenen Ankauf der zinslosen Forderungen. Das für den Ankauf erforderliche Kapital erhält das Conduit aus der Emission von »Commercial Papers«, die – anders als bei der ABS-Verbriefung – kurzlaufende Wertpapiere in Form von Schuldverschreibungen sind, die Banken untereinander handeln.

Auf Grund ihrer kurzen Laufzeit ist die Zuteilung eines neuen Commercial Paper erforderlich, damit die zur Rückzahlung fälligen Papiere ausgezahlt werden können, weil die zugrundeliegenden Forderungen zuweilen erst zu einem späteren Zeitpunkt zur Rückzahlung an die Zweckgesellschaft fällig werden. Dort entsteht ein Gewinn, wenn der Ertrag aus einem mit dem Commercial Paper erworbenen Vermögensgegenstand höher ist als der Zins, den es an die Käufer der Commercial Papers zahlen muss. Es geht also um die Emission einer kurzlaufenden Refinanzierung, das heißt um entsprechende forderungsunterlegte Geldmarktpapiere.[17]

Die Teilnahme an solchen Programmen liegt für Unternehmen als Originatoren dann nahe, wenn sie ansonsten Kredite in Anspruch nehmen müssten. Der Forderungsankauf durch die Zweckgesellschaft verschafft ihnen Liquidität. Die Kalkulation des Originators zielt darauf ab, die Inanspruchnahme eines Kredits zu vermeiden und das Disagio so zu rechnen, dass es geringer ist als der ansonsten in Anspruch zu nehmende Kreditzins. Die Zweckgesellschaft dagegen gelangt durch die Refinanzierung über Commercial Papers günstig an Fremdmittel. Bei einem Forderungsankauf kann deshalb das Disagio so gering gehalten werden, dass sich der Originator für die Teilnahme am ABCP-Programm entscheidet und auf einen Kredit verzichtet. Dabei muss der Markt allerdings an die Werthaltigkeit der Commercial Papers glauben und der Zweckgesellschaft vertrauen.[18]

Die Bewertung des »Asset-Backed Commercial Papers (ABCP)«-Programms durch eine Ratingagentur mag eine vertrauensbildende Maßnahme sein. Je besser das Rating ausfällt, desto günstiger fällt für die Zweckgesellschaft die Refinanzierung über Commercial Papers aus. Jetzt kommen potente Marktteilnehmer ins Spiel, die die Rückzahlung der Commercial Papers garantieren. Der Kreis ist geschlossen. Dem Gläubiger ist die gefahrlose Zeichnung der Commercial Papers am Geldmarkt möglich. Sollte die Zweckgesellschaft mit ihren Zins- und Rückzahlungsversprechen ausfallen, schwebt über allem eine »rettende Hand«. Jetzt kann die Zweckgesellschaft so günstige Konditionen erlangen, dass sie die am Geldmarkt aufgenommenen Mittel zum Forderungsankauf nutzen und dabei dem Originator einen Preis bieten kann, der den Wettbewerb mit »Hauskrediten« gewinnt.[19]

Derartige Programme werden für Unternehmen in der Rolle von Originatoren als gute Alternative zum Factoring[20] angesehen. Bei isolierter Betrachtung mögen Verbriefungen zwar volkswirtschaftlich sinnvoll sein. Sie können aber auch gefährlich werden, weil nur große Unternehmen Refinanzierungsmöglichkeiten haben. Die Forderungsvolumina kleinerer Unternehmen generieren keinen so großen Zahlungsstrom, der in wirtschaftlich vertretbarer Weise verbriefbar wäre.

Als Ausweg kommt unter anderem die Beteiligung mehrer Banken in Betracht (»Multi-Seller-Konstruktionen«), bei denen ein »Refinanzierungsmittler« (§ 1 Abs. 25 KWG) zwischengeschaltet wird. Das sind Kreditinstitute, die von Refinanzierungsunternehmen oder anderen Refinanzierungsmittlern Gegenstände aus dem Geschäftsbetrieb eines Refinanzierungsunternehmens oder Anspruch auf deren Übertragung erwerben, um diese an Zweckgesellschaften oder Refinanzierungsmittler zu veräußern.

Zwar werden die ABCP-Programme grundsätzlich als solide eingeschätzt, weil sich die Zweckgesellschaften aus Forderungen unterschiedlicher Branchen speisen. Sie verlängern günstige Finanzierungswege bis in den Mittelstand und fördern daher die Chancengleichheit im Wettbewerb.[21] Gleichwohl hat das hier nur in Grundzügen geschilderte System der Verbriefung von Forderungen als Auslöser der Finanzkrise aus mehreren Gründen eine große Rolle gespielt. Vor allem in den USA haben sich die als Sicherung dienenden Forderungen bei den Realkrediten nicht als so werthaltig erwiesen, wie das von Ratingagenturen behauptet wurde. Durch die folgenden Herabstufungen entstanden bei den Käufern zahlreicher ABS-Anleihen Verluste. Die Krise erreichte ihr enormes Ausmaß aber erst deshalb, weil die eingegangenen Risiken für niemanden mehr erkennbar waren. Der Fortbestand der Bonität des Vertragspartners blieb unbekannt. Das Investitionsrisiko bei ABS-Anleihen erhöhte sich durch die Risiken der Garantien, Derivate und Kreditausfallversicherungen. Aus Intransparenz erwuchs Misstrauen gegenüber dem gesamten Finanzsystem einschließlich seiner Sicherungssysteme.[22]

Exzessive Fristentransformationen[23] beschleunigten die Reise an den Abgrund. Sie standen nicht in einem zwingenden Zusammenhang mit den Geschäften mit ABS-Anleihen. Es handelt sich um einen selbständigen Risikofaktor oder eine zweite Gefahrenquelle, die in den Banken selbst erzeugt wurde, indem man dem Prinzip »aus kurz mach lang« folgte. Mit dem Auftritt einiger deutscher Banken als Berater (auch als Arranger oder Sponsoren, also Refinanzierungsmittler) formal eigenständiger Zweckgesellschaften, die als Conduit konzipiert waren, begann ein weiterer »Teufelskreis«. Es ging dabei um den Ankauf von Forderungen, der über die Ausgabe von Commercial Papers refinanziert wurde. Dabei verzichtete man allerdings auf den Erwerb »originärer Forderungen«. Die Zweckgesellschaft kaufte vielmehr ABS-Anleihen. Die Refinanzierung erfolgte letztlich über Commercial Papers.[24]

Hinter der so kompliziert erscheinenden Entwicklung und Struktur stehen ein einfacher Sachverhalt und eine ebenso einfache Idee. Anlagen mit kürzerer Laufzeit werfen regelmäßig weniger Rendite ab als solche mit längerer Laufzeit. Auch bei unveränderter Bonität ergibt sich ein deutliches Gefälle. Der Käufer bestimmter Titel (zum Beispiel Finanzierungsschätze des Bundes beziehungsweise Bundesobligationen) erhält also für kurzlaufende Titel weniger Zinsen. Bundesanleihen rentieren sich bei langjähriger Laufzeit mehr, weil der Käufer das Risiko der zwischenzeitlichen Zinsänderung (das heißt das Risiko steigender Zinsen) trägt: Steigt der Marktzins, ist die Anleihe weniger attraktiv und fällt im Kurs.[25]

Das Gefälle kann man sich zunutze machen, indem man »am kurzen Ende« Kredite aufnimmt und das Kapital »am langen Ende« wieder anlegt. Der Zinsunterschied zwischen der kurzen und der langen Laufzeit ist der Gewinn (Zinsmarge). Damit scheint in der Tat die sich selbst nährende Geldmaschine in Betrieb gegangen zu sein. Risiken entstehen dabei aber dadurch, dass der Käufer die langlaufende Anleihe im Bestand halten muss. Andernfalls kommt es nicht zu dem erhofften Zinsfluss. Mangels zeitlicher Kongruenz der Refinanzierung muss die kurzlaufende Kreditierung, mit der die langlaufende Anleihe finanziert wurde, erneuert werden. Sonst wäre man nicht in der Lage, sie zu halten. An dieser Stelle liegt der neuralgische Punkt, an dem sich die Funktionsfähigkeit des Modells nur unter mehreren Prämissen bewähren kann:

1. Verfügbarkeit »billigen Geldes« bei aktueller Anschlussfinanzierung
2. niedrigeres Niveau der kurzfristigen Marktzinsen im Vergleich zu den langfristigen Marktzinsen
3. Sicherheit der zu erwartenden Zins- und Tilgungsleistungen »am langen Ende«, das mit kurzfristiger Kreditaufnahme finanziert wurde

Zur Erfüllung der ersten Prämisse muss der Finanzmarkt demjenigen noch vertrauen, der einen kurzfristigen Kredit wünscht. Fehlt es daran, kommt die Geldmaschine schon zum Stillstand. Entweder der Kredit wird versagt, oder er wird teurer. Die Zinskonditionen können sich sehr verschlechtern. Die Zinsmarge schrumpft, weil der Zins an dem zu finanzierenden »langen Ende« sich nicht verändert. Das ganze System scheitert bei einer schlechten Bewertung des Kreditnehmers. Der Grund ist einfach: Der Refinanzierungszins steigt über den unverändert gebliebenen Zins des »langen Endes«.

Im Hinblick auf die zweite Prämisse ist Folgendes bemerkenswert: Die Zinskurve kann sich umdrehen, wenn sich die Zinsstruktur ändert und die kurzfristigen Zinsen steigen. Es besteht also ein Zinsänderungsrisiko. Die Zinsstruktur wird »flach« beziehungsweise »invers«.

Zur dritten Prämisse ist anzumerken, dass man bei Ausfällen das zur Refinanzierung aufgenommene Kreditvolumen nicht mehr systemimmanent bedienen kann; deshalb muss Liquidität von außen beschafft werden.[26]

Es gibt noch eine Reihe weiterer Details, die zu einer Finanzierung langfristiger Kredite durch kurzfristige ständig wiederkehrende Einlagen bei ABS-Anleihen gehören. Sie dienen letztlich nur dazu, die Risiken dieser Transformation auszuschalten. Dazu gehören etwa Währungssicherungsgeschäfte, bei denen mit Hilfe der Fristentransformation das Zinsgefälle in unterschiedlichen Währungen genutzt wird. Der zusätzliche Absicherungsbedarf wird in diesen Fällen durch Devisenderivate bedient.[27] Die von deutschen Banken in Zweckgesellschaften praktizierte Fristentransformation lief über folgende Stationen:

- Kauf von ABS-Anleihen durch die von der Bank beratenen Zweckgesellschaften
- Bevorzugung langlaufender Residential Mortgage-Backed Securities (RMBS/gebündelte Hypothekenkredite) wegen hoher Verzinsung
- Kreditaufnahme für den Kauf durch die Zweckgesellschaft über Commercial Papers
- ständig wiederkehrende Kreditfinanzierung des Kaufpreises durch ständig sich ablösende kurz laufende Kredite
- Erzielung einer attraktiven Zinsmarge (beispielsweise bei Zinsen von sieben Prozent bei ABS-Anleihen und Zinssätzen von zwei bis drei Prozent bei den zur Refinanzierung dienenden, von der Zweckgesellschaft emittierten Commercial Papers)
- Gewährung kurz laufender Kredite an die fristentransformierende Zweckgesellschaft durch den Markt bei Einstufung der Zweckgesellschaft als »gute Adresse«

Vor diesem Hintergrund zeichnet sich der Mechanismus ab, mit dem das erforderliche Vertrauen hergestellt wurde: Die beratende Bank garantiert den Käufern der Commercial Papers die Rückzahlung des Kredits. Auf einmal war die unterkapitalisierte Zweckgesellschaft so eine »gute Adresse«. Die Möglichkeit zur Aufnahme günstiger und immer wieder gewährter Kredite war eröffnet: »Damit war der Teufelskreis geschlossen, und das Perpetuum des Geldes nahm Fahrt auf.«[28]

So konnten die deutschen Banken zunächst sehr viel Geld verdienen. Die Zinsmarge wurde umso größer, je höher die in den kreditunterlegten Wertpapieren angelegten Summen wurden. Der entsprechende Gewinn floss dem beratenden und garantierenden Refinanzierungsmittler, das heißt den beteiligten Banken zu. Die Aufblähung der Volumina durch die Zweckgesellschaften schien kein Ende zu nehmen. Bis es zu der fatalen Wechselwirkung mit dem US-amerikanischen Häusermarkt kam. Die von den deutschen Banken gesponserten Zweckgesellschaften konnten von RMBS-Anleihen nicht genug bekommen. Die Bereitschaft zur Kreditgewährung auch an schlechte Schuldner wuchs ins Unermessliche. Der zitierte Teufelskreis drehte sich immer schneller. Die Originatoren, hier also die kreditvergebenden Banken in den USA, sahen sich nicht mehr zu einer sorgfältigen Bonitätsprüfung veranlasst. Die gestiegene Nachfrage der Zweckgesellschaften nach RMBS-Anleihen ermöglichte die Zuteilung der Kredite und deren Weitergabe – wie bei einer »heißen Kartoffel«.[29]

Der Zinsanstieg in den USA gilt als der wichtigste Auslöser des Systemzusammenbruchs. Die einsetzende variable Verzinsung der Immobilienkredite hat viele Kreditnehmer wirtschaftlich überfordert. Es wäre aber vermutlich ohnehin zum »Crash« gekommen. Bei zu vielen Krediten war die Rückzahlung von Anfang an ungewiss. Insbesondere in den USA hatten sowohl die Refinanzierungsmittler als auch die Ratingagenturen versagt.

Letztlich haben auch alle sonstigen Beteiligten (Rechtsanwälte, Wirtschaftsprüfer und so weiter) auf allen Verbriefungsstufen zu viel Geld verdient. Inhärente Prüfungs- und Abschaltmechanismen gab es in der Geldmaschinerie nicht. Die mit Residential Mortgage-Backed Securities (RMBS) unterlegten Kreditschulden wurden nicht mehr ausreichend bedient. Die ABS-Anleihen hatten das ganze System destabilisiert. Die mit privaten Baukreditforderungen unterlegten RMBS hatten keine Stütze mehr. »Backed Securities« wandelten sich in »Naked Securities«. Ein riesiger Berg von Schrottanleihen – »Junk-Bonds« – entstand. Er fand keinen Käufermarkt. Große Investmenthäuser gerieten in schwere Krisen, weil sie den Überblick über Garantien und Derivate verloren hatten. Die Kettenreaktion begann und führte auch bei Kreditversicherern wie der America International Group (AIG) zu einem unüberschaubaren Schaden.[30]

Der Kollaps der US-Investmentbanken erfolgte ein Jahr nach dem faktischen Zusammenbruch der fristentransformierenden Zweckgesellschaften. Nach dem Zusammenbruch des RMBS-Marktes im Sommer 2007 waren sie in der Zange. Die Geldmaschine brannte aus. Es bleibt nur die Frage, ob es sich um fahrlässige oder vorsätzliche Brandstiftung handelte. Die Antworten liegen nicht immer auf der Hand. An folgende Punkte ist zunächst zu erinnern:

· Stockung des Handels am Markt mit ABS-Anleihen als Krisenfolge
· Erhöhung der Risiken der Fristentransformation auf Grund des Mangels eines jederzeit liquiden Sekundärmarktes
· mangelnde tatsächliche Gelegenheit für die Berater der Zweckgesellschaften zur Reduzierung des ABS-Anleihebestands wegen Preisverfalls

- Liquiditätsbedarf der Zweckgesellschaften wegen der laufenden Fälligkeit der zur Refinanzierung ausgegebenen Commercial Papers
- Abhängigkeit der Zweckgesellschaften auf »das kurze Ende«
- fortgesetzter Zwang zu immer wiederkehrenden Kreditaufnahmen

Dem Markt für Commercial Papers blieb die ABS-Krise nicht verborgen. Man wollte wissen, welche Absichten die Emittenten dieser Papiere verfolgen. Er verweigert sich schließlich bei Investitionen in RMBS. Die Zweckgesellschaften wurden von der Liquiditätszufuhr abgeschnitten oder mussten hohe Zinsen zahlen. Ihre Insolvenz wurde absehbar: Die Investitionen »am langen Ende« waren unverkäuflich oder nur mit Verlusten veräußerbar. »Am kurzen Ende« mussten fällige Kredite getilgt werden. Die zur Begründung der Verkehrsfähigkeit der Commercial Papers den Zweckgesellschaften gegenüber abgegebenen Garantieerklärungen der beratenden Banken hatten nicht die geplanten Wirkungen. Mit den fortlaufenden Fälligkeiten der Commercial Papers wuchs der Saldo der aufzubringenden Mittel für die Zweckgesellschaften täglich. Die Banken hatten sich mit ihren Ausfallgarantieerklärungen in eine aussichtslose Lage manövriert. Es blieb ihnen nur der Griff in die Kasse der Steuerzahler. Sie wurde nicht nur in den USA von den jeweiligen Regierungen geöffnet.[31]

Die hier nur sehr fragmentarisch geschilderten Verhältnisse erschweren wohl eher die Begründung einer strafrechtlichen Verantwortlichkeit der Architekten und Bewohner der über die ganze Welt verstreuten Luftschlösser, aus denen heraus am Ende extrem giftige Schwaden über Länder und Kontinente zogen. Natürlich bilden komplexe Finanzgeschäfte einen Nährboden für eine entsprechende Kriminalität. Komplexität als solche ist zwar nicht strafbar. Neue Finanzierungs- und Anlageformen können durchaus legale Gewinnmöglichkeiten eröffnen. Sie können aber auch Möglichkeiten schaffen, den Vertragspartner oder Marktteilnehmer zu übervorteilen. Konstruiert und strukturiert man quasi im Reagenzglas Finanzprodukte, mit denen man dem Erwerber oder dem Publikum eine nicht vorhandene Solidität oder eine scheinbar attraktive Renditeaussicht vorspiegelt, dient die Komplexität des Produkts nur der Verschleierung allfälliger Risiken. Und natürlich gibt es Möglichkeiten, den Zuschnitt dieser Produkte so individuell zu gestalten, dass sie an der Naivität, Unkenntnis oder Gier der jeweiligen Anlegerkreise ausgerichtet sind.[32]

7 MÖGLICHKEITEN DER STRAFVERFOLGUNG

Die Zusammenhänge zwischen Komplexität und Kriminalität prägen die seit 2007 anhaltende Finanzkrise. Besonders beunruhigend ist, dass diese Entwicklung den Finanzmarkt selbst erfasst hat und professionelle Marktteilnehmer die Risiken der von ihnen getätigten Geschäfte nicht mehr überblicken. Selbst sie sind zum Opfer der Komplexität geworden. Bis zum Ausbruch der Krise schienen Rechtsgüter wie das »Vertrauen in die Funktionsfähigkeit des Kapitalmarkts« oder das »Vertrauen in die Funktionsfähigkeit des Kreditwesens« nur einen abstrakten, theoretischen und synthetischen Charakter gehabt zu haben.

Deren Gefährdung beziehungsweise Schädigung hat mittlerweile jedoch sehr konkrete Formen angenommen. Die eingetretenen Erschütterungen lassen von einer »Systemvertrauenskrise« sprechen. Der Vertrauensverlust hat handfeste Ursachen. Verschärft wurde die Entwicklung dadurch, dass man die eigene Risikoabschätzung durch fremde Risikoeinschätzung ersetzte, sie also in »Ratings« auslagerte. Diese Ratings erwiesen sich jedoch als zu positiv und mussten von ihren Verkündern korrigiert werden.[1] Die Frage, ob und gegebenenfalls nach welchen Kriterien die Ratingagenturen von kriminellen Vereinigungen oder dreisten Versagern und Betrügerorganisationen abzugrenzen sind, ist damit aber immer noch nicht beantwortet.

Natürlich gibt es Zeitgenossen, die alles schon vorher gewusst haben. Soweit sich darin eine prinzipielle Risikoaversion offenbart, muss man jedoch akzeptieren, dass diese kein Maßstab für wirtschaftliches Handeln ist. Spekulation ist grundsätzlich legal und gehört zur Aufgabe von Bankmanagern. Insoweit wären strafrechtliche Konsequenzen absurd. Dennoch ist es keine Lösung, die Frage nach der strafrechtlichen Haftung zu überspielen und alles in eine »systemische Krise« umzudeuten, für die niemand persönlich haftet.

Das Fazit ist klar: »Der Umstand, dass letztlich eine systemische Krise entstanden ist, zeichnet nicht von strafrechtlicher Verantwortlichkeit frei, wenn zudem auf dem Weg in diese Krise gegen Strafvorschriften verstoßen worden sein sollte. In diesem Zusammenhang stellt sich somit die Frage nach der Vermeidbarkeit der für eine Untreuestrafbarkeit tatbestandlich vorausgesetzten Schädigung des Vermögens der Banken. Allein der Umstand, dass es in den Jahren 2007 und 2008 auf der einen Seite Banken gab, die die Krise mit noch verschmerzbaren Verlusten bewältigen konnten, und auf der anderen Seite Banken, die mit aberwitziger Geschwindigkeit und ohne jede Steuerungsmöglichkeit in den Ruin rasten, zeigt deutlich, dass es im Vorfeld nicht nur unterschiedliches Verhalten, sondern auch eine Vermeidbarkeit derartiger Folgen gab.« [2]

UNTREUETATBESTAND

Im Mittelpunkt des strafrechtlichen Interesses bei der Betrachtung der Finanzkrise steht der Untreuetatbestand nach Paragraph 266 Absatz 1 Strafgesetzbuch (StGB). Eine Diskussion der damit verbundenen Fragen ist schon deshalb sehr schwierig, weil es bei strafrechtlichen Prüfungen immer nur um individuell zurechenbare Verantwortung geht. Es kommt also entscheidend auf die Umstände des Einzelfalls an. Die geschilderten Modelle, Strukturen und Methoden müssen tatsächlich im Hinblick auf die von einem Verdächtigen getätigten konkreten Geschäfte entschlüsselt und im Sinne eines Schuldvorwurfs bewertet werden. Es liegt auf der Hand, dass auf Grund der Vielfalt der denkbaren Fallkonstellationen hier nur wenige Kernfragen einer möglichen strafrechtlichen Haftung behandelt werden können.[3]

Strafrechtlich relevante Untreue kann in der Gestalt des »Missbrauchstatbestandes« oder des »Treubruchtatbestandes« vorliegen. Im ersten Fall geht es um den Missbrauch der Macht, für einen anderen wirksam Rechtsgeschäfte abschließen zu können. Im zweiten Fall geht es auch um anderweitige schädliche Handlungen. In jedem Fall müssen für die mögliche Strafbarkeit ein Schaden und eine Verletzung der sogenannten Vermögensbetreuungspflicht vorliegen. Der Missbrauchstatbestand erfasst nach außen wirksame Rechtsgeschäfte, die das »rechtliche Dürfen« nach innen verletzen.

Aus einer (nur) tatsächlichen Zugriffsmöglichkeit auf fremdes Vermögen folgt noch keine Vermögensbetreuungspflicht. Soweit rechtlich begründet vorhanden, muss es sich dabei um eine »Hauptpflicht« handeln.[4]

Bankvorstände haben regelmäßig eine Vermögensbetreuungspflicht, die sich gleichermaßen auf das Bankvermögen wie auf das Kundenvermögen erstreckt. Im Hinblick auf die Vermittlung von ABS-Anleihen (forderungsbesicherte Wertpapiere), die Übernahme von Ausfallgarantien oder die Beratung einer Zweckgesellschaft dürften weisungsabhängige Angestellte als Täter einer Untreue kaum in Betracht kommen. Man kann aber auf Grund einer sehr facettenreichen Arbeitsteilung nicht ausschließen, dass auch hierarchisch nachgeordnete Angestellte etwa im Zusammenhang mit Auswahlentscheidungen im Wertpapierhandel einer Vermögensbetreuungspflicht unterliegen können. Eine Untreue kann sogar im Handel mit sicheren Bundesanleihen vorkommen. Im Folgenden liegt der Fokus auf dem ABS-Geschäft, bei dem man auch zwischen der grundsätzlichen Entscheidung zur Marktteilnahme und ihrer konkreten Umsetzung differenzieren muss.[5]

Bei der Prüfung der Voraussetzungen des Untreuetatbestandes ist eine Beschränkung auf Fragen der Pflichtwidrigkeit und des bewirkten Vermögensnachteils geboten. Man darf aber zunächst nicht vergessen, dass Geschäftsleiter von Kreditinstituten im Rahmen einer rechtsgültigen Zulassung geradezu die (arbeitsvertragliche) Pflicht zur Eingehung von Risiken haben. Risikofreie Kreditgeschäfte, der Kernbereich der Bankentätigkeit, sind nicht denkbar. Beim Handel mit ABS-Anleihen handelt es sich letztlich um ein Kreditersatzgeschäft. Deshalb sind die Grundsätze zur Untreuestrafbarkeit auch in diesem Bereich anwendbar.[6] Bei der Frage nach der Pflichtwidrigkeit von Kreditvergaben geht es zumeist darum, ob die für eine Person handelnde Bank nach außen wirksame Geschäfte abgeschlossen hat, die ihr intern nicht erlaubt waren (Missbrauchstatbestand). Die hier in Rede stehenden Geschäfte fanden aber nur mit Billigung oder unter Federführung der Vorstände statt.

Damit ist die Frage des »rechtlichen Dürfens« keineswegs erledigt. Dazu muss das gesamte rechtliche Umfeld berücksichtigt werden. Bei Kreditvergaben spielt das Bankenaufsichtsrecht eine wichtige Rolle. Der Charakter des Untreuetatbestandes ist insoweit abhängig von Vorschriften aus anderen Rechtsgebieten. Er ist also unter Berücksichtigung des bankenrechtlichen Kontextes oder Normenzusammenhangs auszulegen. Das ist nicht einfach, weil Untreue nicht bloß eine Summe aus bankaufsichtsrechtlicher Pflichtverletzung und Schaden ist. Verstöße gegen das Bankaufsichtsrecht sind also nicht automatisch einem pflichtwidrigen Handeln im Sinne des Untreuetatbestandes nach Paragraph 266 Absatz 1 StGB gleichzusetzen. Sie können aber eine gewisse Indizwirkung haben.

Richtig ist der Bezug auf den kreditwirtschaftlichen Normenzusammenhang. Eine Kreditvergabe steht immer in Verbindung mit dem Bankvermögen, einem Schutzgut des Untreuetatbestandes. Die Ausrichtung am Bankenaufsichtsrecht vermittelt auch Rechtssicherheit. Damit wird eine Grenze beschrieben, deren Überschreitung mit einem erkennbaren Risiko strafrechtlicher Haftung verbunden ist.

Ein weiteres Kriterium für die Bejahung einer eventuellen Untreuestrafbarkeit liegt in der Existenzgefährdung eines Arbeitgebers oder Instituts, die durch Handlungen von Verantwortlichen ausgelöst wird. Man wird von einem nicht disponiblen Verbot existenzgefährdender Handlungen ausgehen dürfen, das durch den Untreuetatbestand geschützt wird. Das gilt insbesondere für Vertretungsorgane (Geschäftsführer und Vorstand). Der Treubruchtatbestand kann somit auch durch bestimmte existenzgefährdende ABS-Geschäftsmodelle verwirklicht werden, insbesondere wenn damit Grundsätze der Liquiditätspolitik und/oder der Risikostreuung missachtet wurden. Auch unvermeidlich riskante und gleichwohl zulässige Geschäfte dürfen nie ein Volumen annehmen, dass sie die Existenz eines Unternehmens bedrohen.

Dem Verbot existenzgefährdender Verhaltensweisen kommt für die rechtliche Würdigung der Finanzkrise eine besondere Bedeutung zu. Unabhängig von der Frage eines aufsichtsrechtlichen Fehlverhaltens dürfte das Betreiben existenzgefährdender Geschäftsmodelle regelmäßig pflichtwidrig sein. Sollte der Aufsichtsrat so etwas gebilligt haben, muss er ebenfalls dafür einstehen.[7] Die Prüfung der Pflichtwidrigkeit im ABS-Geschäft findet auf mehreren Ebenen statt:

· Auslagerung von Krediten in Zweckgesellschaften
· Erwerb von ABS-Anleihen
· Fristentransformation als solche
· Fristentransformation bei Umgehung der Eigenkapitalunterlegung
· exzessive Fristentransformation in Zweckgesellschaften
· Vorhersehbarkeit der Risikorealisierung bei Liquiditätslinien

In der juristischen Fachliteratur wird behauptet, dass einer Auslagerung von Krediten in Zweckgesellschaften wegen aufsichtsrechtlicher Zulässigkeit grundsätzlich keine strafrechtliche Relevanz zukomme. Deswegen sei auch eine Unterlegung der Übertragung mit Eigenkapital nicht erforderlich.[8] Das gelte nur dann nicht, wenn die Bank (als Originator) trotz Zession für Risiken, die mit den Forderungen verbunden sind (Ausfall), Garantieerklärungen abgibt und auf diesem Wege in Anspruch genommen werden kann. Ansonsten bleibe es dabei: »Eine Unterlegung ›verkaufter Kredite‹ mit Eigenkapital ist sinnlos.«[9]

Der Erwerb von ABS-Anleihen durch Banken wird als solcher nicht als pflichtwidrig betrachtet. Es handele sich um eine rechtmäßige und moderne Form der Forderungskapitalisierung. Sie verschaffe dem Originator Zugang zum Kapitalmarkt und biete dem Erwerber (einer Bank) erhöhte Ertragschancen. Die Forderungsverbriefung sei nicht mit einem Schneeballsystem gleichzusetzen.[10]

Der Vergleich gehe für ABS-Anleihen insgesamt zu weit. Das gelte auch für die mit Privatkrediten unterlegten »Residential Mortgage-Backed Securities«-Anleihen (RMBS/gebündelte Hypothekenkredite), auch wenn dort ein Raum für pflichtwidriges Handeln bestehe. Die Frage der Pflichtwidrigkeit lasse sich indessen wie bei sonstigen Risikogeschäften immer von vornherein (»ex ante«) beantworten. Da der Markt über Jahre funktionierte, würden diejenigen einem »Rückschaufehler« unterliegen, die vermeintlich immer schon wussten, dass das alles nicht gutgehen kann. Es handele sich um eine retrospektive Überschätzung der Vorhersehbarkeit. Wissen, das dem Täter erst nach der Krise zur Verfügung stand, aber nicht zum Zeitpunkt seines Handelns, könne nicht Maßstab einer strafrechtlichen Würdigung sein. Die Tatsache der schlechten Bonität von Schuldnern – »Subprime-Kredite« – begründe allein noch keine Pflichtwidrigkeit. Es sei Teil des Bankgeschäfts, auch riskante Geschäfte einzugehen, bei denen das erhöhte Risiko mit einem höheren Zins vergütet wird. Und das sei bei RMBS-Anleihen der Fall gewesen.[11]

Die Fristentransformation als solche sei auch nicht pflichtwidrig. Die zeitliche Kongruenz von Aktiv- und Passivgeschäft sei überholt. Mit der Fristentransformation werde die Kapitalallokation in einer Volkswirtschaft optimiert. Eine Bank habe die Aufgabe, die bei ihr eingehenden Einlagen alsbald als Kredit zu vergeben. Eine Verzinsung von Girokonten oder

Festgeldern sei ohne Fristentransformation praktisch unmöglich. Durch den bloßen Einzahlungsvorgang entstehe kein Ertrag. Die Auskehrung des Geldes als Kredit sei praktizierte Fristentransformation.[12]

Sie finde aber in einem aufsichtsrechtlichen Umfeld statt, das über die Liquiditätssicherung und die Eigenkapitalunterlegung auf eine Begrenzung des Engagements abziele. Die Liquiditätszusagen der Banken gegenüber den Zweckgesellschaften für die Refinanzierung ihrer Commercial Papers waren wegen der kurzen Laufzeit dieser Papiere zur Tatzeit jedoch grundsätzlich nicht mit Eigenkapital zu unterlegen. Darin sieht man einen schweren »Webfehler« des Bankenaufsichtsrechts. Dessen ungeachtet kann die exzessive Fristentransformation in Zweckgesellschaften, für die deutsche Banken in sehr hohem Umfang Ausfallgarantien übernahmen, rechtswidrig und strafrechtlich relevant sein. Auch bei einem Mangel risikopolitischer Anweisungen darf der Vorstand keine existenzgefährdenden Risiken eingehen.[13]

Das (Beratungs-)Honorar, das an die Bank als Refinanzierungsmittler floss, war der Ausdruck der Zinsmarge. Das ist so lange legal, wie keine verdeckte und trotz Einschaltung der rechtlich eigenständigen Zweckgesellschaften doch auf das Risiko der Bank gehende und existenzgefährdende Fristentransformation betrieben wird. Genau das war aber der Fall, wenn Banken großvolumige Emissionen von besicherten Geldmarktpapieren seitens der fristentransformierenden Zweckgesellschaften durch Garantien begleiteten. Die übernommenen Garantien bezeichnete man als »Liquiditätslinien«. Das heißt nichts anderes, als dass die Bank (als Refinanzierungsmittler) den Gläubigern der besicherten Geldmarktpapiere die Rückzahlung des Kapitals nach Ablauf der kurzen Laufzeit für den Fall verspricht, dass die Zweckgesellschaft als eigentlicher Schuldner das selbst nicht kann.[14]

Dieses Vorgehen gilt als fragwürdig, auch wenn man nur von der temporären Beanspruchung solcher »Liquiditätslinien« im Fall von »Marktstörungen« ausging. Man scheint dabei aber gern zu vergessen, dass die Banken im Ergebnis ein komplettes Kreditrisiko übernommen haben. Das erklärt auch, dass sich manche deutsche Banken (zum Beispiel IKB Deutsche Industriebank AG und Sächsische Landesbank) bereits im Sommer 2007 unaufhaltsam und immer schneller auf die Insolvenz zu bewegten. Fristentransformation in den Zweckgesellschaften und Liquiditätslinien bildeten zusammen ein »aberwitziges Risiko«, das die Banken in den Abgrund gerissen habe. Die Eingehung eines derartigen Risikos wird als pflichtwidrig empfunden.[15]

Die angebliche Unvorhersehbarkeit der Beanspruchung der Liquiditätslinien in größerem Umfang entlastet aus mehreren Gründen nicht[16]:

· Funktionalität der aufsichtsrechtlichen Pflicht zur Risikoabsicherung durch Eigenkapital als Vorkehrung gegen »unvorhersehbare« Risiken
· Unvertretbarkeit und Pflichtwidrigkeit einer »Lückenstrategie« im System der Eigenkapitalunterlegung zur exzessiven Nutzung der Fristentransformation mittels kurzlaufender Commercial Papers in Zweckgesellschaften ohne Eigenkapitalunterlegung
· Vorhersehbarkeit der Risiken exzessiv betriebener Fristentransformationen

In einem Satz: Die exzessive Fristentransformation in Zweckgesellschaften war eine Pflichtwidrigkeit im Sinne des Untreuetatbestandes, weil die betroffene Bank existenzgefährdenden Risiken ausgesetzt wurde.

Die Zweckgesellschaften waren nur auf dem Papier eigenständig. Faktisch war das dort »rechtlich« angesiedelte Risiko in Wahrheit ein Risiko der Bank. Die Verschleierung dieses Risikos mit Begriffen wie »Liquiditätslinie« und die Einstufung der übernommenen Garantie als bilanziell zu vernachlässigende Eventualverbindlichkeit ändert an der Pflichtwidrigkeit nichts; sie wird dadurch eher erhöht.[17]

Tatsächlich ist die Garantieübernahme im Hinblick auf das Ausfallrisiko bei der exzessiven Fristentransformation in Zweckgesellschaften ein gravierender Pflichtverstoß, der die dauerhafte Rentabilität und letztlich den Bestand ganzer Unternehmen gefährdete. Das geschah, weil die Zweckgesellschaften wegen der Volumina hoffnungslos unterkapitalisiert waren, ein Umstand, der für die Banken ein existentielles Risiko darstellte.

Es war auch »ex ante« möglich, den Kollaps des Systems im Fall von Marktstörungen vorauszusehen, auch wenn das von interessierten Kreisen bestritten wird.[18] Angesichts des »irrwitzigen« Ausmaßes der Fristentransformation ist es alles andere als überraschend, dass die betroffenen deutschen Banken gleich zu Beginn der Krise zusammenbrachen.[19] Es war die Pflicht der Verantwortlichen, die Märkte für ABS-Anleihen und für RMBS-Anleihen ständig zu beobachten. Sie hätten schon im Jahre 2005, spätestens aber Anfang 2007, die Notwendigkeit des Risikoabbaus und die Gefährlichkeit der Ausfallgarantien erkennen können und müssen.[20]

Bei der Prüfung der Pflichtwidrigkeit ist ein »Ex-ante-Maßstab« anzulegen. Dabei mag man berücksichtigen, dass es zwar über Zinsswaps (Zinsabsicherungsgeschäfte) (unzureichende) Versuche einer Feinsteuerung der durch die Fristentransformation begründeten Risiken gab. Das bekannte Risiko der Umkehrung der Zinskurve war aber damit genauso wenig zu bändigen wie bei derivativ ausgeschalteten Risiken im Verhältnis des US-Dollar zum Euro. Unzureichende Absicherungen bewirkten einen »Gefährdungsschaden«.[21] Man schwelgte unterdessen geradezu in einem überzogenen, wenn nicht »blindem« Vertrauen in die Ratings, die das Risiko »am langen Ende«, das heißt die Gefahr eines Wertverlusts der erworbenen ABS-Anleihen, völlig falsch einschätzten.

Hier wäre sehr detailliert auch von Strafverfolgungsbehörden zu prüfen, aus welchen Gründen die Ratingagenturen zu ihren »Fehleinschätzungen« kamen. Eine Alternative könnte lauten: Inkompetenz oder kriminelle Energie. Dabei wäre zu diskutieren, ob im Fall von Ignoranz und Unfähigkeit auch eine Strafbarkeit nach den Grundsätzen einer fahrlässigen Begehungsweise in Betracht kommen könnte. Wie auch immer: Die Risikoübernahmen waren auch deshalb unvertretbar, weil es für die erworbenen ABS-Anleihen keinen halbwegs liquiden Sekundärmarkt gab, also von »vorneherein« nur begrenzte Ausstiegsmöglichkeiten zur Verfügung standen.

Der Hinweis darauf, dass die Zweckgesellschaften die RMBS-Anleihen zu Zeiten funktionierender Märkte übernommen hatten, entlastet nicht. Hätten die Bankvorstände ihre Überwachungspflichten erfüllt, wäre spätestens Anfang 2007 eine nachhaltige Risikoreduzierung zu veranlassen gewesen. Es war auf jeden Fall unverantwortlich, sich in dieser Phase noch auf die Angaben von Ratingagenturen zu verlassen, die sich zu dieser Zeit schon in strategische Lügen oder Selbsttäuschungen verstrickt haben mussten. Das Verhalten manch anderer Banken zeigt, dass die Risiken durchaus erkennbar waren. Dementsprechend stellten sie den Betreibern exzessiver Fristentransformation auch kein »frisches« Geld mehr zur Verfügung.[22]

Auch der Hinweis auf die zur Tatzeit geltenden Regelungen über Eigenkapitalunterlegung und Liquiditätssicherung nach »Basel I«[23] hat keine entlastende Wirkung. Selbst wenn man annehmen wollte, dass die Garantieübernahme für fristentransformierende Zweckgesellschaften nicht eigenkapitalpflichtig sei, wird eine existenzgefährdende Politik nicht zum erlaubten Risiko. Die Vorstände von Banken und Aktiengesellschaften waren unter keinem rechtlichen Gesichtspunkt zur Eingehung von Risiken autorisiert, die im Falle ihrer Realisierung den Untergang des Unternehmens bewirken. Lücken in der Eigenkapitalunterlegungspflicht dürfen nicht zur Ansammlung entsprechender Risiken missbraucht werden.

Daran ändert sich auch nichts dadurch, dass Risiken – noch dazu in Übereinstimmung mit den Wirtschaftsprüfern! – bilanzrechtlich als »Eventualverbindlichkeit« behandelt wurden. Die Testate von Wirtschaftsprüfern, die natürlich ihre höchst eigenen Profitinteressen haben, exkulpieren selbstverständlich ebenfalls nicht.[24] Im Gegenteil: Es wäre auch eine strafrechtliche Prüfung darüber angemessen, ob die einschlägigen Firmen durch bestimmte Formen absichtlich arglistigen gemeinschaftlichen Zusammenwirkens Straftatbestände verwirklicht haben, die in ihrer Schädlichkeit weit über die Aktivitäten konventioneller krimineller Vereinigungen hinausgehen.

Bei den Landesbanken folgt die Pflichtwidrigkeit bereits daraus, dass sie kraft ihrer Rechtsnatur auf die Verfolgung öffentlicher Zwecke festgelegt sind. Die reine Gewinnerzielungsabsicht, also das mit keinem öffentlichen Zweck verbundene reine Gewinnstreben, ist eben kein öffentlicher Zweck. Der Staat hat sich durch Steuern und Abgaben zu finanzieren. Durch den Kauf amerikanischer Wertpapiere, der sich allein bei drei deutschen Landesbanken auf ein Gesamtvolumen von fast 80 Milliarden Euro summierte, wurde auch nicht mittelbar ein öffentlicher Zweck verfolgt. Der in der juristischen Literatur geforderte »Schutzzweckzusammenhang« zwischen der Pflichtwidrigkeit und einem dadurch verursachten Schaden liegt ebenfalls vor. Mit der Beschränkung öffentlicher Rechtsträger auf die Verfolgung eines öffentlichen Zwecks sollen gerade auch der Staat und die öffentliche Hand vor ökonomischen Experimenten geschützt werden. Dazu gehörten geradezu paradigmatisch die in einem unglaublichen Umfang betriebenen Investitionen in das intensive Schneeballsystem der gebündelten Hypothekenkredite. Jede halbwegs seriöse Prüfung hätte den Charakter der zugrundeliegenden Modelle enthüllt.

Es war übrigens auch vorhersehbar, dass der Zusammenbruch dieses

Schneeballsystems die gut bewerteten Anteile in Mitleidenschaft ziehen und deren Refinanzierbarkeit zerstören musste. Deshalb ist die Schlussfolgerung zwingend, dass die Teilnahme an diesem Markt in den von den Landesbanken praktizierten Dimensionen und Formen »eklatant pflichtwidrig« war.

Man könnte aber auf die Idee kommen, dass eine objektive Pflichtwidrigkeit nicht gegeben war, weil die Verantwortlichen sich auf die Bewertungen der Ratingagenturen verließen. Zu diesem Argument hat der Gesetzgeber in gewisser Weise eingeladen. Er hat in der Verordnung über die angemessene Eigenkapitalausstattung von Instituten, Institutsgruppen und Finanzholding-Gruppen (Solvabilitätsverordnung/SolvV) vom 14. Dezember 2006[25] für die Ermittlung des notwendigen Eigenkapitals in bestimmten Fällen auf die Bonitätsbeurteilungen anerkannter Ratingagenturen verwiesen und ein entsprechendes Anerkennungsverfahren geregelt.

Hier ist nicht zu entscheiden, ob die bloße Orientierung an den Einschätzungen der Ratingagenturen die Pflichtwidrigkeit entfallen lassen kann. Denn die Verantwortlichen der deutschen Banken haben sich bei ihren Investments in gebündelte Hypothekenkredite der Kontrolle der Bundesbank und der Bankenaufsicht entzogen, indem sie ausländische Zweckgesellschaften einschalteten. Zudem beschränkten sie die erforderlichen Bürgschaften auf ein Jahr oder weniger. Damit bewirkten sie, dass Kreditzusagen nicht auf das Eigenkapital anzurechnen waren, eine Rechtslage, die nach Paragraph 8 der »Basel-I-Grundsätze über die Eigenmittelausstattung« bis 2007 galt. Entsprechend der anfänglichen Planung wurden die Bürgschaften jeweils für ein weiteres Jahr verlängert.

Die seit 2007 nach dem Kreditwesengesetz in Verbindung mit der Solvabilitätsverordnung geltenden Meldepflichten wurden so gezielt umgangen. Wenn aber ein staatlich geregeltes Kontrollverfahren absichtlich neutralisiert wird, kann die Pflichtwidrigkeit natürlich nicht mit dem Argument bestritten werden, dass es im rein hypothetischen Fall der beanstandungsfreien Beschreitung dieses Verfahrens einen »Gutglaubensschutz« gegeben hätte. Im übrigen könnte selbst ein berechtigtes Vertrauen auf die Richtigkeit der Ratings nicht die selbständige Pflichtwidrigkeit heilen, die sich aus der fehlenden Berücksichtigung des »Klumpenrisikos« ergibt. Letztlich gilt grundsätzlich, dass Umgehungskonstruktionen ein gesteigert pflichtwidriges Verhalten darstellen.[26]

Voraussetzung für eine Strafbarkeit wegen Untreue ist auch die Zufügung eines Nachteils für das Vermögen des Betroffenen (Bank und so weiter). Erfolgte der Kauf von ABS-Anleihen zu marktgerechten Preisen, entsteht dadurch (jenseits extremer Klumpenrisiken) aber kein Vermögensschaden. Dagegen ist die drohende Inanspruchnahme der Banken aus Garantien und Liquiditätslinien im Hinblick auf potentielle Existenzbedrohungen eine schadensgleiche Vermögensgefährdung. Sie wird konkret, wenn das Geschäft unvertretbare Risiken enthält. Das ist nach höchstrichterlicher Rechtsprechung der Fall, wenn der Täter bewusst »nach Art eines Spielers entgegen den Regeln kaufmännischer Sorgfalt eine aufs äußerste gesteigerte Verlustgefahr auf sich nimmt, nur um eine höchst zweifelhafte Gewinnaussicht zu erlangen.«[27] Der Schaden wird durch die mögliche Verlustgefahr verkörpert.

Die schadensgleiche Vermögensgefährdung ist keinesfalls mit einem hypothetischen Schaden zu verwechseln. Es handelt sich um einen echten Schaden, der durch die Tathandlung bewirkt werden muss. Der Schadenseintritt zeigt sich im Wertberichtigungs- oder Abschreibungsbedarf. Eine Verschlechterung der Vermögenslage muss bei wirtschaftlicher Betrachtung eingetreten sein.[28]

In den hier behandelten Phasen war von einem sicheren Schaden in jedem Fall ab dem Zeitpunkt auszugehen, als sich die allgemeine Gefahr exzessiver Fristentransformation verdichtete. Marktstörungen beziehen sich in diesem Zusammenhang nicht nur auf Refinanzierungsmärkte, also den Markt für besicherte Geldmarktpapiere. Gegenteilige Darstellungen sind falsch. Es wird in der Literatur betont, dass das Modell der exzessiven Fristentransformation auch das Risiko des »langen Endes« berücksichtigen musste.[29] Vertrauen gegenüber den Angaben der Ratingagenturen war nie angebracht, schon gar kein »blindes« Vertrauen. Das Risiko exzessiver Fristentransformation wurde spätestens mit den ersten Krisenanzeichen auf dem ABS-Markt konkret erkennbar. Die verbrieften privaten Kreditforderungen hatten keinen Wert. Die Preise der Anleihen verfielen rapide. Gefährlich wurde es nicht nur, weil der Zins »am kurzen Ende« stieg, sondern weil das fremdfinanzierte »lange Ende« (ABS-Anleihen«) an Wert verlor. Die konkrete Vermögensgefährdung der Banken war evident.[30]

Für eine Verurteilung wegen Untreue ist es schließlich erforderlich, dass alle objektiven Merkmale dieses Straftatbestandes vorsätzlich verwirklicht wurden. Insbesondere im Hinblick auf die Pflichtwidrigkeit ist in diesem Zusammenhang daran zu erinnern, dass die seinerzeit bestehende Lücke in den Regeln über die Eigenkapitalunterlegungspflicht ganz bewusst ausgenutzt wurde. Man wird sich deshalb nicht mit entlastender Wirkung darauf berufen können, dass man nicht vorsätzlich pflichtwidrig gehandelt habe, weil man nicht bewusst gegen aufsichtsrechtliche Regeln verstoßen habe. Jedem Vorstand musste das Risiko exzessiver Fristentransformation klar gewesen sein. Das war nicht nur kreditwirtschaftliches Allgemeinwissen. Auch die Versuche, einzelne Risiken über Zins- und Währungsderivate aufzufangen, zeigen, dass die Handelnden sehr wohl über die gefährliche Lage orientiert waren.[31]

Dessen ungeachtet wird darüber diskutiert, ob man auch behaupten kann, dass die Verantwortlichen die Gefährdung der Bank von Anfang an »billigend in Kauf genommen« haben, also mit einem »Eventualvorsatz« handelten. Es ist aber nicht auszuschließen, dass die Vorstände vom Erfolg ihres Geschäftsmodells fest überzeugt waren und an die Einschätzungen der Ratingagenturen glaubten. Wollte man sie wegen eines vorsätzlichen Handelns belangen, wäre indes die erwähnte Billigung erforderlich. Eine strafrechtliche Verantwortlichkeit verlangt, dass der Täter die Gefährdung des Bankvermögens erkennt und sich damit abfindet. Im Jahre 2007 häuften sich allerdings die Anhaltspunkte dafür, dass die abstrakte Gefährlichkeit der Fristentransformation entgegen der eigenen Erwartung und Risikostrategie auch für das jeweils eigene Geschäftsmodell akut war. Die rechtliche Konsequenz ist eindeutig. Soweit Vorstände die exzessive Fristentransformation weiter zuließen oder gar initiierten, liegt mindestens Eventualvorsatz, wenn nicht direkter Vorsatz vor. Daran ist nicht zu zweifeln, wenn ein Engagement unbeherrschbar ist oder gar die Existenz der Bank auf dem Spiel steht.

Unter Billigung ist dabei nicht zu verstehen, dass der Täter den Erfolgseintritt gutheißen oder für wahrscheinlich halten muss. Es genügt die Erkenntnis der Möglichkeit eines Erfolgseintritts und die Tatsache des »Sich-damit-Abfindens«. Bankvorstände, die Modelle exzessiver Fristentransformation zu verantworten haben, müssen also keineswegs die Schädigung ihrer Bank gewollt haben: Sie müssen diese Möglichkeit nur erkannt, ernstgenommen und gleichwohl weitergehandelt haben.

In der juristischen Literatur wird hervorgehoben, dass einiges dafür spreche. Die Angaben der Ratingagenturen wurden im Laufe des Jahres bis zur Unbrauchbarkeit immer unzuverlässiger. Sie waren überhaupt nicht mehr vertrauenswürdig. Es war nicht nur deshalb dringend notwendig, die Risiken zurückzufahren. Wer dies trotz des erkannten Risikos nicht getan hat, ist eines Deliktes der vorsätzlich begangenen Untreue verdächtig. Ein sofortiges Einschreiten wurde in dem Maße dringlicher, in dem das mittels der Fristentransformation bewegte Volumen anwuchs. Zweifelhaft ist, ob, wie in der Literatur behauptet wird, Grenzen der strafrechtlichen Vorwerfbarkeit erreicht sind, wenn jemand versucht hat, Risiken über Derivate oder Versicherungen et cetera einzufangen. Auch derjenige musste schon vor dem Ausbruch der Krise damit rechnen, dass ein Sicherungsgeber ausfallen könnte.[32]

Richtig bleibt dagegen, dass eine Würdigung der Finanzkrise nach den Vorgaben des Untreuetatbestandes nicht pauschal, sondern nur anhand der von den Bankvorständen konkret zu verantwortenden Geschäfte vorgenommen werden kann. Auch wenn man die Teilnahme am ABS-Geschäft grundsätzlich nicht für pflichtwidrig hält, ist nicht zu bestreiten, dass dort »gehörige« Anhaltspunkte für eine Strafbarkeit wegen Untreue bestehen, wo ABS-Anleihen Gegenstand exzessiver Fristentransformation waren und Banken darauf bezogene Garantieerklärungen abgegeben haben, die nicht mit Eigenkapital unterlegt waren.[33]

Auch beim subjektiven Tatbestand der Untreue, der also Vorsatz erfordert – wobei bedingter Vorsatz eben genügt –, wird das Argument relevant, es habe sich doch um ein »Systemversagen« gehandelt, denn die beteiligten Banker hätten sich vollständig auf die Einschätzungen der amerikanischen Ratingagenturen verlassen. Für manche ist dies ein Anlass für die Frage, ob darin ein vorsatzausschließender Irrtum über die Pflichtwidrigkeit oder über den Schaden gesehen werden kann. Im Hinblick auf die Pflichtwidrigkeit dürfte in den meisten Fällen kein Tatbestandsirrtum vorliegen. Es handelt sich um ein »gesamttatbewertendes Merkmal«, bei dem für den Vorsatz die Kenntnis der relevanten Tatsachen ausreicht. Diese Kenntnis lag bei bestimmten Bankmanagern in verschiedener Form vor:
· Kenntnis von der eigenen Unkenntnis über die Vertragsbedingungen und die Bonität der Schuldner
· Kenntnis von der Natur des Geschäftsmodells als intensives Schneeballsystem

- Kenntnis vom Klumpenrisiko
- Kenntnis von der Gefährdung der kurzfristigen Refinanzierung
- Kenntnis von der Investition von Milliardenbeträgen ins Blaue hinein

Es ist im übrigen nicht besonders wahrscheinlich, dass diese Manager Vertrauen in die Korrektheit der Geschäfte hatten. Sie zeigten das typische Gebaren internationaler Finanzkrimineller, da sie ihre Geschäfte eben nicht ganz normal selbst tätigten und der Bankenaufsicht unterbreiteten, sondern über vermögenslose ausländische »Vehikel« mit künstlich gestaffelten Kreditbürgschaften daran vorbeimanövrierten. Man könnte zwar annehmen, dass ein Schädigungsvorsatz entfällt, wenn ein Vorstand oder ein Mitglied des Kreditausschusses nicht im einzelnen über den Investitionszweck von Milliardensummen informiert war, sondern sich auf ein positives Rating verließ und sonst über keine weiteren Informationen verfügte. Dem stehen aber die argwohnbegründende, scheinbar simple Art der Gewinnerzielung, die Undurchsichtigkeit der Rechtsverhältnisse sowie Warnungen in den Medien gegenüber.

Im Hinblick auf die beim subjektiven Untreuetatbestand geforderte »voluntative Komponente des Inkaufnehmens« spricht bei den Investmentbankern allerdings ein spezifischer Gesichtspunkt für deren Vorliegen. Gemeint ist ihre Motivation, Engagements einzugehen, die zum Ende der Immobilienhausse eine existenzvernichtende Höhe erreicht hatten, unter Umgehung der Bankenaufsicht. Gemeint sind die extrem hohen Boni, die infolge der Bilanzierung allein der kurzfristigen Zinsgewinne und nicht des Verlustrisikos bereits jährlich anfielen.

Einem Wegfall des Schädigungsvorsatzes steht auch die Tatsache entgegen, dass das unvertretbare Risiko aus der Kombination von Umfang und Finanzierungsform der Geschäfte praktisch evident war. Im Ergebnis spricht also sehr viel dafür, dass die Bankmanager, die letztlich wertlose Papiere anschafften, zumindest mit bedingtem Schädigungsvorsatz handelten. Natürlich ist eine in Oberflächlichkeit oder Naivität beziehungsweise Inkompetenz begründete Gutgläubigkeit insbesondere im Hinblick auf die in den Kreditausschüssen häufig nur als Galionsfiguren sitzenden Politiker nicht auszuschließen. Damit ist die Einleitung einschlägiger Ermittlungen aber keineswegs ausgeschlossen. An einem entsprechenden Anfangsverdacht besteht jedenfalls kein vernünftiger Zweifel.[34]

IKB DEUTSCHE INDUSTRIEBANK AG

In der juristischen Literatur und in der Rechtsprechung steht die Debatte über die mögliche Strafbarkeit verantwortlicher Bankmanager trotz der zitierten hochdifferenzierten Überlegungen immer noch am Anfang. Von der Sanktionierung der zur Aufsicht berufenen Politker ist kaum die Rede. In einer Ex-post-Betrachtung der zunächst sehr lukrativen Portfolioinvestmentaktivitäten innerhalb der IKB Deutsche Industriebank AG wird beispielsweise deutlich, dass diese Art der Geschäftsführung mit so hohen Risiken verbunden war, dass eine existenzgefährdende Liquiditätskrise herbeigeführt wurde. Dennoch hat die Staatsanwaltschaft Düsseldorf die Frage, ob eine strafbare Untreue nach Paragraph 266 StGB zum Nachteil der IKB vorliegt, weil Liquiditätsgarantien in unvertretbarem Umfang für Zweckgesellschaften abgegeben wurden, die ein risikobehaftetes Geschäftsmodell verfolgten, im Jahre 2009 verneint und ein entsprechendes Ermittlungsverfahren eingestellt. Trotzdem ist es ein lohnendes Unterfangen, die Frage der Untreuestrafbarkeit weiter zu diskutieren, nicht zuletzt deshalb, weil Ermittlungen bei ähnlich gelagerten Sachverhalten (zum Beispiel bei der HSH-Nordbank und der Landesbank Baden-Württemberg)[35] fortgesetzt wurden und auch zivilrechtliche Entscheidungen des Oberlandesgerichts Düsseldorf Ergebnisse erbrachten, welche die Entscheidung der Staatsanwaltschaft als voreilig erscheinen lassen.

Der Vorstand einer AG hat in jedem Fall eine Vermögensbetreuungspflicht. Sie wird unter anderem durch Paragraph 93 Absatz 1 Satz 1 des Aktiengesetzes (AktG) konkretisiert. Vorstandsmitglieder haben demnach die Sorgfalt eines ordentlichen und gewissenhaften Geschäftsführers anzuwenden. Allerdings haben sie einen erheblichen Ermessensspielraum (Paragraph 93 Absatz 1 Satz 2 AktG). Ein Vorstand handelt nicht pflichtwidrig, wenn er annehmen darf, auf der Grundlage angemessener Informationen zum Wohle der Gesellschaft zu agieren (»Business Judgement Rule«[36]). Die entsprechende Freiheit endet aber dort, wo Bestand und dauerhafte Rentabilität des Unternehmens bedroht werden. Existenzbedrohende Entscheidungen sind immer und schlechthin pflichtwidrig. Im Bankenbereich gelten Vorschriften, welche die Bestandssicherungspflichten so konkretisieren, dass sie Maßstäbe für eine ordentliche und gewissenhafte Geschäftsführung bieten, auch wenn sie nicht unmittelbar Vermögensbetreuungspflichten begründen.[37]

Es ist also die Frage zu beantworten, ob die Bereitstellung von Liquiditätslinien für das Geschäftsmodell des »Portfoliomanagements«, wie es in den Zweckgesellschaften der IKB geübt wurde, pflichtwidrig war, weil dadurch unverhältnismäßige Risiken für den Unternehmensbestand entstanden. Die angeschafften Wertpapiere siedelten fast ausnahmslos in der Seniortranche der jeweiligen Verbriefung. Nach dem erteilten Rating war die Ausfallwahrscheinlichkeit gering. Es kann dahinstehen, ob diese jetzt offensichtlich falsche Einschätzung ein subjektives Versagen oder ein objektiver Fehler war. Hier stellt sich vor allem die Frage, ob das hohe Ausfallrisiko von vorneherein (»ex ante«) zum Zeitpunkt des Erwerbs der Collateralized Debt Obligations (CDOs) objektiv erkennbar war. Verneint man diese Frage und glaubt, dass das angeblich geringe Ausfallrisiko durch die mit Hilfe der CDO-Investments erzielbaren Zinserträge kompensiert werden könnte, so wird man eine Pflichtwidrigkeit verneinen können. Zudem könnte man argumentieren, dass den Zweckgesellschaften wegen der Komplexität der Geschäfte keine Beurteilungsalternative zur Verfügung stand und sie sich deshalb auf die Angaben der Ratingagenturen verlassen mussten.

Dagegen spricht aber schon der gesunde Menschenverstand. Zweckgesellschaften mit einem minimalen Eigenkapital konnten und durften auf keinen Fall mit Staatsanleihen oder erstklassigen Unternehmensanleihen gleichgesetzt werden. Die fragwürdige Bonität der Schuldner von Subprime-Hypothekenanleihen war ohnehin hinreichend bekannt. Und die Annahme ständig steigender Immobilienwerte war nichts weiter als unbegründetes Wunschdenken. Auf finanzmathematische Spielereien (Verbriefung eines Pools von Subprime-Krediten mit jeweils hohem Ausfallrisiko bei gleichzeitiger Einrichtung von Seniortranchen mit hoher Ausfallsicherheit) war auch kein Verlass, wie die Finanzkrise schließlich eindrucksvoll bewiesen hat.

Aber selbst das war vorhersehbar. Es handelte sich nur um Erfahrungswerte tatsächlicher früherer Kreditausfälle und entsprechende Hochrechnungen, die auf die neuen Geschäftsmodelle überhaupt nicht übertragbar waren. Außerdem haben sich diese intellektuellen Luftnummern nur mit der Ausfallwahrscheinlichkeit von einzelnen Krediten in einem Korb von Darlehensforderungen beschäftigt. Dessen (Gesamt-)Ausfallrisiko im Falle einer Kette von Ausfällen war kein Gegenstand der scharfsinnigen Berechnungen. Im übrigen haben Ratingagenturen und Emittenten die gleichen mathematischen Modelle benutzt. Das eröffnete den Emittenten zahlreiche Manipulationsmöglichkeiten zur Erlangung guter Bewertungen. Die Pikanterie liegt darin, dass die Ratingagenturen dies sehr wohl wussten, sich dennoch darauf einließen, weil sie ihre Kunden nicht verlieren und weiter üppige Gebühren kassieren wollten.

Auch die Verantwortlichen der IKB konnten wissen, dass hier eine besondere Art der Verschwörung, gekoppelt mit Realitätsverweigerung, stattfand. Immerhin kauften sie über ihre Zweckgesellschaften nicht nur CDOs an, sondern führten auch selbst Verbriefungsaktionen durch. Sie kannten also beide Seiten des großen Spiels. Und selbstverständlich mussten sie auch das Marktpreisrisiko – also das Risiko, dass der Preis, der am Markt für ein Wertpapier gezahlt werden muss, fallen kann – berücksichtigen. Die Zweckgesellschaften waren zur Bewertung nach dem »Mark to market«[38]-Prinzip verpflichtet. Der entsprechende Preis war ein entscheidender Maßstab für die Verwendung der Papiere als Sicherheit für die Refinanzierung. Schon ein geringer Abschlag bei der Bonitätsbewertung führte zu erheblichen Abschlägen beim Marktpreis, weil die CDOs wegen ihrer angeblich 100-prozentigen Ausfallsicherheit für die Käufer so interessant waren.

All das war schon etliche Jahre vor dem Ausbruch der Finanzkrise sehr wohl bekannt. Zwar ist der Erwerb riskanter Papiere nicht von vorneherein eine Pflichtwidrigkeit. Dennoch hätte sich ein ordentlicher Kaufmann gegen allfällige Risiken abgesichert, etwa durch eine angemessene Eigenkapitalunterlegung und die Einrichtung eines wirkungsvollen Risikomanagements. Genau das ist aber bei den Geschäften der Zweckgesellschaften der IKB nicht geschehen. Das ist alles andere als verwunderlich, wollte man mit der Gründung solcher Gesellschaften doch gerade die Vorschriften umgehen, die für eine Eigenkapitalunterlegung riskanter Bilanzpositionen sorgen sollten. Die Geschäfte sollten also außerhalb der Bilanzen stattfinden, und das Eigenkapital sollte geschont und an anderer Stelle gewinnbringend eingesetzt werden. Zusätzliche Risiken entstanden aus der Art und Weise der Refinanzierung. Die Zweckgesellschaften erwarben die CDOs ohne eigenes Geld. Es erfolgte eine fast vollständige Fremdfinanzierung. Die Refinanzierung geschah äußerst kurzfristig mit Laufzeiten von wenigen Monaten, während die angekauften Papiere im Durchschnitt über fünf Jahre gehalten wurden.

Eine der »goldenen Regeln« des Bankgeschäfts ist aber, dass man langfristige Investitionen nicht kurzfristig refinanziert. Andernfalls ist die Liquidität bedroht, denn es besteht immer das Risiko, dass die für die spätere Neufinanzierung notwendigen Mittel nicht oder zu deutlich schlechteren Konditionen verfügbar sind. Die Zweckgesellschaften der IKB haben systematisch und im großen Stil gegen diese Regel verstoßen, weil sie eben den größten Teil ihrer Erträge mit der Differenz zwischen den Zinssätzen für die erworbenen Wertpapiere und den Zinsen, die sie für die kurzfristigen zu zahlen hatten (Fristentransformation), erwirtschafteten. Solch ein Vorgehen ist zwar nicht immer und grundsätzlich pflichtwidrig. Aber es können gefährliche Liquiditätsengpässe entstehen, wenn es auf Grund fehlender Begrenzung und Absicherungen zu einer Unterbrechung des Refinanzierungsstroms kommt.

Entsprechende Maßnahmen unterblieben bei der IKB und ihren Zweckgesellschaften. Stattdessen erhöhte man das Anlagevolumen und damit auch die kurzfristigen Verbindlichkeiten zur Refinanzierung. So musste man auch die Liquiditätsgarantien weiter ausbauen. Sie erreichten im Jahre 2007 einen Umfang von 9,3 Milliarden Euro. So viel Geld hatte die IKB aber nicht. Sie konnte ihre Garantien also gar nicht vollständig bedienen, falls der Refinanzierungsfluss bei den Zweckgesellschaften ins Stocken geriete.

Genau das ist im Sommer 2007 plötzlich geschehen. Angesichts der bekannten Besonderheiten hätten die Akteure den Zusammenbruch des nicht institutionell organisierten Handels mit Krediten unterschiedlicher und zweifelhafter Qualität als Risiko in Rechnung stellen müssen. Anderweitige veräußerbare Posten gab es wegen der Konzentration auf CDOs für die IKB-Zweckgesellschaften nicht. Die einseitige Zusammensetzung des Portfolios führte zu einem in der Höhe unvertretbaren Klumpenrisiko. Es entstand endlich ein existenzgefährdendes Risiko durch den enormen Umfang des CDO-Portfolios und den damit verbundenen extrem hohen kurzfristigen Refinanzierungsbedarf. Das bedeutete zugleich ein hohes und letztlich ebenfalls existenzgefährdendes Risiko für die IKB selbst, die sich mit Liquiditätsgarantien engagiert hatte. Die Bankvorstände hätten spätestens eingreifen müssen, als sie erkannten, dass ihre Liquiditätsreserven nicht ausreichen würden, falls man die Garantien in Anspruch nähme. Die Reduzierung des Geschäftsvolumens der Zweckgesellschaften unterblieb jedoch, und die Garantien wurden aufrechterhalten. Das ist eine gravierende Pflichtverletzung, weil die Verantwortlichen damit ein unvertretbares Risiko für den Bestand des Unternehmens eingingen.[39]

In der Bereitstellung der Garantien liegt ein konkreter Schaden, weil die Vermögensgefährdung so akut und intensiv war, dass sie einem tatsächlichen Schadenseintritt gleichkam. Der mögliche endgültige Schaden war unvertretbar hoch; schon die Eingehung eines entsprechenden Risikos führte zu einem »Risikoschaden«.[40] Die Verantwortlichen konnten dieses Risiko auch in keiner Weise beherrschen. Alles hing von den Finanzmärkten ab. Die Unvertretbarkeit des Risikos ergab sich aus der Höhe des möglichen Schadens. Auf die Wahrscheinlichkeit der Risikorealisierung kam es nicht an. Als im Sommer 2007 das fragile Refinanzierungsmodell der Zweckgesellschaften zusammenbrach und die Garantien in Anspruch genommen werden mussten, wurde aus der konkreten Vermögensgefährdung ein tatsächlicher Schaden.

Ein »Pflichtwidrigkeitszusammenhang« zwischen Pflichtverletzung und Schaden liegt vor. Der Schaden resultiert nämlich gerade aus dem Verstoß gegen das Verbot zur Eingehung objektiv erkennbarer unvertretbarer Risiken. Zum selben Ergebnis gelangt man, wenn man die Pflichtverletzung auf eine unzureichende Risikoanalyse stützt. Selbst unter der Annahme, dass die riskanten Geschäfte auch bei einer entsprechenden umfassenden Analyse durchgeführt worden wären, griffe der Einwand pflichtgemäßen Alternativverhaltens nicht. Eine ordnungsgemäße Risikoanalyse hätte die objektive Unvertretbarkeit des Risikos aus den Portfolioinvestitionen zutage gebracht. Die Eingehung der Risiken wäre also weiterhin pflichtwidrig gewesen und hätte den dargestellten Vermögensnachteil herbeigeführt.[41]

Diese Pflichtverletzung geschah auch vorsätzlich. Anders als die Staatsanwaltschaft Düsseldorf behauptet, spricht einiges dafür, dass die Verantwortlichen der IKB den Umfang der Risiken aus den Portfolioinvestments kannten. Die fragwürdigen Praktiken des Verbriefungsgeschäfts waren ihnen schon deshalb bekannt, weil die IKB nicht nur über ihre Zweckgesellschaften verbriefte Endprodukte ankaufte, sondern auch selbst Verbriefungen für Dritte vornahm. Auch die Fehleranfälligkeit des Ratingverfahrens dürfte ihnen bekannt gewesen sein. Das in der kurzfristigen Refinanzierung liegende existenzgefährdende Liquiditätsrisiko war sogar evident. Die Behauptung eines uneingeschränkten Vertrauens in die Bewertungen der Ratingagenturen wirkt nicht entlastend. Sie hätten sich über die objektiv erkennbaren Risiken informieren müssen. An der Pflichtwidrigkeit einer unzureichenden Risikoanalyse käme man keinesfalls vorbei. Die Kenntnis der das Risiko begründenden Tatsachen reicht für die Annahme eines Vorsatzes im Hinblick auf die Pflichtwidrigkeit aus.[42]

Unübersichtlicher ist die Rechtslage bezüglich eines Vorsatzes, der sich auf den Vermögensschaden bezieht. Das ist eine Folge der höchstrichterlichen Rechtsprechung zur schadensgleichen Vermögensgefährdung. Zunächst wird man davon ausgehen dürfen, dass die Beteiligten keine akute Liquiditätskrise der IKB herbeiführen wollten, also lediglich ein Vorsatz im Hinblick auf eine derartige Gefährdung in Betracht kommt. In seiner »Kanther-Entscheidung«[43] ist der zweite Strafsenat des Bundesgerichtshofs davon ausgegangen, dass der bedingte Vorsatz eines Gefährdungsschadens nicht nur die Kenntnis und Billigung der Gefahr voraussetzt, sondern auch eine Billigung der Realisierung dieser Gefahr. Der Täter muss sich also mit dem Eintritt des ihm unerwünschten Erfolgs abgefunden haben. Diese Grundsätze sollen auch auf die Fallgruppe der Untreue im Wege pflichtwidriger Risikogeschäfte anwendbar sein.

Der erste Strafsenat des Bundesgerichtshofs ist dagegen der Auffassung, dass bei Risikogeschäften allein die Kenntnis und Billigung der Gefahr ohne weiteres für die Bejahung eines direkten Vorsatzes ausreicht, wenn sich die Eingehung des Risikos bereits als unmittelbarer Vermögensschaden darstellt.

Im Hinblick auf den IKB-Fall käme man nach den Vorstellungen des zweiten Strafsenats zu einer Verneinung des Vorsatzes, weil sich die verantwortlichen Vorstände nicht mit der Realisierung der Gefahr abgefunden haben. Die Sichtweise des ersten Strafsenats gerät an ihre Grenzen, weil danach der Schaden anhand bilanzieller Kriterien ermittelt werden soll. Die Liquiditätsgarantien sind indes so gestaltet worden, dass sie in der Bilanz nicht wirksam werden konnten. Es lag also keine bilanziell berücksichtigungsfähige Vermögensverminderung vor. Gleichwohl wird man einen Vermögensnachteil annehmen können, wenn die schadensbegründenden Umstände zwar formal korrekt nicht als Vermögensbelastungen bilanziert wurden, dies aber materiell unter Missachtung des Grundsatzes der Bilanzwahrheit geschehen ist.

Ungeachtet mancher Meinungsunterschiede zwischen bestimmten Senaten des Bundesgerichtshofs wird man die Kenntnis eines Risikos für einen Vorsatz als ausreichend erachten können, wenn ein Täter ein nicht beherrschbares Risiko mit existenzgefährdenden Dimensionen eingegangen ist. Bereits das Bestehen eines derartigen Risikos ist ein gewichtiges Indiz für die Billigung einer Vermögensminderung, auch wenn diese bilanzrechtlich nicht zur Geltung kommt.

Bei dem Geschäftsmodell der IKB käme man demnach zu einer Bejahung des Vorsatzes, weil die verantwortlichen Vorstände Art und Umfang der Geschäfte der Zweckgesellschaften kannten. Ihnen war natürlich auch bewusst, dass ein plötzlicher Wegfall von deren Refinanzierungsquellen auf Grund der abgegebenen Garantien unweigerlich zu einer existenzgefährdenden Liquiditätskrise für die IKB führen würde. Die Beteiligten können sich nicht mit entlastender Wirkung auf eine aus ihrer Sicht geringe Realisierungswahrscheinlichkeit des Risikos berufen. Das steht der Annahme einer schadensgleichen Vermögensgefährdung nicht entgegen, wenn es sich um ein unvertretbares existenzgefährdendes Risiko handelt. Es kann dann nicht mehr darauf ankommen, ob die Beteiligten mit der Realisierung des Risikos rechneten oder auf deren Ausbleiben vertraut haben. Verlangt man also für einen Vorsatz im Hinblick auf die schadensgleiche Vermögensgefährdung von existenzgefährdender Qualität lediglich die Kenntnis des Risikos, dann liegt der subjektive Tatbestand des Untreuetatbestandes vor.[44]

Die Eingehung schädlicher und sogar existenzgefährdender Risiken muss nicht nur regulativ untersagt sein. Damit müssen auch Sanktionen verbunden sein, die so schmerzhaft sind, dass ein entsprechendes Verhalten in jeder Hinsicht unattraktiv ist. Deshalb müssen zivilrechtliche und strafrechtliche Instrumente gleichermaßen greifen, um eine persönliche Haftung und eine Verschuldenshaftung (deliktische Haftung) sicherzustellen.[45] Dabei ist das Strafrecht eine Vorstufe der zivilrechtlichen Haftung, also schon deshalb durch Schadenersatzforderungen nicht zu ersetzen. Eine persönliche strafrechtliche Verantwortlichkeit ist somit ein unverzichtbares Element wirksamer Risikoregulierung im Finanzmarkt.[46]

Fraglich ist, ob dieser Forderung ungeachtet der zitierten Überlegungen zum Inhalt des Tatbestandes des Paragraphen 266 StGB durch die Anwendung des Untreuetatbestandes entsprochen werden kann. Es ist daran zu erinnern, dass diese Vorschrift nur die Vermögensinteressen der Bank und ihrer Anteilseigner schützt. Sie dient nicht den Gläubigerinteressen oder dem Schutz des Steuerzahlers, der letztlich die Kosten der staatlichen Rettungsversuche zu tragen hat. Gleichwohl ertönt der Ruf nach dem Strafrecht wegen des volkswirtschaftlichen Schadens, der durch die Bankenkrise verursacht wurde und den die Allgemeinheit zu tragen hat. Deshalb wird angeregt, nicht auf den Untreuetatbestand zurückzugreifen, sondern einen Sondertatbestand zu schaffen, der die Eingehung existenzgefährdender Risiken sanktioniert.[47]

Das mag bis vor kurzem eine besonders attraktive Überlegung gewesen sein, wurde in der deutschen Strafrechtswissenschaft doch seit geraumer Zeit wegen der angeblichen Unbestimmtheit des Untreuetatbestandes eine heftige Kontroverse geführt.[48] Die Argumente gegen die Anwendung der Vorschrift waren häufig weit überzogen und gegenüber dem heutigen Hauptanwendungsfeld des Untreuetatbestandsparagraphen (§ 266 StGB) vollends deplaziert. Die verbreitete Fundamentalkritik am Untreuetatbestand galt manchem von Anfang an als »publizistischer Koloss auf tönernen Füßen«. Die Suche nach Alternativen zum Strafrecht setzte beim Untreuetatbestand am untauglichen Objekt an. Sie lief auf das verfehlte Bestreben hinaus, das geschichtlich überkommene und zur Bekämpfung der Abenteurer und Elenden entstandene Unterschichtenstrafrecht zu konservieren und die in einem Rechtsstaat unentbehrliche Entwicklung eines Oberschichtenstrafrechts zwecks Gleichbehandlung aller Bürger nach dem Maße der Sozialschädlichkeit ihres Tuns rückgängig zu machen. Es handelte sich bei Paragraph 266 StGB immer um ein klares Rechtsgutsverletzungsdelikt mit der Schädigung fremden Vermögens als Erfolgsmoment, das in zahllosen Straftatbeständen vorkommt und dessen Legitimität sonst noch niemals in Zweifel gezogen worden ist.[49]

UNTREUE ODER UNFÄHIGKEIT?

Dankenswerterweise hat das Bundesverfassungsgericht mit seinem Beschluss vom 23. Juni 2010 Klarheit geschaffen. Der Entscheidung des zweiten Senats dieses Gerichts lagen unter anderem die Verfassungsbeschwerden ehemaliger Vorstände einer Berliner Bank, darunter des langjährigen führenden Berliner CDU-Politikers Klaus-Rüdiger Landowsky, zugrunde, die hohe Kredite für den Ankauf eines Bauprojekts bewilligt hatten. Sie waren deswegen nach Paragraph 266 StGB bestraft worden. Das Strafgericht nahm einen Verstoß gegen die den Beschwerdeführern obliegende Vermögensbetreuungspflicht an. Sie hätten in gravierender Weise gegen ihre Pflicht zur ordnungsgemäßen Bonitätsprüfung nach Paragraph 18 des Kreditwesengesetzes (KWG) verstoßen. Die eingereichten Unterlagen zu den persönlichen und wirtschaftlichen Verhältnissen der Kreditnehmerin seien unvollständig gewesen und ungenügend ausgewertet worden; die aktuellen persönlichen und wirtschaftlichen Verhältnisse der persönlich haftenden Gesellschafter seien erst gar nicht geprüft worden.

Der Vorstand habe zudem die mit der Kreditvergabe verbundenen Risiken gegenüber dem zuständigkeitshalber mit der Angelegenheit befassten Kreditausschuss der Bank, dessen Zustimmung für die Kreditbewilligung nach den internen Handlungsanweisungen notwendig war, nicht hinreichend offengelegt. Die Beschwerdeführer hätten dem Ausschuss gegenüber das Risiko unter anderem durch falsche Angaben zur Kapitaldienstberechnung verschleiert und dessen Rechte missachtet, indem sie – ohne die Entscheidung des Ausschusses abzuwarten – den unbedingten Kreditvertrag unterzeichnet und die Auszahlung des Kredits veranlasst hätten.

Man habe auch keine ordnungsgemäße Abwägung von Chancen und Risiken vorgenommen und ungerechtfertigt optimistische Annahmen über die Marktentwicklung vorgelegt und insbesondere das »Klumpenrisiko« nicht berücksichtigt. Dieses Risiko habe darin gelegen, dass wegen der engen Konzernverflechtung und der wechselseitigen Abhängigkeit innerhalb der Unternehmensgruppe die Insolvenz einer Gesellschaft die Gefahr der Insolvenz der übrigen Gesellschaften nach sich ziehen würde.

Zudem sei das Klumpenrisiko noch dadurch gestiegen, dass die Suche nach Konsortialpartnern für eine Beteiligung an den Krediten keinen Erfolg gehabt hätte. Schließlich hätten die Beschwerdeführer gewichtige Indizien für die Unbeherrschbarkeit des Kreditengagements nicht beachtet. Durch Grundsatzzusagen und die Gewährung eines bestimmten Kredits sei im Ergebnis eine Vorentscheidung für weitere Folgekredite getroffen worden, indem die mit einer Insolvenz der Unternehmensgruppe für die Bank verbundenen Gefahren immer größer geworden seien. Die Unbeherrschbarkeit des Kreditengagements sei letztlich aus dem Umstand gefolgt, dass sich die wirtschaftlichen Kreditnehmer selbst als »unbeherrschbar« erwiesen hätten, indem sie sich einem ungebremsten »Kaufrausch« hingegeben und die Objekte auch ohne vorherige verbindliche Finanzierungszusage erworben hätten.

Mit Bewilligung und Auszahlung des Kreditbetrages von 19 589 000 D-Mark sei ein Vermögensnachteil in Form der »schadensgleichen Vermögensgefährdung« in Höhe von 3 029 000 D-Mark (1 548 703,10 Euro) eingetreten. In Höhe der Differenz von 16 560 000 D-Mark sei der Kredit über Realsicherheiten (Grundschulden) ausreichend gesichert gewesen. Die weiteren Sicherheiten, insbesondere die Abtretung der aus dem Objekt zu erwartenden Mieteinnahmen, erachtete die Strafkammer als wertlos. Den Differenzbetrag zwischen der ausgezahlten Darlehenssumme und dem aus ihrer Sicht realisierbaren Wert der Sicherheiten bewertete sie in voller Höhe als Schaden. Vor dem Hintergrund der Pflichtwidrigkeit der Kreditvergabe habe selbst bei Anerkennung eines weiten unternehmerischen Ermessens eine aufs äußerste gesteigerte Verlustgefahr bei einer nur höchst zweifelhaften Aussicht auf einen günstigen Verlauf bestanden. Damit habe eine über das allgemeine Risiko bei Kreditgeschäften hinausgehende höchste Gefährdung des Rückzahlungsanspruchs der Bank vorgelegen.

Die Beschwerdeführer hatten gegen die Anwendung und Auslegung des Untreuetatbestandes durch die Tatsacheninstanz Revisionen eingelegt, die erfolglos blieben. Daraufhin hatten sie sich an das Bundesverfassungsgericht gewandt, das die Beschwerden wegen einer Verletzung des Artikel 103 Absatz 2 des Grundgesetzes (GG) – Bestimmtheitsgebot – für begründet erklärte.

Nach dieser Verfassungsvorschrift darf eine Tat nur bestraft werden, wenn die Strafbarkeit gesetzlich bestimmt war, bevor die Tat begangen wurde. Damit bestehen für die Gesetzgebung ein striktes Bestimmtheitsgebot und ein an die Rechtsprechung gerichtetes Verbot strafbegründender Analogie. Und jedermann soll vorhersehen können, welches Verhalten verboten und mit Strafe bedroht ist. Die Vorschrift hat also auch eine freiheitsgewährleistende Funktion.

Allerdings muss nach Auffassung des Bundesverfassungsgerichts der Gesetzgeber auch im Strafrecht in der Lage bleiben, der Vielgestaltigkeit des Lebens Herr zu werden. Die Ausführung eines Straftatbestandes bis ins

Letzte begründe die Gefahr, dass die Gesetze zu starr und kasuistisch würden und dem Wandel der Verhältnisse oder der Besonderheit des Einzelfalls nicht mehr gerecht werden könnten.

Das Gericht ist zu dem Ergebnis gekommen, dass der Untreuetatbestand in seiner geltenden Fassung mit dem Bestimmtheitsgebot »noch« zu vereinbaren ist. Paragraph 266 Absatz 1 StGB lasse ein Rechtsgut ebenso klar erkennen wie die besonderen Gefahren, vor denen der Gesetzgeber dieses mit Hilfe des Tatbestandes schützen will. Vor diesem Hintergrund könne der Tatbestand trotz seiner Weite und damit einhergehenden relativen Unschärfe hinreichend restriktiv und präzisierend ausgelegt werden, um den unter dem Gesichtspunkt ausreichender Bestimmtheit bestehenden Bedenken angemessen Rechnung zu tragen.

Der Untreuetatbestand soll den Vermögensinhaber im Gegensatz zu anderen Vermögensdelikten vor Schädigungen »von innen heraus« bewahren, wirkt also der besonderen Verletzlichkeit des Vermögensinhabers entgegen, der seine wirtschaftlichen Interessen in fremde Hände legt und auf die Redlichkeit des Beauftragten angewiesen ist. Dieses gesetzgeberische Anliegen ist angesichts des die moderne Wirtschaft prägenden Auseinanderfallens von Vermögensinhaberschaft und beauftragter Verfügungsmacht (Management) von hoher und zunehmender aktueller Bedeutung.

Eine Bestrafung setzt ausnahmslos den tatsächlichen Eintritt eines Nachteils voraus, da der Gesetzgeber den Versuch der Untreue nicht unter Strafe gestellt hat. Die Untreue ist also ein reines Verletzungserfolgsdelikt oder Bestandschutzdelikt, das ein Erfolgsunrecht voraussetzt. Bleibt der Eintritt eines Schadens ungewiss, wenn auch möglich, so ist folglich nach dem Grundsatz »in dubio pro reo« (im Zweifel für den Angeklagten) freizusprechen. Das Nachteilserfordernis beschränkt die Strafbarkeit wegen Untreue zwar auf Fälle, in denen ein bestimmter Handlungserfolg in Form einer massiven Vermögenseinbuße vorliegt. Es trifft damit aber keine von der Frage nach der Pflichtwidrigkeit zu lösende eigenständige Aussage über die Strafwürdigkeit. Das Bundesverfassungsgericht weist auf die »klassischen« Vermögensbetreuungsverhältnisse wie das zwischen der Bank und ihrem Vorstand hin. Sie könnten sich durch erhebliche Handlungsspielräume des Treupflichtigen auszeichnen, zu denen das Eingehen von Verlustrisiken ganz selbstverständlich gehöre. Kommt es etwa durch den Ausfall eines Kredits zu einem Vermögensschaden, so rechtfertige dies für sich genommen noch nicht den Schluss auf ein unerlaubtes und strafwürdiges Handeln des für die Kreditvergabe verantwortlichen Vorstands.

Insgesamt lässt der Untreuetatbestand nach der Auffassung des Bundesverfassungsgerichts somit eine konkretisierende Auslegung zu, die die Rechtsprechung in langjähriger Praxis umgesetzt und die sich in ihrer tatbestandsbegrenzenden Funktion als tragfähig erwiesen habe. Im Hinblick auf das Nachteilsmerkmal müsse die Auslegung allerdings den gesetzgeberischen Willen beachten, dieses Merkmal als selbständiges neben dem der Pflichtverletzung zu statuieren. Sie dürfe deshalb dieses Tatbestandsmerkmal nicht mit dem Pflichtwidrigkeitsmerkmal »verschleifen«, das heißt, es in diesem Merkmal aufgehen lassen. Deswegen und um das Vollendungserfordernis zu wahren, seien eigenständige Feststellungen zum Vorliegen eines Nachteils geboten. Die Strafgerichte sind dementsprechend verpflichtet, den von ihnen angenommenen Nachteil der Höhe nach zu beziffern und dessen Ermittlung in wirtschaftlich nachvollziehbarer Weise in den Urteilsgründen darzulegen.

Das Bundesverfassungsgericht betont, dass die gebotene konkrete Ermittlung des Nachteils insbesondere nicht aus der Erwägung heraus unterbleiben darf, dass sie mit praktischen Schwierigkeiten verbunden ist. Wenn und soweit in der wirtschaftlichen Praxis geeignete Methoden zur Bewertung von Vermögenspositionen entwickelt worden sind, müssen die Tatsachengerichte diese – gegebenenfalls mit Hilfe von Sachverständigen – auch ihrer Beurteilung zugrundelegen. Dabei gehe es darum, die Schadensfeststellung auf eine sichere Grundlage zu stellen, sie rational nachvollziehbar zu machen und sich zu vergewissern, ob im Einzelfall eine hinreichend sichere Grundlage für die Feststellung eines Vermögensnachteils überhaupt existiert oder ob man sich in einem Bereich bewegt, in dem von einem zahlenmäßig fassbaren Schaden noch nicht die Rede sein kann. Soweit Unsicherheiten verbleiben, sei unter Beachtung des Zweifelssatzes der (Mindest-)Schaden im Wege der Schätzung zu ermitteln. Zwar könnten normative Gesichtspunkte bei der Feststellung eines Nachteils durchaus eine Rolle spielen. Sie dürften aber wirtschaftliche Überlegungen nicht verdrängen, soll der Charakter der Untreue als Vermögens- und Erfolgsdelikt bewahrt bleiben. Die Verwendung des anvertrauten Vermögens zu verbotenen Zwecken könne nicht per se als nachteilsbegründend ange-

sehen werden. Auch in solchen Fällen bleibe die Prüfung eines wirtschaftlichen Nachteils erforderlich.

Das Bundesverfassungsgericht ist zwar der Auffassung, dass die Beschwerdeführer mit der zivilrechtlich wirksamen Bewilligung des Kredits
die ihnen als Vorstandsmitglieder obliegende Pflicht zur Wahrnehmung
der Vermögensinteressen ihrer Bank verletzt haben.[50] Es ist aber zu dem
Ergebnis gelangt, dass die gegen die Beschwerdeführer ergangenen Entscheidungen der Strafgerichte im Hinblick auf das Nachteilsmerkmal mit
den verfassungsrechtlichen Anforderungen nicht zu vereinbaren seien.

In seiner Begründung beschäftigt sich das Bundesverfassungsgericht
zunächst mit den von der Strafkammer zugrundegelegten Maßstäben
zur Beurteilung der Pflichtwidrigkeit von Kreditvergabeentscheidungen.
Danach entspricht es anerkannten bankkaufmännischen Grundsätzen,
Kredite nur nach umfassender und sorgfältiger Bonitätsprüfung zu vergeben. Eine Pflichtverletzung im Sinne des Untreuetatbestandsparagraphen
(§ 266 StGB) liegt vor, wenn die Entscheidungsträger bei der Kreditvergabe
ihre banktübliche Informations- und Prüfungspflicht bezüglich der wirtschaftlichen Verhältnisse des Kreditnehmers gravierend verletzt haben.

Der Bundesgerichtshof hatte schon 2009 präzisiert, dass der Schluss
auf die Pflichtwidrigkeit voraussetzt, dass sich das Tatgericht eingehend
mit allen maßgeblichen Umständen, insbesondere den Vermögensverhält-
nissen des Kreditnehmers, der beabsichtigten Verwendung des Kredits und
den Aussichten des geplanten Geschäfts auseinandersetzt. Auch er erkennt, dass jede Kreditbewilligung ihrer Natur nach ein mit einem Risiko
behaftetes Geschäft ist. Bei einer Kreditvergabe seien auf der Grundlage
umfassender Information diese Risiken gegen die sich daraus ergebenden
Chancen abzuwägen. Wird diese Abwägung sorgfältig vorgenommen, liegt
eine Pflichtverletzung nicht deshalb vor, weil das Engagement später
notleidend wird.

Aus der Sicht des Bundesgerichtshofs gibt es mehrere tatsächliche
Anhaltspunkte dafür, dass die Risikoprüfung nicht ausreichend vorgenommen worden sein könnte:
· Entscheidungsträger ohne die erforderliche Befugnis
· unrichtige oder unvollständige Angaben gegenüber mitverantwort-
  lichen Aufsichtspersonen im Zusammenhang mit der Kreditgewährung
· Nichteinhaltung vorgegebener Zwecke

- Überschreitung der Höchstkreditgrenzen
- eigennütziges Handeln von Entscheidungsträgern
- Nichterfüllung von Offenlegungspflichten im Hinblick auf die wirtschaftlichen Verhältnisse (§ 18 Abs. 1 KWG)

Diese vom Bundesgerichtshof entwickelten Maßstäbe genügen nach der Einschätzung des Bundesverfassungsgerichts den verfassungsrechtlichen Anforderungen an die Auslegung des Merkmals der Verletzung einer Vermögensbetreuungspflicht. Sie machten die Verletzung einer im Innenverhältnis zwischen der Bank und deren Leitern (im Fall einer Aktiengesellschaft deren Vorstandsmitgliedern) bestehenden Pflicht zur notwendigen, aber nicht hinreichenden Voraussetzung für die Feststellung einer Verletzung der Vermögensbetreuungspflicht im Sinne des Untreuetatbestandes. Sie hätten den Tatbestand im Hinblick auf die Kreditbewilligungen ausreichend konkretisiert und gewährleisteten die Vorhersehbarkeit der Strafdrohung. Eine darüber hinausgehende Präzisierung hielt das Bundesverfassungsgericht im zitierten Fall nicht für erforderlich. Dabei sei auch zu berücksichtigen, dass die Untreuestrafbarkeit im Zusammenhang mit Kreditbewilligungen einen Personenkreis betrifft, bei dem nach Ausbildung und Erfahrung die für die fallbezogene Anwendung der rechtlichen Standards nötigen Fachkenntnisse vorausgesetzt werden können.

Das Bundesverfassungsgericht hält jedoch die Auslegung und Anwendung des Nachteilsmerkmals durch das Landgericht Berlin für verfassungswidrig. Das höchste deutsche Gericht hat zwar keine Bedenken dagegen, dass die Strafkammer auf die Rechtsfigur des »Gefährdungsschadens« zurückgegriffen hatte, ist aber der Überzeugung, dass die verfassungsrechtlichen Anforderungen bei der Auslegung des Nachteilsmerkmals nicht gewahrt blieben.

Der Dogmatik der »schadensgleichen Vermögensgefährdung« oder des »Gefährdungsschadens« liegt die Annahme zugrunde, dass bei wirtschaftlicher Betrachtung unter bestimmten Umständen bereits die Gefahr eines zukünftigen Verlustes eine gegenwärtige Minderung des Vermögens und damit einen Schaden oder Nachteil im Sinne der Paragraphen 263 StGB (Betrug) und 266 StGB darstellen kann. Erforderlich ist eine konkrete Gefährdung des Opfervermögens. Eine abstrakte Gefährdungslage reicht nicht. Mit der Gleichsetzung von Schaden und Gefährdung tragen Rechtsprechung und Schrifttum der Tatsache Rechnung, dass sich in einem marktorientierten Wirtschaftssystem die Preise über den Mechanismus von Angebot und Nachfrage bilden und dass sich daher auch die Zukunftserwartungen der Marktteilnehmer auf den erzielbaren Preis und damit auf den Wert von Gegenständen auswirken. Dementsprechend geht auch der Bundesgerichtshof davon aus, dass sich in Fällen der Kreditvergabe ein Gefährdungsschaden bereits aus der Minderwertigkeit des Rückzahlungsanspruchs gegenüber der ausgereichten oder auszureichenden Darlehensvaluta ergeben kann. Diese Auffassung lag auch der Schadensermittlung in dem zitierten Fall zugrunde.

Das Bundesverfassungsgericht ist allerdings zu dem Ergebnis gekommen, dass der Verzicht auf eine eigenständige Ermittlung des Nachteils, wozu angesichts der Schwierigkeiten der Beurteilung bei Kreditvergaben in der Regel die Konkretisierung des Schadens der Höhe nach anhand üblicher Maßstäbe des Wirtschaftslebens gehöre, durchgreifenden verfassungsrechtlichen Bedenken begegnet. Damit könne die eigenständige strafbarkeitsbegrenzende Funktion des Nachteilsmerkmals unterlaufen werden. An die Stelle der vom Gesetzgeber gewollten wirtschaftlichen Betrachtung würde sonst eine weitgehend normativ geprägte Betrachtungsweise treten. So würde man auch die Entscheidung des Gesetzgebers gegen die Versuchsstrafbarkeit – das heißt, der Gesetzgeber hat die Strafbarkeit eines Versuches bei diesem Delikt nicht vorgesehen – unterlaufen. Zur Vermeidung einer verfassungswidrigen Überdehnung des Untreuetatbestandes in den Fällen des Gefährdungsschadens sei es notwendig, aber auch ausreichend, die dargelegten Maßgaben für die präzisierende und restriktive Auslegung des Nachteilsmerkmals strikt zu beachten. Auch Gefährdungsschäden sind also von den Gerichten in wirtschaftlich nachvollziehbarer Weise festzustellen. Dabei müssen anerkannte Bewertungsverfahren und -maßstäbe berücksichtigt werden. Soweit komplexe wirtschaftliche Analysen vorzunehmen sind, wird die Hinzuziehung eines Sachverständigen erforderlich sein. Die im Falle der hier vorzunehmenden Bewertung unvermeidlich verbleibenden Prognose- und Beurteilungsspielräume sind durch vorsichtige Schätzung auszufüllen. Im Zweifel muss freigesprochen werden.

Auf diesen gedanklichen Grundlagen hat das Bundesverfassungsgericht beschlossen, dass die Entscheidungen des Landgerichts und des Bundesgerichtshofs das Bestimmtheitsgebot des Artikels 103 Absatz 2 des

Grundgesetzes verletzen, weil sie einen Vermögensschaden angenommen hatten, obwohl keine den verfassungsrechtlichen Anforderungen entsprechenden Feststellungen zu einem Nachteil getroffen wurden, der durch die pflichtwidrige Kreditvergabe der Beschwerdeführer verursacht worden sein könnte.[51]

In ersten öffentlichen Reaktionen auf das Urteil wurde behauptet, dass das Bundesverfassungsgericht wohl nicht alle Kritiker der Weite und Unbestimmtheit des Straftatbestandes überzeugt habe. Für die Praxis gebe das Gericht aber klare Leitlinien und Orientierungen für unternehmerisches Handeln. Die in der Entscheidung formulierten Anforderungen werden nach der Einschätzung erfahrener Praktiker auch bei den Ermittlungsverfahren zur Aufarbeitung der Finanzkrise eine wichtige Rolle spielen.[52]

Im übrigen sei daran erinnert, dass die Schädigung der Banken als »Geschäftsherren« der zentrale Gegenstand einer strafrechtlichen Prüfung ist. Sie könnte im Wege des Erwerbs der »Mortgage-Backed Securities« (durch Hypotheken gesicherte Wertpapiere) durch deren zur Vermögensfürsorge verpflichteten Vertreter erfolgt sein. Der Inhaber des Vermögens ist solchen Personen gegenüber offensichtlich besonders schutzbedürftig. Der notwendige Schutz kann in diesem Zusammenhang allein vom Strafrecht geleistet werden. Strafrecht ist hier deshalb nicht das letzte Mittel (»Ultima ratio«), sondern das einzige (»Sola ratio«). Alle sonst üblichen faktischen und zivilrechtlichen Schutzvorkehrungen müssen gegenüber einer Person versagen, die von Rechts wegen jederzeitigen Zugriff auf das Vermögen eines anderen hat. Man könnte im Zivilrecht sogar geradezu ein Vehikel der Tatbegehung sehen, ein weiterer Hinweis auf die Legitimität und Unverzichtbarkeit des strafrechtlichen Schutzes des Vermögensinhabers.[53]

Das Bundesverfassungsgericht hat sich jedenfalls nicht mit realitätsfernen Glasperlenspielen beschäftigt. Seine Ausführungen haben hohe praktische Relevanz. Dies belegen unter anderem Verurteilungen dreier Manager der früheren Mainzer Raiffeisen-Volksbank (RVB) zu Haftstrafen zwischen sechs und zwölf Monaten am 17. September 2010 wegen riskanter Kreditvergaben und der Vortäuschung falscher Absicherungen. Die damaligen Banker hatten mehrfach Gelder verschoben, um Sicherheiten für wackelnde Kredite vorzutäuschen.[54]

Ausführungen zur Strafbarkeit wegen Betrugs[55] sind dagegen immer noch rudimentär. Erste Ansätze beschäftigen sich unter anderem mit der

Frage, ob durch Mitteilungen der Ratings Täuschungen stattgefunden haben können. Dabei wird zunächst auf das erhebliche Informationsgefälle zwischen den Käufern strukturierter Wertpapiere und den emittierenden Banken hingewiesen. Dessen Abmilderung sei die Funktion der Ratingagenturen. An eine Betrugsstrafbarkeit könne man in diesem Zusammenhang denken, weil diese Agenturen häufig ein »Rating on the edge« betrieben, also dem Emittenten eine Portfoliostruktur empfahlen, die »gerade noch« mit dem Höchstwert (Triple A) zu bewerten war. Daher sei eine Täuschung durch die Verantwortlichen der Ratingagentur oder Emittenten der Wertpapiere gegenüber den Käufern vorstellbar. Das Ergebnis einer strafrechtlichen Prüfung hängt allerdings vom Aussagegehalt der Bewertung eines strukturierten Wertpapiers ab.

Üblicherweise gilt ein Rating nur als prognostische Einschätzung der Fähigkeit und Bereitschaft eines Schuldners zur Tilgung seiner Verbindlichkeiten. Zu unterscheiden ist zwischen einem Emittenten- und einem Emissionsrating, also der Bonitätsbeurteilung eines emittierenden Unternehmens oder eines jeweiligen Wertpapiers. Wird ein strukturiertes Wertpapier mit der Bestnote beurteilt, bedeutet dies, dass das Ausfallrisiko der Kreditforderungen, die dem Papier zugrundeliegen, minimal ist. Die Ausfallwahrscheinlichkeit ist nicht Gegenstand einer Tatsachenbehauptung, sondern einer standardisierten Meinungsäußerung. Es handelt sich um ein »Werturteil mit Tatsachenkern«. Als tatsächliche (Mit-)Erklärung kommt allenfalls in Betracht, dass das Ratingverfahren, also die der Berechnung dienenden Modelle, ordnungsgemäß angewandt und die vom Emittenten übermittelten Daten zugrundegelegt wurden. Der Emittent erklärt implizit, die Tatsachengrundlage für das Rating nicht manipuliert zu haben. Daher könnte nur derjenige durch Mitteilung des Ratingergebnisses täuschen, der als Emittent oder als Verantwortlicher einer Ratingagentur dem Rating gezielt falsche Tatsachen zugrundegelegt oder die angewandten Bewertungsverfahren gezielt manipuliert hat. In Fällen einer marktweiten Fehleinschätzung der Risiken dürfte das aber kaum der Fall sein. Ein Betrugsvorwurf ist also allein unter Hinweis auf eine zu gute Bonitätsbewertung kaum begründbar.[56]

Diesen Überlegungen könnte man sehr wohl gegenüberstellen, dass die Dogmatik des Betrugstatbestandes allgemein darauf abstellt, ob ein Werturteil einen beweisbaren Tatsachenkern enthält. In diesem Sinne handelt es sich bei der Frage, ob eine Hypothek oder eine Kapitalanlage sicher ist, nach ständiger deutscher Rechtsprechung um eine Tatsachenbehauptung im Sinne des Betrugsparagraphen[57]. Das Rating beruht auf einer Vielzahl interner Prüfungen, deren Parameter nicht offengelegt werden. Der Ratingagentur wird sogar normativ eine besondere Beurteilungskompetenz zuerkannt. Das Rating »AAA« artikuliert den weitestgehenden Ausschluss jeglichen Risikos, ist also eine direkte Parallele zu der mündelsicheren Anlage des deutschen Rechts. Die gegenteilige Würdigung ist nicht überzeugend.

Es geht im übrigen nicht darum, den Täuschungsbegriff weiter zu normieren, sondern um eine angemessene Interpretation des Tatsachenbegriffs für ökonomische Sachverhalte und Sachverständigenurteile. Die Mortgage-Backed Securities hatten jedenfalls in Wahrheit nur eine Absicherung zu einem Bruchteil des Nennwerts. Eine Bestnote war also für jede einzelne Hypothek nicht zu rechtfertigen. Die angewandten mathematischen Modelle mussten zudem schwere Mängel haben und sind der wirtschaftlichen Situation von Anfang an in keiner Weise gerecht geworden. Aber weil man bei den deutschen Banken grundsätzlich von dem gleichen Wissen beziehungsweise den gleichen Wissenslücken bezüglich der mit »Subprime-Hypotheken« unterlegten Wertpapiere ausgehen könne, fehle es insoweit von vornherein am Tatbestandsmerkmal der Täuschung, das ein überlegenes Wissen des Täuschenden gegenüber dem Getäuschten voraussetze.[58]

Der rechtswissenschaftliche Diskurs über die (auch) strafrechtliche Bewältigung der Folgen der Finanzkrise hat gerade erst begonnen. Offenkundig ist, dass die Finanzkrise jedenfalls teilweise durch die fehlende Kontrolle und die betrügerische Vertuschung der bestimmten Finanzprodukten innewohnenden Risiken verschuldet wurde. Deshalb ist es auch verständlich, dass nach einer stärkeren Intervention des Strafrechts zum Schutz des Finanzsystems verlangt wird.

Angesichts der hier dargelegten strafrechtsdogmatischen und rechtspolitischen Betrachtungen sollte deutlich geworden sein, dass die Finanzkrise – wie an anderer Stelle schon dargetan – eben nicht (nur) ein bloßes Systemversagen ist. Sie ist durch massenhaftes objektiv straftatbestandsmäßiges Verhalten der verantwortlichen Personen im Bankensektor mitverursacht worden. Staatliche Instanzen haben dabei grob fahrlässig geholfen. In Deutschland haben gerade öffentliche Banken mindestens über 100 Milliarden Euro in ex ante minderwertige beziehungsweise wertlose amerikanische Papiere investiert. So wurde der Konsum der Bürgerinnen und Bürger der USA zu Lasten der deutschen Steuerzahlerinnen und Steuerzahler subventioniert. Die angebliche Professionalität der Entscheidungsträger in der deutschen Bankenwelt und in der Politik war offensichtlich auf dem gleichen Niveau, das Vertreter der amerikanisch-indianischen Urbevölkerung hatten, als sie den europäischen Eroberern für ein paar Glasperlen Manhattan und später für ein paar Fässer Whiskey ihre Seele und ihre Würde verkauften.

Nur selten werden daraus die notwendigen klaren Schlussfolgerungen gezogen. Das alles ist nicht nur ein politischer Skandal. Es handelt sich um eine Art global veranstalteter Organisierter Kriminalität. Dabei dürften in der Tat die voreilig gezahlten und in jeder Hinsicht unangemessenen Boni das entscheidende Motiv sein. Trotzdem finden keine Anstrengungen statt, diese illegitime Beute aus den Scheingewinnen der Vergangenheit zu konfiszieren. Vielmehr wird die Praxis der Beutesicherung selbst in den gerade vom Staat geretteten Banken fortgesetzt. Das gilt auch für den hauptsächlichen Einsatz des Investmentbankings zur Ausweisung von Gewinnen.

Leider ist die Einsicht immer noch nicht weit verbreitet, dass die rechtliche Aufarbeitung dieser Verhältnisse im Bankenbereich nur in staatlich-strafrechtlichen Ermittlungsverfahren geleistet werden kann. Das läge auch im Interesse des Bankensystems selbst, um den Anschein einer »Funktionärskleptokratie« zu beseitigen. Es ist höchste Zeit, dass das traditionell gegen die »Unterschicht« eingesetzte Strafrecht auch gegen die »Oberschicht« gleichmäßig angewendet wird: »Wenn es jemals irgendein Feld gegeben hat, wo dies überfällig ist, so ist es die sogenannte Finanzkrise.«[59]

Mit der Finanzkrise haben sich Risiken verwirklicht, die seit geraumer Zeit evident waren. Das Ausmaß der eingetretenen Schäden mag überraschend gewesen sein, ihr Eintritt war es nicht. Selbst in regulierten Zonen fand der Tanz auf dem Vulkan mit Wissen und Wollen der Verantwortlichen in Politik und Wirtschaft statt. Nationale Egoismen und menschliche Schwächen, unzureichende Gesetze und mangelhafte Aufsicht, systematisierte Selbstbegünstigung und Kompetenzmängel, gesellschaftliche Lethargie und Verluderung des Gemeinsinns sowie strukturelle Fehlentscheidungen zählen neben vielen anderen zu den Faktoren, welche die größte Vermögensvernichtung der neueren Wirtschaftsgeschichte initiiert und gefördert haben.

8 DIE ZWEIFELHAFTEN MACHENSCHAFTEN MANCHER BANKEN

Bertolt Brecht hatte schon vor geraumer Zeit gefragt, was der Überfall auf eine Bank gegen die Gründung einer solchen ist. Es war aber wohl weniger eine Frage als eine Feststellung besonderer Art.[1] Wie auch immer: Wer die Äußerung für einen naiven Spruch zur Erheiterung von Gymnasiasten hält, möge sich von den Herren Christopher Freiherr von Oppenheim und Matthias Graf von Krockow zum Abendessen einladen lassen. Sie haben die Privatbank Sal. Oppenheim vor 220 Jahren zwar nicht gegründet. Die beiden Herren könnten dennoch einiges erklären. Schließlich waren sie persönlich haftende Gesellschafter dieser Bank. An ihrer Expertise besteht kein Zweifel, obschon die Staatsanwaltschaft in Köln Anfang 2010 Ermittlungen wegen des Verdachts der Untreue aufgenommen hat. Die beiden Hauptfamilienstämme haben von »ihrer« Bank, die mittlerweile von der Deutschen Bank übernommen wurde, ein Darlehen über 680 Millionen Euro erhalten. Knapp die Hälfte soll ohne Sicherheiten ausbezahlt worden sein. Die Zinssätze sollen zum Teil nur 1,5 Prozent betragen haben. Nachdem die deutsche Finanzaufsicht hiervon erfahren hatte, mussten die genannten Herren und zwei weitere Angehörige der Führungsspitze zurücktreten. Allen war mit dem Entzug der Zulassung zur Leitung einer Bank gedroht worden.

EINE FEINE ADRESSE: PRIVATBANK SAL. OPPENHEIM

Sal. Oppenheim war in eine Schieflage geraten, weil die Bank hohe »Klumpenrisiken« bei dem insolventen Karstadt-Konzern Arcandor und dessen Großaktionärin Madeleine Schickedanz eingegangen war. Darüber hinaus engagierte sie sich stark in geschlossenen Immobilienfonds, die zusammen mit dem Vermögensverwalter Josef Esch aufgelegt worden waren. Einige dieser Immobilienobjekte wurden an Karstadt vermietet. Sie haben nach der Insolvenz deutlich an Wert verloren. Auf Drängen der Deutschen Bank wurden die Geschäftsbeziehungen zu Esch inzwischen beendet.[2]

Angesichts weiterer aktueller Ereignisse könnte man den Satz von Brecht geringfügig umformulieren. Als Frage lautet er dann folgendermaßen: »Wie lassen sich Banken, Industrieunternehmen, Wirtschaftsprüfer, Rechtsberatungskonzerne, politische Parteien und Regierungen von kriminellen Vereinigungen unterscheiden?«

Manche werden sich mit dieser »alt-neuen« Frage nicht beschäftigen wollen. Sie mag polemisch, albern oder gar absurd erscheinen. Andere werden sie dagegen als rhetorisch empfinden, weil sie eine Unterscheidbarkeit grundsätzlich für ausgeschlossen halten. Eine weitere Gruppe mag hinter der Fragestellung eine politische Absicht wittern und so verstimmt sein, dass sie selbst den Versuch einer Beantwortung ablehnt. Einige werden es einfach nicht für möglich halten, dass aus Killern Banker geworden sind oder dass Inhaber hoher und höchster Staatsämter sich einem mafiotischen Schweigegebot – der Omertà – unterwerfen, indem sie die Herkunft von Spenden beharrlich und gesetzwidrig wie Bundeskanzler a. D. Helmut Kohl selbst nach seinem 80. Geburtstag mit der Behauptung verschweigen, sie hätten den großzügigen Gebern ein entsprechendes »Ehrenwort« gegeben. Es liegt auch der Verdacht nahe, dass hinter solch einer Frage Sozialneid und Minderwertigkeitsgefühle stehen und man deshalb wirtschaftliche und politische Erfolge zum Feindbild verzerrt.

Gleichwohl: Die Zerstörungskraft der in der Finanzindustrie entstandenen Strukturen ist hoffentlich immer deutlicher geworden. Die bisherigen Anstrengungen zur Identifizierung und Inanspruchnahme der Verantwortlichen und Schuldigen sind nicht ermutigend. Maßgebende Akteure in der Weltwirtschaft sind durch ethische und rechtliche Differenzierungen ohnehin nicht mehr ansprechbar, wenn sie es überhaupt jemals waren. Sollte dies nicht zu ändern sein, müsste eines Tages staatliche Rechtspflege durch gesellschaftliche Selbstverteidigung ersetzt werden. Damit sind Aussichten auf den Bürgerkrieg eröffnet.[3] Bis dahin besteht hoffentlich noch genügend Zeit, um über den einen oder anderen anregenden Vorschlag nachzudenken.

Es gilt als nunmehr allgemein anerkannt, dass Krisenzeiten lauter Gelegenheiten sind, die der Herrschaft dargeboten werden, sich umzustrukturieren. Aber es scheint sich eine Avantgarde der Auflehnung zu entwickeln, die sich nicht noch einmal mit der Krise reinlegen lassen möchte. Sie möchte nicht noch einmal bei null anfangen oder nur eine Zeitlang den Gürtel enger schnallen. Die Krise sei eine Art zu regieren, wenn die Welt nur noch durch die unendliche Verwaltung ihres eigenen Zusammenbruchs zu halten scheine. Man erwartet, dass die Menschen hinter dem Staat stehen, mobilisiert und solidarisch mit einem unwahrscheinlichen Zusammenflicken der Gesellschaft.

Aber: »Nur widert es uns derartig an, uns dieser Mobilisierung anzuschließen, dass es gut sein kann, dass wir uns eher dazu entscheiden, den Kapitalismus definitiv zu schlagen.«[4]

Solche Gedanken haben reale und konkrete Hintergründe. Nicht nur die Bank Sal. Oppenheim dürfte in hochkomplexe Netzwerke eingebunden sein, wie manche Ermittlungsmaßnahmen im Herbst 2010 anzudeuten scheinen. Am 7. Oktober 2010 haben Fahnder in einer abgestimmten Aktion Räume des früheren Arcandor-Vorstandsvorsitzenden Thomas Middelhoff und des Bauunternehmers und Vermögensverwalters Josef Esch durchsucht. Betroffen waren auch ehemalige Vorstandsmitglieder der Sparkasse Köln-Bonn.

Gegen Middelhoff besteht der Verdacht der Untreue. Er soll darauf verzichtet haben, Millionenansprüche von Arcandor/Karstadt bei Esch einzuklagen. Wie bereits angedeutet, soll Esch über Fonds, die er gemeinsam mit Sal. Oppenheim aufgelegt hatte, fünf Gebäude zu ungewöhnlich hohen Preisen an die Warenhauskette vermietet haben. In einem dieser Fonds hatte Middelhoff vor seinem Amtsantritt bei Karstadt auch Teile seines Privatvermögens angelegt. Außerdem soll er das anschließend beinahe in Insolvenz geratene Unternehmen durch zu freihändige Ausgaben – unter anderem für Flugreisen – geschädigt haben. Gegen Thomas Middelhoff und weitere frühere Karstadt-Manager sind Schadenersatzklagen in Höhe von 175 Millionen Euro erhoben worden.

Die Ermittlungsverfahren gegen einstige Sparkassenmanager und den Bauunternehmer Josef Esch erstrecken sich über ein weites Spektrum. Nach Angaben der Staatsanwaltschaft Köln geht es um mutmaßliche Vermögens-, Korruptions- und Steuerdelikte. Sie hatte im September 2010 auch bei der Bank Sal. Oppenheim die Unterlagen über die bereits erwähnten Kredite im Volumen von 680 Millionen Euro beschlagnahmt, die einige der früheren persönlich haftenden Gesellschafter zur Finanzierung ihrer eigenen Geschäfte erhalten haben. Die Bankiers sollen mit diesem Geld unter anderem persönlich für Darlehen der einstigen Milliardärin und Arcandor-Großaktionärin Madeleine Schickedanz gebürgt haben. Mittlerweile haben einige Altgesellschafter der Bank aus Familienstämmen, die nicht in Führungsgremien vertreten waren, Strafanzeigen gegen Exbankiers erstattet, weshalb jetzt auch die Bankenaufsicht tätig geworden ist.[5]

Diese Maßnahmen der zuständigen Ermittlungsbehörden könnten in das Weltbild einer exquisiten Vertreterin des Zeitgeistes passen, die neuerdings entdeckt hat, dass Topmanager zum Freiwild mutiert sind, denen Strafverfolger in »waghalsigen Experimenten« hinterherjagen.[6] Die professionell nachdenkliche Literaturwissenschaftlerin und ehemalige Beraterin der Deutschen Bank in »strategischer Kommunikation«, Gertrud Höhler, demonstriert, was passieren kann, wenn sich Laien zu Rechtsfragen äußern. Sie behauptet, dass Staatsanwälte in Kenntnis der Grenzen des Strafrechts auf der Grundlage eines »Zivilrechtsparagraphen von 1933«, des Tatbestands »Untreue«, Topmanager wegen des Eingehens von Risiken verfolgten, wie sie fast jeder aus dieser erlauchten Riege eingehe. Die Vorschrift könne in Deutschland bei »alltäglichen unternehmerischen Risiken« angewandt werden und erfordere – anders als in den USA und Großbritannien – nicht die Absicht persönlicher Bereicherung.

Gertrud Höhler verkennt zunächst, dass es sich bei dem Paragraphen 266 StGB, der in Kapitel 7 ausführlich behandelt wurde, um eine strafrechtliche Vorschrift und nicht um einen Zivilrechtsparagraphen handelt. Sie hat offensichtlich auch nicht verstanden, dass die Vorschrift nicht der Sanktionierung »alltäglicher« unternehmerischer Risiken oder banküblicher Geschäfte dient. Genauso verfehlt ist der beziehungsreiche Hinweis auf das Jahr 1933. Es handelt sich ungeachtet einer seinerzeitigen Novellierung nicht um grundsätzlich nationalsozialistisch geprägtes Recht, das verwirrte Staatsanwälte landauf und landab in experimenteller Zielsetzung und im Widerspruch zu der in der Tat auch für »Topmanager« (wie für jeden anderen) geltenden Unschuldsvermutung anwenden. Gertrud Höhler hat die bereits detailliert dargestellte Entscheidung des Bundesverfassungsgerichts zur Verfassungsmäßigkeit des (strafrechtlichen) Untreuetatbestandes (siehe Seite 193 ff.) offensichtlich entweder noch nicht zur Kenntnis genommen oder nicht verstanden. Im übrigen scheint ihr auch der juristische Unterschied zwischen Vermögens- und Bereicherungsdelikten nicht klar zu sein. Das mangelnde Erfordernis einer Bereicherungsabsicht im juristisch-technischen Sinne suspendiert natürlich nicht von der Pflicht zur Beweiswürdigung im Hinblick auf das Vorliegen des subjektiven Tatbestandsmerkmals, also den Vorsatz.

Kann man derartige rechtliche Fehleinschätzungen noch mit mangelndem Sachverstand erklären, sind andere Aussagen an der Grenze der Verständlichkeit und Erträglichkeit. Gertrud Höhler meint zu erkennen, dass die Rationalität der Strafverfolger »Spuren von emotionalem Furor und kaum verhüllter Befangenheit« zeigt. Sie gerieten, wie die Politiker und das ressentimentgeladene Publikum, in den Bannkreis des Geldes, um das es in allen Fällen gehe. [7]

Die »Magie des Geldes« hält sie für das unausgesprochene Leitthema, das wirkliche Neutralität bei den Ermittlern nicht zulasse. Lastwagenladungen mit Akten, die in neu gemieteten Räumen von neu eingestelltem Personal gelesen werden sollen, zeigten die »Schrotschussmanier«, mit der man versuche, die allgemeine und die eigene emotionale Verwirrung zu bedienen und zu beruhigen. Gertrud Höhler fragt, ob es tatsächlich ganze Hundertschaften bisher unentdeckter Krimineller in Deutschlands Führungsetagen gibt oder ob es das Thema »Geld« ist, das alle gewohnten Kategorien radikalisiert. Sie beklagt, dass von dem »juristischen Grundsatz« der Unschuldsvermutung bei den Razzien in Büros und Wohnungen von Managern nicht die Rede sei.[8]

Das dürfte sie übrigens nur deshalb tun, weil ihr nicht ganz klar zu sein scheint, dass es bei solchen Maßnahmen zunächst einmal darum geht, zureichenden tatsächlichen Anhaltspunkten für das Vorliegen einer Straftat nachzugehen (Anfangsverdacht) und dementsprechende richterliche Beschlüsse auszuführen. Selbstverständlich bleibt die Geltung der Unschuldsvermutung nach Artikel 6 II der Europäischen Menschenrechtskonvention davon unberührt, eine Vorschrift, die – bei Vorliegen der gesetzlichen Voraussetzungen (dringender Tatverdacht und Haftgrund) und Erlass eines richterlichen Haftbefehls – sogar die Verbringung von Topmanagern in staatlichen Gewahrsam nicht ausschließt. Im anschließenden Verfahren geht es dann regelmäßig um die Widerlegung der Unschuldsvermutung. Dann wird von diesem von Gertrud Höhler zitierten Grundsatz immer wieder die Rede sein müssen.

Sie behauptet weiter, dass sich die Rechtsprechung im Fall der »flächendeckenden Verdächtigung von Bankmanagern« auch in die Zuständigkeiten von Finanz- und Börsenaufsicht vorwage. Das Ergebnis seien langwährende Großverfahren, die in »nicht justitiable« Zusammenhänge führten und in aller Regel mit hohen Zahlungen der Angeklagten abgeschlossen würden, während dieselben Angeklagten weiterhin als unschuldig gälten. Das »Verfahrensziel«, sie zugleich unwiderruflich zu beschädigen und aus dem Führungspersonal auszuschließen, werde aber in jedem Fall erreicht.[9]

Die »fiskalischen Schäden«, die man durch »waghalsige Strafverfolgungsexperimente« auslöse, lasse sich die Staatsanwaltschaft in der Regel von den – als unschuldig geltenden – Angeklagten bezahlen. Historiker werden, so meint Gertrud Höhler, fragen müssen, ob die Justiz bei der Verfolgung der »destruktiven Eliten« nicht am eigenen Ansehensverlust mitgewirkt hat.[10]

Diese Gedankenführung liegt derart weit außerhalb eines fachlichen und realistischen Zusammenhangs, dass eine detaillierte Widerlegung zusätzlich zu den hier an zahlreichen Stellen gegebenen Hinweisen entbehrlich ist. Daran wird sich vielleicht etwas ändern, wenn Gertrud Höhler sich dereinst als Historikerin qualifiziert haben wird, nachdem ihre rechtswissenschaftliche Ausbildung anscheinend nicht abzuschließen war.

Sachverständig und anregend ist dagegen das Mitglied des Deutschen Bundestages Peter Gauweiler, der für die Christlich-Soziale Union (CSU) den Wahlkreis München-Süd vertritt. Er hat immerhin einen Erlass gegen Extremisten und Radikale im Bankgewerbe gefordert. Die deutsche Verfassung garantiere den Schutz des Eigentums als »Verantwortungseigentum«.[11] Genau dieses entschwinde seit Jahren durch Investmentbanking, Hedge-Fonds und die Blickverengung auf den »Shareholder Value«. Durch wahnsinnige Spekulationen von Bankern sei so viel anvertrautes Eigentum in Deutschland zerstört worden wie nie zuvor. Menschen, die mit anderer Leute Geld umgehen, spielten Schicksal und ersetzten fehlenden Durchblick bei ihren Investments durch Ratings und verschleierten ihre Unkenntnis durch Zweckgesellschaften. Sie bilanzierten heiße Luft – mit Bilanzwerten ohne marktmäßige Belege und berechneten nach solchen »Bilanzen« ihre extremen Boni. Gauweiler glaubt, dass der amerikanische Präsident Barack Obama dem Geschwätz von Finanzdienstleistern außerhalb der Realwirtschaft ein Ende gemacht hat. Dessen Vorschlag, den

Kreditinstituten den nicht kundenbezogenen, eigennützigen Eigenhandel und Geschäfte mit Hedge-Fonds und Beteiligungsgesellschaften zu untersagen, sei völlig richtig. Ein Investmentbanking, welches das Eigentum seiner Kunden zerstückelt, verbrieft, verwettet und verspielt, hält Gauweiler für »organisierten Kundenverrat.«[12]

Man kann es auch knapper sagen: Die Finanzindustrie, die Wirtschaft, die Verwaltung und die Politik sind teilweise eine Domäne der Organisierten Kriminalität geworden.

DIE GESCHÄFTE DER HSH NORDBANK

Durch die Kombination von Brecht und Gauweiler könnte sich ein weiterer Kreis schließen. Ergiebiger als die bis jetzt angestellten Spekulationen mag jedoch die Erinnerung an konkrete Vorgänge sein. Im März 2010 ermittelten Staatsanwälte in Norddeutschland und bundesweit gegen sechs frühere und amtierende Vorstände der HSH Nordbank. Schadenersatzklagen wurden vorbereitet, und mehrere parlamentarische Untersuchungsausschüsse waren (und sind) um Aufklärung bemüht. Wie schon erwähnt, hatte sich die in München beheimatete Hypo Real Estate (HRE) – auch mit ihrer Tochter (Depfa) – international in hochriskanten Geschäften engagiert und brauchte staatliche Unterstützung in Höhe von circa 100 Milliarden Euro. Mittlerweile ist die Verstaatlichung erfolgt. In einem Rückblick aus dem Februar des Jahres 2010 wird daran erinnert, dass allein in Deutschland seit Monaten gegen circa 40 aktive und ehemalige Topbanker wegen Untreue, Korruption, Betrug und Börsenmanipulation ermittelt wird, die mit ihren riskanten Geschäften beinahe das Finanzsystem in den Abgrund gestürzt haben.

Nun wird ein Vorwurf erhoben, der über das bis jetzt bekannte Niveau noch hinausgeht. HSH und HRE sollen sich mit der Absicht zusammengetan haben, ihre Bilanzen zu fälschen. Sie sollen seit 2007 ihre Bücher um mehrere Milliarden Euro »geschönt« haben, wird in der Strafanzeige des Hamburger Rechtsanwalts Gerhard Strate behauptet. Zu diesem Zweck habe man ein Geschäft mit dem Codenamen »St. Pancras« vorbereitet, bei dem in Hamburg und München zeitweise mehr als 50 Personen beteiligt gewesen sein sollen. Im Spätherbst 2007 gab es ein gemeinsames Problem.

Die Relation zwischen dem vorhandenen Kapital und den eingegangenen Risiken war aus dem Lot geraten. Um ein Einschreiten der Finanzaufsicht zu vermeiden, habe man versucht, Kreditrisiken aus der Bilanz auszulagern, so dass das jeweils eigene Kapitalpolster dicker erschien, als es war. Sowohl HSH als auch HRE lagerten in einem ersten Schritt Immobilienkredite im Wert von 3,8 Milliarden US-Dollar in je eine Zweckgesellschaft aus. Deren Zahlen erschienen nicht in der Bilanz. Dafür nahmen die Banken einen Abschlag von je 800 Millionen Euro in Kauf. In einem zweiten Schritt wurde eine dritte Zweckgesellschaft gegründet. Dahinter stand der amerikanische Hedge-Fonds »Dynamic Credit Partners«. In der dritten Stufe wurden die Kredite als Wertpapiere gebündelt, und die dritte Zweckgesellschaft kaufte diese Papiere auf. Im Gegenzug erhielten HSH und HRE demnach jeweils drei Milliarden US-Dollar.

Der Hedge-Fonds selbst soll aber nur sechs Millionen Euro investiert haben. Der Löwenanteil für den Kauf der Kreditwertpapiere kam von HSH und HRE selbst. Sie gaben dem Hedge-Fonds kurzfristige Kredite, um die Papiere der anderen Bank kaufen zu können. Den Aktionären der HRE sei im Jahresabschluss vorgespiegelt worden, das Jahresergebnis lasse unproblematisch die Ausschüttung von 101 Millionen Euro zu, meint Rechtsanwalt Gerhard Strate. Damit sei ein Großteil der Aktionäre in Sicherheit gewiegt und davon abgehalten worden, Aktien zu verkaufen. Später hatten die Anleger für ihre Aktien nahezu nichts bekommen.

Kurz nach dem Bilanzstichtag räumte der damalige Bankchef Georg Funke erstmals ein, dass die HRE wegen der Kreditkrise Abschreibungen vornehmen musste. In jedem Fall ist die Auslagerung von Krediten unzulässig, wenn sie von vornherein darauf angelegt ist, binnen weniger Monate innerhalb des folgenden Jahres wieder rückabgewickelt zu werden. Nichtsdestotrotz halten die Banken ihre Transaktionen für rechtmäßig.[13]

Die HSH Nordbank und ihr Vorstandschef Dirk Jens Nonnenmacher dürften wohl noch eine Weile das Interesse von Strafverfolgungsbehörden auf sich ziehen.[14] Die Staatsanwaltschaft hat im Laufe des Jahres 2010 Ermittlungen wegen Untreue und Bilanzfälschung gegen ihn aufgenommen. Sie ist davon überzeugt, dass Nonnenmacher noch in seiner vormaligen Eigenschaft als Finanzvorstand bei der HSH zusammen mit Vorstandskollegen ein Ende 2007 umstrittenes Geschäft (»Omega 55«) niemals hätte absegnen dürfen.[15] Die Zustimmung sei als Eilbeschluss erteilt worden, obwohl für eine Prüfung der Risiken unangemessen wenig Zeit gewesen sei. Die Kreditvorlage habe erhebliche Mängel aufgewiesen. Intern gesetzte Grenzen seien überschritten worden. Die Vorstände seien unvertretbar hohe Risiken eingegangen, so dass ein erheblicher Vermögensverlust eingetreten sei. Deswegen wurden im Mai 2010 bei der HSH Hausdurchsuchungen durchgeführt.

Hamburg und Schleswig-Holstein konnten die Bank im Jahre 2009 nur mit milliardenschweren Zusagen vor dem Zusammenbruch retten. Seitdem ist in der lokalen Politik eine gewisse Nachdenklichkeit ausgebrochen. Man rätselt darüber, wie die eigene Bank Hochrisikogeschäfte (»Omega 52« und »Omega 55«) tätigen konnte, ohne dass es jemand rechtzeitig bemerkt hat. Die Staatsanwaltschaft möchte wissen, warum solche Risiken überhaupt eingegangen wurden. Die zitierten Geschäfte wickelte die HSH-Niederlassung in London ab und begründete so einen Abschreibungsbedarf in Höhe von mehreren hundert Millionen Euro.

Mittlerweile musste Nonnenmacher entgegen anfänglichen Erklärungen gegenüber der BaFin einräumen, dass man die Aufsicht über Koppelungsgeschäfte bei den Omega-Deals doch nicht umfassend informiert hatte. Im Herbst 2009 hatte der Aufsichtsratschef Hilmar Kopper noch erklärt, dass man zu Nonnenmacher »uneingeschränktes Vertrauen« habe.[16] Die zuständigen Vorstände hätten die genannten Geschäfte genehmigt, und Nonnenmacher habe sie mit weiteren Vorständen nur gegengezeichnet.

Die für die Hausdurchsuchungen zuständige Staatsanwaltschaft und das Amtsgericht sehen das offensichtlich anders und gehen davon aus, dass die sechs beschuldigten Vorstände sogar eine ausdrückliche Warnung des eigenen Kreditrisikomanagements ignoriert haben. Insbesondere das Gericht schloss sich gerade nicht der Auffassung eines Teils des von der HSH beauftragten Rechtsberatungskonzerns (Freshfields Bruckhaus Deringer) an, wonach die nachträgliche Unterzeichnung des »Omega-Beschlusses« noch mit der Sorgfalt eines ordentlichen Geschäftsleiters zu vereinbaren sei. Das Gericht ließ also gerade das nicht gelten, worauf sich Hilmar Kopper bei Nonnenmachers Verteidigung berief.[17]

Das alles dürfte Nonnenmacher nicht allzu sehr beeindruckt haben. Aus seiner Sicht macht die HSH schöne Fortschritte. Die Bank habe im zweiten Quartal 2010 zum ersten Mal seit sieben Quartalen operativ ein positives

Ergebnis erzielt. Belastend wirke sich im zweiten Quartal die wieder ge-stiegene Unsicherheit an den Kapitalmärkten aus. Erfreulich sei die posi-tive Entwicklung im originären Kundenkreditgeschäft. Dort zahle sich die konsequente Risikopolitik der Vergangenheit aus. Die Kernbank habe so-gar nach Berücksichtigung der nicht unerheblichen Kosten für die Garan-tien der Länder im ersten Halbjahr 2010 einen Vorsteuergewinn erzielt. Und die Lage in Griechenland oder Spanien bereitet Nonnenmacher auch keine Sorgen, weil die HSH mit am wenigsten in Staatsanleihen investiert habe. Im Hinblick auf die immer wieder erforderlich gewordenen Bilanz-korrekturen verkündete er, dass solche Berichtigungen in der Bankenbran-che üblich seien. Den Vorwurf der Bilanzfälschung hält dieser Manager für absurd. Er werde durch Wiederholung nicht stichhaltiger. Eine falsche Bilanz sei keine gefälschte Bilanz.

Offensichtlich habe die erste Ermittlergruppe der Staatsanwaltschaft das auch so gesehen und dafür plädiert, das Verfahren einzustellen. Nonnenmacher erschließt sich nicht, dass dann offenbar ohne weitere Be-gründung deren Bericht zur Seite gelegt und eine neue Ermittlungsgruppe eingesetzt wird. Auf den Hinweis, dass die Staatsanwaltschaft die Bilanz-korrektur wohl zur Kenntnis genommen hat, sie aber erst erfolgt ist, nach-dem der Fehler offen bekannt war, erklärte Nonnenmacher, dass das so nicht stimme. Entscheidend sei, dass »gewisse ursprüngliche Fehleinschät-zungen« durch bankinterne Prozesse festgestellt und korrigiert worden seien. Nach den Rechnungslegungsvorschriften (IFRS) seien dann die Bilanz und die Gewinn- und Verlustrechnung rückwirkend berichtigt worden.[18]

Im Laufe des bisherigen Ermittlungsverfahrens wurde allerdings deut-lich, dass die HSH ihre Versprechungen, sie würde mit den Behörden eng kooperieren und alle benötigten Unterlagen freiwillig herausgeben, in höchst eigenartiger Weise (nicht) realisierte. Bei der im Mai 2010 durch-geführten Hausdurchsuchung stellten beteiligte Kriminalbeamte fest, dass etliche Daten der HSH bei einer anderen Firma gespeichert waren. Dabei ging es ausgerechnet um Vorgänge, die für die Ermittlungen von besonde-rem Interesse waren. Die Mitarbeiter der »Einsatzgruppe 091 Conduit« des Landeskriminalamtes sahen sich deshalb gezwungen, einen neuen Durch-suchungsbeschluss für die Firma zu beantragen, der auch unverzüglich erlassen wurde.

Vor diesem Hintergrund ist daran zu erinnern, dass es in vielen Wirtschaftstrafverfahren immer wieder eine seltsame Mischung aus Ungereimtheiten und Widersprüchen gibt, die zumeist sogar in Serie passieren. Bei der HSH scheinen aber manche Zufälle System zu sein. Als zentrale Frage aller Verfahren gegen Banken empfindet man die Alternative: Pech oder Schuld? Wollte man den Angaben der involvierten Bankmanager glauben, dann war eigentlich niemand verantwortlich für die existenzgefährdende Krise, in die die HSH hineinschlitterte wie auf einem wetterbedingten Eisteppich, eben ein unvorhersehbares und unvermeidbares Systemversagen, welches die Landeskassen von Hamburg und Schleswig-Holstein bislang schon drei Milliarden Euro gekostet hat. Die Bankenaufsicht hatte die HSH für fragwürdige Finanzgeschäfte im Laufe des vergangenen Jahrzehnts heftig kritisiert. Diese Rügen stehen in einem bemerkenswerten Kontrast zu den entlastenden Ausführungen des bei dem Rechtsberatungskonzern Freshfields & Co bestellten Gutachtens.

Damit ist der Verdacht entstanden, dass gravierende Missstände vertuscht werden sollten. Die HSH ist kein Einzelfall. Die Landesbanken mehrerer Bundesländer sind im Visier der Ermittler. Sie müssen prüfen, wie viele Milliarden Euro aus dem Vermögen der Bürger letztlich verspielt wurden. Schon jetzt gilt eine Wahrheit als gesichert: Es gab eine Hybris von Investmentbankern und Aktienhändlern, gepaart mit der Vollkaskozockerei der staatlichen und halbstaatlichen Institute. Die andere Wahrheit handelt vom Versagen der Aufsicht und von der Unfähigkeit einiger offenkundig überforderter Politiker in den Kontrollorganen.

Diese Fälle sind »Lehrstücke« für Dilettantismus und Versagen von Managern und Kontrolleuren. Außerdem demonstrieren sie, wie schwer sich die Staatsinstitute und deren Eigner tun, die Misswirtschaft konsequent aufzuklären und zu ahnden. Offensichtlich sind auch und gerade die jeweils konsultierten Rechtsberater wie etwa die der Firma Freshfields dabei nicht gerade hilfreich. Das Ergebnis ihrer bestellten, gelieferten und bezahlten Bemühungen, deren Erkenntnisse auf 443 Seiten verteilt sind, gilt als »milieugemäß verwirrend«. Danach sind Vorstände ihrer Mandantschaft »Fehleinschätzungen« erlegen, und es hat »unschöne Konstellationen« gegeben. Ein Amalgam aus überzogenen Renditeerwartungen der Anteilseigner, schlecht fundierten Ratschlägen externer Experten und der

Erfolgsdruck von Markt- und Branchenerwartungen haben einen wirtschaftlichen und psychologischen Rahmen geschaffen, in dem Risiko und Rendite sukzessive allzu optimistisch austariert worden seien. Die HSH sei aber auch nicht schlechter geführt worden als viele andere Institute. Nur in wenigen Fällen hätten die handelnden Personen ihre Pflichten verletzt.

Es ist kein Wunder, dass der HSH-Aufsichtsratsvorsitzende Hilmar Kopper unverändert der Auffassung ist, dass es sich bei dem Elaborat der Firma Freshfields um ein »wegweisendes Gutachten« handele, ungeachtet der Tatsache, dass sich das zuständige Gericht Ende März 2010 im seinerzeitigen Stadium des Ermittlungsverfahrens nicht der rechtlichen Bewertung der Freshfields-Advokaten anschloss, wonach Nonnenmacher und zwei weitere damalige Vorstandsmitglieder keine Schuld treffe. In den von Kopper überschwenglich gelobten Ausführungen der beauftragten Anwälte finden sich übrigens nur spärliche Hinweise auf die Rügen der BaFin. Stattdessen riefen die vom Aufsichtsrat mandatierten Rechtsberater dazu auf, es nicht mit einem Scherbengericht über die Vorstände bewenden zu lassen, sondern nach vorne zu schauen, um der Bank die Chance auf eine Rückkehr in ruhigere Gewässer zu geben.

Vor diesem Hintergrund wird die Frage gestellt, ob das Gutachten (nur) den Zweck hatte, die öffentliche Aufregung zu dämpfen. Manche glauben, dass dies kaum gelingen werde, solange nicht vollständig aufgeklärt ist, wer die Milliardenverluste zu verantworten hat und welche Schuld den auch mit Politikern besetzten Aufsichtsrat trifft.[19]

Das ist nur ein frommer Wunsch. Natürlich besteht zwischen den in diesem Fall betroffenen Verdächtigen und bestimmten Rechtsberatungskonzernen keine rechtlich relevante strukturelle Kumpanei. Davon bleibt aber die Tatsache unberührt, dass es den betroffenen Personen kraft ihrer Position und ihrer Vermögensverhältnisse möglich ist, die Ressourcen vermeintlichen und tatsächlichen Sachverstandes der internationalen Rechtsberatungsindustrie ungeachtet des Risikos objektiver Interessenskonflikte zu nutzen und hinter einer Kanonade juristischer Nebelkerzen in Deckung zu gehen.

Das betrifft unter anderem die Entlassung des ehemaligen Vorstandsmitglieds Frank Roth, der im April 2009 nach nur elfmonatiger Amtszeit fristlos entlassen worden war, weil er angeblich vertrauliche Unterlagen an

Journalisten verschickt haben soll. Das von der HSH gegen ihn angestrebte Strafverfahren wegen des Verdachts des Geheimnisverrats hatte die zuständige Staatsanwaltschaft allerdings im Juni 2010 eingestellt, weil sie keine belastbaren Erkenntnisse gewinnen konnte.

Das ist bemerkenswert, hatten Dirk Jens Nonnenmacher und der HSH-Chefjustitiar Wolfgang Gößmann im Frühjahr 2009 doch den Plan gefasst, den übrigen Vorstand auf die Probe zu stellen, weil immer wieder Informationen nach außen gesickert waren. Sie verteilten speziell markierte Dokumente an die vier Vorstände. Als die Unterlagen von Frank Roth angeblich bei der britischen Zeitung *Guardian* auftauchten, folgte Roths Rauswurf.

Gößmann hatte in seiner Vernehmung angegeben, dass Nonnenmacher den unliebsamen Kollegen Roth gerne »abservieren« wollte. Roth selbst verweist darauf, dass das Ermittlungsverfahren gegen ihn eingestellt wurde. Die Staatsanwaltschaft habe festgestellt, dass Roth nach der Methode des Spurenlegens Opfer einer Falschbezichtigung geworden sein könnte. Die Strafverfolgungsbehörden hätten zudem in den Raum gestellt, Nonnenmacher könnte ein Motiv gehabt haben, Roth loszuwerden.[20]

Der Aufsichtsrat soll von dem Vorgehen erst nachträglich informiert worden sein. Dieses Vorgehen könnte einen Verstoß gegen Paragraph 112 Aktiengesetz darstellen, in dem die gerichtlichen und außergerichtlichen Vertretungsbefugnisse des Aufsichtsrates gegenüber den Vorstandsmitgliedern geregelt sind.

Darüber hinaus hatte die Bank auch die Sicherheitsfirma Prevent beauftragt, aus deren Umfeld die Behauptung kam, dass man das Büro von Frank Roth »verwanzt« hätte. Wenig später gaben dieselben Hinweisgeber an, dass diese Informationen nicht der Wahrheit entsprächen.[21]

Der Aufsichtsratsvorsitzende der HSH, der ehemalige Chef der Deutschen Bank Hilmar Kopper, sah zunächst weder einen rechtlichen noch einen moralischen Raum für eine eventuelle Wiedergutmachung zugunsten von Roth.

Es versteht sich fast von selbst, dass Nonnenmacher jede Mitschuld an dieser »Spitzelaffäre« bestritt und erklärte, dass er »niemals derartige Aufträge erteilt hat und sie auch niemals gebilligt hätte«.[22] In der Presse gab es relativ rasch Mutmaßungen darüber, dass die Einzelheiten der »Spitzelaffäre« nur vordergründig wichtig seien. In Wahrheit gehe es in den Ausei-

nandersetzungen mehr um einen Machtkampf, also darum, wer die Aufarbeitung der verlustträchtigen Vergangenheit übersteht, ohne Amt und
Ansehen zu verlieren.[23]

Damit nicht genug. Dem streng vertraulichen Bericht einer Anwaltskanzlei, dessen Inhalt schon Stunden nach der internen Vorstellung außerhalb der Bank bekannt wurde, sind zahlreiche Ungereimtheiten in den
Vorgängen zu entnehmen, die im September 2009 zur Entlassung des
damaligen Leiters der HSH-Niederlassung in New York führten. Es soll versucht worden sein, sich des Managers durch den Vorwurf zu entledigen, er
nutze Kinderpornographie im Internet. Bei einer Durchsuchung von dessen Büro wurde ein Notizzettel mit einem Passwort für ein E-Mail-Postfach
gefunden, in dem sich Hinweise auf die Nutzung entsprechender Dienste
fanden. Unklar ist aber, wie dieser Zettel in das Büro kam. Kritiker sprechen
mittlerweile von einem übergeordneten Handlungsmuster, um unlieb-
same Mitarbeiter loszuwerden, ein Vorwurf, der bislang jedoch nicht ge-
richtsfest belegbar ist.[24] Dennoch begann nach Bekanntwerden der »Kinder-
porno-Affäre« der politische Druck auf Nonnenmacher zu wachsen.[25]

Der verdächtige Zettel steckte übrigens hinter einem Foto der Tochter
des Niederlassungsleiters. Dennoch fanden Mitarbeiter der HSH und der
Firma Prevent das Papier sehr schnell. Rückblickend drängt sich der Anschein auf, dass es als letzter Baustein in einem ganzen Gebäude aus Vorwürfen platziert war, um den betreffenden Mitarbeiter loszuwerden. Der
Vorgang datiert zwar aus dem September 2009, ist aber immer noch eine
von vielen Ungereimtheiten im Zusammenhang mit dessen Entlassung.

Am 3. November 2010 durchsuchte die Hamburger Staatsanwaltschaft
Büros und Wohnungen der Firma Prevent. Mit dieser Firma war übrigens
auch der ehemalige Präsident des Bundesnachrichtendienstes und Staats-
sekretär im Bundesinnenministerium in der Amtszeit des CDU-Politikers
Wolfgang Schäuble, August Hanning, wegen einer Beschäftigung als
Ruheständler in Vertragsverhandlungen getreten. Der frühere Chef und
Mitgründer von Prevent, Thorsten Mehles, der Leiter der Abteilung zur Be-
kämpfung der OK im Landeskriminalamt Hamburg war und kurze Zeit im
Bundesnachrichtendienst arbeitete, und der amtierende Vorstand Peter
Wiedemann stehen mittlerweile im Verdacht, dem geschassten HSH-
Banker die Porno-Verbindung untergeschoben zu haben. Sie haben die
Vorwürfe als »in jeglicher Hinsicht unbegründet und haltlos« zurück-

gewiesen, hielten sich allerdings beide in New York auf, als der Zettel hinter dem Foto der Tochter des Betroffenen hervorgezogen wurde. Wiedemann, der früher unter anderem im Führungsstab der Kriminalpolizei in München arbeitete, war der »Projektleiter« in diesem Fall.

An dem genannten 3. November haben die Behörden mit mehr als 50 Beamten neun Standorte, darunter zwei Büros von Prevent in Hamburg und München durchsucht. Betroffen waren auch Räume der auf IT-Forensik spezialisierten Tochterfirma Validd in Mainz. Die Strafverfolger besorgten sich auch Informationen der Anwaltskanzlei Erbe, die für die HSH tätig ist. Die Prevent-Büros waren schon einen Monat zuvor von der Staatsanwaltschaft in Kiel durchsucht worden. Seinerzeit galten Mitarbeiter der Firma noch als Zeugen. Das hat sich geändert. Jetzt geht es um den Verdacht, dass Verantwortliche dieser Firma sich wegen der Anstiftung zum Besitz von kinderpornografischen Schriften sowie wegen falscher Verdächtigung strafbar gemacht haben könnten.[26]

Der – inzwischen beurlaubte – HSH-Chefjustitiar, der HSH-Personalleiter und eine Mitarbeiterin der Anwaltskanzlei, welche die Bank in mehreren Fällen vertritt, hielten sich zeitweise ebenfalls in der New Yorker HSH-Filiale auf. Das sind in der Tat viele Zeugen für einen »Porno-Vorwurf«, den die HSH im späteren Rechtsstreit mit ihrem ehemaligen Mitarbeiter aber nicht äußerte.

Schnell war nämlich klargeworden, dass an den Notizen nicht nur einiges anrüchig, sondern auch faul ist. Auf dem Computer des Filialleiters fand sich keine Spur dafür, dass die ominöse Adresse von seinem Rechner aufgerufen wurde. Der Ausgang des Prozesses, den der Mitarbeiter vor einem New Yorker Gericht angestrengt hatte, ist auch nicht gerade eine Erfolgsstory für die HSH. Die Kontrahenten schlossen einen Vergleich und vereinbarten Stillschweigen. Die Bank soll mehrere Millionen Euro gezahlt haben. Aus dem prozessualen Schriftverkehr ergeben sich weitere Zweifel am Agieren der HSH. Dort findet sich die anwaltliche Behauptung, dass Nonnenmacher zehn Tage vor der Wahl im Anteilseignerland Schleswig-Holstein von Problemen in der Heimat ablenken wollte.[27]

Die weitere Entwicklung bleibt abzuwarten. Schon jetzt scheint sich aber die Einschätzung zu bestätigen, dass die Bankenkrise unterschiedlichste Möglichkeiten der Geldverbrennung vor Augen geführt hat. Aber eine der seltsamsten Modalitäten könnte in der Tat die Einschaltung von

Bediensteten aus Sicherheitsfirmen sein, die Medien und Parlamente beobachten. Nach der Vermutung des Fraktionsvorsitzenden der FDP im
Landtag von Schleswig-Holstein, Wolfgang Kubicki, hat bei der HSH »Ver-
folgungswahn« dazu geführt, dass solche Methoden angewendet wurden.
Selbst ein bereits eingesetzter parlamentarischer Untersuchungsausschuss, der sich mit der »verdeckten« Observierung von Medien und Politikern beschäftigen sollte, war Gegenstand von Überwachungsmaßnah-
men der Firma Prevent.[28]

Öffentliche Veranstaltungen, auf denen sich auch der ehemalige Wirt-
schaftsminister des Landes Schleswig-Holstein, Werner Marnette, Anwälte,
Bundestagsabgeordnete und Journalisten befanden, waren Anlässe, die Pre-
vent-Bedienstete nutzten, um heimlich zu protokollieren. Inzwischen liegen
Berichte im Wortlaut vor. Sie sind in ihrer Lächerlichkeit kaum zu überbieten, obwohl sie in Inhalt und Diktion höchst unangenehme Erinnerungen an
fragwürdige Praktiken von Sicherheitsdiensten hervorrufen. Immerhin sind
ihnen einige Beispiele paranoid anmutender Selbstbestätigung zu entnehmen. Über eine von der FDP in Hamburg am 22. Juli 2009 organisierte
öffentliche Diskussion konnte man lernen, dass von der Veranstaltung schon
wegen des Teilnehmerkreises nicht zu erwarten gewesen sei, dass sich aus
ihr heraus eine Verschärfung der Gefährdungslage für die HSH und ihre Re-
präsentanten ergeben könnte:

»Die Diktion und mangelnde Distanz der Teilnehmer ist aber sehr wohl
geeignet, die Basis für sicherheitsrelevante Aktionen aus anderen gesellschaftlichen Kreisen zu verfestigen und ihnen Argumentations- und Recht-
fertigungshilfen zu geben.«[29]

Solche Schlüsse enthüllen nicht nur die Geisteshaltung des Verfassers
dieses Vermerks, sondern auch die Firmenphilosophie, die letztlich darauf
setzt, dass sich aus freier und öffentlicher Meinungsäußerung eine Gefährdungslage ergibt, für deren Bearbeitung man natürlich auch in Zukunft honorarpflichtig zur Verfügung stehen möchte. Das ist die geschäfts-
tüchtig modifizierte Gesinnung von Sicherheitsdiensten altbekannter Art.
Deren Leistungsspektrum hat sich allerdings in jüngerer Zeit etwas moder-
nisiert. Nach der Entscheidung zur Wachablösung an der Spitze der HSH
hofften die Eigner zwar darauf, dass nun Ruhe einkehren würde.

Aber schon Anfang Dezember 2010 wurden in einem Zwischenbericht
einer Wirtschaftsprüfungsgesellschaft neue Verdachtsmomente ruchbar.

Unter dem Codewort Shisha hatte die HSH die Firma Prevent mit der Lösung bestimmter Probleme in der Türkei beauftragt. Es besteht der Verdacht, dass Teile der Justiz des Landes bestochen worden sein könnten. Die bisherigen Erkenntnisse haben bei dem FDP-Politiker Wolfgang Kubicki den Eindruck hervorgerufen, dass in diesem Zusammenhang eine kriminelle Vereinigung am Werk gewesen ist. Auch die HSH selbst hat Strafanzeige gegen »Unbekannt« gestellt. Es soll um Veruntreuung von Bankvermögen, Betrug, Unterschlagung und Korruption gehen.

Der Hintergrund klingt reichlich verworren. Die HSH soll sich zu diesem Zeitpunkt bereits sieben Jahre lang mit einem türkischen Reeder um ein Flotte von fünf Schiffen gestritten haben, deren Bau die HSH kreditiert hatte. Im Jahre 2003 kam es zu einem Streit über die Tilgung der Kredite. Die HSH hatte sich in den Besitz der Flotte gesetzt und die geltend gemachten Ansprüche realisiert. Die Reederei selbst hatte in diesem Zusammenhang aber auch Schadenersatzansprüche geltend gemacht. Insgesamt ging es um circa 200 Millionen US-Dollar. Der Firma Prevent wurden von der HSH mehr als sieben Millionen Euro Erfolgsprämie zugesagt, falls es ihr gelingen sollte, die Ansprüche des Reeders abzuwehren. Angeblich gab es gegenüber der Bank Andeutungen, dass ein »Bakschisch« erforderlich sei, um sich vor Gericht durchzusetzen. Nach den Feststellungen des Prüfberichts sind circa fünf Millionen Euro geflossen – ohne erkennbare Gegenleistungen. Den größten Teil der Vertragssumme, etwa 3,5 Millionen Euro, erhielt Prevent im April 2009 als Erfolgsprämie, nachdem es der HSH in der Türkei auch in zweiter Instanz gelungen war, Schadenersatzforderungen des Reeders abzuwehren. Und etwa 1,5 Millionen Euro sollen an eine Anwaltskanzlei in Österreich geflossen sein. Dafür erstellten die Juristen dort ein Gutachten, dessen Werthaltigkeit bezweifelt wird.

Anfang Oktober 2010 wurden der Reederei beziehungsweise einer beteiligten Bank in der Türkei jedoch 75 Millionen Euro Schadenersatz zugebilligt.[30]

Wenn man schon einmal auf diesem Niveau angelangt ist, dürfen natürlich Vorwürfe wegen angeblicher Inanspruchnahme eines Callgirlrings durch führende Mitarbeiter nicht fehlen. Doch auch insoweit gibt es Hinweise darauf, dass hier eine weitere falsche Spur gelegt worden sein könnte, um sich eines missliebigen Mitarbeiters zu entledigen.[31]

Es schien auf einmal eine Endlosspirale in Gang gekommen zu sein.

Während am 10. September 2010 der Schleswig-Holsteinische Landtag über die Spitzelaffäre debattierte, kursierte in Hamburg bereits das Gerücht, Nonnenmacher habe eine Liaison mit einer Frau aus dem Betriebsrat gehabt. Unabhängig davon schien entgegen allen öffentlichen Bekundungen in Hamburg und Kiel der Rückhalt für Nonnenmacher in jener Zeit schon zu bröckeln. Die Bank befand sich nach dem Empfinden von Beobachtern damals bereits in der Rolle des »Getriebenen«.[32]

Selbst nach den Maßstäben einer skandalverwöhnten Presse brodeln bei der HSH Affären, wie sie widerlicher nicht sein können. Zwei Personen stehen nach dem Empfinden von Beobachtern der rückhaltlosen Aufklärung entgegen: Nonnenmacher und Kopper. Sie sollten gehen.[33] Allerdings scheint auch ein ehemaliger Sprecher des Senats der Freien und Hansestadt Hamburg zu einem der schmutzigsten der vielen Skandale in der Bank beigetragen zu haben. Die »Rechercheergebnisse« des jetzt selbständigen »Kommunikationsberaters« Ludwig Rademacher sollen dazu geführt haben, dass der Leiter der New Yorker HSH-Filiale unter den bereits erwähnten Kinderporno-Verdacht geriet – ein Vorwurf, den die zuständige Staatsanwaltschaft, wie ebenfalls schon angedeutet, als haltlos bewertet hat.[34]

Die Regierungen in Hamburg und Schleswig-Holstein hatten wochenlang zugesehen, wie die HSH von Skandal zu Skandal trudelte. Ihre Chefs bezweifelten schließlich Anfang November 2010, dass Nonnenmacher in der Lage ist, die Vorwürfe rund um falsche Bilanzen, die Bespitzelung von Topbankern und anscheinend untergeschobene Kinderpornos aufzuklären. Die Lage eskalierte seinerzeit, weil die HSH verspätet und nur nach ausdrücklicher Aufforderung Verträge mit der umstrittenen privaten Sicherheitsfirma Prevent zur Verfügung stellte. Vertreter einer Regierungspartei im Hamburger Senat kamen nach Sichtung aller bekannten Unterlagen zu dem Ergebnis, dass Nonnenmacher versucht habe, die Anteilsigner der Bank zu täuschen, ein Verhalten, das nur die Entlassung als Konsequenz haben könne. Auch im Parlament von Schleswig-Holstein wurde eine Stimme laut, nach der Nonnenmacher mit den Affären bei allen Fraktionen das Fass zum Überlaufen gebracht habe.[35] Man beklagte, dass Nonnenmacher wieder unzureichend und zum Teil sogar falsch geantwortet habe, Anlass genug, um den »Rauswurf« in Angriff zu nehmen.[36]

Am 9. November 2010 war es dann so weit. Der Hamburger Senat und das schleswig-holsteinische Kabinett forderten den Aufsichtsratsvorsitzenden Hilmar Kopper an diesem Tag auf, die erforderlichen Schritte einzuleiten, um sich von Nonnenmacher zu trennen und dessen Posten neu zu besetzen. Beide Regierungen betrachteten diesen Schritt als notwendig, um verlorengegangenes Vertrauen zurückzugewinnen. Zu diesem Vertrauensverlust hatte beigetragen, dass Mitarbeiter der von der HSH beauftragten Sicherheitsfirma Prevent auch Politiker und Bankkritiker beobachtet haben sollen. Mittlerweile gibt es in Deutschland übrigens eine ganze Reihe von Beispielen, die zeigen, dass die Abwehr irgendwelcher vermuteten, angeblichen oder tatsächlichen Gefahren für Manager brandgefährlich werden kann, wenn die vorgeblichen Aufklärer illegale Methoden anwenden.[37]

Diese Entscheidungen treffen ein Institut, das zwar schon 2003 aus einer Fusion der Landesbanken von Hamburg und Schleswig-Holstein hervorgegangen ist, aber trotzdem nicht zu den gelungenen Beispielen einer Konsolidierung unter den Landesbanken gezählt werden kann. Die HSH ist tief gefallen. Ihre Eigner mussten ihr drei Milliarden Euro frisches Eigenkapital und Garantien in Höhe von zehn Milliarden Euro zur Verfügung stellen. Als Grund kann die Finanzkrise nur vordergründig herangezogen werden. Nach dem Zusammenbruch von Lehman wurden die strukturellen Defizite deutlich. Die HSH hatte in ihrem Renditestreben Unsummen in risikoreiche Wertpapiere investiert und in ihrem Kernbereich (Schiffsfinanzierung) ein viel zu großes Rad an viel zu vielen Plätzen dieser Welt gedreht. Und vor allem gab es kein ordentliches Risikomanagement, die Risikokontrolle versagte. Sowohl im Aufsichtsrat als auf den Regierungsbänken hatten die Landespolitiker im hohen Norden all dies zu spät erkannt. Dem blinden Expansionsdrang des Vorstands gebot niemand Einhalt. Erst Mitte 2009 wurde der HSH-Aufsichtsrat neu besetzt, und die Finanzminister zogen sich aus dem Kontrollgremium zurück.

Beobachtern gilt der Rauswurf von Nonnenmacher nach dem monatelangen öffentlichen Theater zwar nicht als überraschend. Aber man hält ihn für ein Lehrbeispiel dafür, wie man es nicht machen sollte. Die Haupteigentümer hätten sich still und ruhig mit Kopper und Nonnenmacher zusammensetzen und eine einverständliche Trennung aushandeln sollen. Stattdessen hätten einzelne Politiker diesen Fall genutzt, um sich mit Attacken auf Nonnenmacher öffentlichkeitswirksam in Szene zu setzen. Das habe der Bank geschadet und Widerstände provoziert, zumal Nonnenmacher bisher (November 2010) keine rechtlich relevanten Pflichtverstöße nachzuweisen waren. Dennoch wird eingeräumt, dass dieser Bankmanager nicht zu halten war. Mit ihm an der Spitze könne keine Ruhe einkehren. Selbst wenn er persönlich nichts zu tun hatte mit der angeblichen Bespitzelung von Vorständen und Politikern, selbst wenn er niemanden damit beauftragt hat, missliebige Manager mit fingierten »Beweisen« ins Abseits zu befördern, selbst wenn andere Mitarbeiter oder die von der HSH beauftragte Firma Prevent über das Ziel hinausgeschossen sind – als Vorstandsvorsitzender trägt Nonnenmacher die Gesamtverantwortung.[38]

Die Diskussion um den angeschlagenen Vorstandsvorsitzenden ist auch im Hinblick auf mögliche Abfindungsansprüche politisch brisant. Schon dessen Vorgänger Hans Berger wurde – bei voller Bezahlung – von dieser Position im Jahr 2008 abberufen, obwohl sein Vertrag noch bis zum 31. Mai 2011 laufen sollte. Eine fristlose Kündigung wollte man damals nicht. Auch bei Nonnenmacher gibt es Ende November 2010 zwar Tendenzen zur Abberufung als Vorstand, aber nicht für eine Beendigung seines Vertrages durch fristlose Kündigung. Der juristische Hintergrund für solche Zögerlichkeiten und Differenzierung ist einfach: Die Bestellung zum Vorstand und der Dienstvertrag sind unabhängig voneinander. Die Abberufung als Vorstand führt also nicht automatisch zur Beendigung des Dienstvertrages. Für die Abberufung als Vorstand ist ein »wichtiger Grund« erforderlich, ebenso für die Kündigung des Dienstvertrags. Ein wichtiger Grund für die Abberufung als Vorstand ist aber nicht zwangsläufig auch ein wichtiger Grund für die fristlose Kündigung des Dienstvertrages.

Der bekannteste wichtige Grund für den Widerruf der Bestellung zum Vorstand ist der Entzug des Vertrauens durch die Hauptversammlung. Auf einer außerordentlichen Hauptversammlung der Anteilseigner könnte diese die Abberufung als Vorstand zwar beschließen. Aber damit kann nicht auch der Dienstvertrag fristlos gekündigt werden. Es wurde bis Mitte November 2010 keine vorläufige Freistellung verfügt. Der Aufsichtsrat der HSH muss im Rahmen des unternehmerischen Ermessens bei Vorliegen eines wichtigen Grundes den Dienstvertrag eines Vorstandsmitgliedes fristlos kündigen. Er ist auch zur Geltendmachung von Schadenersatzansprüchen verpflichtet. Im Unterlassungsfall machen sich die Aufsichtsräte persönlich haftbar. Lässt der Aufsichtstat also einen (teuren) Dienstvertrag trotz

Vorliegen eines wichtigen Grundes weiterlaufen, begeht er selbst eine Pflichtverletzung. Dies gilt ebenso, wenn trotz Vorliegens eines fristlosen Kündigungsgrundes eine Abfindung gezahlt wird. Die Gewährung nicht geschuldeter Leistung kann sogar eine strafbare Untreue sein.

Beauftragt der Vorstandsvorsitzende einer Bank unter Verletzung der Zeichnungsvorschriften eine in der Öffentlichkeit als dubios geltende Sicherheitsfirma und täuscht später die Hauptgesellschafter über das Vorliegen dieses Auftrages, so ist dies eine grobe Pflichtverletzung, die eine fristlose Kündigung nicht nur rechtfertigt, sondern sogar alternativlos erscheinen lässt. Das mit einer fristlosen Kündigung für die Bank verbundene rechtliche Risiko ist überschaubar. Selbst im Falle ihrer Unwirksamkeit würden sich die Ansprüche Nonnenmachers im wesentlichen auf denjenigen Betrag beschränken, den er bei Fortlaufen des Vertrages ohnehin bekäme.

Der Aufsichtsrat darf bei seiner Entscheidung allerdings nicht nur die wirtschaftlichen Auswirkungen berücksichtigen. Er muss auch die möglichen Reputationsschäden im Auge haben. Man muss sich also fragen, welcher Rufschaden für die HSH entstehen würde, wenn man keine Kündigung aussprächte und gar eine (vom Steuerzahler zu finanzierende) Abfindung für die Restlaufzeit des Vertrages verfügte. Es besteht die Befürchtung, dass sich der dann eintretende Schaden kaum noch beziffern ließe, nicht nur für die Bank, sondern auch für die Landesregierungen und die »Corporate Governance« in Deutschland.[39]

Nach dem Bekanntwerden der zitierten Bestechungsvorwürfe Anfang Dezember 2010 kam der Eindruck auf, dass seit der Übernahme der Aufsicht über die HSH durch den ehemaligen Chef der Deutschen Bank, Hilmar Kopper, immer neue Ungeheuerlichkeiten öffentlich wurden. Die Bank gebe ein Bild des Jammers ab. In der Presse wurden auch die Ursachen für das Chaos der vergangenen zwei Jahre benannt: die Eigentümer. Sie hätten sich zum Teil aus dem Aufsichtsrat zurückgezogen, einen offenbar überforderten Kopper an die Spitze des Kontrollgremiums gesetzt und seien schon lange nicht mehr Herr des Verfahrens.[40]

Mitte Dezember 2010 wurde darüber berichtet, dass Kopper nach wochenlanger Suche endlich einen Nachfolger für Nonnenmacher gefunden hatte. Am 14. Dezember 2010 stimmten die Landesregierungen von Hamburg und Schleswig-Holstein dem Vorschlag zu, den Investmentbanker Paul Lerbinger die Nachfolge von Nonnenmacher antreten zu lassen.[41]

Kopper hat unterdessen eine Art öffentlicher Zwischenbilanz gezogen. Immerhin findet selbst er es nach all den »Skandalen und Pleiten« der vergangenen Jahre nicht überraschend, dass Banker mittlerweile ein derart mieses Image haben. Sie seien auch nur Menschen, die sich vor und in der Krise nicht sonderlich intelligent verhalten hätten. Von Schuld – zumal eigener – will er in diesem Zusammenhang nicht sprechen. Ein Banker, der keine »Fehler« mache, sei keiner. Diese Spezies (»unsereiner«) gehe dauernd Wetten ein. Dumme Menschen bezeichneten dies als Spekulation. Kopper sieht das ganz einfach: »Wir räumen Kredite ein und hoffen darauf, dass die in einigen Jahren zurückgezahlt werden.«

Die gegen die HSH und ihre Verantwortlichen gerichteten Ermittlungen sind für ihn ein »Trauerspiel für die hiesige Rechtspflege«. Er ist nach wie vor voller Vertrauen gegenüber dem »Bankprofi« und dem Menschen Nonnenmacher – professionell wie charakterlich. Im Hinblick auf die Frage, ob die erzwungene Abberufung Nonnenmachers ein »Rachefeldzug der Politik« ist, betont Kopper, dass er dem Aktienrecht und nicht der Politik verpflichtet sei. Über deren »Tonalität« sei er aber bisweilen schon entsetzt, so dass er manchmal – als Staatsbürger, nicht als Banker – ausraste. Über die Firma Prevent behauptet Kopper, dass er sie seit langem kenne und für seriös gehalten habe. Im Dezember 2010 räumte er ein, dass es wohl ein Fehler gewesen sei, diese Firma zu engagieren. Bei allem, was nun aufgedeckt wird, stoße man auf Prevent. Da könne ja was nicht stimmen. Nach dem Empfinden von Kopper war diese Firma so unter Druck, dass sie meinte, Erfolgsmeldungen produzieren zu müssen.

Selbst Kopper scheint endlich begriffen zu haben, dass die fristlose Kündigung des Vorstands Roth und die Strafanzeige gegen ihn »schon eine schlimme Geschichte« war. Aus seiner Sicht hat Prevent aus Wichtigtuerei Beweise fingiert, um eigene Untersuchungserfolge nachweisen zu können. Für Kopper heißt die »Spinne« Prevent. Die Firma habe sich wohl auch unersetzlich machen wollen. Wie dem auch sei: Das Ende der Tätigkeit von Nonnenmacher terminierte Kopper auf den 31. März 2011.[42]

DIE UNHEILIGE ALLIANZ VON POLITIKERN UND BANKERN: HYPO GROUP ALPE ADRIA UND DIE BAYERNLB

Der ehemalige Ministerpräsident von Niedersachsen und derzeitige Bundespräsident, Christian Wulff, vertrat im März 2009 die Auffassung, dass die pflichtwidrige Vernichtung von Kapital eine Straftat sei.[43] Man wird nicht nur deshalb darüber reden müssen, ob es sich hier um einzelne Fälle rechtswidrigen Verhaltens handelt oder ob die Folgen, die nach wie vor unter dem verniedlichenden Begriff Finanzkrise debattiert werden, in Wahrheit der Organisierten Kriminalität zuzurechnen sind. Besonders anregend könnte es werden, wenn man auch die Rolle von Regierungen innerhalb und außerhalb der EU im Zusammenwirken mit Finanzinstituten und Wirtschaftsunternehmen berücksichtigte. Diese Voraussage könnte sich zum Beispiel auch dann bestätigen, wenn der Blick auf die in dem österreichischen Bundesland Kärnten beheimatete Bank Hypo Group Alpe Adria (HGAA) fällt.

Bislang musste die Bayerische Landesbank circa 3,7 Milliarden Euro abschreiben. Sie ist wegen des Verdachts des völlig überteuerten Kaufs dieser Bank in das Visier der Staatsanwaltschaft München geraten. In dem Ermittlungskomplex sind auch Vorwürfe wegen Parteienfinanzierung und der Zahlung von Bestechungsgeldern an Politiker lautgeworden. In der HGAA soll jedes zweite Darlehen unzureichend geprüft worden sein. Faule Kredite sind im Laufe der Jahre anscheinend ins Unermessliche gewachsen. In der Bank sollen nicht nur aus geographischen Gründen »balkanische« Verhältnisse geherrscht haben.

Seit 2009 suchen vor allem bayerische Staatsanwälte Antworten auf verschiedene Fragen. Bis jetzt hat niemand wirklich verstanden, aus welchen überzeugenden wirtschaftlichen Gründen der Verwaltungsrat der BayernLB im Frühsommer 2007 ohne lange Prüfung der Übernahme der schon seinerzeit im Zwielicht stehenden HGAA zugestimmt hat. Dies geschah zu einem Zeitpunkt, zu dem den amerikanischen Investmentbanken die »Wertpapiere« quasi bereits wegfaulten. Und die zuständige Bankenaufsicht hatte immerhin schon darüber nachgedacht, der HGAA wegen mangelnden Eigenkapitals die Lizenz zu entziehen.

Die bisherigen Einblicke haben in der Öffentlichkeit zu folgender Frage geführt: »Was ist schlimmer – der Größenwahn und die Maßlosigkeit der Manager oder die Unwissenheit und Inkompetenz ihrer Kontrolleure?«[44]

Wirklich erstaunlich ist an dieser Frage nur, dass sie erst so spät gestellt wird. Der Freistaat Bayern sah sich schon Ende 2008 gezwungen, zehn Milliarden Euro neue Schulden zu machen, um seine Landesbank zu retten und mit ihr die HGAA. Die leichtfertige Expansion des Instituts nach Österreich und auf den Balkan ist mittlerweile auch Gegenstand anwaltlicher Überprüfungen eventueller Schadenersatzverpflichtungen. Kommen sie zu dem Ergebnis, dass Vorstand und Verwaltungsrat für Milliardenrisiken verantwortlich sind, könnten auch ehemalige Minister wie Finanzminister Kurt Faltlhauser zur Kasse gebeten werden.[45]

Die in Bayern über Jahrzehnte alleinherrschende CSU hatte die BayernLB offensichtlich auch als Machtinstrument benutzt. Die Nähe zur Politik zeigte sich darin, dass verdiente Staatsbeamte immer wieder lukrative Posten bei der Bank und deren Töchtern bekommen haben. Die BayernLB wurde als Teil des Staatsapparates betrachtet, als verlängerter Arm der Politik.[46] Nun aber sind die Bürger Bayerns nicht nur empört über dummdreiste Manager, sondern geradezu erschüttert wegen der Erkenntnis, dass sie lange einer Illusion aufgesessen sind. Sie hatten anscheinend geglaubt, dass sie bei der »Quasi-Staatspartei« CSU in guten Händen sind, wenn es ums Geld geht. Die versammelte Führungselite hat aber erklärt, dass sie von nichts etwas gewusst, geschweige denn irgendetwas verstanden hätte.[47]

Manch ein Angehöriger der Führungskaste trägt unterdessen sogar zu einer besonderen Würze parlamentarischer Aufklärungsbemühungen bei. Der ehemalige geschäftsführende Präsident des Sparkassenverbandes Bayern, Siegfried Naser, hatte bis Ende 2009 eine Schlüsselposition in der BayernLB inne und war ständiger Gesprächspartner der Staatsregierung und führender CSU-Politiker. Der Untersuchungsausschuss des Bayerischen Landtages wollte Naser am 28. September 2010 als Zeugen vernehmen, weil sich die Abgeordneten von ihm Erkenntnisse über die Ursachen des HGAA-Desasters erhofften. Doch Naser erklärte, er habe das Recht zu schweigen, weil ihn SPD und Freie Wähler wegen der Landesbankverluste bei der Münchner Staatsanwaltschaft angezeigt hatten. Der Ausschuss sah das anders und verhängte umgehend eine Ordnungsstrafe in Höhe von 1000 Euro und drohte die Beantragung von Ordnungshaft an. Die Abgeordneten gaben sich fassungslos.[48]

Das Auftreten von Naser gilt inzwischen als ein »Lehrstück in Arroganz und Uneinsichtigkeit«. Es zeige, dass nicht nur Banker, die mit Milliarden spielen, sich weiterhin der Erkenntnis entziehen, dass sie für den Beinahe-Ruin des Finanzsystems verantwortlich sind. Auch ihre Kontrolleure in der Politik täten immer noch so, als wäre alles wie eine Naturkatastrophe über sie gekommen – ganz ohne eigenes Verschulden. Auch dem ehemaligen bayerischen Finanzminister, Kurt Faltlhauser, der am gleichen Tage vernommen wurde, werden übrigens nur vielfältig modulierte Ausflüchte attestiert.[49]

Eine Antwort auf die Frage, ob die enorme Kapitalvernichtung am Ende zu nennenswerten strafrechtlichen Folgen führen wird, ist nicht nur im Hinblick auf die bisherige Aufarbeitung der Finanzkrise durch Strafverfolgungsbehörden höchst ungewiss. Klar ist aber, dass sich unter anderem aus den im Oktober 2009 durch deutsche Ermittler in Klagenfurt und an anderen Orten beschlagnahmten Unterlagen ein beunruhigendes Bild über die grenzüberschreitende Verquickung zwischen wirtschaftlichen Interessen, politischen Ambitionen und kriminellen Aktivitäten ergibt. Die HGAA hatte unter fast chronischem Kapitalmangel gelitten. Dessen ungeachtet war der im Oktober 2008 tödlich verunglückte Landeshauptmann des Bundeslandes Kärnten, Jörg Haider, auf Geld seiner Landesbank angewiesen, um seine Vorstellung von Politik zu realisieren, die auf »Events« setzte und die Tradition römischer Kaiser fortsetzte: panem et circenses.

In diesem Zusammenhang sind auch die Einnahmen des hochverschuldeten Landes Kärnten in Höhe von Hunderten Millionen von Euro zu sehen, die mittels einer aufgelegten Wandelanleihe als eine Art Vorschuss auf einen (fiktiven) Börsengang erzielt wurden. Die Österreichische Nationalbank kannte die Lage seit Jahren. Im Jahre 2006 musste der – ursprünglich zum Land- und Forstwirt ausgebildete – langjährige Bankchef, Wolfgang Kulterer, dem Aufsichtsrat der Kärntner Landesholding mitteilen, dass die Eigenkapitalsituation des Instituts »dramatisch« ist. Es waren seinerzeit Verluste in Höhe von circa 330 Millionen Euro entstanden, weil ein Mitarbeiter sich nicht gerade erfolgreich auf Währungswetten eingelassen hatte. In den Prüfberichten der Nationalbank war immer wieder von fehlender Konzernsteuerung, falschen Bewertungen der Hypotheken im Ausland und falschen Sicherheits- und Bonitätsdarstellungen die Rede. Man empfand den »Risikoappetit« als sehr hoch und vermisste die Entwicklung einer Gesamtrisikosteuerung. Die Zustände bei den Töchtern zum Beispiel in Slowenien und Kroatien entsprachen nicht einem geregelten Bankbetrieb.

Im November 2006 stieg die liechtensteinische Tochter sogar in den Handel mit »Spam-Aktien« ein. Dabei werden Billigstaktien via Internet mit Kaufempfehlungen hochgejubelt. Sobald hinreichend dumme und gierige Investoren aufspringen, beginnt der kriminelle Abzockerprozess. Unter Vorsitz des zwischenzeitlich zum Vorsitzenden des Aufsichtsrates avancierten Wolfgang Kulterer fand am 16. November 2006 eine Sitzung dieses Rates statt, in der über den Konzernabschluss 2004 debattiert wurde, der wegen Bilanzfälschung neu erstellt werden musste. Im November 2008 wurde Kulterer wegen Bilanzfälschung zu 140 000 Euro Geldstrafe verurteilt. Seine Verteidigungsstrategie war fast genial. Der Angeklagte betonte, dass die falsche Bilanzierung ökonomisch richtig, aber rechtlich unrichtig gewesen sei.

Im Dezember 2006 klagte eine Aufsichtsrätin in der 40. Sitzung des Gremiums darüber, dass dem Land Kärnten und der Holding die Platzierung von Wandelanleihen auf Grund unrichtiger Angaben nahegelegt worden sei. In der Folge kam es zu einem Engagement einer Investorengruppe um einen Vermögensverwalter namens Tilo Berlin in Höhe von zunächst 4,5 und später 25 Prozent. Berlin war dem damaligen Chef der BayernLB, Werner Schmidt, durch gemeinsame berufliche Aktivitäten im Vorstand der Landesbank Baden-Württemberg (LBBW) bekannt. Ein Teil der für das Engagement erforderlichen 650 Millionen Euro wird später durch die BayernLB finanziert. Im Aufsichtsrat der Kärntner Landesholding herrschte vereinzelt Verwunderung darüber, dass die Investorengruppe bereit war, einen höheren Preis zu bezahlen, als der Markt seinerzeit hergab.

Im März 2007 waren nur wenige Mitglieder des Aufsichtsrates darüber informiert, dass Manager der Bank und der Politiker Haider mit der Spitze der BayernLB über deren Einstieg bei der HGAA verhandelten. Die bayerischen Banker hatten zuvor erfolglos versucht, eine andere österreichische Bank, die Bank für Arbeit und Wirtschaft (BAWAG), zu erwerben. Nun hatten sie die Absicht, in den Mehrheitsbesitz der HGAA zu gelangen. Dazu sollte die Gruppe Tilo Berlin das von ihnen mitfinanzierte Paket herüberreichen. Die bei solchen Geschäften übliche sorgfältige Überprüfung

(»Due diligence«) der Unterlagen wurde nicht in dem erforderlichen Umfang vorgenommen. Dessen ungeachtet wurde der Aufsichtsrat am 21. Mai 2007 darüber informiert, dass die BayernLB ein Angebot über den Kauf von 50 Prozent der HGAA plus eine Aktie abgegeben hatte.

Der Deal sollte die Bayern 1,625 Milliarden Euro kosten. Das hätte einem Gesamtwert der HGAA in Höhe von 3,24 Milliarden entsprochen, eine aus der Sicht der Kärntner überraschend sonnige Aussicht. Es ging Schlag auf Schlag. Die BayernLB zahlte gleich eine Sonderdividende in Höhe von 50 Millionen Euro, die Gruppe Berlin verkaufte an die Bayern und strich dabei einen Gewinn von mehr als 150 Millionen Euro ein. Nach dem Kaufvertrag sollten Altlasten vom neuen Inhaber getragen werden. Der Verkäufer sollte nur bei Vorsatz oder grober Fahrlässigkeit haften.

Bereits im November 2007 gab es wieder Kapitalbedarf: 600 Millionen Euro unter anderem wegen Altlasten. Im Laufe des Folgejahres warf die Finanzaufsicht dem Management der HGAA-Tochterbank in Liechtenstein Marktmanipulation, Nichteinhaltung des nationalen Sorgfaltspflichtgesetzes sowie von Geldwäschebestimmungen vor. In Kanada schloss die dortige Aufsicht diese Tochter auf alle Zeiten vom Wertpapier- und Devisengeschäft in der Provinz British Columbia aus. Auf dem Balkan gab es Wertberichtigungsbedarf in Hülle und Fülle. Die BayernLB, die schließlich 67 Prozent an der HGAA hielt und insgesamt 3,7 Milliarden Euro eingesetzt hatte, bekam für ihre Anteile beim Ausstieg zum Ende des Jahres 2009 noch einen einzigen Euro.

Diese Entwicklung steht in einem merkwürdigen Kontrast zu Behauptungen des Herrn Berlin, ohne dessen Paket die BayernLB womöglich für sehr viel weniger Geld bei der der HGAA hätte einsteigen können. Berlin war danach für zwei Jahre Vorstandschef der HGAA. Vor einem Untersuchungsausschuss hatte er im Juni 2007 in Kärnten erklärt, dass die BayernLB ganz hervorragend arbeite, in der bayerischen Politik »alles spitze« sei und bei diesem Geschäft eigentlich ausschließlich Gewinner am Tisch seien. Er behauptet bis heute, dass alles ordentlich und korrekt abgelaufen sei.[50]

Ob der Kauf der HGAA wirklich überteuert war, ob die BayernLB durch ihren eigenen Vorstand geschädigt wurde oder ob eine große »Kumpanei« zwischen Käufer und Verkäufer bestand, ist beweisbedürftig. Vielleicht haben Tilo Berlin, Wolfgang Kulterer und Jörg Haider ihre bayerischen

Kollegen nur übertölpelt, vielleicht war es aber auch ein abgekartetes Spiel. Letzteres nachzuweisen, wird für die Ermittlungsbehörden in der Tat äußerst schwierig sein.[51]

Im Januar 2010 teilte die Staatsanwaltschaft in München mit, dass sie ihre Ermittlungen ausweiten werde. Der Kreis der Verdächtigen sei gewachsen, und der Verdacht erstrecke sich nicht nur auf Untreue, sondern auch auf andere Delikte. Gegen Politiker wurde zu diesem Zeitpunkt zwar noch nicht ermittelt. Die Rolle des früheren bayerischen Ministerpräsidenten, Edmund Stoiber, ist jedoch zunehmend ins Blickfeld geraten. Er hatte im Jahre 2007 versucht, mit Hilfe des damaligen kroatischen Ministerpräsidenten, Ivo Sanader, Druck auf die kroatische Nationalbank auszuüben, damit diese dem Kauf der HGAA durch die BayernLB zustimmte. Stoiber soll erklärt haben, dass ein Veto der Nationalbank gegen die Übernahme nicht hinnehmbar sei und ein schwerer Schlag gegen die traditionell guten Beziehungen zwischen Bayern und Kroatien wäre.

Kurz zuvor hatte der Gouverneur der kroatischen Nationalbank, Rohatinski, der BayernLB den Wiedereinstieg in den kroatischen Markt untersagt. Es ging dabei allerdings nicht um die HGAA, die damals bereits krummer und riskanter, aber politisch gedeckter Geschäfte verdächtigt wurde, sondern um Vorgänge rund um die Millionenverluste der Riječka Banka, die 2002 bekannt geworden waren. Mit hochriskanten Währungsspekulationen, bei denen intern festgelegte Höchstgrenzen und geltende kroatische Gesetze verletzt wurden, hatte der Chef der Devisenabteilung in vier Jahren 97,3 Millionen US-Dollar verspielt und die fünftgrößte Bank des Landes an den Rand des Bankrotts gebracht. Die BayernLB war damals der Eigentümer. Sie zog sich aus der Affäre, indem sie ihre Anteile an die kroatische Regierung abtrat, bevor das ganze Ausmaß des Debakels öffentlich wurde. Die Sanierung gelang schließlich durch den Einstieg der österreichischen Erste-Gruppe, die 85 Prozent der Riječka Banka übernahm.

Aus dieser Zeit rührte das Misstrauen des Gouverneurs der kroatischen Nationalbank, Rohatinski, gegenüber der BayernLB her, das ihn zu seinem Widerstand motivierte. Vor der direkten Einmischung von Stoiber war es zu einem heftigen Wortgefecht zwischen ihm und Vertretern der BayernLB in Zagreb gekommen. Rohatinski hatte auf einer Entschuldigung bestanden und auf Garantien, dass sich die Bayern nicht wieder aus der Verantwortung stehlen würden. Ministerpräsident Ivo Sanader hatte seinerzeit

Zurückhaltung geübt und bekundet, dass er eine autonome Entscheidung der Nationalbank nicht kommentieren wolle. Für ihn hatten im Hinblick auf den EU-Beitritt seines Landes persönliche Beziehungen stets eine große Rolle gespielt.

Als Sanader den Ministerpräsidenten des Freistaates Bayern am 19. August 2007 in seiner Heimatstadt Split empfing, erklärte Stoiber auf einer Pressekonferenz, dass er die Nationalbank auf die negativen Folgen ihres Vetos auf die Beziehungen zwischen Bayern und Kroatien aufmerksam gemacht habe. Er gab seiner Hoffnung Ausdruck, dass sie ihre Haltung spätestens im September 2007 ändern werde. Der Gouverneur der kroatischen Nationalbank erklärte demgegenüber, er halte es für unannehmbar, dass man Druck auf Kroatien ausübe und zudem den Eindruck erwecke, die Nationalbank nehme Kroatien durch ihr Veto in Geiselhaft. Zum Ende des Jahres 2009 nahm Gouverneur Rohatinski abermals zu den Vorgängen vom Sommer 2007 Stellung und behauptete, dass Ivo Sanader damals formell und Edmund Stoiber öffentlich Druck ausgeübt hätten. Stoiber habe sich an den damaligen Staatspräsidenten Stjepan Mesić gewandt. Er selbst, so der Gouverneur, habe sich dem Druck aber nicht gebeugt. Die BayernLB habe schließlich seine Forderungen erfüllt, sich bei den Kunden der Riječka Banka entschuldigt und versprochen, das Doppelte des gesetzlich vorgeschriebenen Minimums in die Rekapitalisierung der HGAA zu investieren.[52]

Die BayernLB hat sich auch zum Einsatz eigener Ermittler entschlossen. Eine Sondereinheit aus eigenen Beschäftigten soll dem Verdacht der Korruption nachgehen. Zusätzlich ist eine externe Expertengruppe aus Anwälten und Wirtschaftsprüfern engagiert, die den gesamten Sachverhalt aufarbeiten soll. Damit orientiert man sich an den »Vorbildern« Siemens und MAN. Es gibt einiges zu tun.

Als Voraussetzung für den Verkauf der HGAA soll der damalige Kärntner Landeshauptmann Haider im Frühjahr 2007 ursprünglich zehn Millionen Euro für den Profifußball in der Landeshauptstadt Klagenfurt gefordert haben. Insgesamt sind dann fünf Millionen Euro geflossen, die dazu genutzt wurden, einen Erstligisten zu kaufen und zu finanzieren. Die Staatsanwaltschaft in München verdächtigt nun den alten Vorstand der BayernLB, Haider als »ausländischen Amtsträger« mit dem Fußball-Sponsoring bestochen zu haben.

Haider soll den Deal mit dem damaligen Vorstandschef der BayernLB, Werner Schmidt, eingefädelt haben. Die BayernLB hatte den Kaufvertrag mit der HGAA am 22. Mai 2007 abgeschlossen. Einen Tag zuvor hatte die Kärntner Bank schnell noch einen Sponsorenvertrag mit dem neuen Erstligisten in Klagenfurt für das dortige Stadion vereinbart und anschließend fünf Millionen Euro auf zehn Jahre im Voraus bezahlt. Wenige Wochen später beteiligte sich eine Tochterbank der BayernLB (Deutsche Kreditbank/DKB in Berlin) an dem Sponsorenvertrag. Sie sollte, 2,5 Millionen Euro zahlen. Abzüglich der Steuern flossen im April 2009 schließlich 2,1 Millionen Euro. Geplant waren unter anderem Bandenwerbung und die Ausgabe von VIP-Tickets. Die DKB war bis dahin noch nicht in Erscheinung getreten. Sollte sie gezahlt haben, ohne Gegenleistungen empfangen zu haben, dann könnte das eine Veruntreuung von Bankvermögen sein.[53]

Erst im April/Mai 2010 zeichnete sich ein Silberstreif am Ermittlerhorizont ab. Dem ehemaligen Chef der Bayerischen Landesbank, Werner Schmidt, hat es bei seiner zweiten Vernehmung durch die Münchner Staatsanwaltschaft gedämmert, dass er mit seiner Strategie des Beschwichtigens, Beschönigens und Kleinredens nicht länger durchhalten kann. Er erklärte jetzt endlich, dass die Geschichte doch anders war, als er bislang zugeben wollte. Schmidt hatte bis dahin den Eindruck erwecken wollen, als habe er sich den Kauf der HGAA im Februar 2007 in Ruhe überlegt. In Wahrheit hatte alles schon am 14. Dezember 2006 begonnen.

Die bayerische Landesregierung hatte seinerzeit die Vorstellung, dass die Landesbank des Freistaates Weltgeltung erlangen sollte. Ein erster Schritt dazu hätte der Erwerb einer Bank in Österreich (BAWAG) sein können. In Absprache mit dem damaligen bayerischen Finanzminister Kurt Faltlhauser bot Werner Schmidt hierfür viel Geld. Doch den Zuschlag erhielt an jenem Dezembertag der US-Finanzinvestor Cerberus, für Schmidt angeblich die »schlimmste Niederlage seines Lebens«. Auch die Staatsregierung fühlte sich als Verlierer. Damaligen Vorstandsmitgliedern der BayernLB soll der Finanzminister schwere Vorwürfe gemacht haben (»Ihr seid zu blöd, eine Bank zu kaufen«).[54]

Am gleichen Tage hatten die Herren Kulterer und Berlin den enttäuschten Herrn Schmidt auf eine Alternative aufmerksam gemacht: HGAA. Schon seinerzeit bot Tilo Berlin seinem ehemaligen Kollegen Schmidt

Anteile an der HGAA an, die er schon im Besitz gehabt habe, eine Behauptung, die allerdings erst vier Tage später wahr ist (wird). Falls das so stimmt, war damit der Weg zu einem »Bombengeschäft« eröffnet, und zwar auf Kosten der BayernLB. Berlin hätte einen Käufer geworben, noch bevor er die Ware selbst gekauft hatte. Das Risiko wäre gering gewesen und die Gewinnchance umso größer.

Vor einem Untersuchungsausschuss des Kärntner Landtages haben die Zeugen Werner Schmidt, Tilo Berlin und Wolfgang Kulterer den Sachverhalt jedoch lange Zeit andersherum dargestellt. Man habe erst sehr viel später, irgendwann im Laufe des Jahres 2007, über den Verkauf der HGAA geredet. Die nunmehrigen Angaben von Schmidt erhärten in der Tat den Verdacht, dass die BayernLB viel Geld gespart hätte, wenn sie die Kärntner Bank direkt gekauft und nicht den Umweg über Herrn Berlin genommen hätte. Die bayerischen Ermittler nehmen an, dass Berlin und die von ihm betreute Investorengruppe 130 bis 170 Millionen Euro mit den Anteilen verdient haben könnten, die ihnen kurzfristig gehört hatten. Im übrigen verdächtigen sie Schmidt, Vermögen der BayernLB veruntreut zu haben. Berlin werfen sie vor, hierzu Beihilfe geleistet zu haben. Für Schmidt begründen seine unterschiedlichen Einlassungen unterdessen schon jetzt ein Strafbarkeitsrisiko, sollte er vor dem parlamentarischen Untersuchungsausschuss in Kärnten falsche Angaben gemacht haben.

Werner Schmidt hat erst in der zitierten Vernehmung eingeräumt, dass er nach Anrufen von Berlin und Kulterer dem Vorstand der BayernLB sogleich die Option HGAA eingeräumt habe. Am 17. Dezember 2006 hat Schmidt nach seinen Angaben auch den Finanzminister Faltlhauser über die »zweite Chance« in Österreich informiert. Dem steht allerdings eine Zeugenaussage von Faltlhauser entgegen, wonach er erst viel später über diese Option unterrichtet worden sei.

Wie dem auch sei: Schmidt beginnt Anfang 2007 die Verhandlungen mit zwei Partnern: Tilo Berlin und Jörg Haider, dessen Bundesland Hauptaktionär der HGAA ist, ein Umstand, der die inoffizielle Bezeichnung »Haider-Bank« nachvollziehbar macht. Für Jörg Haider war Schmidt in den ersten Monaten des Jahres 2007 ein wichtiger Gesprächspartner. Während eines Zwiegesprächs habe Haider den Chef der BayernLB darüber informiert, dass der Fußballverein Austria Kärnten und die Betreiber des Stadions in Klagenfurt auf der Suche nach einem »Sponsor« seien.

Wem auch immer »seine« Bank demnächst gehöre, sie solle dann jedenfalls zehn Millionen Euro für diese »Gladiatoren« des Sports und deren Arena zahlen. Angeblich hat Schmidt diese Forderung als »eklig« empfunden. Diese Empfindung schien aber beherrschbar gewesen zu sein, nicht zuletzt wegen der Ambitionen der BayernLB zur Expansion nach Osteuropa. Und dazwischen (davor) liegt bekanntlich die Republik Österreich beziehungsweise deren Bundesland Kärnten. Im Vorstand der BayernLB war man wegen der Forderungen von Haider angeblich indigniert, aber bereit, die »Kröte« zu schlucken, wohl auch deshalb, weil sich deren Größe im Laufe der Verhandlungen auf fünf Millionen Euro verringerte.

Das Ganze blieb »klebrig«, womöglich ein Grund für die Einschaltung der (BayernLB-)Tochter DKB. Dessen ungeachtet prüften Fachleute der BayernLB im Frühjahr 2007 die Bücher der HGAA. Im »Datenraum« fanden sie jedoch nur unvollständige Unterlagen mäßiger Qualität. Auch angesichts des angeblich bestehenden Zeitdrucks hatten die Prüfer den Eindruck, dass alles in höchstem Maße dubios war. Immerhin hatte die HGAA kurz zuvor unter zweifelhaften Umständen viel Geld verloren. In diesem Zusammenhang ist es auch zu Bilanzfälschungen gekommen. Nachvollziehbare wirtschaftliche Motive für den Kauf der Bank waren jedenfalls kritischen Mitarbeitern der BayernLB nicht erkennbar. Um so mehr wird über politische Begründungen spekuliert.[55]

Jedenfalls ist Anfang Mai 2007 klargeworden, dass – anders als man das bis dahin vielleicht annehmen durfte – die Milliardenverluste der BayernLB sogar nach eigenen Unterlagen der Bank vorhersehbar waren. Schon im Juni und Oktober 2006 gab es von eigenen Experten Hinweise auf die mit der geplanten Übernahme der HGAA verbundenen hohen Risiken.

Die zwischenzeitlich eingeleiteten Ermittlungen erstrecken sich auf insgesamt 16 Beschuldigte, darunter der komplette alte Vorstand der BayernLB. Werner Schmidt hatte die internen Beurteilungen gekannt. Darin stand, dass das Land Kärnten und die anderen Aktionäre der HGAA einen schnellen Verkauf anstrebten, bevor Missstände bekannt würden. Man verglich das Institut gar mit einer »ausgequetschten Zitrone«. Fast alle Vorwürfe stellten sich später als wahr heraus. Es wurden vehemente Vorwürfe gegen die Übernahme der HGAA geäußert. Trotzdem kam es vor Abschluss des Kaufvertrages im Mai 2007 nur zu sehr oberflächlichen Prüfungen der HGAA. Kaum hatten sie begonnen, wurden sie auch schon wieder beendet.

Experten der BayernLB waren wegen der Übernahmeentscheidung fassungslos, weil sie keine wirtschaftlichen Motive erkennen konnten.[56]

Dafür werden im Laufe der anhaltenden Ermittlungen manche personellen Verflechtungen und wirtschaftlichen Interessen immer deutlicher. Aus bislang relativ unauffälligen Gestalten könnten zukünftig sogar Schlüsselfiguren werden, wie etwa aus dem Berater für »öffentliche Angelegenheiten« (Public Affairs – PR«), Norbert Essing. Dieser Zeitgenosse gehörte im Vorfeld des beschriebenen Deals zum Kreis der Investoren. Der Finanzmanager Harald Christ hatte über Essing öffentlich behauptet, dass Essing bereits früh von einem »sicheren Geschäft und einem späteren Weiterverkauf der HGAA an eine deutsche Bank, die in Osteuropa expandieren wolle« gesprochen habe. Bereits in der 2. Jahreshälfte 2006 – und damit lange vor dem Kauf der HGAA durch die BayernLB im Mai 2007 – habe Essing als damaliger PR-Berater von Christ nachhaltig bei diesem für eine Beteiligung an dem Investment geworben. Christ war seinerzeit Vorstandschef des Finanzdienstleisters HCI und brachte es später immerhin zum »Schattenminister« (Finanzen) im Möchtegern-Kabinett des in der Bundestagswahl 2009 grandios gescheiterten Kanzlerkandidaten Frank-Walter Steinmeier.

Norbert Essing redet nach wie vor lieber über Harald Christ als über sich selbst. Christ wiederum widmet sich engagiert der Person von Essing, weil er den Verdacht hat, dass Essing von einer Autobahnraststätte bei Düsseldorf aus ein anonymes Fax verschickt hat, in dem Christ der Pädophilie bezichtigt wird. Der Rechtsvertreter von Christ, der Bundesminister des Innern und für Sport a. D., Otto Schily, vermutet, dass Essing dies getan habe, weil Christ einen Beratervertrag mit ihm nicht habe verlängern wollen. Derartige Pikanterien am Rande mögen bestimmte Verhältnisse und Personen vielleicht charakterisieren. Sie berühren aber nicht den Kern des hier vorgestellten Sachverhalts.

Christ behauptet, dass in dem Werbegespräch mit Essing von zehn bis 20 Millionen Euro und von Traumrenditen die Rede gewesen sei. Er habe aber mit Rücksicht auf seine parteipolitischen Aktivitäten und wegen der Rolle des »Rechtspopulisten Jörg Haider bei der HGAA« darauf verzichtet. Schon damals sei die HGAA in Medien und Teilen der Öffentlichkeit als »skandalbehaftet« wahrgenommen worden. Christ habe da in nichts hineingezogen werden wollen. In der Presse wurde die Vermutung geäußert, dass wegen der Mitgliedschaft im Schattenkabinett von Steinmeier ein Profit bei der HGAA nur schädlich gewesen wäre. Wichtiger als derartige Spekulationen ist jedoch ein anderer Gedanke. Sollten sich die Angaben von Christ bewahrheiten und Essing bereits Ende 2006 von einem Weiterverkauf der HGAA an eine deutsche Bank mit Osteuropaplänen gesprochen haben, dann könnte das ein gewichtiges Indiz für heimliche Absprachen sein, nach denen die Staatsanwaltschaft in München forscht. In diesem Zusammenhang könnte auch die Beziehung zwischen Norbert Essing und Tilo Berlin bedeutungsvoll sein. Essing war über seine Kommunikationsfirma ein Teil der Gruppe namhafter Investoren, für die sich Berlin in drei Schritten von Dezember 2006 bis Juni 2007 mit 25 Prozent an der notleidenden HGAA beteiligt hatte. Essing war mit einer Million Euro eingestiegen, und zwar bei der dritten und letzten Tranche von Berlins Investoren, als der schnelle Weiterverkauf der Anteile an die BayernLB schon so gut wie sicher war.

Das war eine durchaus vernünftige Entscheidung. Immerhin bekam Essing circa 1,5 Millionen Euro zurück. Landesbanken können mit einem Gewinn von 50 Prozent Zinsen auf ein Investment von gut einem Jahr wohl nicht konkurrieren. Wäre das Geschäft tatsächlich schon 2006 mit dem damaligen Landesbankchef Werner Schmidt verabredet gewesen, wie die Staatsanwaltschaft vermutet, dann hätte Schmidt der Investorengruppe unnötigerweise und großzügig Millionenbeträge zugeschanzt – und so Vermögen der BayernLB veruntreut, so die Schlussfolgerungen journalistischer Beobachter. Und Berlin hätte womöglich Beihilfe zur Untreue geleistet. Christs Aussage über Essings vermeintliche Akquiseversuche könnte den Tatverdacht ungeachtet der Unschuldsbeteuerungen verstärken.

Das ändert alles nichts daran, dass das Engagement der Investoren mit insgesamt 236 Millionen Euro Eigenkapital und einem Profit von fast 50 Prozent ein durchaus lukratives Geschäft war. Größter Gewinner soll ein Investmentfond aus London gewesen sein, der 25 Millionen Euro eingestrichen habe. Die meisten Investoren sollen aus Österreich und Deutschland gekommen sein, darunter namhafte Industrielle und die Familie des ehemaligen österreichischen Finanzministers Karl-Heinz Grasser, ein temporär enger politischer Weggefährte seines Landsmannes Haider.[57] Daneben kassierten auch Investmentfonds aus Luxemburg und Hongkong, eine Treuhandgesellschaft, die auf Jersey domiziliert, einer Insel im Ärmelkanal, die in besonderer Weise zum Souveränitätsbereich der englischen Krone gehört, eine Firma aus Zypern und eine Bank in Jordanien. Anscheinend ist auch bei diesem Geschäft zusammengewachsen, was zusammengehört.[58]

Es bleibt abzuwarten, ob und gegebenenfalls welche Änderungen in der Geschäftspolitik der BayernLB durch Personalwechsel eintreten. Immerhin wird Gerd Häusler, dem Nachfolger von Schmidt und schon seit Sommer 2009 stellvertretender Aufsichtsratschef, ein maßgeblicher Anteil daran zugeschrieben, dass die BayernLB ihr größtes Problem, also die HGAA, an den österreichischen Nachbarn abschieben konnte. Für Häusler bleibt gleichwohl noch genug zu tun. Das nun von ihm geleitete Institut hatte in den vergangenen Jahren wiederholt bei großen Geschäften vor allem im Ausland kräftig danebengelangt, auf dem Balkan, in Amerika und in Asien. Und im heimischen Markt gab es nicht genug zu verdienen, weil die Sparkassen ihre Kunden selbst behalten wollten. Zugleich waren die kommunalen Kreditinstitute 50-Prozent-Eigner der Landesbank und stritten regelmäßig mit dem Freistaat um deren strategische Ausrichtung. Auf Druck der CSU-Regierung wurde ein Expansionskurs gefahren, und die Reise endete in einem Konzern ohne Strukturen. Die Töchter in Berlin, Budapest und auf dem Balkan führten ein Eigenleben, und in deren Aufsichtsgremien saßen auch Politiker und Sparkassenfunktionäre, ein Proporzsystem, das sogar in der Konzernspitze praktiziert wurde.

Häusler will angeblich mit alledem Schluss machen. Er will mit den Sparkassen zusammenarbeiten, ohne dass einer dem anderen die Richtung vorgibt. Der bayerische Ministerpräsident Seehofer hat erklärt, dass sich die Politik aus den laufenden Bankgeschäften heraushalten werde. Das Echo in der Mitarbeiterschaft blieb bislang verhalten, obschon Häusler einen »herrschaftsfreien Diskurs« ankündigte. Zudem hat der neue Chef noch eine andere nicht zu unterschätzende Verpflichtung übernommen. Der Freistaat Bayern erwartet von ihm, dass er die zehn Milliarden Euro wieder einspielt, die die Rettung des Instituts den Steuerzahler bis jetzt gekostet hat. Im übrigen braucht er mehr Zeit für den Eigentümerwechsel, den die EU-Kommission gefordert hat. Häusler dürfte noch einen gewissen zeitlichen Spielraum haben, weil die Prüfer aus Brüssel vorerst überwiegend mit und in Griechenland beschäftigt sein werden.[59]

Das Personalkarussell drehte sich natürlich in wechselnder Besetzung und wechselnden Richtungen mit den üblichen Unterbrechungen weiter. Im August 2010 wurde kolportiert, dass der Bundesverband deutscher Banken (BdB) einen neuen Geschäftsführer gefunden hätte. Im Gespräch sei der frühere BayernLB-Chef Michael Kemmer. Dem bisherigen langjährigen Geschäftsführer Manfred Weber kreidete man an, dass er die Privatbanken in der Finanzkrise nicht optimal vertreten hätte. Michael Kemmer bringe alle Voraussetzungen für das Amt mit und könne gut eine Vermittlerrolle spielen. Der bayerische Ministerpräsident hatte seinerzeit zwar die Absicht, ihn abzulösen. Kemmer stolperte aber erst beim Kauf der HGAA. Damals war er Finanzchef. Die Münchner Staatsanwaltschaft ermittelt, inwieweit Kemmer in die Vorgänge verwickelt war. Ende 2010 soll es keine konkreten Anhaltspunkte für ein Vergehen gegeben haben.[60]

Kurze Zeit nach dem Aufkommen der ersten Gerüchte war klar, dass das fehlgeschlagene Engagement der BayernLB bei der HGAA nicht zum Stolperstein für Michael Kemmer geworden ist. Er genießt ungeachtet der anhaltenden Aufklärungsbemühungen und Ermittlungen offenbar das vollste Vertrauen des BdB-Präsidiums. Josef Ackermann (Deutsche Bank), Christian Olearius (M. M. Warburg & Co.) und Andreas Schmitz (HSBC Trinkaus) haben sich einstimmig darauf geeinigt, dass Kemmer die Position des Hauptgeschäftsführers des BdB übernimmt, was mittlerweile auch geschehen ist. Aus der Sicht Sepp Dürrs von der Partei Die Grünen im bayerischen Untersuchungsausschuss zum Komplex HGAA bestätigt die Entscheidung, Michael Kemmer mit der Aufbesserung des Images des BdB zu beauftragen, den schlechten Eindruck, den Menschen von Banken heute hätten.[61]

Auch andere erste Kommentare waren eindeutig: »Solange nichts geklärt ist, sollte jemand wie Kemmer kein öffentliches Amt bekleiden, schon gar nicht das des Hauptgeschäftsführers deutscher Banken. Dass es zu diesem Wechsel trotzdem kommt, wirft ein schlechtes Licht auf den Verband und ist ein fatales Signal für eine Branche, die um ihren Ruf besorgt sein muss.«[62]

Unterdessen hat sich die HGAA von ihrem früheren »Risikovorstand« Wolfgang Peter getrennt, der nach seinem Ausscheiden aus dem Führungsteam im April 2010 zunächst noch weiter für die Bank tätig war. Der Leiter der vom österreichischen Finanzminister eingesetzten Sonderkommission CSI Hypo gab der Öffentlichkeit im August 2010 bekannt, dass das Dienstverhältnis vorzeitig gelöst wurde. Es habe sich der Verdacht erhärtet, dass unter der Verantwortung von Wolfgang Peter ein Finanzierungsgeschäft in beachtlicher Höhe genehmigt wurde, ohne dass es dafür ausreichende Sicherheiten gegeben haben dürfte. Der Vorgang gilt deshalb als bemerkenswert, weil dieser Manager der »Nach-Kulterer-Ära« angehört. Peter wurde von dem Vizechef der Grazer Wechselseitigen Versicherung AG, Siegfried Grigg, engagiert, der nach Wolfgang Kulterer vorübergehend die Geschäfte der HGAA geleitet hatte. Nach der Entlassung von Peter, dem die BayernLB zunächst vertraut haben soll, ist der Verdacht nicht mehr von der Hand zu weisen, dass es auch nach dem Ausscheiden von Kulterer zu Unregelmäßigkeiten gekommen sein könnte. Findet die CSI Hypo noch weitere Problemfälle, könnten die Chancen der BayernLB auf Schadenersatz sinken. Die Staatsanwaltschaft führt Peter mittlerweile jedenfalls als Beschuldigten. Die HGAA hat sich der Strafanzeige als Privatbeteiligte angeschlossen, damit sie im Falle einer Verurteilung den womöglich aus der Kreditgewährung entstandenen Schaden einfordern kann.

Seit der Verstaatlichung der HGAA im Dezember 2009 arbeitet die CSI Hypo alle Geschäftsvorfälle der vergangenen zehn Jahre auf. Bis August 2010 wurde ein Schaden von circa 300 Millionen Euro entdeckt. Das Geld soll der HGAA von früheren Managern und Geschäftspartnern entzogen worden sein. Im Visier der Justiz sind circa 40 Beschuldigte. Die CSI Hypo wird sich zukünftig der Osteuropaexpansion der HGAA unter der Leitung der BayernLB widmen.[63]

Unterdessen hat der frühere kroatische Premierminister, Ivo Sanader, alle Vorwürfe gegen sich im Zusammenhang mit der HGAA zurückgewiesen. Er habe niemals Provisionen für die Vermittlung von Krediten der HGAA angenommen, und es seien auch keine sonstigen illegalen Zahlungen an ihn gegangen. Er habe auch niemanden wissentlich bei Aufträgen der kroatischen Regierung bevorzugt. Vermutungen, er sei im Sommer 2010 in den USA untergetaucht, wies Sanader unter Hinweis auf einen lange geplanten Familienurlaub zurück.[64]

Es bleibt abzuwarten, welche Konsequenzen sich aus Ermittlungen ergeben, die von österreichischen und kroatischen Behörden geführt werden. Es geht unter anderem um Grundstücksgeschäfte an der »Riviera von

Brioni«, also der Küste Istriens, für die der verstorbene Landeshauptmann Jörg Haider als »Türöffner« gewirkt haben soll. In der Presse Österreichs wurde aus kroatischen Ermittlungsunterlagen zitiert, wonach die HGAA mit Kulterer und seinem Vorstandskollegen Günther Striedinger durch die Zusammenarbeit mit Einzelpersonen aus der Politik unter kriminellen Bedingungen an die wertvollsten Liegenschaften gekommen sein soll. Dort habe man in zwei Schritten – zunächst dem österreichischen Käufer, vertreten durch die HGAA, anschließend einem einheimischen Käufer, der einer politischen Partei nahestand – den Kauf von Grund an der Meeresküste zum »lachhaft niedrigen Preis« und mit dem Versprechen, die Grundstücke nach dem Kauf in Baugrund umzuwidmen, ermöglicht.

In der Sache handelte es sich um den Verkauf von 347 000 Quadratmetern unberührter Meeresküste durch Lokalpolitiker der Gemeinde Vodjan für je 5,12 Euro an die Firma Darja und weiteren 751 000 Quadratmetern für je 7,35 Euro an die Firma AB Maris. Das betreffende (Naturschutz-)Gebiet wurde wenig später mit mehr als hundertfachem Gewinn umgewidmet. Die genannten Firmen befanden sich seinerzeit zu 50 Prozent im Besitz der HGAA, zu 25 Prozent im Besitz des Klagenfurter Rechtsanwalts Gerhard Kucher und zu 25 Prozent im Besitz der Firma Tecto, deren Miteigentümer der FPÖ-Finanzreferent Detlev Neudeck war.[65]

Doch zurück zur HGAA selbst: Das Institut wird mittlerweile in der Öffentlichkeit sogar als eine »Bank der Kriegsgewinnler« bezeichnet. Die Behörden in Österreich und Kroatien haben Ermittlungen eingeleitet, welche ihre Rolle im Zusammenhang mit bestimmten Immobiliengeschäften (zum Beispiel »Rezidencija Skiper«) auf dem Territorium des ehemaligen Jugoslawiens durchleuchten. Es geht um viele Tatorte, an denen sich ein Kriminalfall zu entwickeln scheint, der möglicherweise weit über den Rahmen eines »normalen« Finanzskandals hinausgeht. Zu Beginn des Monats Mai 2010 zog das (neue) Management der HGAA eine Option, die es der Bank erlaubt, für einen symbolischen Euro die restlichen Anteile an der Investitionsruine Rezidencija Skiper vom bisherigen Mehrheitseigentümer (die HGAA hielt bis dahin nur 25 Prozent an dem Komplex), einem insolvenzgefährdeten Baukonzern in Slowenien, zu erwerben, da dieser längst nicht mehr die ausstehenden Kredite bedienen konnte. Seit 1996 sollen aus Klagenfurt insgesamt 199 Millionen Euro in das waghalsige Projekt geflossen sein. Bis Mai 2010 wurden nur 18 Millionen Euro getilgt.

Das passt in das sonstige Geschäftsgebaren der HGAA. Bei einem Kreditportfolio von insgesamt 37,8 Milliarden Euro, so schätzte der Vorstand zum Zeitpunkt der Notverstaatlichung, müssten 3,1 Milliarden Euro bis 2013 für »faule« Kredite zurückgestellt werden. Im Mai 2010 wurde der mögliche Bedarf schon auf sieben Milliarden Euro angesetzt. Die Haftungen, die das Bundesland Kärnten für seine damalige Landesbank eingegangen war, damit diese ihren recht verwegenen Expansionskurs finanzieren konnte, betrugen schließlich 19 Milliarden Euro. Die Bilanzsumme war übrigens innerhalb von 15 Jahren von 1,87 Milliarden Euro auf 42,3 Milliarden Euro förmlich explodiert. Wären die eingegangenen Verbindlichkeiten fällig geworden, hätte das notorisch unterfinanzierte Bundesland Kärnten Insolvenz anmelden müssen.

Diese Entwicklung hat mit den Auswirkungen der globalen Finanzkrise nicht unmittelbar etwas zu tun. Die Milliardenverluste gelten ausnahmslos als »hausgemacht«. In der öffentlichen Berichterstattung wird behauptet, dass Aufsichtsorgane und Politiker dem Treiben der Finanzjongleure »gleichgültig« zugesehen hätten. Man habe es sich nicht mit dem verstorbenen Herrn Haider verderben wollen, der sich schamlos bei seiner »großmannssüchtigen« Bank bedient habe, um seine Eskapaden und Prestigeprojekte zu finanzieren. Landesvater und Landesbank schienen beide dem Wahn verfallen gewesen zu sein, in der jeweiligen Champions League ihres Metiers ganz vorn mitzuspielen. Unzureichende Strukturen, überforderte Banker, chaotische Zustände, Überheblichkeit und Selbstüberschätzung, also die verhängnisvolle und traditionelle Allianz von Inkompetenz und Impertinenz, die sich in dem Kärntner Biotop ausgebreitet hatte, dürften einen beträchtlichen Anteil an dem Debakel haben. Sollte sich das bewahrheiten, bestünde insoweit entgegen der vorhergehenden Einschätzung doch ein gewisser Zusammenhang mit der globalen Finanzkrise, in der solche Konstellationen ebenfalls weit verbreitet waren und sind.

Immerhin soll das Ziel ausschlaggebend gewesen sein, in die Oberliga der europäischen Finanzdienstleister aufzusteigen, wofür man anscheinend jedes Mittel für gerechtfertigt hielt. Daher, so wird es in Vorwürfen aus Kroatien thematisiert, hätten sich die Kärntner »Provinzbanker« auch instrumentalisieren lassen, um Geld aus »dunklen Quellen« zu waschen. Man habe sich mit dem »kriminellen Virus« infizieren lassen. Eine Clique von zehn bis zwölf Personen habe über eine Vielzahl vorgetäuschter Projekte und verschachtelter Stiftungskonstruktionen vermutlich Hunderte Millionen Euro abgezweigt. Das Finanzministerium der Republik Österreich ist angeblich in der Lage, den Nachweis zu führen, dass Mitarbeiter der HGAA mindestens in einem der verdächtigen Projekte, bei dem ein theoretischer Spekulationsgewinn von circa 750 Millionen Euro angefallen sein könnte, in die eigene Tasche gewirtschaftet haben. Es geht um ein Immobilienprojekt in einem Naturschutzgebiet gegenüber den Brioni-Inseln. Die noch bestehenden Eigentumsrechte an den zu diesem Zweck gegründeten Projektentwicklungsgesellschaften sind zu zwei Aktiengesellschaften im steuerschonenden Schweizer Kanton Zug gewandert. Hinter beiden stecke heute eine Privatstiftung, welcher zwei Personen aus der unmittelbaren »Hypo-Familie« zugeordnet werden könne.

Das ganze Ausmaß der Skrupellosigkeit der Verantwortlichen offenbart sich aber möglicherweise erst in der europäischen Dimension des Gesamtkomplexes. Klagenfurt wird als Drehscheibe eines Klüngels zwielichtiger Profiteure und korrupter Politiker bezeichnet, der von Belgrad bis München, von Podgorica bis in den Kanton Zug und nach Liechtenstein seine Geschäftsfäden gezogen und zumindest in den Anfangsjahren des »Hypo-Abenteuers« im Dienste politischer Interessen auf dem »Pulverfass Balkan« gestanden habe. Es sei um die Neuverteilung der Reichtümer in den Nachfolgestaaten Jugoslawiens gegangen. Dazu benötigten die »Kriegsgewinnler« der Sezessionskämpfe ein ebenso unauffälliges wie bedenkenloses Geldinstitut, über das sich die Millionentransfers aus Privatisierungsgewinnen abwickeln ließen.

Die HGAA operierte sogar schon zu Kriegszeiten und gewährte erste Kredite, die angeblich dem Ankauf von Botschaftsgebäuden dienen sollten. Die jeweiligen Kredite wurden angeblich bis heute nicht getilgt und stehen im Verdacht, »schwarzen« Transaktionen gedient zu haben. Nach öffentlich zitierten Berichten des kroatischen Nachrichtendienstes soll der vormalige Staatschef des Landes, Franjo Tudjman, Mitte der 1990er Jahre geplant haben, einer bestimmten Anzahl von Familien Verfügungsgewalt über kroatisches Staatseigentum einzuräumen. In diesem Zusammenhang habe sich die politische Führung an die HGAA (damals noch »Kärntner Landes- und Hypothekenbank«) gewandt, weil sie zu diesem Zeitpunkt über diese Bank schon mehr als eine Milliarde »ausgesaugten« kroatischen

Geldes in Umlauf gebracht haben soll, das mit Hilfe von »Parainvestmentfonds«, die von der HGAA erdacht worden seien, kontinuierlich nach Italien, Liechtenstein, in die Schweiz und wieder zurück nach Kroatien geflossen sei. Es ist allerdings unklar, ob die kroatischen Ermittler damit auch auf Vermutungen anspielen, bereits vor dem Zerfall Jugoslawiens hätten Nationalistenkreise um Tudjman hohe Beträge von Staatsfirmen abgezweigt und in Klagenfurt »gebunkert«.

Die Journalisten Joachim Riedl und Richard Schneider behaupten in ihren Berichten, dass Wolfgang Kulterer und der für das Auslandsgeschäft zuständige Bankvorstand Günther Striedinger hinter diesem Finanzkarussell gestanden hätten, mit dem im großen Stil über Immobiliengeschäfte in Istrien und Dalmatien Geldwäsche betrieben worden sei. Sie bezeichnen die HGAA als »Servicemaschine der politischen, wirtschaftlichen und medialen Oligarchie«. Mit dieser Bank hätten alle diejenigen Geschäfte tätigen können, die in Verbindung mit Kriminalität oder der »Pašalić-Gruppe« (Ivić Pašalić war der Generalsekretär der nationalistischen damaligen Regierungspartei HDZ/ Hrvatska demokratska zajednica) standen. Es werden Einzelfälle kolportiert, bei denen die HGAA enorme Verluste erwirtschaftet haben soll.[66]

Letztlich fand man sich in einem Fiasko wieder, aus dem man sich mit gewagten Devisenwetten zu befreien versuchte. Das Ergebnis: Innerhalb von 14 Tagen verzockten die Spezialisten aus Klagenfurt weitere 328 Millionen Euro. In den vorangegangenen »Goldgräberjahren« hatte eine scheinbar grenzenlose Expansion stattgefunden. Die Millionenbeträge flossen »auf Teufel komm raus«. Die Bonität der Kreditnehmer schien irrelevant. Die HGAA erwarb sich den Ruf einer »Cowboybank«. Daran konnte offensichtlich auch das Engagement des ehemaligen Bundeskanzlers der Republik Österreich, Alfred Gusenbauer, bislang nichts ändern. Vielleicht lag es auch daran, dass Gusenbauer recht spät konsultiert wurde. Aber immerhin war er auch als Amtsträger mit diesem Institut schon früher beschäftigt.

Gusenbauer hatte die HGAA jedenfalls im zweiten Halbjahr 2009 beraten und dafür ein Salär von 60 000 Euro kassiert. Nachdem die Bundesregierung in Wien Ende 2008 die HGAA zum ersten Mal mit damals 900 Millionen Euro retten musste, war guter Rat auch deshalb teuer (oder, mit den üblichen Honorarforderungen anderer Politiker verglichen, relativ billig), weil die EU ein Prüfverfahren eingeleitet und Mitte 2009 erhebliche Zweifel an der Zulässigkeit dieser Hilfe angemeldet hatte. Womöglich liege damit eine Wettbewerbsverzerrung zu Lasten anderer Banken vor.

So wurde der ehemalige Bundeskanzler auf Wunsch des in Not geratenen Vorstands der HGAA Teil eines Beraterteams um den Wiener Rechtsanwalt Leopold Specht, Betreiber einer der größten Wirtschaftskanzleien in der Bundeshauptstadt und enger Vertrauter von Alfred Gusenbauer. Nach dessen Erklärungen habe er, Gusenbauer, dafür sorgen wollen, dass neben dem juristischen Sachverstand auch eine »europapolitische und ökonomische Komponente« eingebracht werde. Schließlich habe sich der ehemalige Amtsträger lange und ziemlich umfassend mit der EU beschäftigt, und die HGAA wollte in dem EU-Verfahren nicht blank dastehen. Mit seiner Funktion als Bundeskanzler und seiner politischen Tätigkeit habe das Mandat für die HGAA »gar nichts« zu tun gehabt. Solche Erklärungen lassen natürlich die Tatsache unberührt, dass Gusenbauer als Bundeskanzler Ende 2008 noch daran mitgewirkt hatte, dass die Regierung einen Schutzschirm über die heimischen Banken spannte und die HGAA davon auch profitierte. Gusenbauer hatte zwar relativ glücklos zwei Jahre als Bundeskanzler agiert, brachte aber nach seinen eigenen Angaben bei der HGAA all das ein, was man weiß, wenn man sich mit Europapolitik 20 Jahre auseinandergesetzt hat, egal ob man Bundeskanzler war oder nicht. Gusenbauer weiß nicht, was daran verfänglich sein soll.

Es ist offensichtlich nicht seine Sicht der Dinge, dass er seine als Politiker und Kanzler erworbenen Kontakte genutzt hat, um ausgerechnet von ihm als Regierungschef grundsätzlich möglich gemachte Staatshilfen für eine Bank bei der EU durchzusetzen und daran als Berater zu verdienen. Für die Staatshilfen sei der Finanzminister zuständig gewesen, und es gebe in Österreich die strikte Ministerverantwortlichkeit. Er stehe dazu, dass er als Kanzler dafür verantwortlich war, dass die einheimischen Banken gegenüber anderen Instituten in Europa nicht benachteiligt werden. Gusenbauers Mandat für die HGAA ist Ende 2009 ausgelaufen, vor der Übernahme der Kärntner Bank durch die Republik Österreich.[67] In ersten öffentlichen Reaktionen wurde behauptet, dass demjenigen, der hier keine Interessenkonflikte sieht, offenbar jedes politische Fingerspitzengefühl fehle.[68]

Vielleicht eröffnen die am 13. August 2010 auf Grund eines Haftantrags wegen Flucht-, Verdunkelungs- und Wiederholungsgefahr erfolgte Festnahme von Wolfgang Kulterer sowie eine Vielzahl von am gleichen Tage durchgeführten Hausdurchsuchungen ergiebigere Ermittlungsansätze (es war die fünfte Welle von Hausdurchsuchungen unter der Leitung der vom Innenministerium beauftragten Sonderkommission CSI Hypo). Es geht um den Verdacht der Untreue. Insgesamt ermitteln allein die österreichischen Behörden gegen mehr als drei Dutzend Verdächtige. Die Aktion gilt als »erster Höhepunkt in der juristischen Aufarbeitung des Hypo-Krimis«.

Kulterer, der bis zu seiner Festnahme vor allem in London lebte, war, wie bereits angedeutet, auch wegen angeblich dubioser Geschäfte auf dem Balkan ins Visier der Justiz geraten. Nachdem er wegen des Auffliegens von Swap-Verlusten im Jahre 2006 seine Position als Vorstandschef der HGAA verlassen musste, erfolgte – entgegen allen Gepflogenheiten in solchen Fällen – im Herbst des gleichen Jahres zu vollen Bezügen ein Wechsel an die Spitze des Aufsichtsrates, wo er die Verantwortung für die Übernahme durch die BayernLB hatte.

Einerseits ist zwar anzuerkennen, dass die zuständige Staatsanwaltschaft nun besonders emsig geworden ist und zum ersten Mal drei Ankläger für die Sache abgestellt wurden. Gleichzeitig muss aber betont werden, dass Österreichs Staatsanwaltschaft im internationalen Vergleich personell kläglich gerüstet ist. Das mag man als Schande für ein Land empfunden, das sich rühmt, eine der reichsten Volkswirtschaften zu sein. Die Politik verhöhnt womöglich mit einer solchen Mangelwirtschaft den Rechtsstaat.[69]

Unterdessen wurde das »Geglitzer« der HGAA und des Chefs Kulterer schon als »pures Katzengold« qualifiziert. Man sei an Geschäften beteiligt gewesen, die mittlerweile nur noch »Synonyme für Größenwahn und Chuzpe« seien. Der »Paradebanker vom Wörthersee« habe mit allen Mitteln versucht, die langweilige einstige Provinzbank auf schnelles Wachstum zu trimmen. Am Ende hätten alle staunend vor gigantischen Milliardenlöchern gestanden. Bislang habe das Desaster die Steuerzahler in Österreich und Deutschland mehr als fünf Milliarden Euro gekostet. Der Einstieg von Kulterer in die HGAA erfolgte im November 1992 nach seinem eigenen Verständnis allerdings als »Sanierer«. Ausgehend von der damaligen Bilanzsumme in einem Gegenwert von 1,8 Milliarden Euro hatte er sich für einen »Expansionskurs mit Turbolader« entschlossen, insbesondere in Südosteuropa. Bei seinem Rücktritt als Vorstandschef im September 2006 lag die Bilanzsumme immerhin bei 40 Milliarden Euro. Das ist nicht zuletzt wegen der zahlreichen »faulen« Kredite und der damals frischen Verurteilung Kulterers wegen Bilanzfälschung ein bemerkenswerter Tatbestand, der den flinken Wechsel dieses erfolgreichen Managers auf den Chefposten des Aufsichtsrates der HGAA wohl eher begünstigte.

Im Hintergrund soll der ehemalige Landeshauptmann Jörg Haider in unterschiedlicher Weise gewirkt haben. Ihm wird inzwischen öffentlich vorgeworfen, dass er die Politik zu einem Selbstbedienungsladen umgebaut habe.[70] Die Details dürften für die absehbare Zukunft Gegenstand unterschiedlicher Aufklärungsbemühungen bleiben. Für den Rechtsvertreter von Wolfgang Kulterer, Ferdinand Lanker, war indes schon im August 2010 unmittelbar nach der Festnahme seines Mandanten klar, dass dieser Opfer der aktuellen politischen Auseinandersetzungen in Österreich wurde und dass durch die Festnahme parteipolitische Vorwürfe gegen die Justiz und verantwortliche Justizministerin, Claudia Bandion-Ortner, überlagert werden sollten.[71] Einzig eine politische Motivation könne zur Verhängung der Untersuchungshaft geführt haben.[72] Das ist die unvermeidliche »Advokaten-Rhetorik«. Berichte über politische Einflussnahme, unter der die österreichische Justiz leide, gibt es schon seit geraumer Zeit.[73]

Für Kulterer persönlich dürften für absehbare Zeit andere Fragen dringlicher sein. Bis zu seiner Verhaftung hatte er auch in Rumänien Geschäfte gemacht. Zudem war er seit Oktober 2006 als ein Mitglied des dreiköpfigen Verwaltungsrats der Flick-Privatstiftung für die Betreuung des Milliardenerbes von Friedrich Karl Flick verantwortlich. Kulterer stand der Witwe Ingrid Flick als Vermögensberater seit 2006 zur Seite. Seine Abberufung war nach seiner Verhaftung zunächst ebenso wenig ein Thema wie eine befristete Suspendierung. Kulterer ist anschließend »auf eigenen Wunsch« mit Wirkung zum 31. August 2010 aus dem Vorstand ausgeschieden.

Die Flick-Stiftung hatte sich auf Anraten von Kulterer zu den Investoren um Tilo Berlin gesellt, die mit ihrem Einstieg bei den HGAA-Kapitalerhöhungen nach dem HGAA-Verkauf an die BayernLB – wie beschrieben – einen »goldenen Schnitt« gemacht haben. Die Stiftung soll aber auch schon im Jahre 2004 an dem umstrittenen HGAA-Leasing-Vorzugsaktiengeschäft partizipiert haben, das teilweise über HGAA-Kredite finanziert worden sein soll und Ende 2010 Gegenstand von Ermittlungen wegen Betrugsverdachts geworden ist. In dieser Zeit war Kulterer noch Chef der HGAA. Das damalige Volumen betrug 200 Millionen Euro. Die Vorzugsaktionäre gehörten allesamt zum Freundeskreis um Kulterer und Striedinger, ein Umstand, der vehement dementiert wurde.[74]

In diesem Umfeld wurden auch Ermittlungen gegen einen ehemaligen Beamten des österreichischen Bundesinnenministeriums aufgenommen, der mit dem Schutz von Ingrid Flick beschäftigt war. Die Wiener Korruptionsstaatsanwaltschaft ging dem Verdacht des Amtsmissbrauchs beziehungsweise der Anstiftung hierzu nach. Kulterer soll den Beamten, der als ehemaliger Verbindungsmann des Ministeriums in Rumänien über gute Kontakte zu den dortigen Strafverfolgungsbehörden verfügte, eingeschaltet haben, um dort Druck zu erzeugen. Kulterer soll bei den Grundstücksankäufen in Rumänien übervorteilt worden sein und viel Geld verloren haben. Der Beamte sollte die Beschleunigung der Ermittlungen bewirken. Er soll für seine Bemühungen eine Anzahlung von 12 000 Euro erhalten haben. Für den Erfolgsfall wurde angeblich ein Honorar in Höhe von 50 000 Euro vereinbart. Dabei handelt es sich im Vergleich zu den sonstigen Interessen der Familie Flick an dem Deal zwischen der BayernLB und der HGAA allerdings um »Petitessen«. Sie hatte direkt und über eine weitere Stiftung (Südufer GmbH) insgesamt mindestens knapp neun Millionen eingesetzt, ein nach den dort geltenden Maßstäben dennoch »bescheidenes Investment«.[75]

Kulterer hatte im Sommer 2010 die Übersiedelung in ein neues Büros in Wien geplant. Dieser an sich banale Umstand verdient deshalb eine Erwähnung, weil einen Tag nach der Verhaftung Kulterers den Ermittlern auf dem Anwesen des ehemaligen stellvertretenden Bürgermeisters von Klagenfurt, der Landeshauptstadt Kärntens, eine Geldkassette in die Hände fiel, die eine Mitarbeiterin Kulterers – die zeitgleich mit ihrem Chef festgenommen worden war – wenige Tage zuvor diesem ehemaligen Kommunalpolitiker, Siegbert Metelko von der Sozialdemokratischen Partei Österreichs (SPÖ), übergeben haben soll. Darin befanden sich circa 140 000 Euro, überwiegend 500-Euro-Noten in Plastik eingeschweißt. Es wurde kolportiert, dass dieses Geld zum Teil dazu bestimmt gewesen sei, Mietvorauszahlungen zu leisten.

In der Öffentlichkeit kam es rasch zu Spekulationen darüber, warum Kulterer unbedingt ein neues Büro beziehen wollte, verfügte er doch über eine Anschrift, deren Nobilität kaum zu überbieten ist: Wien, 1. Bezirk, Kohlmarkt 1. Genau dort fand am Tage der Festnahme Kulterers eine Hausdurchsuchung statt. Wie bereits angedeutet, hatte dieser sich als »Agrarinvestor« über die Firmen Agroeast und deren Tochter ETN in Rumänien ein neues berufliches Standbein aufgebaut und in der Gegend von Timisoara mit anderen potenten Investoren mehrere tausend Hektar Ackerland angekauft, um dort Weizen anzubauen. Die genannten Firmen residierten unter der vorerwähnten Adresse. Türnachbarn waren die Privatstiftung Andreas Adami und die bereits genannte Firma Tecto. Beide standen wegen Grundstücksgeschäften in direkter Verbindung mit der HGAA. Die Adami-Stiftung war gleichzeitig Gesellschafter der von Kulterer als Geschäftsführer betreuten Agroeast.

Zu den weiteren Mitgesellschaftern zählte übrigens auch Herbert Koch, Chef der Firma Kika-Leiner, mit seiner Gemahlin Friederike. Bis 2004 war Koch allerdings auch Aufsichtsrat der HGAA und Mitglied der Investorengruppe um Herrn Berlin. Friederike Koch gelang im Jahr 2009 ebenfalls ein Schnäppchen, als sie ein circa 5700 Quadratmeter großes Grundstück mit Villa in Pörtschach für 7,5 Millionen Euro kaufte, viel zu billig, wie Immobilienexperten behaupten. Dafür war das Areal von der HGAA zuvor teurer erworben worden. Verkäufer war die Kärntner Hotelierfamilie Miklautz, die ebenfalls Gesellschafter in Kulterers Agroeast wurde.

Vor diesem Hintergrund ergaben sich Fragen zum Anlass der Umzugsabsichten von Kulterer. In der Presse wurde darüber spekuliert, dass die Antworten darauf direkt zu einem »Filz« aus HGAA-Profiteuren und weiter zu jener »kriminellen Vereinigung« führen könnten, die aus der Sicht des Chefs der CSI Hypo zu Lasten der HGAA und der Steuerzahler persönliche Bereicherung betrieben haben könnte.[76]

Doch zunächst zurück zu den Umzugsvorbereitungen von Herrn Kulterer: Als die Ermittlungsbeamten den ehemaligen Klagenfurter Bürgermeister, Siegbert Metelko, aufsuchten, gab dieser die Kassette freiwillig heraus und erklärte, dass Kulterer im Hause des Sohnes von Metelko, an den der Expolitiker das Wiener Innenstadthaus vor einigen Jahren überschrieben hatte, eine Wohnung habe mieten wollen. Kulterer soll angegeben haben, dass das Geld für zwei Jahre als Mietzinsvorauszahlung gedacht sei, bei einer Monatsmiete von circa 3000 Euro (also insgesamt circa 72 000 Euro). Das ist ungefähr die Hälfte der sichergestellten 140 000 Euro. Es gab

Mutmaßungen darüber, dass der Restbetrag nicht auf einer Bank eingezahlt wurde, weil es sonst zur Verringerung der Schulden von Kulterer (angeblich knapp eine Million Euro) hätte dienen können beziehungsweise müssen. Kulterer trug den Schlüssel für die Kassette bei seiner Festnahme jedenfalls schon einmal bei sich. Den Ermittlern war nicht sofort klar, wie sich Kulterer bei einem jährlichen Bruttoverdienst von circa 500 000 Euro seinen aufwendigen Lebensstil leisten konnte.[77]

Siegbert Metelko selbst bestätigte zwar, dass ein Mietvertrag abgeschlossen worden war. Eine Mietvorauszahlung sei aber nicht vertraglich festgelegt worden und wäre auch völlig branchenunüblich gewesen. Bargeldzahlungen hätte man im übrigen sicher nicht akzeptiert. Am 17. August 2010 erhielt Metelko von dem Anwalt Kulterers eine E-Mail, in der mitgeteilt wurde, dass die Zukunft Kulterers ungewiss sei und dass deshalb um eine Auflösung des Mietvertrags ersucht werde. Die Familie Metelko kam dem Ansinnen nach und beschloss, keine weiteren Ansprüche zu stellen. Anscheinend hatte Kulterer das 200 Quadratmeter große Büro mieten wollen, weil es sich in der Nähe der Flick-Stiftung befindet.[78]

Am 10. November 2010 hat das Oberlandesgericht Graz dafür gesorgt, dass Kulterer für diese und andere Zwecke seine Bewegungsfreiheit, die seit dem 13. August 2010 durch seine Verhaftung eingeschränkt war, bis auf weiteres wieder genießen kann. Es hat herausgefunden, dass von den ursprünglich drei angenommenen Haftgründen nur noch der Haftgrund der »Fluchtgefahr« gilt, eine »Tatbegehungs- (Wiederholungs-)gefahr« und »Verdunkelungsgefahr« also nicht mehr angenommen wird. Zur Abwendung der Fluchtgefahr war der Beschuldigte in der Lage, die verlangte Kaution in Höhe von 500 000 Euro aufzubringen. Das Gericht begründete seine Entscheidung unter anderem damit, dass Kulterer seinen Wohnsitz in Österreich habe und außerdem allen Ladungen pünktlich nachgekommen sei. Fluchtgefahr sei angesichts seines Persönlichkeitsbildes nicht gegeben, da er in seinem ganzen Leben nicht zu panikartigen und unbesonnenen Reaktionen geneigt habe.

Die Entlassung aus der Untersuchungshaft lässt die seit dem 4. November 2010 vorliegende Anklage unberührt. Danach muss sich Kulterer wegen Untreue und Falschaussage im Zusammenhang mit der Gewährung zweier Kredite an eine Fluglinie (Styrian Spirit) und an einen Detektiv (Dietmar Guggenbichler) verantworten, durch die ein Schaden in Höhe von 2,15 Millionen Euro entstanden sein soll. Das ist in der Tat eine »Kleinigkeit« im Vergleich zu den 1,5 Milliarden Euro aus öffentlichen Mitteln, die zur Rettung der HGAA zunächst erforderlich waren. Allein die »faulen« Kredite, die vor allem in Ländern des Balkans vergeben wurden, belaufen sich auf circa acht Milliarden Euro. Ein Schaden von 50 000 würde allerdings genügen, um wegen Untreue zu einer Haftstrafe von bis zu zehn Jahren verurteilt zu werden. Es bleibt abzuwarten, ob die Ende 2010 andauernden Ermittlungen weitere Anhaltspunkte und Beweise für weiteres strafbares Verhalten, wie etwa Bilanzfälschung erbringen werden.[79]

Es ist noch nicht ganz klar, ob die Vernehmungen deutscher Politiker im wünschenswerten Umfang weitere Aufklärungen bringen werden. Schon im Vorfeld des Auftritts des ehemaligen bayerischen Ministerpräsidenten Edmund Stoiber – nachdem er bereits zuvor von der Münchner Staatsanwaltschaft vernommen worden war – wurde vor einem Untersuchungsausschuss des Bayerischen Landtages mit Erstaunen registriert, wie dieser Zeuge darum bemüht war, seine eigene Rolle in dem Milliardendesaster »kleinzureden«. Als Ministerpräsident sei er mit dem Erwerb der HGAA kaum befasst gewesen. Darum habe sich vor allem der Vorstand der BayernLB gekümmert, der vom Verwaltungsrat kontrolliert worden sei. Dem gehörten die »Stützen des Kabinetts« an: Kurt Faltlhauser, Erwin Huber, Günter Beckstein. Diese Personen hätten als Bankaufseher das Vertrauen von Stoiber gehabt. Stoiber betonte, dass er nicht »Kontrolleur der Kontrolleure« gewesen sei.

Die Plausibilität dieser Darstellung wurde öffentlich bezweifelt. Stoiber sei sehr wohl darüber informiert worden, dass die Österreichische Nationalbank die HGAA in einem Prüfbericht einer Vielzahl schwerer Rechtsbrüche beschuldigt hatte. Dort war auch bekannt, dass das Eigenkapital der HGAA viel zu gering war und dass das Institut zu jener Zeit einen monatlichen Kapitalbedarf von zusätzlich 30 bis 40 Millionen Euro hatte. Stoiber hat eingeräumt, einen entsprechenden Vermerk gelesen zu haben, erklärte aber gleichzeitig, dass die Kritik der Österreichischen Nationalbank abgeschlossene Sachverhalte betroffen habe, die beim Erwerb der HGAA durch die BayernLB bekannt gewesen seien. Außerdem habe sich aus dem zitierten Vermerk ergeben, dass sich die zuständigen Leute bereits darum kümmerten. Bei dieser Sachlage sei doch die Frage, was er, Stoiber, »da noch groß hätte tun sollen«. Beim Kauf der HGAA habe es für ihn keinen

Grund zum Handeln gegeben. Die Annahme, es sei womöglich politischer Druck auf den Vorstand der BayernLB ausgeübt worden, das Kärntner Institut zu kaufen, sei absurd. Stoiber behauptete, dass er sich nie in die konkrete Geschäftspolitik der Landesbank eingemischt hätte. Die Bank sei eine eigenständige Einheit gewesen.

Nichtsdestotrotz wurde der damals amtierende Landesvater, wie bereits angedeutet, von »seiner« Bank um Hilfe gebeten, als die Kroatische Nationalbank ein Veto gegen die Übernahme der HGAA einlegen wollte. Bekanntlich war dieses österreichische Institut mit vielen Tochtergesellschaften auf dem Balkan aktiv. Deswegen hatten die dortigen Genehmigungsbehörden den Verkauf abzusegnen.

Im Rückblick auf Gespräche, die der seinerzeitige Ministerpräsident Stoiber im August 2007 mit der kroatischen Regierung geführt hatte, soll er den ermittelnden Staatsanwälten erklärt haben, dass er »sauer« auf Kroatien gewesen sei, nachdem er sich zuvor für die Aufnahme des Landes in die EU eingesetzt habe. Als bayerischer Ministerpräsident stelle man sich »automatisch« vor eine bayerische Institution. Und er habe »grundsätzlich« für jedes bayerische Unternehmen getan, was er tun konnte. Bei diesem Stand der Einlassungen waren noch viele Fragen offen.[80]

Stoiber hat in seiner Vernehmung vor dem Untersuchungsausschuss des Bayerischen Landtages am 13. Oktober 2010 auch nicht alles klären können. Der Kern seiner Botschaft war, dass er für das Debakel nichts könne. Die Kritik, dass im Zusammenhang mit dem Erwerb der HGAA aus politischem Ehrgeiz Größenwahn geworden sei, empörte ihn. Dennoch bekundete Stoiber als Zeuge, dass er sich über die Entwicklung der Landesbank im Zusammenhang mit dem Kauf der HGAA geärgert habe. Gleichzeitig wies er wiederum jede Verantwortung von sich. Weder habe er die Idee gehabt, die HGAA zu kaufen, noch habe ihn irgendjemand davor gewarnt. Nie habe es eine rote Warnlampe gegeben. Und wenn dies der Fall gewesen wäre, hätte er selbstverständlich bei den Verwaltungsräten nachgefragt. Auch die Südosteuropa-Strategie der Landesbank hätte er nicht erfunden. Die Behauptung, er hätte die Bank politisch geführt, bezeichnete der Ministerpräsident a. D. als »absoluten Unsinn«.

Stoiber betonte in seiner Vernehmung, dass er am Anfang seiner Amtszeit die Entscheidung getroffen habe, sich aus Unternehmen mit staatlicher Beteiligung herauszuhalten. Er selbst habe in keinem Kontrollgremium gesessen und sich eher um die »großen Linien« gekümmert. Stoiber hat nach seinen Angaben auch keinerlei Druck ausgeübt, die HGAA oder eine andere Bank zu kaufen. Er hob hervor, dass der Kauf der HGAA keine politische Entscheidung gewesen sei. Mit Haider hätte er niemals politische Geschäfte gemacht, behauptete Stoiber. Gleichzeitig erklärte dieser Zeuge, dass er durch politische Gegnerschaft ein Geschäft nicht hätte torpedieren wollen, wenn andere das anders sahen.

In Sachen HGAA sei er nur einmal aktiv geworden, als die kroatische Nationalbank dem Verkauf der HGAA an die BayernLB nicht zustimmen wollte. Man habe ihn wegen seiner exzellenten Kontakte um Unterstützung gebeten. In Kroatien habe sein Anruf beim damaligen Premier Ivo Sanader nichts genutzt. Sanader habe auf die Selbständigkeit der Nationalbank hingewiesen und seine Machtlosigkeit erklärt. Die Sache sei für ihn (Stoiber) damit erledigt gewesen. Die Banken hätten selbst einen Kompromiss gefunden.

Während die politische Opposition glaubt, dass die Reise Stoibers nach Kroatien im August 2007 einschlägigen Verhandlungen gedient hätte, deklarierte der ehemalige Amtsträger diese als »Abschiedsbesuch«.[81]

Der damalige Gesprächspartner Sanader, der im Sommer 2009 plötzlich und ohne Angabe von Gründen zurückgetreten war, musste übrigens am 12. Oktober 2010 ebenfalls vor einem Untersuchungsausschuss Rede und Antwort stehen. Seine Nachfolgerin an der Spitze der Regierung und der konservativen Partei HDZ, Jadranka Kosor, distanzierte sich sofort von ihrem Vorgänger und erwirkte dessen Parteiausschluss, als er nach dem Wahlsieg des sozialdemokratischen Präsidentschaftskandidaten Ivo Josipović im Januar 2010 die Parteiführung offen kritisierte. Der frühere Präsident Kroatiens, Stjepan Mesić, mehrere Oppositionspolitiker und Kommentatoren haben Sanader als das »heimliche Haupt einer korrupten parallelen Machtstruktur«[82] bezeichnet. Josipović begrüßte es, dass endlich gegen die »Großkorruption« ermittelt werde, und zeigte sich zugleich bestürzt über deren Ausmaß. Bisher habe der politische Wille gefehlt, gegen die Korruption vorzugehen. Wie das beispielsweise in Rumänien der Fall war, scheint auch in Kroatien im Vorfeld des EU-Beitritts die Bereitschaft zum Kampf gegen politische Korruption zu steigen. Es bleibt aber abzuwarten, ob und gegebenenfalls wie lange diese Haltung den Beitritt überdauern wird.

Immerhin scheint es in den ersten Tagen des Dezember 2010 zu ersten Konsequenzen gekommen zu sein. Ivo Sanader verließ am 9. Dezember 2010 Kroatien, nachdem die Staatsanwaltschaft die Aufhebung seiner Immunität verlangt hatte. Dieser Forderung kam die kroatische Volksvertretung sehr rasch nach. Sanader reiste zunächst nach Innsbruck, wo er schon vor zwanzig Jahren einmal gelebt hatte. Er wollte möglicherweise über München in die USA flüchten. Dies ist ihm nicht gelungen, weil die kroatische Polizei die Ausstellung eines internationalen Haftbefehls erwirkt hatte und die US-Behörden sein Visum annullierten. Die Verhaftung des ehemaligen Regierungschefs erfolgte am 10. Dezember 2010 an einer Autobahn-Mautstelle in der Nähe von Salzburg durch die österreichische Polizei.

Der Staatspräsident Kroatiens zeigte sich über die Festnahme erfreut und kündigte an, dass die »brutale« Korruption nun verschwinden werde. Sanader wird unter anderem vorgeworfen, über ein PR-Unternehmen circa vier Millionen Euro aus Staatsfirmen abgezweigt zu haben. Der frühere Chef der Zollverwaltung und HDZ-Schatzmeister Mladen Barišić, der selbst in Untersuchungshaft sitzt, hatte kurze Zeit zuvor behauptet, dass er das Geld dem vormaligen Ministerpräsidenten in bar übergeben habe. Sanader war schon geraume Zeit zuvor trotz seiner Verdienste im Zusammenhang mit der Vorbereitung des Beitritts seines Landes zur EU von der Bevölkerung für die grassierende Korruption verantwortlich gemacht worden. Auf Druck der EU hat seine Nachfolgerin dieser Korruption nicht nur den Kampf angesagt. Im zweiten Halbjahr 2010 sind auch tatsächlich mehrere Politiker und Manager von Staatsfirmen verhaftet worden. Die kroatische Justiz sieht in Sanader und seinem Clan sogar den »Kopf der Korruptionskrake«.[83]

Diese Qualifizierung kontrastiert mit Einschätzungen, die vor nicht allzu langer Zeit öffentlich verbreitet wurden. Danach war Sanader ein fähiger und tüchtiger Politiker – kein Mann der großen Worte, aber einer der klaren Sprache, kein Ideologe, aber ein Mann mit einem Kompass, der keinem Streit ausweicht, der aber auch keine taktische Allianz scheut. Nun ja. Eine Charakteristik ist vielleicht nach wie vor auch im Hinblick auf die erhobenen Korruptionsvorwürfe gültig: »Das eine sagen und das andere tun – nur wenige beherrschen diese Kunst so gut wie Sanader.«[84]

Zurück in den Freistaat. In Bayern schien man kurz nach der Einlassung von Stoiber die Schuldigen für das Katastrophengeschäft gefunden zu haben. Sein Amtsnachfolger Horst Seehofer und dessen Finanzminister Georg Fahrenschon haben erklärt, dass sich der ehemalige Vorstand der BayernLB für den Fehlkauf verantworten müsse. Der Verwaltungsrat sollte zivil- wie auch dienstvertragliche Maßnahmen einleiten. Der frühere Vorstand um Werner Schmidt soll mit Schadenersatzklagen zur Verantwortung gezogen werden. Dagegen gab es über den früheren Verwaltungsrat, in dem eine ganze Reihe von Parteifreunden des derzeitigen Finanzministers Fahrenschon wirkten, nur äußerst zurückhaltende Äußerungen. Immerhin ist nicht auszuschließen, dass der amtierende Vorstand gegen die früheren Verwaltungsräte – darunter die Parteigenossen Günther Beckstein, Kurt Faltlhauser, der Fraktionschef der CSU im Bayerischen Landtag, und der Regensburger Oberbürgermeister Georg Schmid – Ansprüche geltend macht, die allerdings schon Ende 2010 verjährt sein könnten.

Es ist kaum verwunderlich, dass vor diesem Hintergrund ein Aufmarsch der Gutachter stattgefunden hat. Eine Anwaltskanzlei ist zu dem Ergebnis gekommen, dass der ehemalige Vorstand der BayernLB haftbar zu machen ist. Dagegen ist dieselbe Kanzlei der Auffassung, dass weder der Vorstand noch der Verwaltungsrat an den Verlusten schuld war, die durch Spekulationen auf dem amerikanischen Hypothekenmarkt entstanden sind und die der bayerische Steuerzahler mit zehn Milliarden Euro ausgleichen durfte. Im Auftrag der BayernLB kamen die Anwälte zu dem bemerkenswerten Schluss, dass die Finanzkrise nicht vorhersehbar gewesen sei.

Eine weitere Anwaltskanzlei, die vom Bayerischen Landtag beauftragt worden war, fand hingegen, dass der Vorstand der BayernLB seine Kompetenzen überschritten, den Verwaltungsrat schlecht informiert und seine unternehmerische Sorgfaltspflicht in grob fahrlässiger Weise schuldhaft verletzt hatte. Es gebe aber auch deutliche Anhaltspunkte für ein grob fahrlässiges Verhalten der Verwaltungsräte. Insgesamt hatten die Rechtsvertreter zu diesen Fragen (vorerst) über 2100 Seiten beschriftet![85]

Dabei ist der Kern der Problematik relativ einfach zu beschreiben. Die BayernLB ist 2007 mit viel Geld des deutschen Steuerzahlers in eine Kärntner Bank eingestiegen, die ihre Bilanz gefälscht hatte, serienweise fragwürdigste Geschäfte auf dem Balkan abwickelte und im Verdacht der Geldwäsche stand. Wenn knapp drei Jahre später eine Bank, deren Tätigkeit einem öffentlichen Zweck dienen soll, dieses Engagement mit einem Verlust von mindestens 3,7 Milliarden Euro beendet, ist doch nur eine Frage zu klären: Zahlt am Ende wieder einmal der Steuerbürger, oder haftet jemand für möglicherweise kriminellen und gemeinschädlichen Größenwahn?

Einschlägig geübte Journalisten kommen zu einem klaren Urteil. Bei der BayernLB hätten die Verwaltungsräte dem Vorstand »arg« vertraut. Vor allem die in das Gremium entsandten Minister hätten wenig Zeit und Sachkunde. Sie hielten Risiken für beherrschbar, die sie gar nicht kannten, und hakten bei Details nicht ausreichend nach. Dahinter stehe vermutlich kein Vorsatz. Aber es rieche nach Fahrlässigkeit. Prüfungsbedürftig sei, ob diese grob oder fein war. Als Frage aller Fragen gilt: Warum überhaupt wirken Politiker an der Expansion einer Landesbank auf dem Balkan mit? War nicht diese Strategie alleine schon pflichtwidrig?[86]

Wie auch immer: Bei der Lektüre der auf über 2000 Seiten verteilten, vermutlich gelegentlich klugen Bemerkungen der Rechtsanwälte werden hoffentlich manche Einlassungen des ehemaligen Vorstandschefs Werner Schmidt nicht in Vergessenheit geraten, der sich in diversen Vernehmungen bei der Staatsanwaltschaft München als Getriebener dargestellt hat. Der von der CSU dominierte Verwaltungsrat soll ihn erheblich unter Druck gesetzt haben, damit die BayernLB expandiert. Allerdings war ein Versuch der Übernahme der österreichischen BAWAG-Bank Ende 2006 bekanntlich fehlgeschlagen. Wie an anderer Stelle auch angedeutet, soll der damalige bayerische Finanzminister vorgegeben haben, dass es danach kein weiteres Scheitern geben dürfe. Schmidt stand zudem unter Zeitdruck. Niemand sollte von den Kaufabsichten erfahren, damit der Preis nicht nach oben getrieben werden konnte. Das Land Kärnten hatte mit einer »Alles-oder-nichts-Einstellung« verhandelt. Die Bayern sollten die HGAA nehmen oder nicht. Ausstiegsklauseln oder Preisabschläge waren vertraglich nicht vorgesehen. Aus allem zog eine der engagierten Anwaltsfirmen immerhin den Schluss, dass man die HGAA seinerzeit überhaupt nicht hätte kaufen dürfen.[87]

Im Herbst 2010 wurde ein neues Kapitel in der Krisenbewältigung aufgeschlagen. Der Verwaltungsrat der BayernLB beschloss unter Vorsitz des bayerischen Finanzministers Georg Fahrenschon am 25. Oktober 2010, sämtliche acht früheren Vorstände auf Schadenersatz zu verklagen, falls sie nicht freiwillig zahlen und sich nicht bereiterklären würden, auf die Geltendmachung der Verjährung zu verzichten, die sonst Ende 2010 einträte. Ein derartige (Verzichts-)Erklärung wurde dann auch abgegeben. Außerdem wurde Stefan Ropers, der letzte Verantwortliche aus dieser Zeit, mit sofortiger Wirkung suspendiert.

Der Großteil der Ansprüche wird gegen den damaligen Vorstandsvorsitzenden Werner Schmidt gerichtet. Er gilt nach dem Haftungsgutachten der Kanzlei Hengeler Mueller als der Hauptschuldige an dem Desaster. Eine »tragende Rolle« billigen die Gutachter auch dem damaligen Finanzvorstand und späteren Schmidt-Nachfolger, Michael Kemmer, zu sowie dem früheren Risikovorstand Gerhard Gribkowsky, die beide Mitglieder eines Lenkungsausschusses beim Kauf der HGAA waren. Dieser Umstand hat zunächst nichts daran geändert, dass Kemmer auch nach der Übernahme seiner neuen Aufgabe als Hauptgeschäftsführer des Bundesverbandes deutscher Banken (BdB) als unumstritten galt und keinerlei Zweifel an den Fähigkeiten dieses Managers geäußert wurden, den man sogar als den »idealen Mann für den Job« bezeichnete.[88]

Anders als bei den Exvorständen sieht das Gutachten der Kanzlei Hengeler Mueller keinen Anlass, gegen frühere Verwaltungsratsmitglieder, darunter der frühere Finanzminister Erwin Huber und der ehemalige bayerische Ministerpräsident Günther Beckstein, Schadenersatzforderungen zu erheben, obwohl sie mit ihrer im voraus erteilten Erlaubnis zum Erwerb der HGAA »pflichtwidrig« gehandelt hätten.

Beckstein selbst räumte vor dem Untersuchungsausschuss des Bayerischen Landtags immerhin eine »politische« Mitverantwortung ein und erklärte, dass ihn dies belaste, er aber diese Verantwortung trage. Es bleibt abzuwarten, ob diese in der Politik verbreitete und bewährte Form autonomer Selbstexkulpation auch diesmal wie üblich folgenlos bleibt. Immerhin bezeichnete dieser ehemalige aufsichtführende Amtsträger den Kauf der HGAA als »teuren Fehler«. Im selben Atemzug beteuerte er, seine Aufgaben als Verwaltungsrat erfüllt zu haben. Aus seiner Sicht hat er die notwendige Sorgfalt eindeutig eingehalten. Das will er von 1998 an getan haben, zunächst als Staatssekretär im Innenministerium und später als Innenminister.

Der Opposition im Untersuchungsausschuss warf Beckstein vor, dass es ihr nicht um Aufklärung, sondern um »politische Diffamierung und persönliche Vernichtung« ginge. Trotz seiner behaupteten jahrelangen Pflichterfüllung habe er wegen der Milliardenverluste der BayernLB aber »schlaflose Nächte« gehabt, wie er die Öffentlichkeit während einer Podiumsdiskussion Ende Oktober 2010 wissen ließ. Ungeachtet einer Presserklärung des Vize-vorsitzenden des Untersuchungsausschusses, Harald Güller, zum Rea-litätsverlust Becksteins, betonte dieser in seiner Vernehmung, dass es keine Bedenken der Rechts- und Fachaufsicht gegen den Kauf der HGAA ge-geben habe. Er behauptete, dass er sich mit den »Spezialisten« in seinem Ministerium beraten und danach seine Zustimmung erteilt hätte. Nach seiner Auffassung würde kein Gericht in Deutschland bei einem solchen Verhalten eine grobe Fahrlässigkeit erkennen.

Ein Parteifreund, der Fraktionschef der CSU im Bayerischen Landtag, Georg Schmid, fühlte sich ebenfalls zu Unrecht verdächtigt. Schmid war von 2003 bis 2007 als seinerzeitiger Staatssekretär ebenfalls im Aufsichts-gremium der BayernLB. Er verteidigte den Kauf der HGAA und erinnerte sich an eine »euphorische Stimmung«, in der deutlich geworden sei, dass die Vorteile die Nachteile des Kaufs überwogen. Allerdings hatten sich in einer ersten Risikoprüfung zwei Dutzend (!) kritische Punkte ergeben. Trotzdem hatte der Verwaltungsrat den Vorstand zum Kauf der HGAA er-mächtigt. Nach Angaben von Schmid sei klar gewesen, dass es ohne die Klärung dieser Punkte keinen Abschluss geben würde. Diese Behauptung hat allerdings keinen schriftlichen Niederschlag gefunden. Und bis zu der Einlassung von Schmid hatte auch kein ehemaliger Verwaltungsrat aus-gesagt, dass er nochmals nachgehakt habe. Stattdessen hat man sich offen-sichtlich voll auf den Vorstand verlassen.

Für diesen Vorstand fand der langjährige Wirtschaftsstaatssekretär Hans Spitzner jedoch wenig lobende Worte. Er habe im Verwaltungsrat erst im März 2007 zum ersten Mal von dem beabsichtigten Kauf der HGAA gehört. Später habe sich herausgestellt, dass der Vorstand bereits ent-sprechende Gespräche geführt hatte. Spitzner behauptete, seinen damali-gen Chef, den Minister Erwin Huber, auf die Risiken aufmerksam gemacht zu haben. Spitzner will auch im Gegensatz zu anderen Verwaltungsrats-mitgliedern von Anfang an gewusst haben, dass die HGAA eine überaus aggressive Expansionspolitik betrieben und dabei auch schon einige Pro-jekte in den Sand gesetzt habe.[89]

Der Auftritt von CSU-Fraktionschef Georg Schmid hat nach dem Ein-druck von Beobachtern des Untersuchungsausschussverfahrens gezeigt, in welch eine schwierige Situation er seine eigene Truppe geführt hat. Es handelt sich bei Schmid um den letzten noch im Amt verbliebenen CSU-Politiker, der den Fehlkauf der HGAA mit abgenickt hat. Solange Schmid eine herausgehobene Verantwortung in dieser Fraktion hat, dürfte eine vorbehaltlose Aufklärung der Vorgänge kaum stattfinden. Der CSU-Parteichef Horst Seehofer habe gar schon davor gewarnt, dass die »Landesbank-Affäre« in seiner Amtszeit zu einer »Kernschmelze« führen könnte. Dazu wird es in der Tat kommen müssen, wenn sich der Eindruck verfestigen sollte, dass die CSU zwar kompromisslos gegen die Vorstände der BayernLB vorgeht, die ehemaligen Verwaltungsräte aber ungeschoren lässt, weil die Parteifreunde ja »durch die Bank« ahnungslos waren.[90]

Die politische Opposition im Bayerischen Landtag unterstellte dem bayerischen Exfinanzminister Faltlhauser unterdessen »Spezln-Wirtschaft«. Bemerkenswert ist in diesem Zusammenhang jedenfalls, dass die CSU-Politiker und Sparkassenfunktionäre im Verwaltungsrat sich beim Erwerb der stark auf dem Balkan engagierten HGAA nicht einmal nach den Kernpunkten des vom damaligen Vorstand ausgehandelten und abgeschlossenen Vertrages erkundigten, obwohl das zu ihren Aufgaben als Kontrolleure gehört hätte. In der Phase der Vorbereitung der Expansion nach Österreich soll eine merkwürdige Stimmung geherrscht haben. Der alte Bankvorstand habe seinen Mitarbeitern und Beratern das Gefühl vermittelt, es seien keine Hinweise erwünscht, an denen das Geschäft scheitern könne.

Die Verantwortlichkeit der ehemaligen Verwaltungsräte ist auch aus einem anderen Grund in den Fokus geraten. Der neue Verwaltungsrat musste sich mit einem vom Bayerischen Landtag an die Kanzlei Flick Gocke Schaumburg (FGS) in Auftrag gegebenen Gutachten beschäftigen, das zu dem Ergebnis kam, dass sich die Exverwaltungsräte im Rahmen von Finanzgeschäften in den USA haftbar gemacht haben. Dadurch waren circa zehn Milliarden Euro Verluste eingefahren worden.[91]

Vor diesem Hintergrund war für einen Beobachter früh klargeworden, dass der Vorstand der BayernLB ungeheuer viel Geld verbrannt hat und die Verwaltungsräte, also Politiker, die zur Kontrolle und Aufsicht des Vorstandes bestellt waren, nicht eingriffen. Mit der volkstümlichen Etikettierung als »Sauerei« oder »Brandstiftung« ist nicht viel gewonnen. Eine »Sauerei« ist keine Straftat, und die virtuelle Verbrennung von Geld gilt auch nicht als Verbrechen. Und eine Bestrafung wegen Untreue hängt unter anderem von der Beweisbarkeit der subjektiven Tatseite (Schädigungsvorsatz) ab. Sollte sich die Verantwortung der Verantwortlichen mit der Größe des Schadens verkrümeln, wäre das in der Tat nicht nur ein Skandal, sondern ein Fehler des Systems »Rechtsstaat«. Im zivilrechtlichen Regress wird daher das richtige Verfahren gesehen, weil dort die grobe Pflichtverletzung leichter nachweisbar sei als der Schädigungsvorsatz im Strafrecht. Die Haftung mit dem Privatvermögen dürfte auch im Hinblick auf eine Reparatur des lädierten Vertrauens der Bürger in Staat und Wirtschaft eine andere Signalwirkung haben als eine vergleichsweise lächerlich geringe Strafe. Es kann freilich nicht dabei bleiben, dass alle Schuld auf die Vorstände gehäuft wird, um so die Minister zu entlasten, die im Verwaltungsrat saßen.[92]

Die CSU kann ihre Exeliten nicht mit dem Argument schützen: »Die haben doch nichts gemacht.« Das ist doch der Punkt: Sie hätten etwas machen müssen und hätten die größenwahnsinnigen Geschäfte nicht einfach laufen lassen dürfen.[93]

Aus dem 1300 Seiten umfassenden FGS-Gutachten geht hervor, dass der ehemalige Verwaltungsrat trotz fehlender Sachkunde über Jahre hinweg in 62 Fällen »ohne Wortmeldungen« und »ohne Gegenstimmen« den Ankauf von ABS-Papieren und ähnlichen Finanzanlagen in Höhe von vielen Milliarden Euro genehmigte. Nach Beginn der Krise im US-Immobilienmarkt hätten sich die damaligen »Kontrolleure« im Jahre 2007 zu spät über die Folgen für die Landesbank informiert und daher ihre Überwachungspflicht verletzt. Manches klingt wie eine Realsatire: Die Gutachter räumen ein, dass die Stellung als Verwaltungsrat zwar nicht zur Lektüre einer bestimmten Zeitung verpflichtet. Zu den Mindestanforderungen an solche Kontrolleure dürfte es aber gehören, »irgendeine Quelle für Wirtschaftsnachrichten« zu nutzen. Der Verwaltungsrat hätte also nachforschen müssen, ob und gegebenenfalls inwieweit die Landesbank betroffen sei. Genau das hatten diese Amtswalter eben nicht getan. Der damals amtierende Finanzminister Kurt Faltlhauser habe sich übrigens in die Technik und Funktionsweise der ABS-Papiere im Detail erst im Sommer 2007 – nach Eintritt der Krise – eingearbeitet.[94]

Doch zunächst wieder zurück nach Österreich: Sollten sich die Vorwürfe gegen Kulterer und weitere ehemalige Manager des Kärntner Instituts bewahrheiten, dann hätten die BayernLB und der dazugehörende Freistaat einige Chancen auf Schadenersatz, weil Risiken und Altlasten vertuscht worden wären. Man hätte beim Kauf der HGAA also betrogen. Es geht in zwölf Strafanzeigen gegen Kulterer immerhin um den Verdacht, dass die HGAA 2005 und 2006 vor dem Verkauf an die BayernLB ihre Bilanzen gefälscht hat. Es sei mehr Eigenkapital ausgewiesen worden, als die Bank tatsächlich gehabt habe, und bei Krediten, bei denen Ausfall gedroht habe, seien die erforderlichen Korrekturen zu niedrig angesetzt worden.[95] Kulterer hatte dagegen noch im Mai 2010 vor einem parlamentarischen Untersuchungsausschuss in Klagenfurt beteuert, er habe die HGAA in einem guten Zustand hinterlassen. Wegen dieser Behauptung ermitteln österreichische Staatsanwälte gegen ihn auch wegen Falschaussage. Bis zur Mitte des Jahres 2010 hatte die Republik Österreich übrigens weit mehr als eine Milliarde Euro aufwenden müssen, um einen Bankrott der HGAA und ein dadurch drohendes wirtschaftliches Debakel auch auf dem Balkan abzuwenden.

Im Oktober 2010 tauchte in Österreich eines von insgesamt 13 notariell verwahrten Dokumenten auf, das nach ersten Pressebewertungen der Affäre um den Kauf der HGAA eine dramatische Wende geben könnte. Die übrigen zwölf bisher geheimgehaltenen Dokumente waren bislang nicht auffindbar. Danach hat es den Anschein, dass mit Vorzugsaktien vermögender Österreicher (unter anderem der mehrfach erwähnten Investorengruppe um Tilo Berlin) das Eigenkapital der HGAA »aufgehübscht« wurde. Deren Inhabern wurden sechs Prozent Dividende und ein Rückgaberecht zugestanden. Es wurde deshalb vermutet, dass der Freistaat Bayern möglicherweise einen Anspruch auf Erstattung eines großen Teils der Verluste in Höhe von mindestens 3,7 Milliarden Euro hat. Die Anteilsscheine einer HGAA-Tochter konnten jederzeit oder in bestimmten Zeiträumen zu einem vorher garantierten Preis an die Bank zurückgegeben werden. Für diese handelte es sich um ein sicheres und lohnendes Geschäft. Sie hatte im Sommer 2006 ihr gefährlich geschrumpftes Eigenkapital um mehr als 90 Millionen Euro erhöht, obwohl sie über das Kapital, das damals noch gar nicht voll einbezahlt war, nur befristet verfügen konnte. Das Eigenkapital der HGAA soll zum Zeitpunkt des Erwerbs durch die BayernLB künstlich aufgebläht gewesen sein. Tatsächlich dürfte die HGAA, deren Aktienmehrheit bekanntlich für 1,6 Milliarden Euro den Eigentümer wechselte, weniger wert gewesen sein.

Bei den zitierten Dokumenten soll es sich indes um einen Zufallsfund handeln.[96] Sie könnten den Verdacht einer Bilanzfälschung begründen. In diesem Zusammenhang ist die Versicherung vom 22. Mai 2007, die HGAA habe alles auf den Tisch gelegt, möglicherweise ein entscheidendes Dokument, weil sie offenbar falsch war. Zwar begannen mittlerweile Bemühungen, von mehreren ehemaligen Vorständen der HGAA Schadenersatz zu bekommen. Das Land Kärnten erklärte aber zunächst, dass es keine Zahlungen leisten wolle, weil der BayernLB viele Risiken bekannt gewesen seien.[97]

Eigentlich wollten die österreichischen Oppositionsparteien (FPÖ, Bündnis Zukunft Österreich/BZÖ und Grüne) ebenfalls einen Untersuchungsausschuss zur Aufklärung der Vorgänge um den Erwerb der HGAA durch die BayernLB einrichten. Doch die drei Parteien konnten sich nicht auf einen Untersuchungsauftrag einigen, was auch mit der Person des Jörg Haider zu tun haben soll. Den Regierungsparteien (SPÖ und Österreichische Volkspartei/ÖVP) war es so möglich, die einzeln gestellten Anträge der Oppositionsparteien abzulehnen, mit der Begründung, dass die Aufklärung Sache der Justiz sei. Dem Vorwurf, das gehe zu langsam, weil Staatsanwaltschaften und Gerichte zu wenig Personal hätten, traten der Bundeskanzler, Werner Faymann, und der Finanzminister, Josef Pröll, mit dem Hinweis entgegen, dass sie trotz ihres strengen Sparkurses zusätzlich 28 Millionen Euro für weitere 190 Planstellen bereitstellten, um in der Bekämpfung von Korruption und Wirtschaftskriminalität einen Schwerpunkt zu setzen.

Dafür hat der Untersuchungsausschuss in Kärnten Gelegenheit zu studieren, wie die Politik grenzüberschreitend beim Verkauf der HGAA an die Bayern und deren höchst umstrittenen Kroatiengeschäften mitgemischt hat.[98] Im Sommer 2010 hat sich der Nationalbankgouverneur der Republik Kroatien, Željko Rohatinski, doch noch bereit erklärt, vor diesem Ausschuss auszusagen, wenn auch nicht persönlich, sondern durch Beantworten eines umfassenden schriftlichen Fragenkatalogs.

In der Öffentlichkeit gilt es inzwischen als unstrittig, dass die Vorgänge bei der HGAA ein Fall für die Strafverfolgungsbehörden sind. Allerdings habe das, was man zutage fördere, immer auch mit Politik zu tun, mit Haider und dessem »politischen Ziehsohn«, dem ehemaligen Finanzminister Karl-Heinz Grasser. Ein ehemaliger Manager der HGAA, Christian

Rauscher, hat von »Interventionen« der Bank bei Finanzminister Grasser berichtet, die »gefruchtet« hätten. Haider selbst, von 1999 bis 2008 zum zweiten Mal Regierungschef in Kärnten, hatte die Expansion der HGAA auf dem Balkan nicht nur tatkräftig gefördert, sondern auch mit einer Landeshaftung in zweistelliger Milliardenhöhe gedeckt.[99] Die HGAA geriet so quasi zur Hausbank, welche die »Brot-und-Spiele-Politik« der Landesregierung im österreichischen Bundesland Kärnten großzügig finanzierte, darunter manche Pleiteunternehmung des Landes. Die österreichische Bundesregierung griff erst ein, als die Verluste der HGAA und damit auch der BayernLB so hoch wurden, dass das Bundesland Kärnten in Gefahr kam, dafür auch tatsächlich haften zu müssen. Dazu wäre es allerdings nicht in der Lage gewesen, weil es selbst hoch verschuldet ist. So schritt Wien, auch gedrängt von der EU, die nach einem Konkurs einen Dominoeffekt fürchtete, zur »Notverstaatlichung«.[100]

Unterdessen wird die Palette der zu untersuchenden Vorgänge immer breiter und dubioser. Der ehemalige Bankchef Kulterer soll großzügig Kredite ohne ausreichende Besicherung vergeben und damit der HGAA hohen Schaden zugefügt haben. Bisweilen soll er auf direkte Weisung Haiders gehandelt haben. Es wurden auch angeblich millionenschwere Geschäfte mit dem ehemaligen kroatischen General Vladimir Zagorec getätigt, der Anfang 2009 in seiner Heimat zu neun Jahren Haft verurteilt worden war, weil er während des Krieges gegen Serbien in den 1990er Jahren bei Waffenkäufen riesige Summen veruntreut hatte. Über Tochterfirmen der HGAA sollen zudem Gelder des serbischen »Kokainkönigs« Darko Šarić gewaschen worden sein. Geschäftspartner der HGAA war auch der Kriegsverbrecher Branimir Glavas, dem sie eine Wohnung für 280 000 Euro abgekauft hatte, die Glavas zuvor für einen Bruchteil dieser Summe vom kroatischen Staat erworben hatte. Glavas soll mehrfach mit einem Privatflugzeug der HGAA nach Klagenfurt eingeflogen worden sein und auch Haider besucht haben. Der ehemalige Berater von Franjo Tudjman, Ivić Pašalić, soll über die HGAA einen Kredit über 30 Millionen Euro für ein Einkaufszentrum erhalten haben, obwohl dieser noch niemals in diesem Geschäftsbereich tätig war. Ermittelt wird auch wegen weiterer, vorerst noch im dunkeln liegender Kredit- und Immobiliengeschäfte in Serbien, Kroatien und Montenegro.

Die HGAA hat noch andere aktuelle Sorgen. Für das erste Halbjahr 2010 hat das Institut einen Nettoverlust von 499 Millionen Euro bilanziert. Die Bilanzvorsorgen für faule Kredite sind weiter gestiegen. Gleichwohl kündigte der Vorstand Ende August 2010 an, dass er bei seinem Ziel bleibe, im Jahr 2011 ausgeglichen abzuschließen. Immerhin wurden im Sommer 2010 umfangreiche Schadenersatzklagen gegen frühere Manager der HGAA vorbereitet, die sich auf eine dreistellige Millionensumme belaufen sollen. Tatsache bleibt zunächst, dass die Problemkredite (»Non Performing Loans/NPL« = notleidende Kredite, bei denen die Rückzahlungen ausbleiben) von Ende 2009 von 6,9 Milliarden Euro bis August 2010 auf 8,3 Milliarden Euro gestiegen waren. Damit war schon seinerzeit ein Fünftel aller Darlehen von 40 Milliarden Euro ausfallgefährdet. Das war und ist in der österreichischen Finanzbranche ein Negativrekord. Normalerweise liegt der Anteil der Problemkredite am gesamten Kreditvolumen bei fünf Prozent. Neben diesem Betrag standen noch weitere vier Milliarden Euro auf der »Beobachtungsliste«, weil es zu jener Zeit schon Anzeichen für eine Verschlechterung der Schuldner gab.

Dessen ungeachtet hat der Vorstandsvorsitzende der HGAA, Gottwald Kranebitter, angegeben, dass die Bank ab 2012 nachhaltige Gewinne plane. In drei bis fünf Jahren solle das Institut so »herausgeputzt« sein, dass für den Staat ein Verkauf möglich ist, vorausgesetzt, dass kein neuerlicher Konjunktureinbruch stattfindet.[101] Er erinnerte daran, dass die Geschäfte der Bank zwischen 1997 bis 2009 jährlich um durchschnittlich 20 bis 35 Prozent gewachsen sind. Falls die Organisation nicht adäquat mitwächst, gehe man unbeherrschbare Risiken ein. Mit Hilfe eines Amnestieprogramms für Mitarbeiter wolle man 2011 sagen können, dass die Vergangenheit nicht mehr belastet und die HGAA eine »saubere« Bank sei. Man wolle nicht die kleinen Sachbearbeiter verfolgen, die unter Anweisung eine Unterschrift geleistet haben, sondern die, die wirklich Untreue begangen haben.[102]

Kranebitter, sollte er entsprechend lange im Amt bleiben, dürfte noch eine ganze Weile mit »Putzen« beschäftigt sein, weil die HGAA möglicherweise eine endlose Geschichte wird.[103]

Anfang September 2010 ist zum Beispiel ein besonderer weiterer Coup thematisiert worden. Die »Mitarbeiterstiftung« der HGAA hatte in wenigen Jahren Millionenbeträge gescheffelt. Das Prinzip hieß: »Kräftig absahnen ohne Risiko«. Und falls doch etwas schiefgehen sollte, hätten die Steuerzahler Kärntens die Rechnung übernommen. Grundlage für die Beteiligung der 2005 gegründeten Mitarbeiterstiftung an der HGAA war nämlich ein Kredit der Kärntner Landesholding. Insgesamt war die Stiftung im Rahmen einer Kapitalerhöhung mit fünf Prozent eingestiegen. Von den nötigen 90 Millionen Euro kamen 75 Millionen als Darlehen von der Landesholding. Diese wiederum hatte das Geld aus dem Erlös einer 500 Millionen schweren Anleihe, die die Basis für den »Zukunftsfonds« des Landes Kärnten legen sollte. Das erste – inoffizielle – Zukunftsprojekt bestand also darin, den Mitarbeitern der HGAA ein erkleckliches Zusatzvermögen zu verschaffen. Dank des gelungenen Verkaufs der HGAA konnte die Stiftung Ende 2007 ihre Schulden zurückzahlen. Wäre dieser Deal nicht zustandegekommen, hätte man ein böses Erwachen nicht ausschließen können. Als Besicherung für das Darlehen hatte die Stiftung nämlich vier Prozent der HGAA-Aktien zur Verfügung gestellt. Bei einem Scheitern der Partnersuche für die phasenweise unterkapitalisierte Bank wären die verpfändeten Anteile nicht mehr sehr viel wert gewesen.

Aus der Sicht des Landesrechnungshofs von Kärnten ging es bei dem Kredit im übrigen auch weniger um ein Geschäft, also um den Veranlagungsaspekt, sondern um die gezielte Finanzierung der Mitarbeiterbeteiligung. Die Stiftung hatte natürlich eine wichtige landespolitische Bedeutung. Kärnten wollte offensichtlich durch den Verkauf eigener HGAA-Anteile Kasse machen, aber nicht allen Einfluss in der Bank aufgeben. Durch die Stiftung sicherte man sich ein Vetorecht bei strategischen Entscheidungen, da diese mittels einer »Goldenen Aktie« ein garantiertes Mitspracherecht hatte. Bei der Notverstaatlichung der HGAA Ende 2009 musste die Stiftung allerdings nicht nur ihre verbliebenen HGAA-Aktien für einen Euro an den Bund abtreten, sondern sie verlor auch die »Goldene Aktie«.

Dessen ungeachtet konnte der damalige Regierungschef Kärntens, Jörg Haider, im Jahr 2007 noch behaupten, die Mitarbeiter seien »das Ass im Ärmel«.[104] Die Stiftung hatte nämlich unterstrichen, dass man nur mit der BayernLB ins Geschäft habe kommen wollen, andere Interessenten also unbedeutend (gewesen) seien. Auffallend war übrigens der sehr breit formulierte Stiftungszweck. Als potentielle Empfänger von Zuwendungen galten nämlich nicht nur Mitarbeiter der HGAA, sondern auch der HGAA besonders verbundene natürliche und juristische Personen. Der Stiftungsvorstand Werner Müller hat jedoch öffentlich betont, dass es keine Ausschüttungen an Politiker oder sonstige Personen außerhalb des Kreises von

HGAA-Arbeitnehmern gegeben habe. Er ließ offen, ob jemals Mitarbeiter selbst Beiträge an die Stiftung geleistet haben. Das bestehende Stiftungsvermögen sei ausschließlich für soziale Härtefälle reserviert. Die HGAA-Führung bestritt, dass dieses als Sanierungsbeitrag verwendet wird. Dennoch wird im Falle eines Widerrufs der Stiftung deren Vermögen an die HGAA übertragen.[105]

Die Verhältnisse sind aber auch insgesamt nicht so ohne weiteres zu durchschauen, wie neuere Berichte über einen von Bayern veranlassten massiven Geldabzug von der HGAA kurz vor deren Notverstaatlichung zeigen.[106] Die Bayern konnten damit angeblich einen großen Teil ihres Investments retten. Sie hatten dem HGAA-Vorstand bereits am 24. November 2009 mitgeteilt, dass die Ausnutzung einer im Juni 2009 zugesagten 500 Millionen Euro hohen Kreditlinie nicht mehr zugelassen würde. Akute Liquiditätsprobleme der HGAA waren die Folge, und die Vorbereitungen zur Verstaatlichung begannen sogleich. Am 11. Dezember 2009, also drei Tage vor der Verstaatlichung, wurden zusätzlich Darlehen in Höhe von 650 Millionen Euro vorzeitig gekündigt. Zur Verrechnung hat man Guthaben der HGAA bei der BayernLB in Höhe von 600 Millionen Euro eingezogen. Insgesamt sollen die Bayern 6,8 Milliarden Euro in ihre Kärntner Tochter investiert haben, darunter vier Milliarden Euro als Kreditlinien und Querfinanzierungen, die im Falle eines Konkurses wohl verloren gewesen wären. Durch die vorzeitige Streichung der Kredite dürften die Bayern circa 1,1 Milliarden Euro gerettet haben.

Dafür brachten sie die HGAA aber auch noch näher an den Rand der Pleite. Im Kaufvertrag vom 14. Dezember 2009 einigte man sich darauf, dass die Republik Österreich die HGAA für einen Euro übernimmt und 450 Millionen Euro frisches Kapital einschießt. Bayern verzichtete auf Forderungen in Höhe von circa 825 Millionen Euro. Gleichzeitig wurden die Bayern veranlasst (manche sagen auch »genötigt«), die gekündigten Finanzierungen über 1,1 Milliarden Euro wieder zur Verfügung zu stellen und weitere bestehende Darlehen bis Ende 2013 aufrechtzuerhalten, ein überschaubares Risiko, da die HGAA ja nun verstaatlicht war. Österreich musste auf Gewährleistungsansprüche verzichten. Wäre es nicht zur Verstaatlichung gekommen, hätte sich das Land auf einen jahrelangen Verwertungsprozess einrichten und einen möglichen Schaden von circa zwölf Milliarden Euro einrichten müssen.[107]

Übrigens demonstrieren auch andere Ereignisse den Zustand der Alpenrepublik im allgemeinen und die Rolle der Banken im besonderen. Es geht um die österreichische Bankerin Sonja Kohn und ihre Medici Bank. Der Treuhänder Irving Picard hat Ende November 2010 nicht nur die Schweizer Großbank UBS auf zwei Milliarden US-Dollar wegen Betrugs im Zusammenhang mit der Madoff-Affäre verklagt. Entsprechende Vorwürfe hat die Bank selbstverständlich auch zurückgewiesen.[108] Auch von der Bankerin Kohn und anderen fordert Picard umgerechnet 15 Milliarden Euro. Zu den Beklagten gehören neben sechs Familienmitgliedern Kohns auch der frühere Chef der Bank Austria, Gerhard Randa, und der Exchef der Mailänder Unicredit-Bank Alessandro Profumo.

Nach dem Empfinden von Irving Picard hatte Bernard Madoff in Sonja Kohn eine »verbrecherische Seelenverwandte gefunden, deren Gier und unehrlicher Einfallsreichtum eigenen einschlägigen Qualitäten entsprachen«.[109] Sie hatte die Bank Medici (nicht verwandt oder verschwägert mit der italienischen Familiendynastie gleichen Namens!) 1984 in Wien gegründet. Seitdem soll sie vor allem vermögenden Privatkunden, aber auch der österreichischen Regierung als Beraterin zur Verfügung gestanden haben. Die österreichische Großbank Bank Austria war mit einem Anteil von 25 Prozent an der Medici Bank beteiligt, bis sie im Jahre 2000 von der Münchner Hypo-Vereinsbank übernommen wurde. Deswegen sind deren frühere Chefs Randa und Profumo auch von der Klage Picards betroffen.

Als der Betrug Madoffs aufflog, wurde 2008 auch bekannt, dass Kohn bereits seit 1985 eng mit Madoff zusammengearbeitet hatte. Gleichwohl behauptete sie sofort, von dessen Machenschaften nichts gewusst zu haben. Dem stehen Behauptungen des Treuhänders Picard entgegen, wonach Kohn mit Hilfe der anderen Beklagten eine Firma »Medici Enterprise« gegründet habe, um Madoff seinerzeit mit frischem Geld zu versorgen. Damit habe Kohn den wichtigsten Baustein für das Schneeballsystem von Madoff gelegt. Die Bank Austria soll dabei eine zentrale Rolle gespielt haben. Die Bank Medici sei faktisch deren Filiale gewesen. So habe Kohn ein »Siegel der Legitimität« erhalten, das sie in die Lage versetzt habe, hohe Summen an Madoffs Firma zu verschieben. Kohn sieht sich und die Bank Medici hingegen als Opfer und nicht als Täter. Die Bank Austria ist entschlossen, mit aller Vehemenz gegen die Klage Picards vorzugehen. Das sollte sie auch tun, geht es doch in den streitgegenständlichen Verfahren zum ersten Mal um »racketeering« (Schiebereien), ein Vorwurf, der besonders hohe Schadenersatzansprüche begründen könnte. Vorwürfe wegen Geldwäsche und Finanzbetrug kommen hinzu.[110]

Soweit diese besondere österreichisch-amerikanische Geschichte. Darüber hinaus sorgte ein weiterer Komplex in jüngster Zeit für einige Irritationen über Inhalt und Qualität der Beziehungen zwischen den beiden Bergvölkern Bayern und Österreich. Wie der Leiter der österreichischen Sonderkommission CSI Hypo, Wolfgang Peschorn, bekanntgab, hat man sich ein – inzwischen wieder aufgelöstes – HGAA-Zwischenkonto in der Schweiz genauer angeschaut. Dabei zeigte sich eine bemerkenswerte Auffälligkeit. Kurz vor Kontoschließung Ende 2004 flossen 51 Millionen US-Dollar von Klagenfurt in die Schweiz und von dort in die Karibik. Peschorn empfand es zunächst als »schon seltsam«, dass der ehemalige BayernLB-Vorstand Gerhard Gribkowsky genau zum Jahresende 2010 über fast gleich hohe Kapitalflüsse berichtete. Dieses Konto hatte übrigens schon einmal das Interesse der Ermittler ausgelöst. Es stand im Zentrum eines bereits angezeigten Liechtenstein-Deals über drei Millionen Euro, bei dem lange Zeit unklar war, um welches Kundengeld es sich handelte. Der ehemalige HGAA-Chef Kulterer hat unterdessen schriftlich mitgeteilt, dass zwischen diesem Kundengeldtransfer und den Ermittlungen gegen den ehemaligen Risikovorstand der BayernLB, Gribkowsky, keinerlei Zusammenhang bestehe.[111]

Nach jüngsten Recherchen österreichischer Medien ist eines der bis dato größten Rätsel in der Aufarbeitung der HGAA-Vergangenheit jetzt aber gelöst. Als Empfänger der drei Millionen Euro, die 2005 via Liechtenstein transferiert wurden, wird einer der reichsten Bürger Österreichs, der Waffenhersteller Gaston Glock, genannt. Das Geld soll von Kulterer in Liechtenstein abgeholt und Glock überbracht worden sein. Die Auszahlung sei von dem damaligen Vorstandskollegen Striedinger angeordnet worden. Über die Verwendung des Geldes schweigt sich der Empfänger aus. Darüber hinaus wird nunmehr vermutet, dass die zitierte 51-Millionen-US-Dollar-Transaktion ebenfalls Glock zuzuordnen ist. Das Geld dürfte aus dessen Vermögen stammen. Es soll von einem HGAA-Konto bei der United Bank of Switzerland (UBS) stammen und an die »Bank of Bermuda« weitergeleitet worden sein. Nach dem derzeitigen Wissensstand hat diese Transaktion nichts mit einem »Gribkowsky-Deal« zu tun.[112]

Zur Erinnerung: Presseberichten zufolge soll Gribkowsky in seiner Amtszeit heimlich 50 Millionen US-Dollar aus Mauritius sowie der Karibik erhalten und in einer österreichischen Privatstiftung namens »Sonnenschein« angelegt haben. Die Stiftung soll er im Mai 2007 ohne Wissen der Bank gegründet und in einer deren Tochterfirmen das erwähnte Kapital untergebracht haben, das nach der Besteuerung in Österreich knapp 25 Millionen Euro beträgt. Der Zweck der Stiftung ist »Erhaltung, Vermehrung und bestmögliche Verwaltung und Veranlagung des Vermögens der Privatstiftung, die Versorgung des Stifters und der Begünstigten«.

Ausgangspunkt für die staatsanwaltliche Überprüfung der Herkunft der Mittel in Bayern dürfte die Insolvenz des Medienhändlers Kirch im Jahre 2002 sein, dem die BayernLB immerhin zwei Milliarden Euro geliehen hatte. Zuvor hatte sich Kirch bei der »Formel 1« eingekauft, ein Engagement, das die Bank übernahm, um durch einen späteren Verkauf der Rechte an der Rennserie wieder zu ihrem Geld zu kommen.[113] Gribkowskys Aufgabe war es seinerzeit, das BayernLB-Erbe aus Kirchs Konkursimperium zu verwerten und möglichst viel von den zwei Milliarden Euro zurückzuholen. Nach dem schließlich erfolgten Verkauf der Anteile aus dem Formel-1-Engagement Ende 2005 an den Finanzinvestor CVC hatte Gribkowsky von seinem Arbeitgeber ein Sonderhonorar verlangt, das ihm aber nach Angaben eines damaligen Verwaltungsrats nicht gewährt wurde.

Vorerst bleibt abzuwarten, welche Erklärungen Gribkowsky zur Herkunft der Gelder zu geben bereit ist und welche Konsequenzen die Strafverfolger ziehen werden. Ein Zerwürfnis mit dem Verwaltungsrat der BayernLB kostete ihn im April 2008 jedenfalls schon einmal seinen Posten. Danach trat er im Zusammenhang mit den Vorgängen um die HGAA gezwungenermaßen in Kontakt mit der Staatsanwaltschaft und durfte auch vor dem Untersuchungsausschuss des Bayerischen Landtags Rede und Antwort stehen. Immerhin war Gribkowsky beim Kauf der HGAA, wie schon erwähnt, Mitglied eines »Lenkungsausschusses«.[114]

Seit dem 5. Januar 2011 dürfte aber trotz mancher Spuren, die nach Klagenfurt führen, zunächst weniger die Mitwirkung von Gribkowsky am Kauf der HGAA im Vordergrund stehen. An diesem Tag hat die Staatsanwaltschaft in München möglicherweise eine neue Form des Risikomanagements entwickelt: Sie verhaftete den vormaligen »Risikovorstand« Gribkowsky. Er steht unter dem dringenden Verdacht, dass er sich im Zusammenhang mit dem Verkauf der Formel-1-Rechte aus der Konkursmasse Kirch bestechen ließ, untreu war und Steuern hinterzog. Auf der Titelseite der *Süddeutschen Zeitung* vom 7. Januar 2011 wurde gar schon der »Größte Korruptionsfall in Deutschland« ausgerufen. Der ehemalige Bedienstete der Deutschen Bank und Landesbanker Gribkowsky müsse sich auf eine Freiheitsstrafe zwischen fünf und zehn Jahren einrichten.

Der bayerische Ministerpräsident empfindet den Vorgang als »politische Belastung«. Das ist ein gelungener Euphemismus, hat die eigene Landesbank nach Angaben der Staatsanwaltschaft die Mehrheitsbeteiligung von Kirch an der Rennsportserie Ende 2005 doch an den Finanzinvestor CVC verkauft, ohne vorher überhaupt auszurechnen, was diese Anteile wert waren. Nun muss man also dem Verdacht nachgehen, Gribkowsky, zu dessen Aufgaben wohlgemerkt das Risikomanagement gehörte, habe für dieses »Entgegenkommen« 50 Millionen US-Dollar erhalten. CVC hatte unmittelbar nach der Festnahme erklärt, dass man keine Kenntnis von entsprechenden Zahlungen hätte.[115]

In ersten Kommentaren wies man zutreffenderweise darauf hin, dass die Bankmanager, die die Finanzkrise verursacht haben, mit Gribkowsky nicht vergleichbar sind, zumal man sich immer noch über die Frage streitet, ob Beschuldigte aus diesem Kreis kriminell sind oder nur eine Risikobereitschaft zeigten, die noch keine Pflichtverletzung darstellt.[116] Der „Fehltritt" von München eröffne aber ein neues Kapitel in der Geschichte von Bestechungsskandalen in der deutschen Wirtschaft.[117] Der einschlägig erfahrene Journalist Hans Leyendecker hält das Verhalten von Gribkowsky zwar für frech und dumm. Er erinnert aber richtigerweise daran, dass Gier und Dummheit allein nicht strafbar sind. Trotzdem sieht Leyendecker den Verhafteten in einer unkomfortablen Lage, da er sich der »Vorverachtung« derjenigen sicher sein könne, die in der Finanzkrise in den Vorständen oder in den Kontrollgremien selbst versagt hätten. Gribkowsky gebe einen »prächtigen Sündenbock« ab. In der Tat sollten die früheren Vorstände und Verwaltungsräte der BayernLB, die sich heute besonders empört geben, nicht vergessen, dass sie selbst eine Bankrotterklärung des Vorstands hingenommen und eine Kapitulationserklärung des Verwaltungsrats abgegeben haben, als sie den Verkauf des milliardenschweren Anteils am Formel-1-Geschäft absegneten, ohne vorher eine Bewertung des Pakets vorgenommen zu haben.[118]

SCHLUSS: KORRUPTION ALS LEITKULTUR

Zahlreiche Einlassungen führender Banker und Politiker haben den Eindruck hervorgerufen, dass niemand persönliche Verantwortung am Zustandekommen der Lage trägt. Manche haben zwar die eine oder andere Art Reue zum Ausdruck gebracht. Aber nur in dem Sinne, dass sie Teil des ganzen »Schlamassels« waren. Bei den Bankern der Wall Street muss man den Eindruck haben, dass sie sich gleichzeitig für fast komplett schuldlos halten. Sie sehen das Ganze als eine Krise mit vielen Vätern an: die Immobilienpolitik, zu niedrige Zinsen, die schwachen Ratingagenturen. Ihre Philosophie ist einfach: Wenn ihr uns als Teil des Systems seht, das versagt hat, ist es akzeptabel. Aber als einzelne tragen wir keine Schuld.

Viele der Banker fühlen sich offensichtlich zu Unrecht verteufelt. Sie scheinen noch nicht einmal die Wut der zahlenden Öffentlichkeit nachvollziehen zu können. Das hat nach der Einschätzung des Journalisten Andrew Ross Sorkin zum Teil damit zu tun, dass es in diesem Geschäft nur »riesige Egos« gebe. Die könnten sich einfach nicht vorstellen, dass sie irgendwann scheitern oder keine Lösungen mehr haben oder Hilfe brauchen. Schließlich seien sie auf eine gute Uni gegangen, die Leiter bis nach ganz oben geklettert und hätten regelmäßig Geld für wohltätige Zwecke gespendet. Sorkin sieht die ganze Krise eher als »menschliches Drama«, als Geschichte von Menschen, die sich für unfehlbar hielten. Die »Jungs« kämen aus einer Kultur, in der es immer noch einen nächsten Deal gebe. Sie beschrieben sich als »Überlebende«, die allerdings vergessen hätten, dass sie das nicht aus eigener Kraft geschafft haben, sondern mit Steuergeldern gerettet wurden.[1]

Vor diesem Hintergrund stellt sich unter anderem die Frage, ob wir die Finanzkrise global vagabundierenden »Soziopathen« zu verdanken haben, die weder durch ethische Orientierungen noch durch strafrechtliche Sanktionsdrohungen zu erreichen sind. Aber damit würde man diese Gestalten wohl maßlos überschätzen. In der gesamten Entwicklung könnte sich nicht nur eine bereichsspezifische »Systemkriminalität« abbilden, sondern auch eine insgesamt korrumpierte Gesellschafts- und Wirtschaftsordnung, deren Dekadenz selbst den politisch Verantwortlichen lange Zeit offensichtlich verborgen geblieben war. Das lag vielleicht auch (aber nicht nur) an den Schwierigkeiten, die sich grundsätzlich und im Detail stellen, wenn man sich dem vielgestaltigen Phänomen der Korruption nähern will.

Betrunkene und Kinder sind zumindest einigen Politikern überlegen: Sie sagen immer wieder einmal die Wahrheit. Die Beispiele sind zahllos. Hier mag zur Illustrierung eine Zeitungsmeldung genügen: »Eine namenlose chinesische Erstklässlerin, 6, hat großes Aufsehen in der Volksrepublik erregt. In einem Fernsehinterview zum Schulanfang erklärte das (später unkenntlich gemachte) Mädchen auf die Frage nach ihrem Berufswunsch: ›Wenn ich groß werde, möchte ich Beamter werden.‹ ›Was für ein Beamter?‹, fragte der Interviewer. ›Ein korrupter Beamter, denn die besitzen viele Sachen‹, antwortete das Mädchen.«

Das Interview ist nun im ganzen Land bekannt und wird im Internet als »realistische Einschätzung des Lebens« gefeiert.«[2]

Dieses Kind wird zwar kaum wissen, was ein Straftatbestand ist, unter welchen Voraussetzungen eine Schuldzurechnung erfolgt oder wodurch Rechtswidrigkeit konstituiert wird. Es scheint aber eines der Grundgesetze des Lebens verstanden zu haben.

Tatsächlich ist es kinderleicht geworden, die Zusammenhänge zwischen bestimmten Verhaltensweisen und der Verbesserung der eigenen Lebensverhältnisse zu erkennen. Offenbar ist hierfür kein hochdifferenzierter Begriffsapparat erforderlich. Die selbstprivilegierende Wirkung korrupten Verhaltens scheint fast instinkthaft erfassbar zu sein. Vielleicht hat sich im Kopf dieses Kindes eine Lebensweisheit kondensiert, die das Ergebnis einer sehr alten, wenn nicht urtümlichen Entwicklung ist. Im gesellschaftlichen und politischen Leben beobachtet man mittlerweile zunehmend, dass das Engagement in vielen Debatten umgekehrt proportional zum Sachverstand und zur begrifflichen Präzision ist. Die offizielle Entschlossenheit zur Bekämpfung der Korruption steht in einem bemerkenswerten Kontrast zum Mangel theoretisch belastbarer und praktisch handhabbarer Definitionen korrupten Verhaltens. Das hat bis zu einem gewissen Umfang sachlich nachvollziehbare Gründe. Das Spektrum von Erklärungsansätzen ist in der Tat weitgespannt. Es enthält moralische, ethische, kriminologische, politische, ökonomische und normativ wertende Gesichtspunkte.

In der Wissenschaft sieht man in der Korruption den Missbrauch eines öffentlichen Amtes, einer Funktion in der Wirtschaft oder eines politischen Mandats zugunsten eines anderen, auf dessen Veranlassung oder Eigeninitiative, zur Erlangung eines Vorteils für sich oder einen Dritten mit Eintritt oder in Erwartung des Eintritts eines Schadens oder Nachteils für die Allgemeinheit oder für ein Unternehmen.

Nach einer anderen Definition umfasst Korruption alle Formen des Missbrauchs von Macht zur Verschaffung unzulässiger Vorteile. Dieses Verständnis ist offensichtlich zu unspezifisch, da es auch Unterschlagung und Untreue erfasst und damit die Grenze zu den Eigentums- und Vermögensdelikten verwischt.

Im Prinzip geht es nur darum, dass eine Person, die bestimmte Aufgaben wahrzunehmen hat, für ein Handeln oder Unterlassen im Rahmen der Aufgabenerfüllung unzulässige oder unbillige Vorteile erhält. Damit werden der Unrechtskern und die Gefährlichkeit der Korruption schon erkennbar: Die Aufgabenerfüllung des Vorteilsnehmers orientiert sich nicht mehr an den hierfür geltenden Regeln, sondern an Vorteilen, die ihm nicht zustehen. Das bringt die Gefahr mit sich, dass der Vorteilsnehmer seine Aufgaben nicht mehr sachgerecht erfüllt und er die Organisation, für die er tätig ist, schädigt.

In einem Satz: Korruption ist ein Angriff auf die sachgerechte Aufgabenerfüllung durch eine regelwidrige Austauschbeziehung zwischen Geber und Nehmer.

Auch im europäischen Rechtsraum finden wir bis heute keine einheitliche und durchgehend akzeptierte Definition korrupten Verhaltens. Hierunter fällt eine Vielzahl von Tatbeständen. Das Problem ist unter anderem dadurch begründet, dass sich traditionelle, von Sprache zu Sprache unterschiedliche Bezeichnungen und Begriffe nicht immer zusammenbringen lassen. So wurde zum Beispiel in den EU-Verträgen und Dokumenten der englische Begriff »corruption« beim Transfer in die deutsche Sprache als »Bestechung« übersetzt, obwohl dies (englisch: bribery) keineswegs alle Aspekte des Phänomens Korruption beinhaltet. »Corruption« bedeutet unter anderem Bestechung, Patronage, Nepotismus, Veruntreuung von Allgemeingut und illegale Parteien- oder Wahlkampffinanzierung.

Die unterschiedlichen Begrifflichkeiten und Rechtssysteme führen sowohl zu Differenzen in der Gesetzgebung zur Abgeordnetenbestechung,

Parteienfinanzierung, der Unterscheidung zwischen Korruption im öffentlichen und privaten Sektor als auch in der Höhe und Art der Sanktionen.

Die Lage wird dadurch noch unübersichtlicher, dass es schon seit einiger Zeit nicht mehr nur um die »klassischen« Korruptionsdelikte im Zusammenhang mit Amtsträgern geht, sondern auch um rechtswidrige Handlungen im privatwirtschaftlichen Bereich. Insoweit hat die »Wirtschaftskorruption« an Bedeutung gewonnen. Dabei handelt es sich nicht um einen Rechtsbegriff, sondern um einen in der Kriminalpolitik, der Kriminalistik und der Kriminologie etablierten Sprachgebrauch. Thema ist unlauteres Verhalten in der Privatwirtschaft, das der konventionellen Amtsträgerkorruption nicht nur im Erscheinungsbild vergleichbar ist. Es geht letztlich um eine Form unerwünschten Nichtleistungswettbewerbs. Im Hinblick auf die Amtsträgerkorruption besteht eine kategorische Gemeinsamkeit: In beiden Fällen findet ein regelwidriger Tausch von Vorteilen statt.

Die Definitionsproblematik ist nicht nur theoretischer Natur. Sie hat auch praktische Konsequenzen. Die quantitativ-statistische Dimension der deliktischen Realität im Bereich der Korruption wird von dem jeweiligen begrifflichen Vorverständnis beeinflusst. Der tatsächliche Umfang strafbarer korruptiver Verhaltensweisen ist in den 27 Mitgliedsstaaten der EU immer noch nicht mit der wünschenswerten Genauigkeit und Vergleichbarkeit zu bestimmen. In der Praxis der Strafverfolgung spielen Korruptionsdelikte in Deutschland immer noch keine bedeutende Rolle. Die Fallzahlen sind niedrig, und nur ein geringer Anteil der bekannt gewordenen Fälle gelangt zur Anklage. Die Dunkelziffer ist sehr hoch, weil auf beiden Seiten korruptiver Verhältnisse Tatbeteiligte stehen. Die durch Korruption entstehenden Schäden sind aber unzweifelhaft sehr hoch. Allein im öffentlichen Bauwesen geht man von über fünf Milliarden Euro jährlich aus. Gleichwohl sind insgesamt nur grobe Schätzungen über die gesamten Schäden verfügbar.[3]

Eine europaweite halbwegs realistische, vollständige und brauchbare Lagebeurteilung bleibt schwierig. Sie sollte sinnvollerweise durch aussagekräftige Monitoringverfahren im Hinblick auf die Normdurchsetzung vorbereitet werden. Das ist allerdings nur ein frommer Wunsch. Der Beitrag internationaler Organisationen zur Umsetzung der von ihnen entwickelten Normen in souveränen Staaten ist naturgemäß begrenzt. Aber selbst die Umsetzung internationaler Evaluierungsempfehlungen führt nicht zwangsläufig zu einer Reduzierung der realen Korruption. Entsprechende Feststellungen sind kaum möglich, weil Korruption in der Praxis nicht einmal annäherungsweise messbar ist. Das gilt ungeachtet diverser Fallstatistiken und Korruptionswahrnehmungsindices.

Es kann dahingestellt bleiben, ob dies auch daran liegt, dass Bestechung (angeblich) ein »opferloses« Delikt ist, bei dem in der Regel kein Tatbeteiligter ein Interesse an einer Aufdeckung hat. Hier nur so viel: Die Behauptung der »Opferlosigkeit« ist schlichter, aber bewährter Unsinn, weil wir alle unmittelbar oder mittelbar Opfer von Korruption sind oder werden.

Die EU hat im Unterschied zum Europarat und zur OECD (Organisation for Economic Cooperation and Development/Organisation für wirtschaftliche Zusammenarbeit und Entwicklung) auf die Einrichtung eines spezifischen Monitoringgremiums für ihre Antikorruptionsnormen verzichtet. Es findet auch kein intensives Monitoring in Bezug auf die Normen statt, die – wie insbesondere im Bereich der Korruption im privaten Sektor – über die zwingenden Vorgaben von Europarat und OECD hinausgehen. Auch das EU-Bestechungsübereinkommen enthält keinerlei Bestimmungen für eine Überprüfung der Umsetzung. Das Erste Protokoll zum Übereinkommen über den Schutz der finanziellen Interessen der Europäischen Gemeinschaften vom 27. September 1996 verpflichtet die Mitgliedsstaaten immerhin, ihr Umsetzungsrecht der Europäischen Kommission zu übermitteln.

Das derzeitige auf Übereinkünften fußende System für den Schutz der finanziellen Interessen der Gemeinschaft führt *de facto* zu unterschiedlich schnellen Fortschritten in den einzelnen Ländern. In Bezug auf die bindende Wirkung, welche die Rechtsakte zum Schutz der finanziellen Interessen der Gemeinschaft im Rahmen der Rechtsordnungen der einzelnen Mitgliedsstaaten entfalten können, lässt dies wiederum eine Mischung unterschiedlicher Rechtssituationen entstehen. So wird weder die gewünschte Wirkung noch ein abschreckender strafrechtlicher Schutz erreicht. An diese Verhältnisse sollten sich manche der Verantwortlichen in einigen »alten« Mitgliedsstaaten erinnern, wenn es darum geht, die Verhältnisse in »neuen« Mitgliedsstaaten wie Rumänien und Bulgarien zu würdigen.

Unabhängig von aktuelleren Entwicklungen gilt in jedem Fall, dass

Korrumpierung zu den ältesten und wirkungsvollsten Techniken gesellschaftlicher, wirtschaftlicher und staatlicher Selbstorganisation zählt. Nicht allein deshalb ist die Vorstellung, dass sich auch nur in Europa ein Gefühl dafür entwickeln müsste, was anständig und was unanständig ist, was unser Zusammenleben erleichtert oder bedroht, vermutlich im Schnittpunkt von Naivität, Hoffnung und Verzweiflung angesiedelt, letztlich also paradox. Korruptive Verflechtungen in Gesellschaft, Wirtschaft und Politik reflektieren einen Bewusstseinswandel, der mit dem groben Raster von Strafgesetzen überhaupt nicht erfassbar ist. Dies gilt auch im Hinblick auf objektive Strukturen. Gesellschaftliche Einrichtungen, politische Parteien, demokratische wie undemokratische Regierungen, Justiz, Verwaltung, aber auch Polizei und Armee sowie Wirtschaftsunternehmen haben in etlichen Ländern der Welt Verknüpfungen gebildet. Sie können die Leistungskraft konventioneller krimineller Vereinigungen leicht überschreiten.

Es ist nicht mehr zu übersehen, dass sich die Gewinnabsichten von Wirtschaftssubjekten, die Ambitionen von Politikern, die Finanzierungsbedürfnisse von Parteien und die Geldgier von Amtsträgern immer häufiger kreuzen. Daraus entsteht eine besonders »anspruchsvolle« Korruption, an der die vergleichsweise einfachen Begriffe des Strafrechts zerschellen müssen. Wenn Käuflichkeit den inneren Charakter eines Gemeinwesens prägt, degeneriert Rechtsgehorsam ohnehin zur lächerlichen Attitüde. Justitielle Bewältigungsversuche werden zur leeren Geste. Die mit der Korruption einhergehende Entkopplung von Arbeit und Erfolg, Leistung und Einkommen destabilisiert früher oder später jedes gesellschaftliche System. Polizei und Justiz können unterdessen die Verklammerungen durch Lebenslügen nicht lösen. Das ist auch nicht ihre Aufgabe, wie ein kurzer Rückblick lehrt.

Im Anfang war nicht das Wort. Alles begann mit Mord und Totschlag. Diese Art der gesellschaftlichen Ausdifferenzierung ist nicht nur Geschichte. Sie dauert mit wechselnder Intensität an. Der Ursprung von Wirtschaftssystemen war Raub, Diebstahl und Erpressung, nicht Vertragsschlüsse nach Treu und Glauben. Mittlerweile hat sich anscheinend einiges geändert. Das zivile Recht moderiert den Austausch von Waren und Dienstleistungen. Es verhindert überwiegend die gewaltsame Durchsetzung der eigenen Absichten. Aus Überwältigung wird fairer Wettbewerb. Aus Völ kermord, Sklaverei und krimineller Landnahme wird Kolonialismus. Aus Kolonialismus wird freier Welthandel. Aus dem Schlachtfeld wird der Gemeinsame Markt.

Vor diesem Hintergrund ist Korruption vielleicht sogar ein »kultureller Quantensprung«. Sie führt möglicherweise auf den Gipfel der gesellschaftlichen, wirtschaftlichen und politischen Entwicklung. Heutzutage muss man Menschen nicht mehr vernichten, damit sie jeweiligen Interessen nicht im Wege stehen. Gewaltanwendung wird durch Verführung abgelöst. Zahlungsanweisungen machen Kriegserklärungen überflüssig. Im Medium des Geldes wandeln sich Gegensätze in Kooperation. Moralische Grundsätze werden im Verhältnis zur Höhe vermögenswerter Zuwendungen geschmeidig interpretiert. Machtfragen lassen sich einvernehmlich behandeln. Die Überzeugungskraft von Argumenten wird unerheblich.

Im politischen Alltagsgeschäft bietet sich ein breites Spektrum zur Emanzipation von wirtschaftlichem Sinn, fachlichem Verstand und demokratischer Kontrolle. Der Instrumentenkasten ist übervoll. Er enthält lukrative Posten, Gefälligkeiten, Gesetzesinitiativen, Subventionen und Versorgungszusagen. In einer Welt, in der materieller Wohlstand Lebenssinn geworden ist und zwischen Arbeit und Einkommen kein nachvollziehbarer Zusammenhang mehr besteht, ist Korruption allgegenwärtig. Sie hat eine unverzichtbare Scharnierfunktion. Rechtstreue ist kein Funktionsprinzip mehr für Gemeinschaften als Solidarverband.

Strafvorschriften zur Bekämpfung der Korruption ziehen womöglich eine doppelte Paradoxie nach sich: Ihre verhaltenssteuernde Wirkung ist wegen der unaufhebbaren menschlichen Konstanten (Gier, Verführbarkeit und Machtstreben) grundsätzlich nicht im erforderlichen Umfang zu gewährleisten. Vom Strafrecht ausgehende moralisierende Appelle können an den strukturellen und individuellen Grundlagen nichts ändern. Strafrechtspflege ersetzt keine Erziehungsarbeit. Sie dient nicht der moralischen Konditionierung von Bürgern, Managern und Politikern. Im Idealfall leistet sie hin und wieder Rechtsgüterschutz durch Prävention und Repression.

Bei der Korruption könnte jedoch etwas anderes noch viel wichtiger sein. Die damit beabsichtigte Beeinflussung menschlichen Verhaltens ist immer auch mit einer Demütigung verbunden. Solange die Beteiligten nicht verstehen wollen oder nicht verstehen können, dass sie innerhalb einer korruptiven Beziehung ihre Selbstachtung riskieren, bleiben alle Debatten über Korruptionsbekämpfung eine nutzlose Leidenschaft. Dieser Hinweis kann dann nicht beeindrucken, wenn mangelnder Respekt für die eigene Würde zur Entwertung aller Beziehungen führt, die durch Arbeit und Loyalität geprägt sein sollten.

Dennoch: Die korrumpierende Annahme von Geld ist ein Angriff auf die Selbstachtung. Wer das nicht einsieht, ist vermutlich auch durch Strafdrohungen nicht zu beeindrucken. Dann wäre es in der Tat plausibel, die Legalisierung der Korruption zu fordern.

Man könnte darüber spekulieren, ob damit zwangsläufig nachteilige Auswirkungen auf den Rechtsfrieden und die soziale Gerechtigkeit verbunden wären. Folgt man der Hypothese über die »friedensstiftende« Wirkung der Korruption, könnte man derartige Effekte einer Legalisierung vielleicht ausschließen. Die Anarchie der Gewalt scheint zwar ohnehin bereits weitgehend durch die Ordnung des Geldes abgelöst zu sein. Genau darin steckt aber vielleicht eine ganz besondere anarchische Kraft. Sie könnte dereinst ganze Gesellschaften zum beschriebenen Beginn der Geschichte zurückschleudern. Das mag dann geschehen, wenn die Masse der Rechtsunterworfenen verstanden hat, dass ihre Würde sowohl durch eine korruptiv zersetzte Gesellschafts- und Wirtschaftsordnung, gekaufte Machthaber als auch durch eine strategisch wirkungslose Strafrechtspflege missachtet wird.

Der Souverän wird sich dann vielleicht nicht länger nur rechtsstaatlicher Mittel bedienen. Dann wäre zu befürchten, dass einige Arrangeure und Profiteure struktureller Korruption in Gesellschaft, Wirtschaft, Politik und Verwaltung in bürgerkriegsähnlichen Zuständen zur Rechenschaft gezogen werden. Demokratische Prozesse sind im Interesse der weitergehenden friedlichen europäischen Integration vorzuziehen. Die folgenden zehn Punkte beschreiben nur einige der Probleme, die sich bei der Verhinderung und Verfolgung korrupter Verhaltensweisen stellen. Sie können zudem keine Leitlinien zum Umgang mit einem System sein, in dem die Herrschaft des Rechts von einem korrumpierenden Erfolgsbegriff bedroht wird – und das nicht nur auf den Finanzmärkten.

1. Die öffentliche Debatte über Umfang und Risiken korruptiven Verhaltens leidet in allen Mitgliedsstaaten der Europäischen Union unter dem Mangel flächendeckender verlässlicher quantitativer und statis-

tischer Daten sowie unter einer oft verzerrenden Berichterstattung über spektakuläre Einzelfälle.

2. Eine genaue und allgemein gültige empirische Bestandsaufnahme korruptiver Delinquenz scheitert unter anderem immer noch an den vielfältigen und unterschiedlichen Definitionen dieser Art von Kriminalität.

3. Begriffliche Unsicherheiten führen auch zu Missverständnissen in der Wahrnehmung der Korruption und erschweren eine einheitliche europäische Strategie zur Verhinderung und Verfolgung einschlägiger Delikte.

4. Die Glaubwürdigkeit des Projekts der europäischen Integration hängt insbesondere im Hinblick auf die Erweiterung der Europäischen Union in besonderer Weise von einer wirksamen Korruptionsbekämpfung in allen Mitgliedsstaaten ab.

5. Das Sanktionsrepertoire muss im Interesse einer angemessenen Eindämmung der Korruption in allen Mitgliedsstaaten ungeachtet der unterschiedlichen Rechtsordnungen in gleicher Weise wirksam sein und gemeinschaftsweit entsprechend fortentwickelt werden (zum Beispiel Unternehmensstrafe und Gewinnabschöpfung).

6. Korruption ist ein Phänomen, das nicht nur strafrechtlich zu beschreiben und zu ahnden ist; Korrumpierbarkeit ist die latente Bereitschaft zu gemeinschaftsschädigender Selbstbereicherung. Es handelt sich also um eine Haltung, eine Mentalität, die sich insbesondere in Zeiten gesellschaftlichen Verfalls immer mehr verbreitet und deshalb sogar eine kulturelle und soziale Herausforderung ist – in Europa und weltweit.

7. Korruption signalisiert immer auch Führungsversagen, wie sich in allen Staaten zeigen lässt, wo es zu bestimmten Verknüpfungen zwischen wirtschaftlichen Interessen, persönlichen Ambitionen und politischen Zielen kommt.

8. In jüngerer Zeit stellt sich ein besonderes Problem: Korrumpierbarkeit durch Inkompetenz. Eine überforderte und politisch instrumentalisierte Staatsbürokratie bedient sich der Hilfe Privater, die als vermeintliche Inhaber überlegenen Sachwissens ihre eigenen wirtschaftlichen Interessen sogar im Rahmen von Gesetzgebungsverfahren verfolgen können.

9. Die Diskussion über die ökonomischen Voraussetzungen und Folgen korruptiven Verhaltens in der Wirtschaft ist durch einen anhaltenden Infantilisierungsschub bestimmt. Insbesondere der Hinweis darauf, dass es andere Mitbewerber etwa auf ausländischen Märkten doch auch tun und man ohne Bestechungszahlungen keine Aufträge erhält, reflektiert entweder das Rationalitätsmodell von Kleinkindern oder belegt ein völlig verkommenes Rechtsbewusstsein.

10. Jede Gesellschaft hat die Korruption, die sie verdient, so wie jede Demokratie die Politiker hat, die ihr entsprechen, Umstände, die jedoch in keiner Weise entlastend wirken, weil jeder einzelne in seinen persönlichen, beruflichen und politischen Bezügen eine Wahlfreiheit hat, von der er leider oft keinen Gebrauch mehr macht oder die er dazu nutzt, um sich mit kleiner und großer Münze Vorteile zu verschaffen, die ihm von Rechts wegen nicht zustehen Der Korrupte ist also nicht immer nur der Andere.

Es ist nach wie vor klärungsbedürftig, ob die von den internationalen Kapitalmärkten ausgehenden Verheerungen auch die Folgen einer Korruption durch Inkompetenz oder das Ergebnis krimineller Aktivitäten sind, die von hochintelligenten Tätern vorbereitet und durchgeführt wurden. Vielleicht waren es die strukturellen Schwächen einer Wirtschaftsordnung, die eine unübersehbare Vielzahl höchst verlockender Tatgelegenheiten eröffnet haben. Und möglicherweise haben nachlässige Behörden, nationale Egoismen und entscheidungsunfähige Politiker ebenfalls ihre Beiträge dafür geleistet, dass eine der größten Beschädigungen des Gemeinwohls in der neueren Geschichte eintreten konnte.

Die folgenden abschließenden Bemerkungen fassen die Problematik noch einmal so gut es geht zusammen:

· Die gegenwärtige und anhaltend verheerende weltwirtschaftliche Entwicklung ist kein unvermeidbares schicksalhaftes Verhängnis, sondern das Produkt aus politischen Fehlentscheidungen, wirtschaftlicher Inkompetenz und krimineller Energie.

· Mit der Verwendung des Begriffs »Finanzkrise« finden Neutralisierungen und Täuschungen in einem öffentlichen Diskurs statt, der den Eindruck erweckt, dass das System der globalen Kapitalmärkte nur einer vorübergehenden Funktionsstörung ausgesetzt und die strafrechtlich zurechenbare Verantwortlichkeit bestimmter Entscheidungsträger bedeutungslos sei.

· Am Anfang des Katastrophenszenarios standen US-Regierungen, die mit einer wohlfahrtsstaatlichen Kreditpolitik besonders einkommensschwache Bevölkerungskreise in die Schuldenfalle führten und so einen exzessiven Verbriefungshandel mit minderwertigen hypothekarisch gesicherten Wertpapieren und Kreditausfallversicherungen provozierten.

· In den USA hat ein Staatsversagen in mehrfacher Hinsicht das Entstehen einer Finanzindustrie gefördert, in der sich auch durch empirisch in keiner Weise abgesicherte mathematische Modelle bei der Konstruktion strukturierter Finanzprodukte ein Rationalitätsabbruch und ein Realitätsverlust ereigneten, so dass ein Klima des Größenwahns und asozialer Unverantwortlichkeit entstehen konnte.

· Insbesondere im angelsächsischen Teil der Welt wurde der Niedergang der konventionellen industriellen Güterproduktion vom Aufstieg einer Kapitalmarktkultur begleitet, die Profitmaximierung jenseits wirtschaftlicher Vernunft betreibt und den Grundsätzen einer sozialen Marktwirtschaft Hohn spricht.

· Die Renditeerwartungen, die tatsächlichen Gewinne und bestimmte Geschäfte im privaten Bankenbereich zeigen, dass vor allem der Handel mit innovativen und strukturierten Finanzprodukten zu einem selbstreferentiellen System gemeinwohlschädlichen Eigennutzes degeneriert ist.

· In Deutschland haben sich Landesbanken unter den Augen verantwortlicher Politiker ohne das erforderliche »Know-how« weit jenseits ihrer Deckungsmöglichkeiten an internationalen Spekulationsgeschäften beteiligt und dabei durch die Gründung vermögensloser Zweckgesellschaften die Bilanzgrundsätze der Klarheit und Wahrheit absichtlich und systematisch verletzt.

· Regierungen auf der ganzen Welt haben die Produktion und den Einsatz »finanzieller Massenvernichtungswaffen« (Warren Buffet), also den Handel mit Derivaten jedweder Art, zugelassen, ohne rechtzeitig eine auch nur halbwegs belastbare Folgenabschätzung geleistet zu haben, eine Unterlassung, welche die ethischen Grundlagen politischen Handelns in Frage stellt.

· Manch ein Investmentbanker (Lloyd Blankfein) beruft sich inzwischen darauf, dass er Gottes Auftrag erfüllt, wenn er den Gewinn seines Instituts maximiert, ein Umstand, der möglicherweise nicht nur den Sachverstand, sondern auch den in dieser Branche herrschenden Geisteszustand als fachmedizinisch überprüfungsbedürftig erscheinen lässt.

- Manche Ratingagenturen haben unter den Bedingungen eines objektiven Interessenkonfliktes immer wieder Behauptungen aufgestellt, die nicht die realen wirtschaftlichen Verhältnisse von Unternehmen und Märkten reflektierten, sondern einem manipulationsträchtigen Wunschdenken entsprachen.

- Die staatliche Finanzaufsicht konnte nicht verhindern, dass bestimmte Praktiken internationaler Rechnungslegung nicht den korrekten Vermögensstatus von Wirtschaftsteilnehmern wiedergaben, sondern der geschönten und riskanten Selbstdarstellung zum Bilanzstichtag dienten.

- Die Haushaltspolitik in etlichen Mitgliedsstaaten der EU hat infolge des erreichten Verschuldungsgrades den großen Akteuren auf den internationalen Finanzmärkten Spekulationsmöglichkeiten eröffnet, die ganze Volkswirtschaften existenzbedrohenden Risiken aussetzen.

- Die finanzielle Verfassung und die mangelnde Wettbewerbsfähigkeit mancher Volkswirtschaften in der EU haben realpolitisch eine gemeinschaftliche Einstandsverpflichtung erzwungen, die einen Wandel der herkömmlichen Solidargemeinschaft zu einer neuartigen Haftungsunion jenseits des bestehenden vertraglichen Rahmenwerks bewirken könnte – mit unabsehbaren Folgen für die Zukunft des europäischen Integrationsprojektes.

- Die Teilnahme an globalen Finanztransaktionen wurde zunehmend durch eine wettbewerbsverzerrende und riskante Kreditschöpfungspolitik geprägt, mit der die Beteiligten aufgrund der jeweiligen Hebelwirkungen Investitionen tätigen konnten, die ihrer realen finanziellen und wirtschaftlichen Leistungsfähigkeit bei weitem nicht mehr entsprachen.

- Die Geldpolitik mancher Notenbanken und unzureichendes Risikomanagement in zahlreichen Bankinstituten haben die Bedingungen geschaffen, unter denen selbst das Finanzgebaren großer Investmentfirmen zunächst von Selbsttäuschung und dann von manipulativen Maßnahmen geprägt wurde, die schließlich in manchen Fällen den Verdacht systematischen und organisierten betrügerischen Verhaltens begründet haben.

Tugendethik

- Weltweit koordinierte Initiativen der Finanzindustrie haben auch für die Realwirtschaft zu stabilitätspolitischen Gefahren geführt, deren Realisierung eine Dynamik und Zerstörungskraft entfalten könnte, denen mit den Mitteln herkömmlicher nationaler und internationaler Ordnungspolitik nicht mehr wirksam begegnet werden kann.

- Es ist äußerst ungewiss, ob die Anwendung des Strafrechts gegenüber einzelnen Verantwortungsträgern in Wirtschaft, Finanzindustrie und Politik geeignete präventive und repressive Wirkungen haben könnte, weil der notwendige Klärungsprozess im Hinblick auf rechtsstaatliche Strafbarkeitsvoraussetzungen und sinnvolle Sanktionen gerade erst begonnen hat.

Ethik

Es gibt leider keine breite öffentliche Debatte über die ethischen Aspekte der Euro-, der Finanz- und der Wirtschaftskrise. Solche Krisen sind nur mit einer doppelten Strategie zu bewältigen. Nötig sind Wissenschaftler und Praktiker, die ihr Fachwissen in einen politischen Dialog einbringen, und es braucht Ethiker, weil jede große Krise auch ethische Dimensionen hat. So wird kein Wirtschaftswissenschaftler die Frage beantworten können, ob Banken eine Pflicht gegenüber dem Gemeinwohl haben. Und kein Unternehmer wird nur mit seiner Expertise die Frage beantworten können, ob Arbeitsplätze eines deutschen Unternehmens ins Ausland transferiert werden dürfen. Ethische Diskussionen sollten nicht mit dem Austausch von Geschmacksurteilen verwechselt werden. Entbehrlich sind auch die in Deutschland üblichen Diskussionen mit einem moralistischen Zungenschlag.

Umso beachtlicher ist, dass sich im angelsächsischen Raum eine neue Art ethischer Fragestellungen abzeichnet. Es geht dabei nicht primär darum zu fragen, was wir tun sollen oder nicht tun dürfen, sondern was wir sinnvollerweise tun wollen. Was wir sollen, ergibt sich aus dem, was wir vernünftigerweise wollen können. Wollen bestimmt also das Sollen und nicht umgekehrt. Dieses neue Paradigma gilt als Tugendethik. Ihr Drehund Angelpunkt ist die individuelle Frage nach dem gelungenen Leben. Das ist aber nicht alles. Es geht nicht nur um Individualethik. Jeder Mensch ist auf Kooperation mit der Gemeinschaft angewiesen, im Zeitalter globaler Krisen ein folgenschwerer Umstand.

Gleichwohl: Die Legitimität einer Gesellschaftsordnung und der Sinn einer Wirtschaftsordnung sind jeweils auf das gelungene Leben bezogen. Die Wirtschaft hat also die Aufgabe, den Menschen die materiellen Güter bereitzustellen, die sie für ein gelungenes Leben brauchen. Die Frage, in welcher Gesellschaft wir leben wollen, ist die Frage eines Tugendethikers. Manch einer hat entdeckt, dass es Ansätze dieser Art von Diskussionen bereits gibt. In dem Verbot von Leerverkäufen spiele die Erwägung, dass eine Gesellschaft nicht wünschenswert ist, in der sich einige wenige dadurch bereichern können, dass anderen ohne ihr Verschulden erheblicher Schaden zugefügt werden kann, eine größere Rolle als die Entrüstung über das moralische Fehlverhalten von Agenten am Finanzmarkt.

Es wird anerkannt, dass Unternehmen natürlich Gewinne machen müssen. Gleichzeitig stellt man aber die Frage, ob die größtmögliche Maximierung des Gewinns in allen Fällen überhaupt ein sinnvolles Ziel ist, das, wenn es erreicht ist, das Leben von Menschen bereichert und besser macht. In Erinnerung an Aristoteles wird betont, dass nur derjenige, der ethisch handelt, ein erfülltes, gelungenes Leben führen kann. Es bleibt abzuwarten, ob solche Differenzierungen die Debatten der Zukunft bestimmen werden.[4]

Schon jetzt steht grundsätzlich fest, dass den strukturellen Gesetzen des Finanzmarktgeschehens eine klare ethische Dimension eigen ist. Dort sind positive und negative Effekte jederzeit verknüpft. Schließen zwei Parteien einen Finanzkontrakt ab, so geben sie sich ein Versprechen. Ein Kredit ist nichts anderes als der Tausch von Geld gegen das Versprechen, das Geld mit Zinsen zurückzuzahlen. Und eine Versicherung ist der Tausch von Geld gegen das Versprechen, im Versicherungsfall einen Schaden zu decken. Der Finanzmarkt ist daher nichts anderes als eine Ansammlung ausstehender Versprechen mit dem Ziel der Umverteilung von Liquidität. Darauf beruhen Wachstum und Beschäftigung.

Gleichzeitig entstehen so systemische Risiken, ein seit Jahrzehnten in der Forschung vernachlässigtes Phänomen. Wegen der Begrenzbarkeit individueller Risiken durch Diversifikation glaubte man irrtümlich, dass die Liquiditätsversorgung auf wachsenden Finanzmärkten ohne proportionalen Risikoaufwuchs erfolgen könne. Die Finanzkrise hat die Welt aber darüber belehrt, dass die gesellschaftlichen Vorteile eines großen Finanzmarktes immer mit dem Entstehen systemischer Risiken verbunden sind.

Es entsteht ein Dilemma: Wer Krisen vermeiden will, muss auf Vorteile verzichten. Versucht man, Krisen durch Verschärfung der Eigenkapital-unterlegungspflichten vorzubeugen, wird man sich auf eine Verringerung ausstehender Kredite einstellen müssen. Bestimmte Projekte werden also nicht mehr finanzierbar sein. Für derartige Dilemmata gibt es kein objektiv falsches oder richtiges Maß an Regulierung. Die Gesellschaft muss sich insoweit einer normativen Entscheidung stellen. Wünscht man nicht mehr Regulierung, muss man sich mit wiederholten Krisen »anfreunden«. Will man Risiken begrenzen, wird man auch für gesetzliche Beschränkungen des Finanzmarktes sorgen müssen.

Damit entsteht ein Gegensatz zu den individuellen Gewinninteressen der Finanzmarktakteure. Keine Regelung wird hermetisch geschlossen sein können. Die Teilnehmer des Finanzmarktes werden Schlupflöcher suchen, finden und nutzen. In der allfälligen Differenz zwischen indivi-duellen und gesellschaftlichen Interessen kommt endlich die ethische Her-ausforderung zum Tragen.

Natürlich wäre die Orientierung der Finanzmarktakteure an den nor-mativen Vorstellungen der Gesellschaft über das angemessene Risiko wün-schenswert. Aus idealistischer Perspektive könnte ein stärkeres individuel-les Verantwortungsbewusstsein gegenüber gesellschaftlichen Belangen teilweise die Lücke zwischen dem gewünschten begrenzten Risiko und der konkreten Regulierung schließen. Andernfalls muss man mit weiteren re-striktiven Vorschriften gegenhalten.

Die Ethikberichte, die von großen deutschen Banken seit einigen Jahren veröffentlicht werden, schweigen sich über diese Problematik weitgehend aus. Verantwortung und Verantwortlichkeit im Bereich der Finanzmarkt-stabilität scheinen kein Thema zu sein. Das ist erstaunlich. In diesem Be-reich überlappen sich nämlich die sozialen Belange mit dem Kerngeschäft der Banken in zentraler Weise. Wollte man daran etwas ändern, müsste man auch die höchst interessante Frage beantworten, ob es mit sozialer Verantwortung zu vereinbaren ist, auf einen Staatsbankrott zu wetten oder gegen Produkte zu spekulieren, die man selbst verkauft.

Mittlerweile gibt es im Zeitalter der »Bad Banks« auch schon praktische Konsequenzen. Bei immer mehr Menschen bildet sich die Überzeugung, dass das »Social Banking« zu einem langfristigen Trend im Banksystem werden wird. Die Finanzkrise scheint den »guten Bankern« in die Hände zu spielen. Die Diskussionen um Schrottpapiere, Bankenrettungen und

Millionengehälter hilft den »Ökobanken«. Die Kunden entdecken zunehmend, welche Steuerungsfunktionen Geld hat und wie wichtig es ist, wem man es in die Hand gibt. Sie erhalten das Versprechen, dass ihr Geld nur in Umwelt-, Kultur- oder Bildungsprojekte fließt. Die tiefere Ursache für diese Entwicklung ist ein langfristiger Wertewandel, der sich schon seit mehr als zehn Jahren andeutet. Es könnte sogar sein, dass die nächste Revolution begonnen hat – die der »sozialen« Banken.[5]

Darüber hinaus werden wir zu prüfen haben, ob wir mit unseren bisherigen Wahlentscheidungen sicherstellen konnten, dass genügend kompetente und unbestechliche Amtswalter eingesetzt wurden, die ihren Aufgaben im Interesse des Gemeinwohls gerecht werden können. Wir sollten auch immer wieder darüber nachsinnen, wer für diese Entwicklung verantwortlich ist und ob die erforderlichen Erklärungen und Sanktionierungen in Wahllokalen, Gerichtsälen oder auf öffentlichen Plätzen und Straßen zu finden und zu exekutieren sind. Und wir werden zu diskutieren haben, welche sonstigen Reaktionen notwendig sind, um mit den Veranstaltern und Nutznießern des bisher größten Raubzugs der modernen Wirtschafts- und Kriminalgeschichte angemessen umzugehen.

ANMERKUNGEN

Einleitung

1 Zitiert nach Thomas Darnstädt, Blindflug ins Desaster, *Der Spiegel*, 3. Januar 2011, S. 26, 28

1 Am Abgrund

1 Schirrmacher, 2010, S. 9

2 So Flassbeck, 2010, S. 23

3 Das ist jedenfalls der Eindruck eines journalistischen Kommentators: Claus Hulverscheidt, Unterm Strich wenig Neues, *Süddeutsche Zeitung*, 13. September 2010, S. 5. Ein anderer Zeitgenosse will dagegen durch die Lektüre von Steinbrücks Buch etwas erfahren haben, was er vorher noch nirgends gehört habe: Alan Greenspan habe mit der Politik des billigen Geldes verhindern wollen, dass der Schock des 11. September 2001 auf die Weltwirtschaft überspringt. Das könne man kapieren. Aber dann kapiere man auch, wie abhängig wir seien von den Handlungen der US-Politik und deren Folgen. Steinbrück habe das Wort »Abgrund« für die Vorstellbarkeit der Krise nicht erfunden. Aber er habe diesen Abgrund und unsere Nähe dazu so genau beschrieben wie kein anderer. So: Martin Walser, Leidenschaftlich wahr, *Die Zeit*, 14. Oktober 2010, S. 49

4 Manfred Schäfers, Gegen den Strich, *Frankfurter Allgemeine Zeitung*, 17. September 2010, S. 13

5 Nach der Erinnerung von Steinbrück (2010, S. 178) stand die Finanzwelt in der angeblich dritten Phase (15. September bis 5. Oktober 2010) sogar mehrmals nur Millimeter vom Abgrund entfernt. Der Absturz hätte nicht nur zu einer »Kernschmelze« des Weltfinanzsystems geführt, sondern – weit darüber hinaus – die Stabilität unseres Wirtschafts- und Gesellschaftssystems bedroht. Einer seiner Vorgänger gibt ihm in dieser Einschätzung ausdrücklich Recht: Theo Waigel, Allen Finanzministern ergeht es wie Moses, *Süddeutsche Zeitung*, 14. September 2010, S. 25

6 Dem Finanzminister und der Bundeskanzlerin war bewusst, dass es sich um einen »Ritt auf der Rasierklinge« handelte: Steinbrück, 2010, S. 210

7 Die Behauptung, dass diese Krise von Spekulanten verursacht wurde, ist

für Steinbrück (2010, S. 182) eine Mär und gilt ihm gar als »Unfug«. Es seien weit überwiegend seriöse Finanzinstitute gewesen, die das Geld ihrer Kunden dort treuhänderisch angelegt hatten und denen der griechische Boden ab Oktober 2009 zu heiß geworden sei.

8 Vgl. insgesamt: Peer Steinbrück, Es war ein Erdbeben, *Der Spiegel*, 13. September 2010, S. 40 ff.

9 Steinbrück, 2010, S. 170

10 Die »Krisenliteratur« hat über die Jahre ein unüberschaubares Ausmaß angenommen. Statt vieler: James, 2003; Krugman, 2009; Soros, 2000.

11 Der Präsident der Deutschen Bundesbank, Axel Weber, hat im September 2010 öffentlich davor gewarnt, drei Jahre nach Ausbruch der Finanzkrise deren Ende auszurufen und zur Tagesordnung überzugehen. Die Folgen würden noch Jahre zu spüren sein. Das Finanzsystem müsse tiefgreifend und dauerhaft verändert werden. (Siehe: Helga Einecke, Der Kompromiss von Basel, *Süddeutsche Zeitung*, 9. September 2010, S. 21)

12 Bernd Schünemann, in: Schünemann (Hrsg.), 2010, S. 72

13 Es scheint sich eine Kultur der Eschatologie breitgemacht zu haben, die zwischen »Weltuntergang« und »Crash« oszilliert: Altvater, 2005; Braunberger/Fehr (Hrsg.), 2008; Müller, 2009; Otte, 2009; Schäfer, 2009

14 Vgl. dazu schon See, 1992, S. 187 ff.

15 Richard David Precht, Die entfremdete Republik, *Der Spiegel*, 28. Juni 2010, S. 116 f.

16 Mittlerweile gibt es ein beeindruckendes Spektrum konkreter Beispiele. Es reicht vom Bundeskanzler a. D. der Bundesrepublik Deutschland, Gerhard Schröder, der kurz nach seinem Abschied aus dem Amt unter anderem in die Dienste eines russischen Energiekonzerns (Gazprom), eines französischen Bankinstituts (Rothschild) und eines schweizerischen Verlagshauses (Ringier) getreten ist, bis zum Premierminister a. D. des Vereinigten Königreichs, Tony Blair, der im Sommer 2010 im Begriff war, eine Investmentbank zu gründen, die sich nach Presseberichten (*Sunday Times*) ausschließlich um eine exklusive und vermögende Kundschaft kümmern sollte. Für seine bereits existierende Beratungsfirma (Tony Blair Associates – TBA) hat dieser ehemalige Amtsträger von der britischen Finanzaufsicht bereits eine Lizenz für Finanzgeschäfte erhalten. TBA hatte bereits zuvor den Investmentfonds »Mubdala« aus den Vereinigten Arabischen Emiraten betreut. Künftig darf TBA für solche Klienten auch Finanztransaktionen (zum Beispiel Wertpapierhandel) erledigen.

Es wird nicht erwartet, dass Blair auch Konten für seine ehemaligen Wähler eröffnet, die ihn über viele Jahre mit einer britischen Spielart angeblich sozialdemokratischer Politik (»New Labour«) beauftragt hatten. Im Londoner Finanzviertel sagte man indessen voraus, dass es Blair als künftigem Banker um einiges leichter gefallen sei, seinen Vorschuss für seine Memoiren einer Wohltätigkeitsorganisation verwundeter Soldaten zu spenden (5,6 Millionen Euro). Gleichzeitig leistet Blair der amerikanischen Großbank JP Morgan wertvolle Dienste (siehe Andreas Oldag, Tony Blair plant Investmentbank für Reiche, *Süddeutsche Zeitung*, 23. August 2010, S. 17).

Auch der ehemalige für den Binnenmarkt zuständige Kommissar Charlie McCreevy hatte sich für das Investmentbanking interessiert. Auf Grund der Bedenken eines EU-Ethikausschusses wegen möglicher Interessenkonflikte verzichtete er jedoch auf eine Tätigkeit für die britische Investmentbank NBNK (siehe: *Frankfurter Allgemeine Zeitung*, 14. Oktober 2010, S. 12). Der Fraktionschef der europäischen Sozialisten im Europäischen Parlament, Martin Schulz, soll McCreevy übrigens als »Apologeten einer irregeleiteten Marktradikalität« bezeichnet haben. Nach einer anderen Einschätzung war dieser irische Kommissar auf seinem Posten wohl eher Bock als Gärtner (zitiert nach: Bittner 2010, S. 151).

Aber auch in Deutschland gibt es mittlerweile eine beeindruckende Galerie von Politikern, die ihre Macht von gestern heute zu Markte tragen (Beucker/Krüger, 2010, S. 263 ff.).

17 Hans-Peter Bartels, Reden, Reden, reden? Ja, Genau, *Der Spiegel*, 13. September 2010, S. 134 ff.

18 Manfred Biegler, Finanzskandale. Produkte strukturierter Verantwortungslosigkeit, in: Honegger u. a., 2010, S. 245

19 Ebd., S. 255

20 Jürgen Kädtler, Woher kommt und was bedeutet »Macht der Finanzmärkte«?, in: Attac, 2008, S. 41 ff.

21 Insgesamt: Christian Nürnberger, Wir sind allein, *Süddeutsche Zeitung*, 14./15. August 2010, S. V 2/1

22 Oskar Negt, In dieser Gesellschaft brodelt es, *Der Spiegel,* 9. August 2010, S. 98 ff.

23 Über die Frühindikatoren für solch eine Entwicklung: Wittmann, 2010, S. 73 ff.

24 Insgesamt vgl. Heiner Mühlmann, Wir sind längst nicht mehr kreditwürdig, *Frankfurter Allgemeine Zeitung*, 14. August 2010, S. 33

25 Steinbrück (2010, S. 170 f., 200) sah den größten Versicherungskonzern der Welt (AIG) am 15./16. September 2008 »Millimeter vor dem Absturz«.

26 Ebd., S. 173

27 Ebd., S. 175

28 Ebd., S. 189–192

29 Ebd., S. 197

30 Vielleicht erinnert sich die Deutsche Bank auch wieder daran, dass sie in der Finanzkrise zusammen mit anderen deutschen Banken von der amerikanischen Notenbank viele Milliarden US-Dollar erhalten hat. Man mag zwar davon ausgehen, dass diese Fed-Kredite keine Eigenkapital-, sondern nur Liquiditätshilfen waren, zu denen es auf dem (vermeintlichen) Höhepunkt der Krise keine Alternative gab, und dass es sich dabei um keine Staatshilfe handelte. Aber das ändert nichts daran, dass auch die Deutsche Bank zumindest indirekt von Staatshilfen profitierte, weil sie hohe Verluste erlitten hätte, wenn der US-Versicherer AIG oder die HRE nicht mit Staatsgeld gerettet worden wären. Vgl. dazu: Harald Freiberger, Deutsche Banken bekamen Milliarden aus Amerika, *Süddeutsche Zeitung*, 3. Dezember 2010, S. 29

31 Ebd., S. 206

32 Ebd., S. 208

33 Ebd., S. 211. Seinerzeit konnte Steinbrück noch nicht wissen, dass Funke, der am Tag vor Weihnachten 2008 die fristlose Kündigung erhielt, im Oktober 2010 einen (ersten) juristischen Erfolg erzielte, da ein Gericht ihm für die Monate Januar und Februar ein Gehalt in Höhe von circa 150 000 Euro zusprach, obwohl die von ihm geführte Bank mit zehn Milliarden Euro Steuergeld und zeitweise mit Garantien in Höhe von 140 Milliarden Euro gestützt werden musste. Funke und der frühere Finanzvorstand Markus Fell, der für Januar 2008 circa 40 000 Euro erhält, hatten einen Urkundsprozess angestrengt. Zu den Einzelheiten: Martin Hesse, Funkes Trick, *Süddeutsche Zeitung*, 16./17. Oktober 2010, S. 31. Damit ist die Sache aber nicht erledigt. Der »Sieg« steht unter Vorbehalt, weil in einem Urkundsprozess nicht abschließend über das Bestehen eines Anspruchs entschieden wird. Es ist nun in einem gesonderten Verfahren zu klären, ob Funkes Kündigung rechtmäßig war. Dazu: Henning Peitsmeier, Nachzahlung für früheren HRE-Vorstandschef Funke, *Frankfurter Allgemeine Zeitung*, 16. Oktober 2010, S. 18

34 Martin Hesse, Die Schattenbank, *Süddeutsche Zeitung*, 13. September 2010, S. 4

35 Henning Peitsmeier, Chefin einer Zombie-Bank, *Frankfurter Allgemeine Zeitung*, 14. September 2010, S. 18

36 Martin Hesse, Von der Vergangenheit eingeholt, *Süddeutsche Zeitung*, 13. September 2010, S. 17

37 Vgl. *Frankfurter Allgemeine Zeitung*, 13. September 2010, S. 15

38 Vgl. dazu: Martin Hesse/Claus Hulverscheidt, Bank auf dem OP-Tisch, *Süddeutsche Zeitung*, 30. September 2010, S. 17

39 Vgl. Martin Hesse/Klaus Ott, Kassieren trotz Krise, *Süddeutsche Zeitung*, 20. September 2010, S. 21

40 Vgl. Martin Hesse, Schwer vermittelbar, *Süddeutsche Zeitung*, 20. September 2010, S. 17

41 Vgl. Martin Hesse, Empörung über Banker-Gehälter, *Süddeutsche Zeitung*, 27. September 2010, S. 19

42 Claus Hulverscheidt/Martin Hesse, Eine halbe Million Euro sind genug, *Süddeutsche Zeitung*, 2./3. Oktober 2010, S. 30

43 So Martin Hesse, Scheinheilige Debatte, *Süddeutsche Zeitung*, 27. September 2010, S. 4

44 Vgl. Claus Hulverscheidt/Martin Hesse, HRE bringt Finanzministerium in Bedrängnis, *Süddeutsche Zeitung*, 24. September 2010, S. 17

45 Steinbrück, 2010, S. 219

46 Ebd., S. 220–223

47 Lambrecht/Mueller, 2010, S. 20, 22

48 Insgesamt: Steinbrück, 2010, S. 224 ff.

49 So Schnaas, 2010, S. 22

50 Ebd., S. 227–233

51 Es gibt selbstverständlich nicht nur eine einzige Ursache für die überaus komplexe Kette von Ereignissen, die in Gang gekommen ist. Vgl. dazu: Arnoldi, 2009, S. 22 ff.

52 In einem (anderen) Satz: »Wenn die eine Hand nicht weiß, was die andere tut, und wenn ein kurzes Gedächtnis das Geschwätz von gestern auch nicht mehr gegenwärtig hält, dann könnte es sich um Politik handeln.« Georg Paul Hefty, Unwiederbringlich, *Frankfurter Allgemeine Zeitung*, 28. August 2010, S. 1

53 Wie das Beispiel der Kreditanstalt für Wiederaufbau (KfW) zeigt, ist Unfähigkeit allerdings nicht strafbar. Die KfW ging als »Deutschlands dümmste Bank« in die Geschichte ein, weil sie an die Lehman Bank 320 Millionen Euro überwies, obwohl diese schon pleite war. Die KfW blieb schließlich auf einem Schaden in Höhe von 100 Millionen Euro sitzen (vgl. Markus Zydra,

Straftat nein, dumm schon, *Süddeutsche Zeitung*, 8. September 2010, S. 17, und Markus Zydra, KfW-Ermittlung eingestellt, ebd., S. 26; Holger Appel, 8.55 Uhr, *Frankfurter Allgemeine Zeitung*, 18. September 2010, S. 13)

54 Vgl. dazu die pennälerhaften Erlebnisberichte von Anne T., 2009, und René Zeyer, 2009 und 2010. Der Typus des gnadenlos erfolgreichen und bedenkenlos hedonistischen Investmentbankers ist zur Romanfigur avanciert und fast schon ein Idol realistisch-fiktionaler (Auto-)Biographien geworden. Vgl. nur: Anderson, 2010; Will, 2010; Suzana S., 2010; Thompson 2010

55 Tichy, 2009, S. 14

56 Vgl. Köhler, 2008, S. 53 ff. Zur »Entfesselung der Märkte« in den vergangenen dreißig Jahren: Felber, 2009, S. 24 ff.

57 Leo Müller, 2010, S. 31 ff. Grundsätzlich über den regulativen Staat im Zeichen von Globalisierung: Lütz, 2002, S. 19 ff.

58 Dazu Wessel, 2010

59 Nienhaus, 2009, S. 13 ff.

60 Ramonet, 2010, S. 21

61 Bofinger, 2009, S. 77

62 Zimmermann/Schäfer, 2010, S. 107 ff.

63 Über die Hedge-Fonds zwischen Mythos und Wirklichkeit: Weber, 2004, S. 47 ff. Über den »Organismus« einer Heuschrecke: Schäfer, 2006, S. 107 ff. Aus eher naiver vermeintlicher Opfersicht: Seifert, 2006

64 Insgesamt: Merz, 2008, S. 101 ff.

65 Es ist zu befürchten, dass Merz selbst in absehbarer Zeit für eine solche Auseinandersetzung nur eingeschränkt zur Verfügung stehen kann, weil er mit dem Verkauf der WestLB betraut wurde. Zu den Hintergründen: Helga Einecke, Eins, zwei oder drei, *Süddeutsche Zeitung*, 10. September 2010, S. 24; Marc Beise/Martin Hesse, Sein größter Fall, *Süddeutsche Zeitung*, 30. September 2010, S. 18, und Tina Hildebrandt, Geheimwaffe der Republik, *Die Zeit*, 30. September 2010, S. 28

66 Forrester, 2001, S. 20, 21

67 Zutreffend: Derber, 2003, S. 69; zur Begünstigung der schlimmsten Formen des Kapitalismus durch die freie Weltwirtschaft: Gray, 2001, S. 111 ff.

68 Ausführlich: Stiglitz, 2010; vgl. dazu die Rezension von Uwe Jean Heuser, Gier frisst Verantwortung, *Die Zeit*, 12. Mai 2010, S. 53

69 Ausführlich zum Verlauf von Spekulationswellen anhand historischer Beispiele: Galbraith, 2010

70 Marc Brost/Uwe Jean Heuser/Schieritz, *Die Zeit*, 10. 12. 2009, S. 23

71 Vgl. ebd.

72 Vgl. die Lagebeurteilung von Nikolaus Piper, Dollar im Überfluss, *Süddeutsche Zeitung*, 11. Oktober 2010, S. 17

73 Zu weiteren Einzelheiten: Martin Hesse, Das Vier-Billionen-Dollar-Monster, *Süddeutsche Zeitung*, 12. Oktober 2010, S. 28

74 Andreas Oldag, Land unter, *Süddeutsche Zeitung*, 24./25. Januar 2009, S. 23

75 Vgl. *Frankfurter Allgemeine Zeitung*, 24. Februar 2010, S. 19

76 Zu weiteren Einzelheiten: John Jungclaussen/Arne Storn, Asche zu Asche, *Die Zeit*, 8. Januar 2009, S. 17

77 Helmut Schmidt, Wie entkommen wir der Depressionsfalle?, *Die Zeit*, 15. Januar 2009, S. 19

78 Ottmar Berbalk u. a., Die Griechenland-Pleite, *Focus*, 22. Februar 2010, S. 127

79 Manch einer sieht darin ein »Lehrstück zur globalen Enteignung der Städte«; vgl. dazu ausführlich: Rügemer, 2005. Durch die in dem System angelegte Aushöhlung der kommunalen Selbstverwaltung nimmt die Demokratie zwangsläufig Schaden; vgl. dazu Wolfgang Messner, Riskante Wasserspiele, in: Freudenreich, 2010, S. 227, 237 f.

80 Hans-Werner Sinn, *Focus*, 22. Februar 2010, S. 131

81 Zu weiteren Einzelheiten: Matthias Brendel/Udo Ludwig, Regelrecht angefixt, *Der Spiegel*, 6. September 2010, S. 46 ff.

82 Zu weiteren Einzelheiten: *Frankfurter Allgemeine Zeitung*, 27. November 2010, S. 17 (Leipziger Wasserwerke-Skandal vor Gericht). Das Geschäft hätte vielleicht sogar gutgehen können und niemand hätte etwas bemerkt, wenn nicht die Finanzkrise dazwischengekommen wäre (Peter Schilder, Nichts geht mehr, ebd. S. 4).

83 Vgl. auch Andreas Wassermann, Heimliche Selbstbedienung, *Der Spiegel*, 8. November 2010, S. 100 f.

84 Schäuble, 2009, S. 7 f.

85 Ebd., S. 8. Es bleibt offen, von welchen Voraussetzungen und Folgen des Globalisierungsprozesses Schäuble im einzelnen ausgeht. Wichtige Hinweise finden sich bei Giddens, 2001; Grefe/Greffrath/Schumann, attac, 2002; Friedman, 2000; Mander/Goldsmith, 2002; Martin/Schumann, 2003; Safranski, 2003; Soros, 2002

86 Roth, 2010, S. 13

87 Schäuble, 2009, S. 15, 32, 33

88 Ebd., S. 15 f.

89 Ebd., S. 20 f.

90 Ebd., S. 25 ff.

91 Ebd., S. 41

92 Ebd., S. 42–48, 51 ff., 55 ff.

93 Ebd., S. 59

94 Vgl. zum Folgenden insgesamt: Wolfgang Schäuble, Finanzpolitik auf ordnungspolitischem Fundament, *Frankfurter Allgemeine Zeitung*, 27. August 2010, S. 12

95 Sofsky, 2009., S. 124 ff.

96 Insgesamt: Bruhn, 2005, S. 57

97 Bernhard Edmunds, Keine Kapitalismuskrise, sondern eine Krise der Finanzwirtschaft, in: Brenner u. a., 2009, S. 46 ff., behauptet, dass die globale Finanzkrise die Fortexistenz des kapitalistischen Wirtschaftssystems nicht in Frage stelle.

98 Vgl. Ramonet, 2010, S. 10–13

99 Ebd., S. 108

100 So Heribert Prantl, Die innere Sicherheit, *Süddeutsche Zeitung*, 19. Februar 2010, S. 3

101 Marc Brost/Uwe Jean Heuser/Mark Schieritz, *Die Zeit*, 10. Dezember 2009, S. 24

102 Vgl. insgesamt: Patrick Bernau, Auf der Suche nach der Blase, *Frankfurter Allgemeine Zeitung*, 18. Januar 2010, S. 10. Sornette hat im Juni 2010 ein weiteres Experiment begonnen, bei dem sieben Finanzblasen identifiziert wurden. Zum Ende desselben Jahres sollten die Ergebnisse prognostiziert werden. Vgl. dazu: Markus Zydra, Finanzkrisen entstehen wie Erdbeben, *Süddeutsche Zeitung*, 23. September 2010, S. 23

103 Zu weiteren Einzelheiten: Alexander Hagelüken/Moritz Koch, Panik an den Börsen, *Süddeutsche Zeitung*, 8./9. Mai 2010, S. 25

104 So sieht es der amerikanische Wirtschaftsnobelpreisträger für das Jahr 2008, Paul Krugman (vgl. *Frankfurter Allgemeine Zeitung*, 8. Mai 2010, S. 21).

105 Vgl. Thomas Schulz, Angriff der Algos, *Der Spiegel*, 27. September 2010, S. 88 f.

106 Ullrich Fichtner, Die Logik des Bankrotts, *Der Spiegel*, 10. Mai 2010, S. 52

107 Ebd., S. 53

108 Dem Wort von Thomas Carlyle »Der Bankrott ist gewaltig« muss nichts hinzugefügt werden. Ausführlich zur Frage der Staatsschulden: Ferguson, 2003, S. 109 ff.

109 Zu weiteren Einzelheiten: Ullrich Fichtner, Die Logik des Bankrotts, *Der Spiegel*, 10. Mai 2010, S. 55

110 Zu weiteren Einzelheiten: Markus Zydra, Gefühllos in den Abgrund, *Süddeutsche Zeitung*, 8./9. Mai 2010, S. 31

111 Vgl. Bettina Schulz, Sonderrendite mit Logarithmen, *Frankfurter Allgemeine Zeitung*, 12. November 2010, S. 22

112 Insgesamt zutreffend: Ullrich Fichtner, Die Logik des Bankrotts, *Der Spiegel*, 10. Mai 2010, S. 56, 57

113 Ausführlicher: Günter Franke/Jan Pieter Krahnen, Ein staatliches Hospital für kranke Banken, *Frankfurter Allgemeine Zeitung*, 26. Februar 2010, S. 12

114 Münchau (2008, S. 5) ist der Auffassung, dass man die Folgen des Lehman-Kollapses durch massive Eingriffe der Regierung nur kurzfristig in den Griff bekommen habe.

115 Zu Einzelheiten: Harald Freiberger, Frostige Zeiten, *Süddeutsche Zeitung*, 22. Februar 2010, S. 24

2 Riskante Produkte und Geschäftsmodelle

1 Insgesamt: Bettina Schulz, Mit Derivaten auf die Zukunft zocken, *Frankfurter Allgemeine Zeitung*, 23. Mai 2009, S. 23

2 Ausführlich zur Rolle dieser Institution: Brown, 2009; Griffin, 2009

3 Über das Scheitern der Mathematisierung in der Ökonomie: Heidenreich/Heidenreich, 2008, S. 25 ff.

4 Vgl. zu Folgendem insgesamt die sehr eingängigen Analysen von Hanno Beck/Helmut Wienert, *Aus Politik und Zeitgeschichte*, 11. Mai 2009, S. 9

5 Zu den Einzelheiten: ebd.

6 Zitiert nach: Thomas Fromm/Klaus Ott, Das Gesicht der Krise, *Süddeutsche Zeitung*, 13. März 2009, S. 18

7 Klaus Ott, Die Akte Funke, *Süddeutsche Zeitung*, 24. Februar 2010, S. 20

8 Zutreffend: Markus Frühauf, *Frankfurter Allgemeine Zeitung*, 19. September 2009, S. 11; vgl. auch: Mark Schieritz, *Die Zeit*, 17. September 2009, S. 34

9 Hanno Beck/Helmut Wienert, *Aus Politik und Zeitgeschichte*, 11. Mai 2009, S. 11 f.

10 Über die Kriminologie der Finanzkrise: Barth, 2009, S. 228 ff.

11 Über die Regulierung der Kapitalmärkte: Otte, 2010, S. 57 ff.

12 Damit sind übrigens Langzeitwirkungen verbunden. Die Probleme sind fundamental. Es wächst die Furcht vor einer Fortsetzung der Krise. Ein funktionierendes Finanzsystem hängt von der Vollstreckbarkeit von Kreditverträgen ab. Das ist in den USA gegenwärtig nicht der Fall, weil die Banken oft nicht belegen können, dass sie der rechtmäßige Eigentümer

einer Hypothek sind oder dass sie im Auftrag des rechtmäßigen Besitzers handeln, weshalb sie sich gezwungen sahen, einen Zwangsversteigerungstopp anzuordnen. Vgl. dazu: Moritz Koch, Erneuter Häuserkampf, *Süddeutsche Zeitung*, 16./17. Oktober 2010, S. 31

13 Man findet allerdings auch die Überzeugung, dass das Problem mit den heutigen Finanzmärkten darin liegt, dass sie zu effizient sind (Chang, 2010, S. 306).

14 Grundsätzlich zur Effizienz in der Wirtschaft und zu den ethischen Implikationen: Ulrich, 2010, S. 17 ff.

15 Manche Wirtschaftswissenschaftler leugnen, dass es so etwas wie Spekulationsblasen überhaupt gibt. Der Markt sei vollkommen effizient, und wenn sich Immobilienpreise innerhalb von wenigen Jahren verdoppelten oder verdreifachten, nur um schließlich einzubrechen, reagiere der Markt lediglich auf »neue Informationen«. Zu weiteren Einzelheiten der »Krisenökonomie«: Roubini/Mihm, 2010, S. 59 ff. Vgl. dazu die Rezension von Uwe Jean Heuser, Gier frisst Verantwortung, *Die Zeit*, 12. Mai 2010, S. 53, und die Anmerkungen von Nikolaus Piper, Die Rezepte des Doktor Doom, *Süddeutsche Zeitung*, 15./16. Mai 2010, S. 27

16 Alexander Mühlauer, Boom, Krach, Boom, *Süddeutsche Zeitung*, 6. Mai 2010, S. 20

17 Vgl. insgesamt und ausführlich im Detail: Dullien u. a., 2009, S. 37–58

18 Zu den einzelnen »Tricks«: Luther, 2003, S. 210 ff.

19 Mit weiteren Nachweisen: Raddatz, 2009, S. 127

20 Die Kernfrage lautet: Entspricht die Abschlussprüfung im Sinne gesamtgesellschaftlicher Verantwortung und insbesondere im Interesse der Kapitalmärkte der öffentlichen Erwartung? Mit dem unter der Verantwortung des EU-Kommissars Michel Barnier herausgegebenen Grünbuch »Audit Policy: Lessons from the Crisis« ist die dringend notwendige Diskussion eröffnet worden. Dabei dürften auch Wirtschaftsprüfer einiges zu lernen haben. Namhafte Vertreter dieses Standes glauben, dass es in der Finanzkrise kein Marktversagen gegeben habe (Rolf Nonnenmacher, Die Zukunft der Wirtschaftsprüfer, *Frankfurter Allgemeine Zeitung*, 18. Oktober 2010, S. 12). Aber selbst diese Sichtweise ändert nichts daran, dass die Öffentlichkeit von Wirtschaftsprüfern die Aufdeckung aller erkennbaren Risiken in und außerhalb globaler Krisen erwarten darf. Deren Mitverantwortung wird bislang nur sporadisch mit großer Vorsicht und großer Zurückhaltung diskutiert (Wolfgang Janka, Die Schuld der Wirtschaftsprüfer, ebd.). Mittlerweile hat Barnier immer-

hin einen Wunschkatalog vorgelegt, mit dem die Bilanzkontrolleure stärker an die Kandare genommen werden sollen. Vor allem soll das Oligopol der vier großen Wirtschaftsprüfungsunternehmen wegen der systemgefährdenden Marktenge aufgebrochen werden (Georg Giersberg/Joachim Jahn, Im Sog der Großen Vier, *Frankfurter Allgemeine Zeitung*, 27. November 2010, S. 13).

21 Raddatz, 2009, S.129

22 Ebd.

23 Ebd., S. 130 ff.

24 Insgesamt: ebd. 138 f.

25 So insgesamt: ebd., S. 164 ff.

26 Ebd., S. 161

27 Zutreffend: ebd., S. 162 f.

28 Zur beruflichen Entwicklung von Richard Severin Fuld: Sorkin, 2010, S. 32 ff. Das Buch von Ross Sorkin wird übrigens als »Politthriller erster Güte« bezeichnet: Alexander Armbruster, Überlebenskämpfe an der Wall Street, *Frankfurter Allgemeine Zeitung*, 16. September 2010, S. 14

29 Am Ende verhielt sich dieser einst mächtige Bankmanager nur noch wie ein trotziges kleines Kind. Vgl. dazu: McDonald/Robinson, 2010, S. 357 ff. Manch ein Beobachter hat den Eindruck, dass Fuld umso rätselhafter anmutet, je mehr über ihn geschrieben wird (vgl. Gerald Braunberger, Im September, *Frankfurter Allgemeine Zeitung*, 11. September 2010, S. 15).

30 Nikolaus Piper, Protokoll eines Untergangs, *Süddeutsche Zeitung*, 13./14. März 2010, S. 23; vgl. auch *Frankfurter Allgemeine Zeitung*, 13. März 2010, S. 15

31 Zagst u. a., 2010, S. 691

32 Siehe ebd., S. 757

33 Siehe Nikolaus Piper, Fuld: Regierung war schuld, *Süddeutsche Zeitung*, 2. September 2010, S. 24

34 Insgesamt zu den Liquiditätsrisiken im Falle Lehman: Zagst u.a. 2010, S. 760–762

35 Vgl. ebd., S. 764 ff.

36 Skeptiker glauben inzwischen, dass der Weg vom »too big to fail« zum »too big to save« nicht mehr allzu weit ist. Vgl. dazu: Philip Plickert, Die Staaten als Geiseln der Banken, *Frankfurter Allgemeine Zeitung*, 22. November 2010, S. 12

37 Ebd., S. 769

3 Die Öffnung des deutschen Luftraums für die Heuschrecken dieser Welt

1 Kathrin Quandt/Udo Rettberg, *Handelsblatt*, 18./19. Juli 2003, S. 33
2 Vgl. die Übersicht: *Frankfurter Allgemeine Zeitung*, 17. August 2010, S. 21
3 Hafner, 2002, S. 7, 199; Hetzer, 2003, S. 73 ff.
4 Hafner, 2002, S. 7 f.
5 *Frankfurter Allgemeine Zeitung*, 19. September 2002
6 Diese Einschätzung ist auf dem Sondergipfel der Europäischen Union in Tampere (1999) entstanden.
7 Bundestagsdrucksache 14/2350
8 Bundestagsdrucksache 14/9200, S. 79; vgl. auch: Altvater/Mahnkopf, 2002, S. 215 ff.
9 Ebd., S. 231
10 Hafner, 2002, S.171
11 Ebd., S. 173
12 Ebd., S.174
13 Ebd., S. 175
14 Ebd., S. 189
15 Udo Rettberg, *Handelsblatt*, 9. Mai 2003, S. B 5
16 Siehe Ingo Narat, *Handelsblatt*, 13. März 2002, S. 26
17 Siehe *Handelsblatt*, 9. Mai 2003, S. B 5
18 Hierbei handelt es sich um den Bericht einer hochrangigen Expertengruppe, die von Jaques De Larosière, dem ehemaligen Vorsitzenden des IWF, geleitet wurde.
19 Vgl. Bericht des Europäischen Parlaments über Derivatemärkte – Künftige politische Maßnahmen (2010/2008(INI)). Ausschuss für Wirtschaft und Währung (Berichterstatter: Werner Langen) vom 7. Juni 2010, A7-0187/2010, S. 14/20
20 Ebd., S. 15/20; 16/20
21 COM(2010) 484 final SEC(2010) 1059; SEC(2010) 1058
22 Zu weiteren Einzelheiten: Claas Tatje, Nur nicht zu doll, *Die Zeit*, 16. September 2010, S. 27
23 Cerstin Gammelin, Prädikat halbherzig, *Süddeutsche Zeitung*, 16. September 2010, S. 17
24 Siehe Cerstin Gammelin, Fesseln für die Spekulanten, *Süddeutsche Zeitung*, 16. September 2010, S. 19

4 Finanzmarkt und Mafia

1 Zitiert nach Höhler, 2010, S. 9

2 So Kerviel, 2010, S. 11

3 Jérôme Kerviel, Ich war nur ein kleines Rad, *Der Spiegel*, 15. November 2010, S. 98 ff.

4 So Moritz Koch, Im Sumpf der Wall Street, *Süddeutsche Zeitung*, 22. November 2010, S. 1

5 Weitere Einzelheiten: *Frankfurter Allgemeine Zeitung*, 24. November 2010, S. 19

6 Vgl. die Rechtsprechungsnachweise bei Markus Zydra, Werden unsere Banken geschmiert?, *Süddeutsche Zeitung*, 25. November 2010, S. 25

7 So Weitmann, 2010, S. 175 f.

8 Weitere Einzelheiten: Alexander Mühlauer, Ein Sir hinter Gittern, *Süddeutsche Zeitung*, 20./21. Juli 2009, S. 27

9 Vgl. Moritz Koch, Der Staatsanwalt redet mit Chuck, *Süddeutsche Zeitung*, 22. Juli 2009, S. 22

10 So Markus Zydra, Anklage gegen Kiener, *Süddeutsche Zeitung*, 18. November 2010, S. 26

11 Im Jahre 2007 wuchs das Einkommen des Durchschnittsamerikaners (das bei knapp 34 000 US-Dollar lag) um bis zu fünf Prozent. Die Lebenshaltungskosten waren zugleich um 4,1 Prozent gestiegen. Die Kaufkraft stieg also nur um 0,9 Prozent. Inflationsbereinigt hat sich das Einkommen der Durchschnittshaushalte in den USA seit 1990 kaum erhöht, etwa sieben Prozent in 18 Jahren. Davon hebt sich Blankfein ab. Er hat im Jahr 2007 Gehalts- und Bonuszahlungen sowie Aktienprämien im Gesamtwert von 68,5 Millionen US-Dollar erhalten, 25 Prozent mehr als im Jahr zuvor und circa 2000-mal mehr, als der Durchschnittsamerikaner verdient hat. Im selben Jahr überstiegen die Nettoeinnahmen von Goldman Sachs mit 46 Milliarden US-Dollar das Bruttoinlandsprodukt von mehr als 100 Ländern. Zitiert nach: Ferguson, 2010, S. 7

12 Vgl. auch Martin Hesse, Zwingt sie in die Pflicht, *Süddeutsche Zeitung*, 18. Januar 2010, S. 15

13 Dazu: Katrin Elger/Markus Feldenkirchen/Alexander Neubacher/René Pfister/Barbara Schmid/Merlind Theile, Ein Herz für Reiche, *Der Spiegel*, 18. Januar 2010, S. 22 ff.

14 Vgl. Johann Osel, FDP macht sich Staat zur Beute, *Süddeutsche Zeitung*, 18. Januar 2010, S. 5

15 Differenzierter über die Entwicklung der Definition der OK: Kinzig, 2004, S. 50 ff.

16 Nachweise bei Kinzig, 2004, S. 71; grundsätzlich auch: Hetzer, 2003, S. 50 ff.

17 KOM (2005) 6 endg.

18 Ausführlich dazu auch: Flassbeck, 2009, S. 134 ff.

5 Business und Betrug

1 Wolf, 2009, S. 80

2 Insgesamt zutreffend: ebd., S. 80 f.

3 Benannt nach Charles Ponzi, einem der größten Betrüger der amerikanischen Geschichte; im englischen Sprachraum ist »Ponzi scheme« bis heute eine gebräuchliche Bezeichnung für Schneeballsysteme; zum Wirken von Charles Ponzi: Alexander Mühlauer, Der Gauner im Maßanzug, in: Hagelüken/Freiberger 2009, S. 99 ff.

4 Ausführlich: Hetzer, 2003

5 Josef Ackermann, *Der Spiegel*, 5. Oktober 2009, S. 74 ff.

6 Wolfgang Schäuble, *Frankfurter Allgemeine Sonntagszeitung*, 23. Mai 2010, S. 2

7 Zu seiner Karriere im Überblick: Leo Müller, 2006, S. 241 ff.

8 Siehe Harald Freiberger/Andreas Hoffmann/Claus Hulverscheidt/Ulrich Schäfer, Der Machthaber, *Süddeutsche Zeitung*, 18. Dezember 2009, S. 3

9 Jan Fleischhauer, Der Getriebene, *Der Spiegel*, 3. April 2010, S. 58 ff.

10 Ebd.

11 De Weck, 2009, S. 8 f.

12 Ebd., S. 10–13

13 Zu weiteren Einzelheiten: Frey, 2009, S. 163–166

14 Frank, 2009, S. 16

15 Manche halten die Bedeutung der Subprime-Konditionen für deutlich überschätzt; vgl. Wolf, 2009, S. 82. »Subprime« ist übrigens keine Erfindung des 21. Jahrhunderts, vgl. dazu Sommer, 2009, S. 18 ff.

6 Sturkturierte Finanzprodukte und Strafrecht

1 Zu den damit verbundenen Problemen ausführlich: Ulrich Sorgenfrei, in: Park, 2008, Teil 1, Randnummern 1 ff.

2 Schröder, Handbuch Kapitalmarktstrafrecht, 2010, Rdn. 1080

3 Zutreffend: Heidenreich/Heidenreich, 2008, S. 77 f.

4 Zu den Einzelheiten: *Frankfurter Allgemeine Zeitung*, 26. November 2010, S. 14 (Der Schutzschild der Ratingagenturen bröckelt)

5 Zu den Folgen des »Schrotthandels« in den USA: Wittmann, 2009, S. 106

6 Vgl. auch Wagenknecht, 2008, S. 48, 49 f.

7 Die Agenturen bewerten nicht nur, sondern helfen den Kunden, Kredite und Wertpapiere schon vor dem Rating zu strukturieren.

8 Sinn, 2009, S. 140–143

9 Als Duopol wird eine Marktform verstanden, bei der nur zwei Anbieter einer Vielzahl von Nachfragern gegenüberstehen.

10 Vgl. aber: Oliver Everling, Vom Versagen der Ratingagenturen, *Süddeutsche Zeitung*, 12. August 2010, S. 16

11 Vgl. den dankenswerten Ansatz von Schröder, 2010, Randnummer 1084, auf dessen Darstellung sich die nachfolgenden Ausführungen maßgeblich stützen

12 Artikel 2 Nr. 5 der Verordnung der Europäischen Kommission zur Umsetzung der Prospekthaftung – VO Nr. 809/2004 vom 29. April 2004 – ABl. L 186 vom 18. Juli 2005, S. 3

13 Vgl. insgesamt Schröder, 2010, Randnummern 1088–1093

14 Dazu: Paragraph 1 Absatz 26 KWG

15 Übertragung eines Anspruchs von einem bisherigen Gläubiger auf einen Dritten

16 Umfassend und detailliert: Schröder, 2010, Randnummern 1094–1106

17 Ebd., Randnummern 1107 ff.

18 Zu den Gründen: ebd., Randnummer 1112

19 Ebd., Randnummer 1113

20 Dabei handelt es sich um Forderungszessionen, die der Umsatzfinanzierung von Unternehmen dienen.

21 Ebd., Randnummer 1116

22 Ebd., Randnummern 1117 f.

23 Die Fristentransformation (Fristenumformung oder -veränderung) ist eine Methode von Kreditinstituten, kurzfristige Passiva in langfristige Aktiva auszugeben, das heißt, kurzfristige Einlagen werden in langfristige Kredite verwandelt. Bei dieser Transformation liegt also *keine Fristenkongruenz mehr zwischen Aktiv- und Passivgeschäft* vor. Möglich ist das vor allem deshalb, weil zum einen immer ein gewisser Bodensatz (Guthaben) auf den Konten der Kunden vorhanden ist und zum anderen dem Kreditinstitut stetig neue Einlagen zufließen. Die Fristentransformation gehört zu den Hauptaufgaben der Finanzintermediäre einer Volkswirtschaft, *um so die einzelnen zeitlichen Interessen der Gläubiger und Schuldner miteinander vereinbaren zu können*. In der Praxis sind Transformationen von kürzeren Laufzeiten zu längeren üblich. Diese nennt man »positive Fristentransformation«. Umgekehrt werden sie als »negative Fristentransfor-

mation« bezeichnet und kommen eher selten vor. In der Betriebswirtschaftslehre spielt die Fristentransformation vorrangig bei der Kalkulation von Bankdienstleistungen über die Marktzinsmethode (Ermittlung der Wertuntergrenze) eine Rolle.

24 Ebd., Randnummer 1120

25 Ebd., Randnummer 1121

26 Vgl. insgesamt ebd., Randnummern 1122–1125

27 Zu Einzelheiten: ebd., Randnummer 1126

28 Ebd., Randnummer 1129

29 Ebd.

30 Ebd., Randnummern 1130–1133

31 Insgesamt ebd., Randnummern 1134–1138

32 Ebd., Randnummer 1139

7 Möglichkeiten der Strafverfolgung

1 Insgesamt ebd., Randnummern 1141–1145

2 Ebd., Randnummer 1146

3 Vgl. auch ebd., Randnummer 1147

4 Insgesamt ebd., Randnummern 1148 ff.

5 Ebd., Randnummern 1152 f.

6 Ebd., Randnummern 1154 f.

7 Zu einzelnen rechtlichen Aspekten: ebd., Randnummern 1156–1164

8 Ebd., Randnummer 1165

9 Ebd., Randnummer 1166

10 Ebd., Randnummer 1167

11 Ebd., Randnummer 1168

12 Ebd., Randnummer 1169

13 Ebd., Randnummer 1171

14 Ebd., Randnummer 1173

15 Ebd.

16 Ebd., Randnummern 1174 f.

17 Vgl. dazu insgesamt: ebd., Randnummer 1182

18 Zutreffend ebd., Randnummer 1183

19 Ebd., Randnummer 1184

20 Ebd., Randnummer 1185

21 Ebd., Randnummer 1186

22 Ebd., Randnummer 1187

23 Als Basel I (auch: *Basler Akkord*) werden die Regelungen des Basler Ausschusses zur ersten Basler Eigenkapitalvereinbarung von 1988 bezeichnet.

24 Ebd., Randnummer 1188
25 Bundesgesetzblatt I 2926
26 Insgesamt folgerichtig: Bernd Schünemann, in: Schünemann 2010, S. 89–92
27 Schröder, 2010, Randnummer 1191 mit Rechtsprechungsnachweisen.
28 Ebd., Randnummer 1193
29 Ebd., Randnummer 1194
30 Ebd., Randnummer 1195
31 Ebd., Randnummer 1196
32 Anderer Meinung ist Schröder, 2010, Randnummer 1200; vgl. auch im übrigen die überwiegend zutreffenden Ausführungen von Schröder, 2010, Randnummern 1197 ff.
33 Ebd., Randnummern 1201 f.
34 So insgesamt und überzeugend Bernd Schünemann, in: Schünemann, 2010, S. 97 ff.
35 Vgl. auch den Überblick bei Wieczorek, 2010, S. 53 ff.
36 Die »Business Judgement Rule« ist im deutschen Gesellschaftsrecht ein Teil der Organhaftung, wonach Vorstand oder Aufsichtsrat für begangene schuldhafte Pflichtverletzungen persönlich haften und entstandene Schäden ersetzen müssen.
37 Vgl. etwa Paragraph 11 KWG
38 Engl. marktnahe Bewertung oder Neubewertungsprozess: Bewertungsmethode beim Jahresabschluss von Kreditinstituten, die im Grundsatz die Bewertung von Finanzinstrumenten nach dem aktuellen Marktpreis fordert.
39 Vgl. insgesamt: Peter Kasiske, in: Schünemann 2010, S. 30 ff.
40 Ebd., S. 31
41 Ebd., S. 33
42 Ebd., S. 35
43 Dort ging es um die Frage einer Strafbarkeit des ehemaligen Bundesministers des Innern, Manfred Kanther, unter anderem wegen Untreue auf Grund der Teilnahme an illegalen Formen der Parteienfinanzierung.
44 Vgl. insgesamt zum juristischen Meinungsstreit die Nachweise: ebd., S. 35 ff.
45 Zutreffend: ebd., S. 39
46 Ebd., S. 40
47 In diesem Sinne: ebd., S. 41
48 Zu einzelnen Positionen: Bernd Schünemann, in: Schünemann, 2010, S. 86
49 Insgesamt: ebd., S. 85–88

50 Nach Paragraphen 76, 82, 93 AktG

51 Vgl. insgesamt: Beschluss des zweiten Senats vom 23. Juni 2010: BVerfG, 2 BvR 2559/08. Fundstelle: http://www.bundesverfassungsgericht.de/entscheidungen/rs20100623_2bvr255908.html

52 Jürgen Taschke, Strafrichter müssen künftig konkrete Zahlen nennen, *Frankfurter Allgemeine Zeitung*, 18. August 2010, S. 21

53 Zutreffend: Bernd Schünemann, in: Schünemann, 2010, S. 85

54 Vgl. *Süddeutsche Zeitung*, 18./19. September 2010, S. 30

55 Paragraph 263 StGB

56 Vgl. insgesamt Thomas Rönnau, in: Schünemann, 2010, S. 43–46

57 Paragraph 263 StGB

58 Bernd Schünemann, in: Schünemann, 2010, S. 82 ff.

59 Insgesamt folgerichtig und zustimmungswürdig: Bernd Schünemann, in: ebd. 102 f.

8 Die zweifelhaften Machenschaften mancher Banken

1 Andere haben übrigens den Eindruck, dass das größte Kapitalverbrechen nicht von Bankräubern begangen wird, sondern von Bankern höchstpersönlich, geduldet von Politikern: Alt/Spiegel, 2009, S. 20. Dem Eindruck, dass die Finanzwelt in der Hand einer Bande von skrupellosen Gaunern ist, die es lieber auf eine schwere Wirtschaftskrise ankommen lassen als auf eine Gewinnchance zu verzichten, begegnet man jedoch auch mit Skepsis (Plumpe, 2010, S. 7).

2 Siehe *Frankfurter Allgemeine Zeitung*, 9. Februar 2010, S. 1

3 Enzensberger (1996, S. 42 f.) spricht von der »entsetzlichen Wahrheit«, dass immer mehr Menschen für immer aus dem ökonomischen Kreislauf ausgestoßen werden, weil sich ihre Ausbeutung nicht mehr lohnt. Vgl. aber die vor kurzem veröffentlichte Kritik an dem Bürgerkriegskonzept von Enzensberger: Lützeler, 2009, S. 36 ff.

4 Unsichtbares Komitee, 2010, S. 118

5 Zum Sachstand siehe *Frankfurter Allgemeine Zeitung*, 8. Oktober 2010, S. 11

6 Höhler, 2010, S. 185

7 Ebd., S. 187

8 Ebd., S. 188

9 Ebd., S. 189

10 Ebd., S. 190

11 Vgl. dazu auch Paul Kirchhof, Der Unternehmer als Kapitän, *Frankfurter Allgemeine Zeitung*, 22. Mai 2009, S. B 6; er sieht in der Finanzkrise übrigens eine Denkkrise. Claudia Nagel (Das Geld als Fetisch, *Süddeutsche Zeitung*,

22. Mai 2009, S. 22) sieht die Ursache der Finanzmarktkrise gar im »perversen Geisteszustand« unserer Gesellschaft.

12 Peter Gauweiler, *Süddeutsche Zeitung*, 4. Februar 2010, S. 2

13 Martin Hesse/Klaus Ott, Codename »St. Pancras«, *Süddeutsche Zeitung*, 4. Februar 2010, S. 17

14 Für die ehemalige Ministerpräsidentin des Landes Schleswig-Holstein, Heide Simonis, ist die HSH ein »spektakuläres Krisenexempel«. (Simonis, 2010, S. 67)

15 Mittlerweile gibt es Hinweise, dass der Vorgänger von Nonnenmacher als Leiter der Bank, Hans Berger, diese fatalen Finanzgeschäfte kaum verstanden und falsch eingeschätzt hat. Es kommt hinzu, dass Führungskräfte unter der Ägide von Berger Warnungen zu Omega nicht weitergegeben haben sollen, obwohl die Brisanz unverkennbar war. Als damaliger Finanzchef will Nonnenmacher erst drei Wochen nach internen Alarmmeldungen von den anstehenden Risiken Kenntnis erhalten haben. Vgl. dazu Kristina Läsker, Heiße Post aus London, *Süddeutsche Zeitung*, 21. September 2010, S. 24

16 Zu den Gründen für die lang anhaltende Solidarität des früheren Chefs der Deutschen Bank: Hans Leyendecker, Der Kopper-Reflex, *Süddeutsche Zeitung*, 10. November 2010, S. 18

17 Siehe Klaus Ott/Ralf Wiegand, Auf der Jagd nach dem weißen Elefanten, *Süddeutsche Zeitung*, 10./11. Juli 2010, S. 30

18 Dirk Jens Nonnenmacher, *Frankfurter Allgemeine Zeitung*, 19. 08. 2010, S. 12

19 Insgesamt: Hans Leyendecker/Klaus Ott, Waggons für Sylt, *Süddeutsche Zeitung*, 24./25. Juli 2010, S. 34

20 Frank Roth, Ich erwarte eine Entschuldigung, *Frankfurter Allgemeine Zeitung*, 28. Oktober 2010, S. 19

21 Zu weiteren Einzelheiten: Kristina Läsker, Ein Aufsichtsrat und sein Schützling, *Süddeutsche Zeitung*, 27. August 2010, S. 24; *Frankfurter Allgemeine Zeitung*, 27. August 2010, S. 17 (Hilmar Kopper stärkt dem HSH-Vorstand den Rücken)

22 Siehe *Frankfurter Allgemeine Zeitung*, 28. August 2010, S. 14 (Dirk Nonnenmacher will unschuldig sein)

23 *Frankfurter Allgemeine Zeitung*, 26. August 2010, S. 13 (HSH Nordbank rutscht tiefer in den Spitzel-Sumpf)

24 Siehe *Frankfurter Allgemeine Zeitung*, 31. August 2010, S. 13 (Zur HSH-Spitzelaffäre kommt noch eine Pornoaffäre)

25 Kristina Läsker, Die Bank braucht Ruhe, *Süddeutsche Zeitung*, 31. August 2010, S. 21

26 Kristina Läsker/Klaus Ott, Erneute Razzia in HSH-Affäre, *Süddeutsche Zeitung*, 4. November 2010, S. 23

27 Zitiert nach: *Frankfurter Allgemeine Zeitung*, 6. November 2010, S. 19 (Der schmutzige Zettel in New York)

28 Zitiert nach: Hans Leyendecker/Klaus Ott, Projekt Schweigen, *Süddeutsche Zeitung*, 19. November 2010, S. 24

29 Zitiert nach ebd., (Ohne Verstand und Anstand)

30 Vgl. Kristina Läsker/Klaus Ott, Verdacht auf Schmiergeld bei HSH, *Süddeutsche Zeitung*, 4./5. Dezember 2010, S. 25

31 Zu den Einzelheiten: Jürgen Dahlkamp/Gunther Latsch/Jörg Schmitt, Sieben ohne Strich, *Der Spiegel*, 6. September 2010, S. 36 f.

32 Siehe *Frankfurter Allgemeine Zeitung*, 11. September 2010, S. 19 (Der Rückhalt für »Dr. No« bröckelt)

33 Karl-Heinz Büschemann, Problem der Kontrolle, *Süddeutsche Zeitung*, 13. September 2010, S. 17

34 Vgl. Jürgen Dahlkamp/Gunther Latsch/Jörg Schmitt, Munition fürs Rollkommando, *Der Spiegel*, 27. September 2010, S. 93

35 Kristina Läsker/Hans Leyendecker/Klaus Ott, HSH-Chef vor dem Rauswurf, *Süddeutsche Zeitung*, 8. November 2010, S. 17

36 Jürgen Dahlkamp/Gunther Latsch/Jörg Schmitt, Hartversilbert, *Der Spiegel*, 8. November 2010, S. 30 ff.

37 Vgl. dazu: Hans Leyendecker, Schnüffeln, überwachen, bespitzeln, *Süddeutsche Zeitung*, 10. November 2010, S. 18

38 So insgesamt: Johannes Ritter, Im Bannstrahl der Politik, *Frankfurter Allgemeine Zeitung*, 10. November 2010, S. 9

39 Vgl. Stefan Seitz, Der Chef, ein Risiko, *Süddeutsche Zeitung*, 13./14. November 2010, S. 2

40 So Martin Hesse, Koppers Geisterschiff, *Süddeutsche Zeitung*, 4./5. Dezember 2010, S. 25

41 Zu dieser Personalie: Kristina Läsker/Martin Hesse/Klaus Ott, HSH Nordbank findet neuen Chef, *Süddeutsche Zeitung*, 15. Dezember 2010, S. 19

42 Hilmar Kopper, Die Spinne heißt Prevent, *Der Spiegel*, 20. Dezember 2010, S. 78 ff.

43 Zitiert nach: www.spiegel.de/politik/deutschland/0,1518,610647,00.html

44 Hans Leyendecker/Klaus Ott, Abenteuer in den Alpen, *Süddeutsche Zeitung*, 9./10. Januar 2010, S. 36

45 Vgl. dazu Michael Frank/Martin Hesse/Klaus Ott, Ende des Größenwahns, *Süddeutsche Zeitung*, 11. Dezember 2009, S. 2

46 Zu Einzelheiten: Kassian Stroh, Eine Bank der Partei, *Süddeutsche Zeitung*, 11. Dezember 2009, S. 2

47 Annette Ramelsberger, Rennen, retten, flüchten, *Süddeutsche Zeitung*, 11. Dezember 2009, S. 4

48 Ausführlich zu den Hintergründen dieses denkwürdigen Aufklärungsversuchs: Katja Auer/Klaus Ott, Landtag droht mit Beugehaft, *Süddeutsche Zeitung*, 29. September 2010, S. 35

49 Annette Ramelsberger, Herr Hochmut von der Sparkasse, *Süddeutsche Zeitung*, 29. September 2010, S. 4

50 Siehe Hans Leyendecker/Klaus Ott, Geldanleger für Gutbetuchte, *Süddeutsche Zeitung*, 14. Januar 2010, S. 18

51 Henning Peitsmeier, Nur übertölpelt?, *Frankfurter Allgemeine Zeitung*, 14. Januar 2010, S. 18

52 Siehe *Frankfurter Allgemeine Zeitung*, 14. Januar 2010, S. 5

53 Vgl. Klaus Ott, Haider wollte offenbar zehn Millionen Euro von der BayernLB, *Süddeutsche Zeitung*, 19. Februar 2010, S. 24

54 Zitiert nach: Klaus Ott/Nicolaus Richter, Einer packt aus, *Süddeutsche Zeitung*, 6. Mai 2010, S. 20

55 Siehe Klaus Ott/Nicolaus Richter, Einer packt aus, *Süddeutsche Zeitung*, 6. Mai 2010, S. 20

56 Klaus Ott/Nicolaus Richter, Eine ausgequetschte Zitrone, *Süddeutsche Zeitung*, 4. Mai 2010, S. 17

57 Es wird kritisiert, dass sich Grasser möglicherweise als Finanzminister an einer Bank unter staatlichem Einfluss beteiligt hat. Entsprechende Vorwürfe bestreitet Grasser genauso wie Beschuldigungen wegen Untreue im Zusammenhang mit der Privatisierung von Bundeswohnungen während seiner Amtszeit. Bei der größten Wohnungsprivatisierung in Österreich seit der Nachkriegszeit wurde von 2002 an die staatseigene und damals gemeinnützige Wohnbaugesellschaft Buwog mit circa 60 000 Wohnungen an ein Konsortium um den österreichischen Immobilienkonzern »Immofinanz« verkauft. Die Anklagebehörde wirft Grasser vor, in seiner Eigenschaft als damaliger Finanzminister bei der Auswahl der Investmentbank, welche die Privatisierung abwickeln sollte, nicht den Best- und Billigstbieter CA-IB beauftragt zu haben, sondern das Bankhaus Lehman Brothers, das damals 10,2 Millionen Euro für die Beratung kassiert hat, durchgesetzt zu haben. Grasser bestreitet zwar, die Privatisierung beeinflusst zu haben.

In deren Verlauf sind aber circa 10 Millionen Euro an seine Bekannten und ehemaligen Buwog-Lobbyisten Walter Meischberger und Peter Hochegger geflossen. Bei öffentlichen Auftritten erklärt Grasser regelmäßig, dass er im Zentrum von Angriffen stehe, weil er einer konservativen Regierung angehört habe. Zu weiteren Einzelheiten: Michaela Seiser, Schöner Mann mit Angriffsfläche, *Frankfurter Allgemeine Zeitung*, 5. August 2010, S. 8. Es bleibt abzuwarten, ob Beweise darüber erbracht werden können, dass der als Heizungstechniker ausgebildete ehemalige Generalsekretär der Freiheitlichen Partei Österreichs (FPÖ) Meischberger (genannt »Meischi«) allein oder mit anderen die Republik Österreich auch in anderen Bereichen (Privatisierungen und Rüstungsgeschäfte) in einen »Selbstbedienungsladen der Feschisten« verwandelt hat, wie teilweise behauptet wird (vgl. Florian Klenk, Schmiergeld? A'geh!, *Die Zeit*, 12. August 2010, S. 6).

58 Insgesamt siehe Klaus Ott/Uwe Ritzer, In doppelter Mission, *Süddeutsche Zeitung*, 22. Juli 2010, S. 20

59 Insgesamt: Martin Hesse/Klaus Ott, Der Anti-Schmidt, *Süddeutsche Zeitung*, 23. Juli 2010, S. 18

60 Siehe *Süddeutsche Zeitung*, 19. August 2010, S. 19 (Diplomat mit Makel)

61 Siehe *Frankfurter Allgemeine Zeitung*, 1. September 2010, S. 16

62 Henning Petsmeier, Ein anderer wäre besser, *Frankfurter Allgemeine Zeitung*, 1. September 2010, S. 18

63 Christian Höller, Hypo Kärnten: Neuer Beschuldigter, *Die Presse*, 20. August 2010, S. 18

64 Ebd.

65 Vgl. Elisabeth Steiner, Ein lachhaft niedriger Preis, *Der Standard*, 18. August 2010, S. 19

66 Vgl. dazu und insgesamt: Joachim Riedl/Richard Schneider, Bank der Kriegsgewinnler, *Die Zeit*, 12. Mai 2010, S. 14 f. Ausführlich auch: Schneider, 2010, S. 25 ff.

67 Siehe Klaus Ott, Ich weiß nicht, was daran verfänglich sein soll, *Süddeutsche Zeitung*, 28. Juli 2010, S. 18

68 Klaus Ott, Schlecht beraten, ebd., S. 17

69 Michaela Seiser, Mit ungleichen Waffen, *Frankfurter Allgemeine Zeitung*, 14. August 2010, S. 18

70 Klaus Ott/Hans Leyendecker, Ein skandalöses Erbe, *Süddeutsche Zeitung*, 16. August 2010, S. 2

71 Zu den konkreten Vorwürfen gegen Kulterer dagegen: Klaus Ott/Hans Leyendecker, 150 000 für den Detektiv, ebd.

72 Zitiert nach: Hans Leyendecker/Klaus Ott, Paradebanker vom Wörthersee, *Süddeutsche Zeitung,* 17. August 2010, S. 18

73 Vgl. dazu Michael Frank, Schwierige Ermittlungen, *Süddeutsche Zeitung,* 16. August 2010, S. 2

74 Vgl. dazu: Elisabeth Steiner, Ein Mann für alle Vermögensfälle, *Der Standard,* 20. August 2010, S. 20

75 Hans Leyendecker/Klaus Ott, Eine deutsch-österreichische Affäre, *Süddeutsche Zeitung,* 26. Oktober 2010, S. 27

76 Vgl. insgesamt: Elisabeth Steiner, Ein lachhaft niedriger Preis, *Der Standard,* 18. August 2010, S. 19

77 Vgl. insgesamt: Maria Kern, Der Schlüssel zu den 140 000 €, *Kurier,* 22. August 2010, S. 2

78 Siehe *Der Standard,* 18. August 2010, S. 19

79 Zitiert nach Hedi Schneid, Kulterer kommt gegen 500 000 Euro Kaution auf freien Fuß, *Die Presse,* 11. November 2010, S. 18

80 Insgesamt zitiert nach: Klaus Ott, Zeuge Stoiber redet seine Rolle klein, *Süddeutsche Zeitung,* 14./15. August 2010, S. 38

81 Insgesamt: Katja Auer, Stoiber lehnt jede Verantwortung ab, *Süddeutsche Zeitung,* 14. Oktober 2010, S. 37

82 Zitiert nach Karl-Peter Schwarz, Graue Geflechte in Kroatien, *Frankfurter Allgemeine Zeitung,* 14. Oktober 2010, S. 6

83 Zitiert nach: Enver Robelle, Ex-Premier Kroatiens in Haft, *Süddeutsche Zeitung,* 13. Dezember 2010, S. 7

84 Mappes-Niedik, 2009, S. 144

85 Vgl. Katja Auer, Früherer LB-Vorstand soll verklagt werden, *Süddeutsche Zeitung,* 20. Oktober 2010, S. 30

86 So Hans Leyendecker, Kontrolleure außer Kontrolle, *Süddeutsche Zeitung,* 20. Oktober 2010, S. 2

87 Dazu: Klaus Ott/Martin Hesse/Nikolaus Richter, Himmlische Führung, *Süddeutsche Zeitung,* 20. Oktober 2010, S. 2

88 Zitiert nach: *Frankfurter Allgemeine Zeitung,* 27. Oktober 2010, S. 15

89 Zitiert nach Katja Auer, Beckstein kehrt den Spieß um, *Süddeutsche Zeitung,* 29. Oktober, S. 32

90 So Mike Szymanski, Schmid macht die CSU unglaubwürdig, *Süddeutsche Zeitung,* 29. Oktober 2010, S. 32

91 Martin Hesse/Klaus Ott, Späte Abrechnung, *SZ,* 27. Oktober 2010, S. 26

92 Vgl. dazu Katja Auer, Rückendeckung für LB-Verwaltungsräte, *Süddeutsche Zeitung,* 28. Oktober 2010, S. 42

93 So insgesamt zutreffend: Heribert Prantl, Kapitalverbrechen, *Süddeutsche Zeitung*, 27. Oktober 2010, S. 4

94 Klaus Ott, Überwachungspflicht verletzt, *Süddeutsche Zeitung*, 28. Oktober 2010, S. 42

95 Vgl. ebenfalls Klaus Ott, Exchef der Hypo Alpe Adria festgenommen, *Süddeutsche Zeitung*, 14./15. August 2010, S. 21

96 Vgl. insgesamt: Dinah Deckstein/Conny Neumann/Steffen Winter, Todsicheres Geschäft, *Der Spiegel*, 18. Oktober 2010, S. 100 ff.

97 Klaus Ott, Alles nur geborgt, *Süddeutsche Zeitung*, 18. Oktober 2010, S. 33

98 Zu Details: Elisabeth Steiner, Netzwerk zwischen Politik und Bank, *Der Standard*, 1. September 2010, S. 21

99 Angesichts dieser grenzüberschreitenden Aktivitäten ist bemerkenswert, dass Jörg Haider keine Hemmungen hatte, die EU als Angriffsziel zu behandeln, und die Österreicher aufrief, sich nicht der EU, Maastricht oder irgendeiner internationalen Idee verpflichtet zu fühlen, sondern ihrem Heimatland. Vgl. dazu: Judt, 2009, S. 861 ff.

100 Zitiert nach: Reinhard Olt, Faule Kredite für Brot und Spiele, *Frankfurter Allgemeine Zeitung*, 28. August 2010, S. 5

101 Zitiert nach: *Die Presse*, 28. August 2010, S. 11

102 Gottwald Kranebitter, *Kurier*, 13. November 2010, S. 11

103 Gottwald Kranebitter hat öffentlich erklärt, dass er die »Vergangenheitsbewältigung« im Jahre 2010 abschließen will. Es müsse gelingen, die HGAA zu entkriminalisieren und zu stabilisieren (zitiert nach *Süddeutsche Zeitung*, 23. September 2010, S. 24

104 In Teilen der deutschen Presse wird darauf hingewiesen, dass verschiedene Manager, die Haider in die Bank geholt hatte, wegen Korruption, Insiderhandel und »Trickserei« in der Buchhaltung vor Gericht stehen. Dazu: Alard von Kittlitz, Pfiat Gott, liabe Alm, *Frankfurter Allgemeine Zeitung*, 16. Oktober 2010, S. 44

105 Insgesamt: Stefan Melchiar, Millionencoup auf Risiko der Steuerzahler, *Wiener Zeitung*, 4./5. September 2010, S. 25

106 Zu den Details: Micheal Nikbakhsh/Ulla Schmid, Schmerzhaftes Ergebnis, *profil*, 10. Jänner 2011, S. 44ff.

107 Zitiert nach Paul Trummer, BayernLB verschärfte Geldprobleme der Hypo, *Kurier*, 9. Jänner 2011, S. 8

108 Vgl. *Frankfurter Allgemeine Zeitung*, 4. Dezember 2010, S. 22 (Madoffs Treuhänder klagt an)

109 Zitiert nach: Nikolaus Piper, Madoff-Treuhänder klagt auf 15 Milliarden Euro, *Süddeutsche Zeitung*, 13. Dezember 2010, S. 17

110 Vgl. dazu auch *Frankfurter Allgemeine Zeitung*, 13. Dezember 2010, S. 16 (Teures Nachspiel für Bank Medici und Bank Austria). Picard ist auch nicht davor zurückgeschreckt, die Kinder und Enkelkinder von Madoff zu verklagen, obschon es bis jetzt keinen Beweis dafür gibt, dass die Söhne Andrew und Mark, der sich am 2. Jahrstag der Verhaftung seines Vaters selbst tötete, von den Betrügereien ihres Vater etwas gewusst haben. Vgl. dazu: Moritz Koch, Der Fluch des Namens Madoff, *Süddeutsche Zeitung*, 13. Dezember 2010, S. 23

111 Zitiert nach Markus Stingl, Die Spur führt nach Klagenfurt, *Kurier*, 7. Jänner 2011, S. 9

112 Zitiert nach Rainer Fleckl/Erich Vogl, Mister X heißt Gaston Glock, *Kurier*, 9. Jänner 2011, S. 8

113 Klaus Ott/Nicolas Richter, BayernLB-Vorstand erhielt 50 Millionen Dollar, *Süddeutsche Zeitung*, 3. Januar 2011, S. 1; dies., Schatten über „Sonnenschein", ebd., S. 2; dies., Die Spur führt in die Formel 1, ebd.

114 Vgl. auch: Henning Peitsmeier, Die Formel 1 und der Banker, in: *Frankfurter Allgemeine Zeitung*, 4. Januar 2011, S. 12

115 Zitiert nach Klaus Ott/Nicolas Richter, Größter Korruptionsfall in Deutschland, *Süddeutsche Zeitung*, 7. Januar 2011, S. 1

116 Vgl. Hans Leyendecker/Klaus Ott/Nicolas Richter, Schön, dass Sie da sind, *Süddeutsche Zeitung*, 7. Januar 2011, S. 3

117 So Hans-Jürgen Jakobs, Was ist da für mich drin?, *Süddeutsche Zeitung*, 7. Januar 2011, S. 17

118 Zutreffend: Hans Leyendecker, Die Welt der Abzocker, *Süddeutsche Zeitung*, 7. Januar 2011, S. 4

Schluss: Korruption als Leitkultur

1 Andrew Ross Sorkin, Riesige Egos, *Der Spiegel*, 16. August 2010, S. 76 f.

2 Zitiert nach: *Süddeutsche Zeitung*, 5./6. September 2009, S. 12

3 Fischer, 2009, Vor Paragraph 298, Randnummer 4

4 Insgesamt: Michael Bordt, Zu viel Pathos, zu wenig Moral, *Süddeutsche Zeitung*, 26. Juli 2010, S. 18

5 So Nadine Oberhuber, Die guten Banker, *Die Zeit*, 5. August 2010, S. 24; zum »Institute for Social Banking« in Bochum: Marcus Müller, Doch nur unter sich, *Die Zeit*, 9. Dezember 2010, S. 34

ABKÜRZUNGEN

ABCP	Asset-Backed Commercial Papers
ABS	Asset-Backed Securities/forderungsbesichertes Wertpapier
AIG	American International Group
AktG	Aktiengesetz
AMD	Advanced Micro Devices
BaFin	Bundesanstalt für Finanzdienstleistungsaufsicht
BAWAG	Bank für Arbeit und Wirtschaft
BdB	Bundesverband deutscher Banken
BGB	Bürgerliches Gesetzbuch
BGH	Bundesgerichtshof
BKA	Bundeskriminalamt
BörsG	Börsengesetz
BZÖ	Bündnis Zukunft Österreich
CBL	Cross-Border-Leasing
CDO	Collateralized Debt Obligations (in Fonds gebündelte und verbriefte Kredite unterschiedlicher Qualität)
CDS	Credit Default Swap/Kreditausfall-Swap
CFTC	Commodity Futures Trading Commission
CLO	Collateralized Loan Obligations/Unternehmenskredite
CMBS	Commercial Mortgage-Backed Securities/gewerbliche Hypothekenkredite
DKB	Deutsche Kreditbank
ESMA	European Supervisory Authority (Securities and Markets)/Europäische Wertpapierbörse
EU	Europäische Union
Eurostat	Europäische Statistikbehörde
EZB	Europäische Zentralbank
FBI	Federal Bureau of Investigation
Fed	Federal Reserve System (US-Notenbank)
FMSA	Finanzmarktstabilisierungsanstalt
FMSW	Finanzmarktstabilisierung-Wertmanagement
FPÖ	Freiheitliche Partei Österreichs
GG	Grundgesetz

GmbHG	Gesetz über die Gesellschaften mit beschränkter Haftung
HDZ	Hrvatska demokratska zajednica/Kroatische Demokratische Union
HGAA	Hypo Group Alpe Adria
HGB	Handelsgesetzbuch
HRE	Hypo Real Estate Bank
HSH	Hamburgisch-schleswig-holsteinische Nordbank AG
IAS	International Accounting Standards
IFRS	International Financial Reporting Standards/Internationale Rechnungslegungsvorschriften
IIF	International Institute of Finance
IKB	Deutsche Industriebank AG
IWF	Internationaler Währungsfonds
KfW	Kreditanstalt für Wiederaufbau
KWG	Kreditwesengesetz
LBBW	Landesbank Baden-Württemberg
LTCM	Long-Term Capital Management
NYSE	New York Stock Exchange
OECD	Organisation for Economic Co-operation and Development/ Organisation für wirtschaftliche Zusammenarbeit und Entwicklung
OK	Organisierte Kriminalität
ÖVP	Österreichische Volkspartei
PfandBG	Pfandbriefgesetz
RMBS	Residential Mortgage-Backed Securities/gebündelte Hypotheken- kredite
SEC	Securities and Exchange Commission/US-amerikanische Börsenauf- sicht
SoFFin	Sonderfonds Finanzmarktstabilisierung
SolvV	Solvabilitätsverordnung
SPÖ	Sozialdemokratische Partei Österreichs
SPV	Special Purpose Vehicle/Zweckgesellschaft
StGB	Strafgesetzbuch
WpHG	Wertpapierhandelsgesetz

GLOSSAR

Algo(rithmic)-Trading: Automatischer Handel von Wertpapieren durch Computerprogramme, die dazu genutzt werden, Kauf- und Verkaufsbefehle (Orders) auf elektronischem Wege an die Börse zu leiten. Je nach Automatisierungsgrad kann der Computer selbständig über bestimmte Aspekte der Order entscheiden (Zeit, Preis, Umfang).

Asset-Backed Securities (ABS): Bei forderungsbesicherten Wertpapieren handelt es sich um verzinsliche Papiere, welche Zahlungsansprüche gegen Zweckgesellschaften (→ Special Purpose Vehicles/SPV) zum Gegenstand haben. Ein SPV verwendet die Mittel ausschließlich zum Erwerb von Forderungen meist mehrerer Gläubiger und verbrieft sie zu einem Wertpapier. Die Zahlungsansprüche werden durch den Bestand an Forderungen (Assets) gedeckt (backed), die auf die Zweckgesellschaft übertragen werden.

Asset Management: Die Vermögensverwaltung gehört zu den zentralen Finanzdienstleistungen. Sie beinhaltet (Finanz-)Anlageentscheidungen durch eine dritte Person, die als Vermögensverwalter auftritt. Im Gegensatz zur Vermögens- oder Anlageberatung werden bei der Vermögensverwaltung nicht nur Anlageratschläge erteilt, sondern Anlageentscheidungen auch eigenständig durch den Vermögensverwalter getroffen.

Asset-Backed Commercial Papers (ABCP): Es handelt sich um durch Vermögenswerte (Assets) besicherte (unterlegte) Geldmarktpapiere, die ein Anwendungsfall der → Verbriefung von Forderungen sind. Die Forderungsverkäufer (Originator) erhalten für den Verkauf ihres Portfolios an Forderungen Liquidität. Die Forderungen werden dabei meist an ein → Conduit (Emissionsgesellschaft beziehungsweise Zweckgesellschaft) verkauft, welches die Papiere in einer Art Daueremission emittiert, um den Forderungskaufpreis zu refinanzieren. Dabei handelt es sich in der Regel um durch die angekauften Forderungen besicherte nicht börsennotierte Schuldverschreibungen mit einer Fälligkeit von maximal 360 Tagen (üblich sind 30 bis 90 Tage).

Bad Bank: Eine »schlimme« oder »schlechte« Bank ist eine Abwicklungs- beziehungsweise Auffangbank, also ein gesondertes Kreditinstitut zur Aufnahme von → Derivaten und Zertifikaten von in Zahlungsschwierigkeiten geratenen Emittenten und zur Abwicklung sogenannter notleidender Kredite sanierungsbedürftiger Banken.

Basel II: Gesamtheit der Eigenkapitalvorschriften, die vom Basler Ausschuss für Bankenaufsicht in den letzten Jahren vorgeschlagen wurden. Die Regeln müssen gemäß den EU-Richtlinien 2006/48/EG und 2006/49/EG seit dem 1. Januar 2007 in den Mitgliedsstaaten der Europäischen Union für alle Kreditinstitute und Finanzdienstleistungsinstitute (= Institute) angewendet werden.

Blitz-Trading: Die beim → Algo-Trading eingesetzten Computer können mit ihren Programmen aktuellste Börsennachrichten sofort verwerten und innerhalb von Sekundenbruchteilen (blitzartig) umsetzen. So wird in Krisensituationen der »Herdentrieb« (Lemmingeffekt) an der Börse verstärkt. Die damit verbundenen Gefahren sind offensichtlich. In den USA hat deshalb eine Debatte über ein Verbot des Blitz-Trading begonnen, die auch das Gebaren von → Hedge-Fonds berücksichtigen sollte.

Central Counterparty (CCP): Als zentralen Kontrahenten oder zentrale Gegenpartei bezeichnet man ein Rechtssubjekt, das an Börsen und manchen (over-the-counter) Derivaten-Handelsplätzen als Vertragspartei zwischen Verkäufer und Käufer tritt. Die CCP ist dann Käufer für jeden Verkäufer und Verkäufer für jeden Käufer. Auf den ersten Blick bedeutet die Einrichtung einer anonymisierenden Mittelstelle eine unnötige Verkomplizierung der Handelsbeziehungen, da aus einem Geschäft im wirtschaftlichen Sinne zwei Geschäfte im rechtlichen Sinne werden. Die Aufspaltung dient jedoch sowohl der Anonymisierung des Handels als auch der Effizienz der Aufrechnungsmöglichkeiten. Zusätzlich hat die CCP die Funktion der Risikovorsorge. Zur Minderung des Erfüllungsrisikos verlangt die CCP von allen Handelsteilnehmern eine Sicherheitshinterlegung (margin), welche im Falle des Ausfalls einer Partei eine Wiederbeschaffung ermöglichen soll.

Collateralized Debt Obligations (CDOs): In Fonds gebündelte und verbriefte Kredite unterschiedlicher Qualität. Die Bezeichnung ist ein Oberbegriff für Finanzinstrumente, die zu der Gruppe der forderungsbesicherten Wertpapiere (→ Asset-Backed Securities) und strukturierten Kreditprodukte gehören. CDOs bestehen aus einem Portfolio aus festverzinslichen Wertpapieren. Diese werden in drei Tranchen aufgeteilt: Senior, Mezzanine und Equity. Das Ausfallrisiko steigt – aufgrund der nachrangigen Bedienung im Fall eines Ausfalls – mit sinkendem Rating. Daher bietet die Equity-Tranche als Ausgleich den höchsten Nominalzins. CDOs sind ein wichtiges Refinanzierungsmittel für Banken auf dem Kapitalmarkt. Im Zuge der Finanzkrise sind sie in die Kritik geraten, da mittels ihres Einsatzes in hohem Maße risikobehaftete Kreditforderungen als vermeintlich sichere Investments auf dem Kapitalmarkt platziert wurden.

Conduit: Refinanzierungsstruktur, bei der mittels einer Zweckgesellschaft

Wertpapiere wie beispielsweise →ABS oder → CDO oder andere Forderungen wie etwa Kredite oder Forderungen aus Lieferungen und Leistungen von extern bewerteten (»gerateten«) Unternehmen einmalig oder revolvierend angekauft und über die Ausgabe von Geldmarktpapieren in international gängigen Währungen refinanziert werden.

Credit Default Swaps (CDS): Ein CDS ist ein Kreditderivat, das es erlaubt, Ausfallrisiken von Krediten, Anleihen oder Schuldnernamen zu handeln. Es wird ein Vertrag zwischen zwei Parteien geschlossen, der Bezug auf einen Referenzschuldner als Basiswert nimmt. Solche Schuldner sind typischerweise große, kapitalmarktnotierte Unternehmen. Eine Vertragspartei (Sicherungsnehmer) bezahlt eine laufend zu entrichtende sowie zusätzlich eine einmalig am Anfang fällige Prämie. Dafür erhält er von seinem Vertragspartner (Sicherungsgeber) eine Ausgleichszahlung, sofern der in dem CDS-Vertrag bezeichnete Referenzschuldner ausfällt. Der CDS ähnelt damit einer Kreditversicherung. Allerdings erhält der Sicherungsnehmer die Ausgleichzahlung unabhängig davon, ob ihm durch den Ausfall des Referenzschuldners überhaupt ein Schaden entsteht. CDS sind also Instrumente, mit denen unabhängig von bestehenden Kreditbeziehungen Kreditrisiken gehandelt werden können.

Cross-Border-Leasing (CBL): Bei einem CBL haben der Leasinggeber und der Leasingnehmer ihren Sitz in verschiedenen Staaten. In der Regel wird CBL eingesetzt, um eine unterschiedliche Gesetzgebung in zwei Ländern zu nutzen und dadurch Steuern zu sparen beziehungsweise zu vermeiden. Im weiteren Sinn ist jedes Leasinggeschäft über Staatsgrenzen ein CBL, auch wenn es sich von einem normalen Leasing de facto nicht unterscheidet. CBL ist als spezielle Form des Leasings eine strukturierte Finanzierung. Es handelt sich um verschiedene Verträge, die im Rahmen eines Gesamtplans zusammen abgeschlossen werden und nur als Ganzes verständlich sind. Bekannt ist insbesondere das CBL mit den USA. Durch die unterschiedlichen steuerlichen Regelungen der Länder kommt es zur Fiktion zweier steuerlicher Eigentümer ein und desselben Objekts, die nunmehr beide – jeweils nach den Gesetzen ihres Heimatlandes – *gleichzeitig dasselbe Objekt* steuerlich abschreiben. Sowohl »Mieter« als auch »Vermieter« können also bei dieser Konstruktion den Leasinggegenstand steuerlich abschreiben und erzeugen hierdurch einen dementsprechend abziehbaren Aufwand. Da die amerikanische Seite die Abschreibung ohne reale Anschaffungskosten verbuchen kann, handelt es sich um ein reines Steuersparmodell. Einen Teil der Steuerersparnis teilt die amerikanische Seite mit dem Leasingnehmer. Dies sind häufig Städte und Gemeinden in Deutschland, Frankreich, Österreich, Schweiz, Belgien oder den Niederlanden. Die Kommune bekommt maximal zwei bis acht Prozent des gesamten Transaktionsvolumens, den »Barwertvorteil«. Zahlreiche europäische Kommunen konnten mit dem CBL – vorläufig – ihre Haushalte aufbessern. Etwa 150 deutsche Städte, so viele wie in keinem anderen Land der Europäischen Union, haben Cross-Border-Leasing-Geschäfte abgeschlossen; die Schätzungen über das Gesamtvolumen dieser Geschäfte schwanken zwischen 30 und 80 Milliarden Euro. Man rechnet damit, dass die deutschen Städte allein zwischen 1995 und 2004 insgesamt einen Barwertvorteil von etwa einer Milliarde Euro erzielen konnten. 2004 wurden aber in den USA, wie viele Monate zuvor den Interessierten bekannt gewesen war, die Steuergesetze geändert und neue Verträge damit verboten. Im Jahre 2005 hat die amerikanische Finanzverwaltung Stellungnahmen veröffentlicht, wonach CBL als missbräuchliche Steuerumgehung anzusehen ist und die Steuervorteile auch für die in der Vergangenheit abgeschlossenen CBL-Geschäfte nicht gezahlt werden können. Der mit der Transaktion angestrebte Steuervorteil ist somit nicht (mehr) erreichbar. Offen ist, wie sich die amerikanischen Investoren hierzu stellen werden.

Currency Carry Trades (CCT): Spekulationsstrategie, bei der ein Spekulant einen Kredit in einer Währung mit vergleichsweise niedrigem Zinsniveau aufnimmt, um davon Zinspapiere zu kaufen, die in einer anderen Währung mit höherem Zinsniveau notiert sind. Er hofft dabei, dass durch die höheren Zinseinkünfte nach Rückzahlung des Kredits noch ein Gewinn verbleibt. Die Risiken bei dieser Spekulation bestehen in Wechselkursschwankungen und in Zinsänderungen.

Dachfonds: Investmentfonds, die das Geld der Anteilseigner wiederum in Anteilen von Investmentfonds anlegen. Die Fonds, in die der Dachfonds investiert, bezeichnet man als → Zielfonds. Investmentfonds, die sowohl in einzelne Wertpapiere wie Aktien oder Rentenpapiere als auch in Investmentfonds investieren, werden zuweilen in Abgrenzung zum Dachfonds auch Superfonds genannt.

Derivate: Finanzinstrumente, deren Preis oder Wert von den künftigen Kursen oder Preisen anderer Handelsgüter (zum Beispiel Rohstoffe oder Lebensmittel), Vermögensgegenstände (Wertpapiere wie zum Beispiel Aktien oder Anleihen) oder von marktbezogenen Referenzgrößen (Zinssätze, Indices) abhängt. Der Begriff lässt sich nicht scharf abgrenzen und wird überwiegend als Sammelbegriff für Finanztermingeschäfte verwendet. Ebenso kann der Wert von der Wahrscheinlichkeit des Eintretens eines Ereignisses wie zum Beispiel eines Staatsbankrotts oder der Insolvenz eines Unternehmens abhängen. Es handelt sich hierbei um Verträge, in denen die Vertragsparteien vereinbaren, einen oder mehrere Vertragsgegenstände zu festgelegten Bedingungen in der

Zukunft zu kaufen, zu verkaufen oder zu tauschen beziehungsweise alternativ Wertausgleichszahlungen zu leisten.

Derivate Rückkaufsgarantie: Mit Hilfe strukturierter Finanzprodukte werden Grauzonen in der Definition der Rechnungslegung ausgenutzt. Es ist beispielsweise strittig, was exakt buchhalterisch als »verkauft« gilt, wenn versteckte Optionen oder Verpflichtungen auf eine Rücknahme von Risikopositionen in den Derivaten enthalten sind. Verkauft ein Unternehmen im Rahmen eines strukturierten Produkts einen Bestand an Waren und ist es deshalb nicht mehr Eigentümer, sind auf die Waren auch keine Abschreibungen mehr fällig.

Distressed Securities: Dabei handelt es sich um Wertpapiere von Emittenten, die sich in einer wirtschaftlichen Notlage befinden, bei denen deshalb Zahlungsausfälle drohen oder bereits eingetreten sind. Distressed Securities können Anleihen eines in die Krise geratenen »Emerging Market« sein, sind meist aber festverzinsliche Schuldverschreibungen oder Aktien eines finanziell angeschlagenen Unternehmens. Solche Wertpapiere werden in der Regel mit erheblichen Kursabschlägen gehandelt, weil deren Risiken vom Markt entsprechend höher eingeschätzt werden als bei »gesunden« Emittenten. Der Reiz für den risikofreudigen Anleger liegt darin, die Papiere zu kaufen – und darauf zu spekulieren, dass der Kurs sich erholt.

Eigenkapitalquote: Für die Risiken, die ein Kreditinstitut im Kreditgeschäft oder bei der Anlage in Wertpapieren eingeht, ist ein angemessenes Eigenkapital erforderlich. Die Finanzaufsicht unterscheidet zwischen qualitativ hochwertigem Kernkapital und Ergänzungskapital geringer Qualität. Die Eigenkapitalquote ergibt sich aus dem Verhältnis von Eigenkapital zu den gewichteten Risikoaktiva in der Bilanz. Der Hintergrund: Je nach Schuldner ist das Ausfallrisiko eines Kredits unterschiedlich. Man setzt also nicht den Nominalbetrag bei der Berechnung der Eigenkapitalquote an, sondern nur den – nach eigener Ansicht – im Risiko stehenden Betrag.

Exposure: Ein in der Finanzwirtschaft gebräuchlicher Begriff zur Beschreibung eines Engagements, das heißt des Risikos beziehungsweise der Chancen eines Kursverlusts oder -gewinns. Marketexposure eines Aktienportfolios beschreibt zum Beispiel die Proportion, zu der dieses Portfolio in einem bestimmten Markt oder einer Branche investiert ist. Das Portfolio ist somit den Schwankungen dieses Marktes ausgesetzt und kann an dessen Kursverlusten beziehungsweise -gewinnen teilnehmen. Exposure (»ausgesetzt sein«) kann sich auf Wechselkursrisiken oder auf Risiken aus der allgemeinen wirtschaftlichen Lage beziehungsweise aus Transaktionen beziehen.

Fair-Value-Accounting: Der »übliche Marktpreis« oder »beizulegende Zeitwert«

ist im angelsächsischen Rechnungswesen der Betrag, zu dem zwischen sachverständigen, vertragswilligen und voneinander unabhängigen Geschäftspartnern ein Vermögenswert getauscht oder eine Verbindlichkeit beglichen werden könnte. Zur Bewertung und Verbuchung des Fair Value stützt man sich entweder auf den »Mark-to-market«-Ansatz (aktiver Markt mit zuverlässigem Fair Value vorhanden) oder auf den »Mark-to-model«-Ansatz (kein aktiver Markt mit zuverlässigem Fair Value vorhanden oder kein zuverlässiger Marktpreis) ermittelt wird. Dabei gibt es eine Bewertungshierarchie mit mehreren Stufen: aktuelle öffentlich notierte Marktpreise; Hinweise auf Marktpreise der letzten Transaktion oder von ähnlichen Finanzinstrumenten; Bewertungsverfahren nach bestimmten Vorschriften des International Accounting Standards (IAS).

Fundamentalfaktoren: Im Rahmen der fundamentalen Faktoren werden vor allem die Auswirkungen von Preisen, Zinsen und Wirtschaftswachstum als Erklärungen für Wechselkursänderungen betrachtet.

Futures: Verbindliche Börsenverträge zwischen zwei Parteien, also eine Art von börsengehandelten Termingeschäften. Solche Verträge sind charakterisiert durch die verpflichtende Lieferung (für den Verkäufer) beziehungsweise Abnahme (für den Käufer) im Hinblick auf einen genau bestimmten Vertragsgegenstand (Basiswert); eine bestimmte Menge (Kontraktgröße) und Qualität; einen fixen Zeitpunkt in der Zukunft (Termin) und einen konkreten, bereits bei Vertragsabschluss festgelegten Preis. Dies ermöglicht einen transparenten Handel, geringe Handelskosten und einen leichten Marktzugang. Für den Abschluss eines Futures fallen keine Kosten in Form von Prämien an. Käufer und Verkäufer tragen gleiche Rechte und Pflichten. Beide Vertragspartner müssen aber eine Vorschusszahlung leisten, die als Sicherheitsleistung dient und auch »Einschusszahlung«, »Sicherheitsleistung« oder »Initial Margin« genannt wird. Sie beträgt nur einen Bruchteil des Kontraktwertes – etwa fünf Prozent oder auch einen fixen Betrag – und kann je nach vorherrschender Volatilität nach oben oder unten korrigiert werden. In den modernen Futures-Märkten werden weniger als drei Prozent der Kontrakte durch Realtausch erfüllt. Der überwiegende Teil wird durch ein Gegengeschäft vor dem Fälligkeitszeitpunkt »glattgestellt«. Der Inhaber einer → Short-Position« (Verkäufer) erwirbt also eine → Long-Position und umgekehrt. Die Differenz zwischen den Preisen der beiden Kontrakte ergibt einen Spekulationsgewinn oder -verlust. Der starke Überhang an Spekulationsgeschäften zu Ungunsten der traditionellen, auf Realtausch basierenden Hedge-Geschäfte hat in der zweiten Hälfte der 1990er Jahre zu einer Vervielfachung des Handelsvolumens an den Futures-Börsen geführt und deren Liquidität erhöht.

Hedge-Fonds: Spezielle Art von Investmentfonds, die durch spekulative Anlagestrategien gekennzeichnet sind. Hedge-Fonds bieten die Chance auf sehr hohe Renditen und tragen ein entsprechend hohes Risiko. Typisch für Hedge-Fonds ist der Einsatz von → Derivaten und → Leerverkäufen. Hierher rührt auch der irreführende Name, da diese Instrumente außer zur Spekulation auch zur Absicherung (»Hedging«) verwendet werden können. Außerdem versuchen Hedge-Fonds über Fremdfinanzierung eine höhere Eigenkapitalrendite zu erwirtschaften (Hebel- oder → Leverage-Effekt). Die meisten Hedge-Fonds haben ihren Sitz an Offshore-Finanzplätzen.

International Financial Reporting Standards (IFRS): Internationale Rechnungslegungsvorschriften für Unternehmen, die vom International Accounting Standards Board (IASB) herausgegeben werden. Sie sollen losgelöst von nationalen Rechtsvorschriften die Aufstellung international vergleichbarer Jahres- und Konzernabschlüsse regeln.

Investmentmodernisierungsgesetz: Das deutsche Investmentgesetz (InvG) wurde durch das Investmentmodernisierungsgesetz geschaffen und reformierte auf Initiative der »rot-grünen« Bundesregierung das Gesetz über Kapitalanlagegesellschaften und das Auslandinvestment-Gesetz. Diese gelten seit seinem Inkrafttreten (1. Januar 2004) nicht mehr. Das InvG sollte der Fortentwicklung des Investmentstandortes Deutschland dienen, der in intensivem Wettbewerb stand mit anderen europäischen Finanzplätzen wie Luxemburg, Irland und Großbritannien, wo rechtliche Rahmenbedingungen von Anbietern von Investmentfonds vielfach attraktiver waren.

Klumpenrisiko: Kumulative Häufung von Ausfallrisiken im Bankwesen mit ähnlichen oder identischen Korrelationswerten (Kreditnehmer, Branchen, Regionen), die die Risikotragfähigkeit der Kreditinstitute erreichen oder übersteigen.

Leerverkäufe (auch ungedeckte): Verkauf von Waren oder Finanzinstrumenten (insbesondere Devisen, Wertpapiere), über die der Verkäufer zum Verkaufszeitpunkt nicht verfügt. Um seine künftige Lieferverpflichtung erfüllen zu können, muss er sich bis zum Erfüllungszeitpunkt durch den Kauf der Waren oder Finanzinstrumente eindecken. Die Möglichkeit von Leerverkäufen ist übrigens nicht auf den Finanzsektor beschränkt. Ein Leerverkauf kann als Kassageschäft oder als Termingeschäft ausgestaltet sein. Im Zusammenhang mit Wertpapierleerverkäufen existiert die Praxis des »Naked Short Selling« (»ungedeckter« Leerverkauf). Die Begriffsbildung ist uneinheitlich. Grundsätzlich gilt aber, dass der Leerverkäufer sich zum Zeitpunkt des Verkaufs noch kein Eigentum am leer verkauften Wertpapier verschafft hat. Die deutsche Bundesanstalt für Finanzdienstleistungsaufsicht (BaFin) fasst in ihren Allgemeinverfügungen, zuletzt vom 18. Mai 2010, den Begriff enger und versteht seit September 2008 unter ungedeckten Leerverkäufen jene, bei denen sich der Verkäufer weder Eigentum verschafft noch einen Anspruch auf eine Eigentumsübertragung hat. Die Position, die durch den Leerverkauf als Termingeschäft für den Verkäufer entsteht, heißt → Short-Position, unabhängig davon, ob der Verkäufer den Basiswert in Besitz hat oder leer verkauft.

Leverage: Finanzwirtschaftlicher Begriff, der allgemein Situationen beschreibt, in denen im Ergebnis kleine Variationen einer Variablen zu großen Ausschlägen führen. Als Leverage wird die Hebelwirkung der Finanzierungskosten des Fremdkapitals auf die Eigenkapitalverzinsung verstanden. So kann durch Einsatz von Fremdkapital die Eigenkapitalrendite einer Investition gesteigert werden. Dies trifft jedoch nur zu, wenn ein Anleger Fremdkapital zu günstigeren Konditionen aufnehmen kann, als die Investition an Gesamtkapitalrentabilität erzielt. Hat ein Investor beispielsweise 100 000 Euro und erzielt eine zehnprozentige Rendite (= 10 000 Euro), so entsteht ein Leverage-Effekt, wenn er 50 000 Euro Fremdkapital zu acht Prozent (4000 Euro Zinsen) bekommen kann. Die Differenz aus dem Zinsaufwand von 4000 Euro und der zusätzlichen Rendite (zehn Prozent auf 50 000 Euro) von 5000 Euro ergibt den Leverage-Effekt in Höhe von 1000 Euro oder zehn Prozent auf das eingesetzte Kapital.

Long-/Short-Positionen: Mit long (lang, weit) und short (kurz) werden in der Finanzwelt Käufer- beziehungsweise Verkäuferpositionen bezeichnet. Long oder Long-Position nennt man die Käuferposition in einem Handelsgeschäft, short oder Short-Position die Verkäuferposition. Allgemein wird bei Finanzinstrumenten wie etwa Aktien oder Derivaten mit long jede Position bezeichnet, bei welcher der Inhaber von einer Wertsteigerung des Finanzinstruments profitiert. Entsprechend spekuliert der Inhaber einer Short-Position – zum Beispiel mit einem Leerverkauf – auf den fallenden Wert des Finanzinstruments.

Long/Short Equity Strategy: Unter Equity wird das Eigenkapital eines Unternehmens verstanden. Da Aktien Anteile an diesem Eigenkapital verkörpern, wird diese Strategie oft auf Aktienmärkten angewendet. Mit Modifikationen kann sie jedoch auch auf andere Märkte übertragen werden. Long bedeutet in der Börsensprache, eine Aktie zu kaufen. Short bedeutet umgekehrt, eine Aktie zu verkaufen. Bei einer Long-Strategie kauft der Hedge-Fonds-Manager seiner Meinung nach unterbewertete Aktien, während er bei einer Short-Strategie von ihm als überbewertet eingestufte Aktien verkauft. Dieser Kauf oder Verkauf kann auch mittels Fremdkapitaleinsatzes geschehen.

Mergers & Acquisitions (M & A): Der Ausdruck bezeichnet sowohl den Vorgang der Unternehmensübernahme an sich als auch die Branche der hiermit befassten Dienstleister wie Investmentbanken, Rechtsanwälte und Wirtschafts-prüfer. In der Branche der Investmentbanken gilt M & A als Teilbereich der »Corporate Finance«. Größere Unternehmen verfügen zumeist über eigene M-&-A-Abteilungen, greifen aber trotzdem oft auf externe Unterstützung zurück. In der öffentlichen Wahrnehmung stehen M-&-A-Transaktionen häufig in der Kritik, da Erwerber in vielen Fällen strategische Ziele mit der Transaktion verbinden, die Restrukturierungen und Arbeitsplatzabbau notwendig machen.

Positive absolute Return: Absolute-Return-Fonds sind bestrebt, in jeder Marktlage eine positive Rendite zu erzielen. Gute Portfoliomanager schaffen es somit, eine konstante Zielrendite zu erwirtschaften, die stetig und damit unabhängig von aktuellen Börsenentwicklungen generiert wird.

Private Equity: Außerbörsliches Eigenkapital als Form des Beteiligungskapitals, bei dem die vom Kapitalgeber eingegangene Beteiligung nicht an geregelten Märkten (Börsen) handelbar ist. Die Kapitalgeber können private oder institutionelle Anleger sein; häufig sind es auf diese Beteiligungsform spezialisierte Kapitalbeteiligungsgesellschaften.

Private-Equity-Gesellschaft: Während Private-Equity-Firmen, die im Fachjargon auch als »Financial Sponsors« bezeichnet werden, sich im angloamerikanischen Wirtschaftsraum bereits seit mehr als 20 Jahren betätigen, sind diese Finanzinvestoren in den letzten Jahren vermehrt auch in Europa tätig. Viele etablierte Gesellschaften standen bislang nur institutionellen Investoren oder sehr vermögenden Privatpersonen offen. Deshalb bildet sich erst seit einigen Jahren ein Fondssegment für Kleinanleger heraus.

Put-/Call-Option: Der Inhaber einer Put-Option hat das Recht, aber nicht die Pflicht, innerhalb eines bestimmten Zeitraums (amerikanische Optionen) oder zu einem bestimmten Zeitpunkt (europäische Optionen) eine festgelegte Menge eines bestimmten Basiswerts zu einem im voraus festgelegten Preis (Ausübungspreis) zu verkaufen. Eine Call-Option (Kaufoption) ist eine Option, bei welcher der Käufer das Recht, aber nicht die Pflicht hat, innerhalb eines bestimmten Zeitraums (amerikanische Optionen) oder zu einem bestimmten Zeitpunkt (europäische Optionen) einen bestimmten Basiswert (»Underlying«) zu einem im voraus festgelegten Preis (Ausübungspreis, Strike-Preis) in einer im voraus festgelegten Menge zu kaufen. Er wird sein Recht nur dann ausüben, wenn der Preis des Basiswertes über dem Ausübungspreis liegt. Der Verkäufer der Call-Option ist zur Lieferung des Basiswertes verpflichtet. Dafür erhält er die Optionsprämie vom Käufer der Option.

Shareholder Value: Der Aktionärswert ist als Marktwert des Eigenkapitals definiert und entspricht vereinfacht dem Unternehmenswert und dem davon abhängigen Wert der Anteile. Der Shareholder-Value-Ansatz ist ein betriebs-wirtschaftliches Konzept, welches das Unternehmensgeschehen als eine Reihe von Zahlungen (Cash-Flows) betrachtet, analog zu der aus einer (Sach-)Inves-tition resultierenden Zahlungsreihe.

Short-Position siehe **Long-/Short-Position**

Short Selling: Das Eingehen einer → Short-Position (Leerverkauf eines Wer-tes) beinhaltet ein Chancen-Risiko-Verhältnis (Marktpreisrisiko), das genau umgekehrt zu dem des Kaufs dieses Wertes ist. Beispielsweise ist beim Kauf ei-ner Aktie der maximal mögliche Verlust auf den Kaufpreis begrenzt, während die Chancen aus einem Kursanstieg theoretisch unbegrenzt sind. Beim Leerver-kauf dieser Aktie ist spiegelbildlich die Chance auf die erlöste Einnahme limi-tiert, während das Risiko durch einen Kursanstieg theoretisch unbegrenzt ist. Gerade bei ungedeckten Leerverkäufen hat der Leerverkäufer ein Eindeckungs-risiko. Dies besteht darin, auf Grund mangelnder Verfügbarkeit des leer ver-kauften Wertes diesen nur zu einem erhöhten Preis oder gar nicht liefern zu können. Die Risiken des Käufers sind grundsätzlich mit denen aus einem nor-malen Kaufvertrag identisch.

Single-Hedge-Fonds: Einzelfonds, die gemäß ihrer Anlagestrategie das Ver-mögen direkt in Finanzinstrumente wie Aktien, → Futures, Optionen und so weiter anlegen. Sie sind mit einem besonders hohen Risiko ausgestattet. Die Strategie der Single-Hedge-Fonds ist kaum beschränkt. Für diese Fonds sind beinahe unbegrenzte Kredite möglich. Der Einsatz von → Derivaten ist nahezu grenzenlos möglich. Auch Hebeleffekte jeder Art und Leerverkäufe sind fast un-eingeschränkt zulässig. Ein Manko dieser Single-Hedge-Fonds ist, dass sie nicht öffentlich vertrieben werden dürfen. Auf dem Privatweg ist ein Vertrieb jedoch möglich, wenn sie nur institutionellen Anlegern und sehr vermögenden Privat-kunden angeboten werden.

Special Investment Vehicle (SIV): SIVs (und → Conduits) sind Zweckgesell-schaften zur Refinanzierung. Sie kaufen einmalig oder laufend Forderungen (»Assets«) an und refinanzieren den Kaufpreis im Wege der Verbriefung durch Emission von Wertpapieren (»Asset-Backed Securities«). Weitreichende öffent-liche Kritik erfährt die Praxis, bedeutende Vermögensposten und/oder Liqui-ditätsrisiken in Zweckgesellschaften konsolidierungsfrei auszugliedern (Con-duit). Dies kann missbräuchlich dazu genutzt werden, um Jahresabschlüsse von Risiken zu befreien, die eine Unternehmenskrise auslösen oder verstärken wür-den.

Special Purpose Vehicle (SPV): Eine juristische Person, die für einen klar de-finierten und eingegrenzten Zweck gegründet wird. Nach Erreichen ihres

Zwecks kann die Gesellschaft aufgelöst werden. Zweckgesellschaften werden für verschiedene Zwecke eingesetzt, insbesondere für strukturierte Finanzierungen. So soll ein Zugriff finanzierender Gläubiger auf Vermögenswerte des Investors vermieden (»Non- oder Limited-recourse-Finanzierungen«) und der Finanzierungsgegenstand gegen Insolvenzrisiken aus der Sphäre des Investors abgeschirmt werden. In diesen Fällen werden Zweckgesellschaften in der Regel als Gesellschaft mit beschränkter Haftung (GmbH) beziehungsweise in einer ähnlichen im jeweiligen Staat üblichen Form gegründet. SPVs werden von Banken auch eingesetzt, um Finanzrisiken an den Kapitalmarkt weiterzugeben oder um diese aus ihren Jahresabschlüssen auszugliedern.

Spread Ladder Swaps: Komplexe → Derivate, bei denen die Anleger auf die Steilheit der Zinsstruktur wetten. Sie dienen nicht der Absicherung von Zinsrisiken, sondern sind rein spekulativ. Viele Unternehmen haben bei der Wette um die Entwicklung der Zinsen erhebliche Verluste erlitten. Beim Spread Ladder Swap tauschen die Vertragspartner Zinszahlungen aus. Die Bank zahlt dabei einen festen Zins über die gesamte Laufzeit. Das Unternehmen beziehungsweise die Kommune zahlt im Gegenzug einen nach einer bestimmten Formel von der Bank festgelegten Zins: Im ersten Jahr zahlt der Kunde einen vorab definierten festen Zins. Ab dem zweiten Jahr zahlt der Kunde zum Zins des Vorjahres einen Zusatzzins abzüglich der Differenz zwischen einem langfristigen und einem kurzfristigen Zinssatz. Der Gesamtzins des zweiten Jahres bildet dabei die Grundlage für die Berechnung des Folgejahres. Diese additive Komponente wird als »Ladder« – zu Deutsch Leiter – bezeichnet und führt zu einem deutlich erhöhten Risiko. Ist der langfristige Zins zur Zeit der Zinsberechnung deutlich höher als der kurzfristige Zins, zahlt der Kunde einen geringen Zins an die Bank. Unterschreitet der Abstand der Zinssätze eine bestimmte Schwelle oder übersteigen die kurzfristigen Zinsen die langfristigen Zinsen, ist die Zinszahlung höher. Durch die Leiter ist dieser Effekt additiv, und die Verluste aus den hohen Zinszahlungen wachsen jedes Jahr. Der Städte- und Gemeindebund hatte im Vorfeld den Gemeinden empfohlen, sich nicht auf derlei Finanzprodukte einzulassen: Sie entsprächen nicht der Auffassung von verantwortungsvollem Umgang mit Steuergeldern. Rund 700 Kommunen spielten bundesweit trotzdem mit und verloren so nach Schätzungen von Fachleuten insgesamt fast eine Milliarde Euro. Etliche Kommunen haben die Finanzinstitute, die ihnen die riskanten Zinswettgeschäfte vermittelt hatten, auf Schadenersatz verklagt.

Stakeholder: Der Stakeholder ist eine natürliche oder juristische Person, die ein Interesse am Verlauf beziehungsweise am Ergebnis eines Prozesses (zum Beispiel eines Projekts oder der wirtschaftlichen Entwicklung eines Unternehmens) hat. Ein alle Aspekte des Begriffs Stakeholder umfassender deutscher Ausdruck existiert nicht. Verwendete Näherungen sind »Anspruchsträger«, »Interessenten und Betroffene«. Das Prinzip der Stakeholder ist gleichzeitig die Basis und die Erweiterung des in der Betriebswirtschaft verbreiteten → Shareholder-Value-Ansatzes. Damit soll die Organisation in ihrem gesamten sozialökonomischen Kontext (der Umwelt) erfasst und die Bedürfnisse der unterschiedlichen Anspruchsgruppen in Einklang gebracht werden. Als Stakeholder gelten dabei neben den Eigentümern (Anteilseigner, Mitglieder) die Mitarbeiter bis hin zu den Managern (beispielsweise mit ihrem Anspruch auf Beschäftigung und Sicherheit), die Kunden oder Vorteilsnehmer (zum Beispiel mit ihrem Anspruch auf Qualität und Zuverlässigkeit), die Lieferanten, die Kapitalmärkte (unter anderem Kreditgeber) sowie der Staat (zum Beispiel mit dem Anspruch auf Steuergelder, Umweltschutz), die Natur (Rohstofflieferant, Aufnahmemedium für Abfall) und die Öffentlichkeit (Parteien, Verbände, Kirchen, Medien und so weiter).

Structured Deposits: Es handelt sich um Anlageformen, die typischerweise höhere Renditen versprechen als konventionelle Formen der Vermögensanlage, indem sie eine Kombination aus Anlage und Investmentprodukt bilden. Ihr Erfolg hängt allerdings von der Entwicklung der zugrundeliegenden Finanzinstrumente ab, die Marktindices, Vermögensverteilungen (»Equity«), Zinsen, und Wechselkurse in unterschiedlichen Kombinationen berücksichtigen.

Strukturierte Finanzprodukte: Anlageprodukte, die durch die Kombination mehrerer Basisfinanzprodukte entstehen, von denen mindestens eines ein → Derivat sein muss. Zertifikate und Aktienanleihen, aber auch diverse Kapitalschutz-Produkte gehören etwa zu dieser Gruppe. Durch diese Kombination verschiedener Finanzprodukte entsteht ein eigenes Produkt, das ein eigenständiges Kursverhalten und Risikoprofil aufweist. Mit diesen Produkten soll es auch Kleinanlegern ermöglicht werden, gezielt auf bestimmte Börsentrends zu spekulieren. Insbesondere durch die komplizierte Konstruktion und die dadurch bedingte mangelnde Transparenz lassen sich aber auch hohe Gewinnmargen der Emittenten leichter durchsetzen als bei einfacheren Finanzprodukten. Weitere mögliche Ziele sind steuerliche Vorteile.

Subprime-Krise: Eine lange Preissteigerungsphase im Immobilienmarkt hatte sich in den USA zu einer Immobilienblase entwickelt, die privaten Konsum unterstützte. Von dieser Spekulationsblase profitierte die amerikanische Volkswirtschaft, als auf Grund der Niedrigzinspolitik der US-Zentralbank vermehrt in Immobilien investiert wurde. Mit den fallenden Immobilienpreisen in den USA wurde die Finanzkrise akut. Gleichzeitig konnten immer mehr Kreditnehmer ihre Kredite nicht mehr bedienen, teils wegen steigender Zinsen, teils wegen fehlender Einkommen. Zunächst waren von diesen Problemen im Immobilienbereich in erster Linie Kreditnehmer mit geringer Bonität (»Subprime«) betroffen. Mehrere große amerikanische Banken wie Lehman Brothers und Versicherer wie AIG mussten auf Grund der aus mangelhafter Kreditvergabe resultierenden Folgen Insolvenz anmelden oder von der Regierung gerettet werden.

Swap: Eine Vereinbarung zwischen zwei Vertragspartnern, an zukünftigen Zeitpunkten vertraglich definierte Zahlungsströme (»Cash-Flows«) auszutauschen. Die Vereinbarung definiert, wie die Zahlungen berechnet und wann sie fällig werden. Mit Swaps können Zahlungsströme fast beliebiger Natur getauscht werden. Dadurch können gezielt finanzielle Risiken in der Finanzierung, in der Bilanzstruktur oder in der Absicherung eines Portfolios optimiert werden. Die beiden Vertragspartner eines Swaps sollten unterschiedliche Bonität, entgegengesetzte Finanzierungsinteressen und unterschiedliche Zinsrisikoprämien haben.

Term Deposits: Kurz- bis mittelfristige Geldanlagen bei Kreditinstituten, bei denen die Laufzeit oder Kündigungsfrist mindestens einen Monat beträgt. Termingelder dienen ausschließlich der Geldanlage, weil sie während der vereinbarten Laufzeit oder Kündigungsfrist für den Bankkunden nicht verfügbar sind. Erteilt der Bankkunde bei Festgeldern vor Zeitablauf keine neue Weisung, dann verlängert das Kreditinstitut die Termineinlage in der Regel um dieselbe ursprünglich vereinbarte Laufzeit. Die bereits vergüteten Zinsen werden dann bei der Neuanlage mit verzinst (Zinseszinseffekt). Auf Grund dieser automatischen Verlängerung erhalten Termingelder oft den Charakter mittel- oder langfristiger Geldanlagen. Termingelder eignen sich wegen des Zinsnachteils nicht für langfristige Geldanlagen, sondern sollten den Zeitraum überbrücken, bis über die Geldanlage etwa für Konsumzwecke oder terminlich feststehende Zahlungsverpflichtungen verfügt werden muss.

Value at Risk: Risikomaß, das angibt, welchen Wert der Verlust einer bestimmten Risikoposition (etwa eines Portfolios von Wertpapieren) mit einer gegebenen Wahrscheinlichkeit und in einem gegebenen Zeithorizont nicht überschreitet. Ein Value at Risk von zum Beispiel zehn Millionen Euro bei einer Haltedauer von einem Tag und einem »Konfidenzniveau« von 97,5 Prozent bedeutet, dass der potentielle Verlust der betrachteten Risikoposition von einem Tag auf den nächsten mit einer Wahrscheinlichkeit von 97,5 Prozent den Betrag von zehn Millionen Euro nicht überschreiten wird. Das Value at Risk wurde von J. P. Morgan entwickelt und ist heute ein Standardrisikomaß im Finanzsektor.

Venture Capital: Außerbörsliches Beteiligungskapital (→ Private Equity), das eine Beteiligungsgesellschaft (Venture-Capital-Gesellschaft) bereitstellt, um sich an als besonders riskant geltenden Unternehmungen zu beteiligen. Das Wagniskapital wird in Form von voll haftendem Eigenkapital oder eigenkapitalähnlichen Finanzierungsinstrumenten wie etwa Wandelanleihen ins Unternehmen eingebracht. Die Beteiligung erfolgt hauptsächlich in junge, nicht börsennotierte, technologieorientierte Unternehmen (»Start-ups«). Da solche Unternehmen für eine herkömmliche Kreditfinanzierung meist nicht genügend Sicherheiten aufbringen können, stehen voll haftendes Eigenkapital sowie hybride Finanzierungsformen im Vordergrund.

Üblich sind in Deutschland Minderheitsbeteiligungen in Höhe von 20 bis 35 Prozent. Zwar werden die finanziellen Mittel prinzipiell zeitlich unbegrenzt zur Verfügung gestellt. Das Ziel der Kapitalbeteiligung liegt aber nicht in Dividenden- oder Zinszahlungen, sondern im Gewinn aus dem Verkauf der Beteiligung. Die Beteiligung ist mit einem sehr hohen Risiko verbunden, das bis zum Totalverlust des eingesetzten Kapitals führen kann. Gleichzeitig sind aber bei einem Erfolg sehr hohe Renditen möglich.

Verbriefungen: Schaffung von handelbaren Wertpapieren (»Securities«) aus Forderungen oder Eigentumsrechten im weitesten Sinne. In den letzten Jahren fand eine zunehmende Verbriefung auch von »exotischen« Eigentumsrechten zur Erweiterung der Finanzierungsmöglichkeiten des Emittenten (Originators) statt. Die Verbriefung erfolgt häufig mit → SPVs, die einzig den Zweck haben, diese Wertpapiere zu emittieren, und deren Aktiva aus den in diese Gesellschaft eingebrachten Eigentumsrechten bestehen. Die auf diese Art verbrieften Rechte lassen sich weiter nach Risikogesichtspunkten aufgliedern und handeln. Eine erforderliche Voraussetzung, um eine Vermögensposition zu verbriefen, besteht darin, dass sie über einen bestimmten Zeitraum hinweg einen stetigen Zahlungsstrom gewährleistet, um die Refinanzierung des Käufers abzudecken. Deshalb sind Kreditforderungen besonders gut geeignet. Sie gewährleisten dem Gläubiger über die gesamte Kreditlaufzeit einen stetigen Kapitalzufluss.

Zession: Übertragung einer Forderung von dem übertragenden Gläubiger (Zedent) auf einen empfangenden Gläubiger (Zessionar), der dann neuer Gläubiger wird. Die Abtretung erfolgt durch einen Vertrag zwischen Zedent und Zessionar. Rechtstechnisch ist die Zession eine personelle Änderung des Schuldverhältnisses auf Gläubigerseite. Zweck der Zession ist es, Forderungen, die bereits als solche einen Vermögenswert darstellen, ähnlich wie körperliche Sachen übertragen zu können. Durch die Übertragung verliert der Zedent jegliche Beziehung zur Forderung, während der Zessionar alle Rechte und Nebenrechte zur Forderung erlangt.

Zielfonds: Investmentfonds investieren (als → Dachfonds) das Geld der Anteilseigner in Anteilen von anderen Investmentfonds (Zielfonds). Ein einzelner Zielfonds darf einen Anteil von 20 Prozent des Gesamtvermögens des Dachfonds nicht überschreiten. Außerdem darf ein Dachfonds nicht mehr als zehn Prozent der Anteile am Vermögen des Zielfonds halten.

Als Quellen für das Glossar dienten die Online-Enzyklopädie Wikipedia und die Veröffentlichung von Rolf Beike/Johannes Schlütz, *Finanznachrichten lesen – verstehen – nutzen,* 5. überarbeitete und erweiterte Auflage, Stuttgart 2010.

LITERATUR

Adamek, Sascha, Kim Otto, *Schön reich. Steuern zahlen die anderen: Wie eine ungerechte Politik den Vermögenden das Leben versüßt*, München 2009

Alt, Franz, Peter Spiegel, *Gute Geschäfte: Humane Marktwirtschaft als Ausweg aus der Krise*, Berlin 2009

Altvater, Elmar, *Der große Krach oder die Jahrhundertkrise von Wirtschaft und Finanzen von Politik und Natur*, Münster 2010

Altvater, Elmar, Birgit Mahnkopf, *Globalisierung der Unsicherheit: Arbeit im Schatten, Schmutziges Geld und informelle Politik*, Münster 2002

Altvater, Elmar, *Das Endes des Kapitalismus wie wir ihn kennen*, Münster 2005

Altvater, Elmar, Thomas Barth, Lutz Brangsch, Aldo Legnaro, Hans J. Krysmanski, Werner Rügemer, *Privatisierung und Korruption – Zur Kriminologie von Globalisierung, Neoliberalismus und Finanzkrise*, Hamburg 2009

Altvater, Elmar, Joachim Bischoff, Rudolf Hickel, Joachim Hirsch, Dierk Hirschel, Jörg Hufschmid, Karl Georg Zinn, *Krisen Analysen*, Hamburg 2009

Anderson, Geraint, *Cityboy: Geld, Sex und Drogen im Herzen des Londoner Finanzdistrikts*, München 2010

Arnoldi, Jakob, *Alles Geld verdampft: Finanzkrise in der Weltrisikogesellschaft*, Frankfurt am Main 2009

Arvedlund, Erin, *Madoff: The Man Who stole $ 65 Billion*, New York 2009

Attac (Hrsg.), *Crash statt Cash: Warum wir die globalen Finanzmärkte bändigen müssen*, Wien 2008

Baecker, Dirk, *Womit handeln Banken? Eine Untersuchung zur Risikoverarbeitung in der Wirtschaft*, Frankfurt am Main 2001, Neuauflage 2008

Barth, Thomas, *Finanzkrise, Medienmacht und Corporate Governance: Korruptionsbekämpfung in der Europäischen Union. Kriminologische, gesellschaftliche und ethische Perspektiven*, Saarbrücken 2009

Beike, Rolf, Johannes Schlütz, *Finanznachrichten lesen – verstehen – nutzen*, 5. überarbeitete und erweiterte Auflage, Stuttgart 2010

Beise, Marc, Ulrich Schäfer (Hrsg.), *Kapitalismus in der Krise*, München 2009

Beucker, Pascal, Anja Krüger, *Die verlogene Politik: Macht um jeden Preis*, München 2010

Bhidé, Amar, *A Call for Judgment*, New York 2010

Binswanger, Hans Christoph, *Die Wachstumsspirale: Geld, Energie und Imagination in der Dynamik des Marktprozesses*, Marburg, 3. Aufl. 2009

Bischoff, Joachim, *Jahrhundertkrise des Kapitalismus: Abstieg in die Depression oder Übergang in eine andere Ökonomie?*, Hamburg 2009

Bittner, Jochen, *So nicht, Europa: Die drei großen Fehler der EU*, München 2010

Blomert, Reinhard, *John Maynard Keynes*, Reinbek bei Hamburg 2007

Bofinger, Peter, *Ist der Markt noch zu retten? Warum wir jetzt einen starken Staat brauchen*, Berlin 2009

Braunberger, Gerald, *Keynes für Jedermann: Die Renaissance des Krisenökonomen*, Frankfurt am Main 2009

Braunberger, Gerald, Benedikt Fehr (Hrsg.), *Crash: Finanzkrisen gestern und heute*, Frankfurt am Main 2008

Brenner, Robert P., Daniela Dahn, Friedhelm Hengsbach, Saskia Sassen u. a., *Kapitalismus am Ende?*, Hamburg 2009

Brodbeck, Karl-Heinz, *Die fragwürdigen Grundlagen der Ökonomie*, Darmstadt, 4. Aufl. 2009

Bruhn, Jürgen, *Raubzug der Manager oder die Zerstörung des Sozialstaats*, Hamburg 2005

Brunnhuber, Stefan, Harald Kliementa, *Wie wir wirtschaften werden: Szenarien und Gestaltungsmöglichkeiten für zukunftsfähige Finanzmärkte*, Franfurt am Main, Wien 2003

Bürger, Hans, Kurt W.Rothschild, *Wie die Wirtschaft die Welt bewegt: Die großen ökonomischen Modelle auf dem Prüfstand*, Wien 2009

Butterweck, Hellmut, *Die Rache des Geldes: Von Wachstumsgrenzen und dem Ende des Neoliberalismus*, Sankt Augustin 2009

Chang, Ha-Joon, *23 Lügen, die sie uns über den Kapitalismus erzählen*, München 2010

Chomsky, Noam, *Profit over People: Neoliberalismus und globale Weltordnung*, Hamburg Wien, 6. Aufl. 2001

Clement, Wolfgang, Friedrich Merz, *Was jetzt zu tun ist: Deutschland 2.0*, Freiburg 2010

Derber, Charles, *One World: Von globaler Gewalt zu sozialer Globalisierung*, Hamburg 2003

De Weck, Roger, *Nach der Krise: Gibt es einen anderen Kapitalismus?*, München 2009

Dill, Alexander, *Der große Raubzug: Wie im Windschatten der Weltfinanzkrise die Staatskassen geplündert werden*, München 2009

Dill, Alexander, *Täuschwirtschaft: Wie die Wirtschaft sich selbst und uns alle betrügt*, München 2010

Dullien, Sebastian, Hansjörg Herr, Christian Kellermann, *Der gute Kapitalismus … und was sich dafür nach der Krise ändern müsste*, Bielefeld 2009

Eichhorn, Wolfgang, Dirk Solte, *Das Kartenhaus Weltfinanzsystem*, Frankfurt am Main 2009

Enzensberger, Hans Magnus, *Aussichten auf den Bürgerkrieg*, Frankfurt am Main 1996

Felber, Christian, *Kooperation statt Konkurrenz: 10 Schritte aus der Krise*, Wien 2009

Ferguson, Niall, *Politik ohne Macht*, München 2003

Ferguson, Niall, *Der Aufstieg des Geldes: Die Währung der Geschichte*, Berlin 2010

Fischer, Thomas, *Strafgesetzbuch und Nebengesetze*, München, 56. Aufl. 2009

Flassbeck, Heiner, *Gescheitert: Warum die Politik vor der Wirtschaft kapituliert*, Frankfurt am Main, 2. Aufl. 2009

Flassbeck, Heiner, *Die Marktwirtschaft des 21. Jahrhunderts*, Franfurt am Main 2010

Forrester, Viviane, *Die Diktatur des Profits*, München, Wien 2001

Frank, Stefan, *Die Weltvernichtungsmaschine: Vom Kreditboom zur Wirtschaftskrise*, Saarbrücken, 2. Aufl. 2009

Freudenreich, Josef-Otto (Hrsg.), *Die Taschenspieler: Verraten und Verkauft in Deutschland*, Tübingen 2010

Frey, Eric, *Mit der Krise leben lernen: Finanzpolitik und Geldanlage in stürmischen Zeiten*, Wien 2009

Friedman, Thomas L., *Globalisierung verstehen: Zwischen Marktplatz und Weltmarkt*, München 2000

Galbraith, John Kenneth, *Eine kurze Geschichte der Spekulation*, Franfurt am Main 2010

Giddens, Anthony, *Entfesselte Welt: Wie die Globalisierung unser Leben verändert*, Frankfurt am Main 2001

Grandt, Michael, *Der Staatsbankrott*, Rottenburg, 4. Aufl. 2010

Gray, John, *Die falsche Verheißung: Der globale Kapitalismus und seine Folgen*, Frankfurt am Main 2001

Grefe, Christian, Mathias Greffrath, Harald Schumann, *attac: Was wollen die Globalisierungskritiker?*, Berlin 2002

Griffin, Edward G., *Die Kreatur von Jekyll Island: Die US-Notenbank*, Rottenburg, 2. Aufl. 2009

Gros, Daniel, Sonja Sagmeister, *Nachkrisenzeit*, Salzburg 2010

Hafner, Wolfgang; *Im Schatten der Derivate: Das schmutzige Geschäft der Finanzelite mit der Geldwäsche*, Frankfurt am Main 2002

Hagelüken, Alexander, Harald Freiberger, *Die großen Spekulanten*, München 2009

Hank, Rainer, *Der amerikanische Virus: Wie verhindern wir den nächsten Crash?*, München 2009

Harvey, David, *Kleine Geschichte des Neoliberalismus*, Zürich 2007

Heidenreich, Ralph, Stefan Heidenreich, *Mehr Geld*, Berlin 2008

Heitmeyer, Wilhelm (Hrsg.), *Deutsche Zustände: Folge 8*, Berlin 2010

Henkel, Hans-Olaf, *Die Abwracker: Wie Zocker und Politiker unsere Zukunft verspielen*, München, 5. Aufl. 2009

Hetzer, Wolfgang, *Tatort Finanzmarkt*, Hamburg 2003

Hetzer, Wolfgang; *Rechtsstaat oder Ausnahmezustand? Souveränität und Terror*, Berlin 2008

Hodgson Brown, Ellen, *Der Dollar Crash*, Rottenburg, 2. Aufl. 2009

Höhler, Gertrud, *Götzendämmerung: Die Geldreligion frisst ihre Kinder*, München 2010

Höhrhan, Gerald, *Investment Punk: Warum ihr schuftet und wir reich werden*, Wien, 4. Aufl. 2010

Hollnagel, Bruno, *Der Markt hat immer Recht: Die Finanzkrise und die Lehren daraus*, Wien 2009

Hollnagel, Bruno, *Der Traum des Pharao: Die großen Spekulationen zwischen Angst und Gier*, Wien 2009

Honegger, Claudia, Sighard Neckel, Chantal Magnin, *Strukturierte Verantwortungslosigkeit: Berichte aus der Bankenwelt*, Frankfurt am Main 2010

James, Harold, *Der Rückfall: Die neue Weltwirtschaftskrise*, München, Zürich, 2003

Judt, Tony, *Geschichte Europas von 1945 bis zur Gegenwart*, Frankfurt am Main 2009

Kempf, Eberhard, Klaus Lüdersen, Klaus Volk (Hrsg.), *Die Handlungsfreiheit des Unternehmers – wirtschaftliche Perspektiven, strafrechtliche und ethische Schranken*, Berlin 2009

Kerviel, Jérôme, *Nur ein Rad im Getriebe: Memoiren eines Traders*, München 2010

Kinzig, Jörg, *Die rechtliche Bewältigung von Erscheinungsformen organisierter Kriminalität*, Berlin 2004

Köhler, Wolfgang, *Wall Street Panik: Banken außer Kontrolle*, Murnau am Staffelsee 2008

Konrad, Kai A., Holger Zschäpitz, *Schulden ohne Sühne? Warum der Absturz der Staatsfinanzen uns alle trifft*, München 2010

Koslowski, Peter, *Ethik der Banken: Folgerungen aus der Finanzkrise*, München 2009

Krugmann, Paul, *Die neue Weltwirtschaftskrise*, Frankfurt am Main 2009

Lambrecht, Rudolf, Michael Mueller, *Die Elefantenmacher: Wie Spitzenpolitiker in Stellung gebracht und Entscheidungen gekauft werden*, Frankfurt am Main 2010

Leuschel, Roland, Claus Vogt, *Die Inflationsfalle*, Weinheim, 2. Aufl. 2009

Lewis, Michael, *The Big Short: Wie eine Handvoll Trader die Welt verzockte*, Frankfurt am Main 2010

Liessmann, Konrad Paul (Hrsg.), *Geld: Was die Welt im Innersten zusammenhält?*, Wien 2009

Lütz, Susanne, *Der Staat und die Globalisierung von Finanzmärkten: Regulative Politik in Deutschland, Großbritannien und den USA*, Frankfurt am Main 2002

Lützeler, Paul Michael, *Bürgerkrieg global*, München 2009

Luther, Thomas, *Die 30 verhängnisvollsten Skandale der Finanzgeschichte*, Frankfurt am Main 2003

Mander, Jerry, Edward Goldsmith (Hrsg.), *Schwarzbuch Globalisierung: Eine fatale Entwicklung mit vielen Verlierern und wenigen Gewinnern*, München 2001

Mappes-Niediek, Norbert, *Kroatien: Das Land hinter der Adria-Kulisse*, Berlin 2009

McDonald, Lawrence G., Patrick Robinson, *Dead Bank Walking: Wie Lehman Brothers zusammenbrach*, Hamburg 2010

Meek, Ronald, David Raphael, Peter Stein (Hrsg.), *Adam Smith: Lectures on Jurisprudence*, Oxford 1978

Merz, Friedrich, *Mehr Kapitalismus wagen: Wege zu einer gerechten Gesellschaft*, München, 2. Aufl. 2008

Müller, Dirk, *Crashkurs: Weltwirtschaftskrise oder Jahrhundertchance? – Wie Sie das Beste aus Ihrem Geld machen*, München 2009

Müller, Henrik, *Sprengsatz Inflation: Können wir dem Staat noch vertrauen?*, Frankfurt am Main 2010

Müller, Leo, *Ackermanns Welt*, Reinbek bei Hamburg 2006

Müller, Leo, *Bankräuber: Wie kriminelle Manager und unfähige Politiker uns in den Ruin treiben*, Berlin 2010

Münchau, Wolfgang, *Kernschmelze im Finanzsystem*, München 2008

Münchau, Wolfgang, *Makrostrategien: Sicher investieren, wenn Staaten pleite-gehen*, München 2010

Nienhaus, Lisa, *Die Blindgänger*, Frankfurt am Main 2009

North, Michael, *Kleine Geschichte des Geldes: Vom Mittelalter bis heute*, München 2009

Otte, Max, Der Crash kommt: *Die neue Weltwirtschaftskrise und wie Sie sich darauf vorbereiten*, Berlin, 14. Aufl. 2009

Otte, Max, *Die Krise hält sich nicht an Regeln*, Berlin 2010

Park, Tido (Hrsg.), *Kapitalmarktstrafrecht*, Baden-Baden, 2. Aufl. 2008

Patel, Raj, *The Value of Nothing – Was kostet die Welt?*, München 2010

Piper, Nikolaus, *Die Große Rezession: Amerika und die Zukunft der Weltwirtschaft*, München 2009

Plumpe, Werner, *Wirtschaftskrisen: Geschichte und Gegenwart*, München 2010

Precht, Richard David, *Die Kunst, kein Egoist zu sein: Warum wir gerne gut sein wollen und was uns davon abhält*, München 2010

Raddatz, Hans-Peter, *Der Absturz: Anatomie einer Systemkrise*, Berlin 2009

Ramonet, Ignacio, *Der perfekte Crash*, Berlin 2010

Reinhart, Carmen M./Rogoff, Kenneth S., *Dieses Mal ist alles anders: Acht Jahrhunderte Finanzkrisen*, München, 3. Aufl. 2010

Ross Sorkin, Andrew, *Die Unfehlbaren*, München, 2. Aufl. 2010

Roth, Jürgen, *Gangsterwirtschaft: Wie uns die organisierte Kriminalität aufkauft*, Frankfurt am Main 2010

Roubini, Nouriel, Stephen Mihm, *Das Ende der Weltwirtschaft und ihre Zukunft*, Frankfurt am Main 2010

Rubner, Jeanne, *Brüsseler Spitzen: Korruption, Lobbyismus und die Finanzen der EU*, München 2009

Rügemer, Werner, *Cross Border Leasing – Ein Lehrstück zur globalen Enteignung der Städte*, Münster, 2. Aufl. 2005

Rügemer, Werner, *»Heuschrecken« im öffentlichen Raum: Public Private Partnership – Anatomie eines globalen Finanzinstruments*, Bielefeld 2008

Rügemer, Werner, *Privatisierung in Deutschland*, Münster, 4. Aufl. 2008

S., Suzana, *Die City. Das Girl. Die Geschichte*, Kulmbach 2010

Safranski, Rüdiger, *Wieviel Globalisierung verträgt der Mensch?*, München, Wien 2003

Schäfer, Daniel, *Die Wahrheit über die Heuschrecken: Wie Finanzinvestoren die Deutschland AG umbauen*, Frankfurt am Main 2006

Schäfer, Ulrich, *Der Crash des Kapitalismus: Warum die entfesselte Marktwirtschaft scheiterte*, Frankfurt am Main, New York 2009

Schäuble, Wolfgang, *Zukunft mit Maß: Was wir aus der Krise lernen können*, Lahr 2009

Scherhorn, Gerhard, *Geld soll dienen, nicht herrschen: Die aufhaltsame Expansion des Finanzkapitals*, Wien 2009

Schirrmacher, Frank, *Die Zukunft des Kapitalismus*, Berlin 2010

Schmidt, Susanne, *Markt ohne Moral: Das Versagen der internationalen Finanzelite*, München 2010

Schnaas, Dieter, *Kleine Kulturgeschichte des Geldes*, München 2010

Scnneider, Richard, *Tatort Hype Alpe Adria*, St. Pölten, Salzburg 2010

Schröder, Christian, *Handbuch Kapitalmarktstrafrecht*, Köln, 2. Aufl. 2010

Schünemann, Bernd (Hrsg.), *Die sogenannte Finanzkrise: Systemversagen oder global organisierte Kriminalität?*, Berlin 2010

Schulmeister, Stephan, *Mitten in der großen Krise: Ein »New Deal« für Europa*, Wien 2010

Schumann, Harald, Christiane Grefe, *Der globale Countdown: Gerechtigkeit oder Selbstzerstörung – Die Zukunft der Globalisierung*, Köln 2008

See, Hans, *Kapital-Verbrechen: Die Verwirtschaftung der Moral*, Frankfurt am Main 1992

Seifert, Werner G., *Invasion der Heuschrecken: Intrigen – Machtkämpfe – Marktmanipulation*, Berlin 2006

Simonis, Heide, *Verzockt!: Warum die Karten von Markt und Staat neu gemischt werden müssen*, Göttingen 2010

Sinn, Hans-Werner, *Kasino-Kapitalismus: Wie es zur Finanzkrise kam, und was jetzt zu tun ist*, Berlin 2009

Skidelsky, Robert, *Die Rückkehr des Meisters: Keynes für das 21. Jahrhundert*, München 2010

Sofsky, Wolfgang, *Das Buch der Laster*, München 2009

Sommer, Rainer, *Die Subprime-Krise und ihre Folgen: Von faulen US-Krediten bis zur Kernschmelze des internationalen Finanzsystems*, Hannover, 2. Aufl. 2009

Soros, George, *Die Krise des globalen Kapitalismus*, Frankfurt am Main 2000

Soros, George, *Der Globalisierungsreport*, Berlin 2001

Soros, George, *Das Ende der Finanzmärkte – und deren Zukunft: Die heutige Finanzkrise und was sie bedeutet*, München 2008

Soros, George, *Die Analyse der Finanzkrise ... und was sie bedeutet – weltweit*, München, 2. Aufl. 2009

Steinbrück, Peer, *Unterm Strich*, Hamburg 2010

Stiglitz, Joseph, *Im freien Fall: Vom Versagen der Märkte zur Neuordnung der Weltwirtschaft*, München 2010

Storbeck, Olaf, *Die Jahrhundertkrise: Über Finanzalchemisten, das Versagen der Notenbanken und John Maynard Keynes*, Stuttgart 2009

Swietly, Ernst A., *Große Finanzkrisen: Ein Kompass aus der Wirtschaftsgeschichte*, Wien 2009

T., Anne, *Die Gier war grenzenlos*, Berlin 2009

Thompson, Venetia, *Börsen Babe: Mein Jahr im Rausch*, Frankfurt am Main 2010

Tichy, Roland, *Roland Tichys Totale: Gesammelter Einblick 2007–2009*, Frankfurt am Main 2009

Ulrich, Peter, *Zivilisierte Marktwirtschaft*, Bern 2010

Unbekanntes Komitee, *Der kommende Aufstand*, Hamburg 2010

Wagenknecht, Sahra, *Wahnsinn mit Methode*, Berlin 2008

Warner, Carolyn M., *The best system money can buy – Corruption in the European Union*, Ithaca, USA, 2007

Weber, Samuel, *Geld ist Zeit: Gedanken zu Kredit und Krise*, Zürich, Berlin 2009

Weber, Thomas, *Das Einmaleins der Hedge-Fonds: Eine Einführung für Praktiker in hochentwickelte Investmentstrategien*, Frankfurt am Main New York 2006

Weitmann, Amir, *Madoff: Der Jahrhundertbetrüger*, Zürich 2010

Wessel, David, *Die große Panik: Das Wettrennen zur Rettung der Weltwirtschaft*, München 2010

Wieczorek, Thomas, *Die geplünderte Republik*, München 2010

Willke, Gerhard, *John Maynard Keynes*, Frankfurt am Main 2002

Wittmann, Walter, *Finanzkrisen: woher sie kommen – wohin sie führen – wie sie zu vermeiden sind*, Zürich 2009

Wittmann, Walter, *Staatsbankrott*, Zürich, 3. Aufl. 2010

Wörl, Volker, *Die Quittung: Die Finanzkrise. Und was wir daraus lernen können*, München Zürich Wien, 1. Aufl. 2009

Wolf, Winfried, *Sieben Krisen – ein Crash*, Wien 2009

Zagst, Rudi, Johann Goldbrunner, Andreas Schlosser, *Zu nah an der Sonne: Die größten Pleiten der Finanzgeschichte*, München 2010

Zeyer, René, *Bank, Banker, Bankrott: Storys aus der Welt der Abzocker*, Zürich, 4. Aufl. 2009

Zeyer, René, *Zaster und Desaster*, Zürich, 2010

Zimmermann, Klaus F., Dorothea Schäfer, *Finanzmärkte nach dem Flächenbrand: Warum es dazu kam und was wir daraus lernen müssen*, Wiesbaden 2010

Zudeick, Peter, *Tschüss, ihr da oben – Vom baldigen Ende des Kapitalismus*, Frankfurt am Main 2009